亲历者说

中国抗战编年纪事

1939

全国政协文史和学习委员会 编

人民出版社

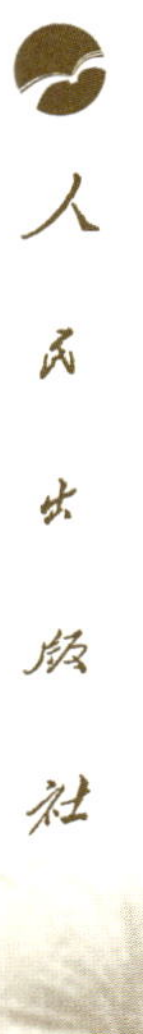

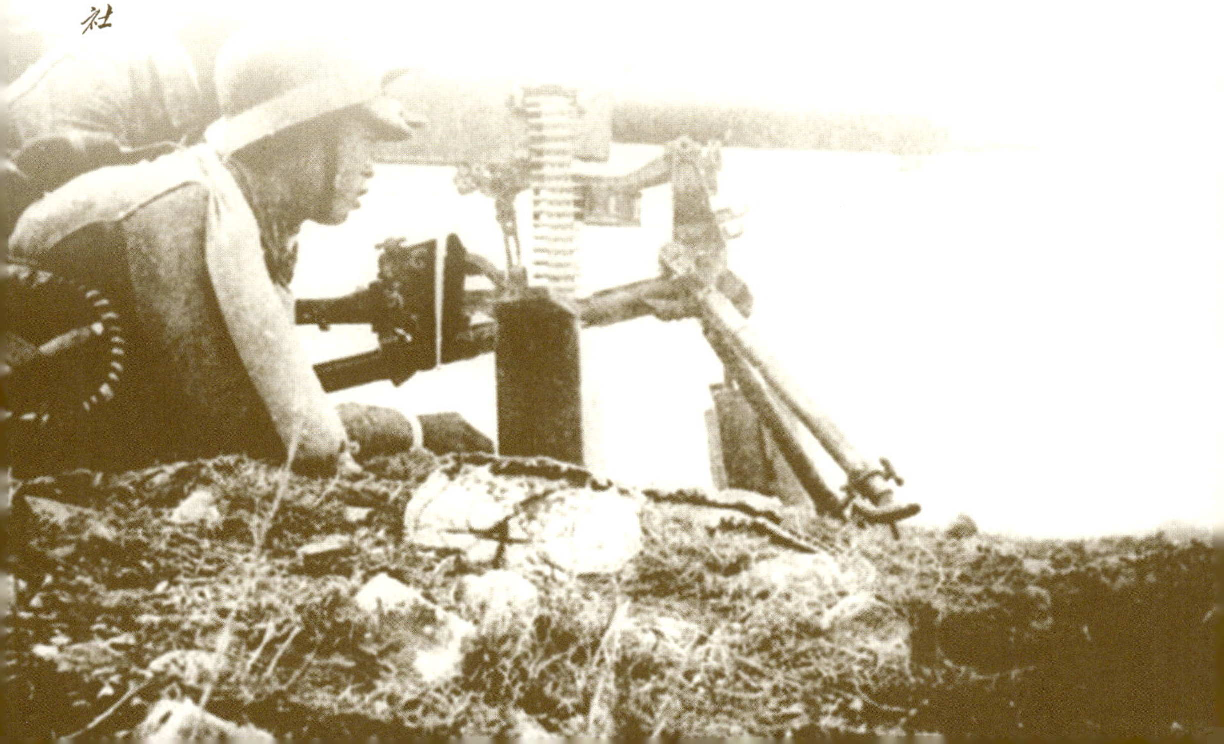

八路军 115 师开往山东，创建抗日根据地。

1939 年，周恩来（右三）在皖南泾县新四军军部和新四军领导人叶挺（右一）、陈毅（左一）、粟裕（左二）等合影。

115 师政委罗荣桓（右）与代师长陈光（中）、参谋长陈士榘（左）合影。

新四军第 2 支队召开抗日誓师大会。

李先念率领新四军挺进鄂中。

参加南岳游击队干部训练班的女兵。

随枣会战中发起进攻的中国军队。

1939 年，新四军在皖南铜陵、繁昌地区进行反“扫荡”战斗。图为新四军前沿阵地。

中条山上的第三十八军炮兵。

1939 年 5 月，八路军 359 旅在上下细腰涧战斗后，王震旅长审问日俘。

1939 年秋，120 师师长贺龙（左）与晋察冀军区司令员聂荣臻合影。

齐会战斗中，白求恩在战场附近的临时救护所中抢救伤员。

陈庄战斗中八路军的机枪阵地。

陈庄战斗中八路军缴获日军的战利品。

日军飞机对重庆多次实施大规模的狂轰滥炸。

战斗在古长城上的八路军。

1939 年 9 月，第九战区司令长官薛岳指挥第一次长沙会战。

重庆被日军轰炸后的惨状。

第一次长沙会战中的街巷争夺战。

1939 年 11 月，晋察冀军区第 1 军分区司令员杨成武（右一）等在指挥黄土岭战斗。

守卫昆仑关。

昆仑关收复后，三军欢声雷动。

聂荣臻（敬礼者）在杨成武陪同下，检阅黄土岭战斗胜利归来的指战员。

桂南会战中的中国军队战士。

负责两广军事的第四战区司令长官张发奎指挥第一次粤北会战获胜后，检阅部队。

台湾义勇队附属台湾少年团在进行操练。

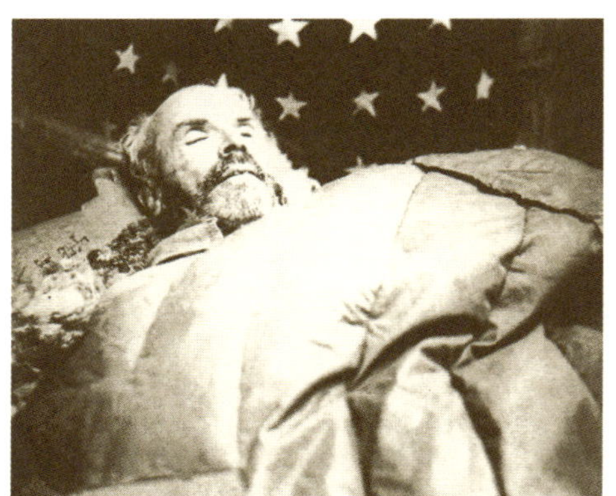

1939 年 11 月 12 日凌晨 5 时 20 分，白求恩在河北省唐县黄石口村与世长辞，享年 49 岁。

格里戈里·库里申科，苏联援华空军大队长，1939 年 10 月牺牲。右为其在重庆的墓地。

目　录

南岳游干班开学

中条山抗战

南昌会战

随枣会战

八路军冀中歼灭战

南洋华侨归国支援抗战

重庆大轰炸

太行根据地夏季反“扫荡”

第一次长沙会战

八路军雁宿崖和黄土岭歼灭战

白求恩逝世

桂南会战

昆仑关战役

第一次粤北战役

包头战役

其　他

概　述

从1939年起，日军以在中国关内总兵力的大部及全部伪军，对占领区进行连续两年的“治安肃正”作战，企图将日军对“点”和“线”的占领，扩展为对“面”的占领。虽然华北日军对敌后根据地进行1000以上至5万兵力的“扫荡”近百次，但在占领区居民顽强抵抗下，大部分“扫荡”均遭到惨重失败，恢复对“面”的占领的目的并未达到，占领区“治安”的情况反而进一步恶化。

在中国抗日战争进入相持阶段之时，国民政府军事委员会召开了南岳军事会议，调整了指挥系统，对部队进行了部分的补充和整训，使战斗力得到一定的恢复。在抗击日军数次的有限进攻中，基本稳定了原有的战线，并在1939年冬季攻势中，对日军实施了广泛的袭击，给敌一定的打击和消耗，在战略上配合了敌后战场的作战。进入相持阶段之后，正面战场作战的范围、规模及频繁程度，都较战略防御阶段有明显的减弱，各战区部队未能充分积极作战，主动策应配合，以钳制更多日军。在日本诱降和国际绥靖主义者劝降的影响下，国民党反共分裂和妥协投降倾向显著增长。其五届五中全会及“溶共、防共、限共”反共方针的提出和实施，两次反共高潮的掀起，给坚持团结抗战造成了严重的危机，加重了相持阶段的困难。反共分裂、妥协投降的方针不得人心，遭到全国人民的反对。中国共产党提出了坚持抗战、团结、进步，反对投降、分裂、倒退，并领导敌后抗战的军民，对顽固派的反共摩擦采取有理、有利、有节的斗争，对妥协投降的阴谋活动给以有力的打击，巩固了抗日民族统一战线，使中国抗战克服了新的危机。

1939年，正面战场进行了南昌会战、随枣会战、第一次长沙会战、桂南会战以及中条山战役、第一次粤北战役、包头战役等，千千万万爱国将士视死如归、浴血奋战，付出了巨大的牺牲，极大地消耗了敌人的有生力量。

日寇铁蹄所到之处，对中国人民烧杀抢掠，蹂躏践踏，无恶不作。穷凶极恶的日寇甚至通过各种残忍的方式杀人以取乐。在许多地区，残暴歹毒的日本侵略者制造了屠杀、清洗等令人发指的惨案。1939年5月3日和4日，为了对国民党政府施加压力，迫其妥协投降，日军对重庆进行了无差别战略大轰炸。此外，日军在战斗中还频繁使用毒气弹、毒瓦斯等灭绝人性的武器，犯下了世所罕见的滔天罪行。

南昌会战自3月17日日军进攻赣北吴城开始，到5月9日蒋介石下令终止反攻南昌结束，整整54天。作战过程中，中国军队在付出巨大代价后，仍没有守住南昌，在战役的第二阶段反攻南昌时，也未能达到目标。但此会战给予日军有生力量相当大的打击，为抗战进入相持阶段以后的一次具有重要意义的战役。

随枣战役发生于4月30日至5月23日。日军为了消除鄂北、豫南方面中国军队对武汉的威胁，向湖北随县、枣阳地区发动进攻。为牵制和阻击日军进攻，中国第五战区所属部队编为左、右两个集团军和江防守军进行防御，并实行反击。战至23日，第五战区部队先后收复枣阳、随县，日军退回钟祥、应山，恢复战前态势，会战宣告结束。此次会战击毙敌军1.3万人，第五战区也付出了较大的牺牲，日军未能达到预定的战略目标。

第一次长沙会战始自1939年9月6日，止于10月10日。日本为以军事打击加强对国民政府政治诱降，集中10万兵力从赣北、鄂南、湘北三个方向向长沙发起了进攻。第九战区为保卫长沙，采取以湘北为防御重点，“后退决战”“争取外翼”的作战方针，调动30多个师和3个挺进纵队，共约24万多人参加此次战役。中国军队先节节抵抗，后逐步反攻，日军被迫陆续退回湘北新墙河以北地区，双方恢复战前态势。此战粉碎了日军试图围歼第九战区主力的战略目标，消耗了日军大量人员、物资及武器装备，增强了中国军队抗战必胜的信念。

桂南会战是1939年11月至翌年（1940年）2月，中国守军抵抗日军为打击中国国际交通线并威胁西南大后方而在广西南宁等地区展开的作战。日军侵占南宁和昆仑关之后，国民党从数百公里外急调10个精锐师，抵抗日军的进攻。第五军军长杜聿明受命向昆仑关反击，以步、炮、坦、空诸军兵种协同攻坚，歼敌5000余人，打死敌旅团长中村正雄，取得昆仑关大捷。日军又调兵进行反扑，再次占领昆仑关。中国军队苦战多日，伤亡很大，需要休整，遂结束会战。桂南会战迫使日军改变对广东的作战计划，造成日军在战略上的部分被动。

进入战略相持阶段后，八路军、新四军等抗日武装，面对敌重兵回师占领区并发起残酷进攻，按照中共中央的战略决策，依托抗日根据地，组织群众、动员群众、武装群众，依靠人民战争的威力，利用灵活机动的游击战术，成为插入敌后的一把把尖刀，使敌人顾此失彼、疲于应付，像一头野牛陷入我人民战争的沼泽泥潭中不能自拔。除了在游击区、接敌区开展广泛的游击战之外，根据地军民在党中央的领导下，还把握时机开展一定规模的运动战歼灭战。一旦敌人敢于孤军深入，即以优势兵力果断地围而歼之，使其小股兵力不敢轻易进犯。特别是在晋察冀边区击毙了日军所谓“名将之花”的阿部规秀中将，震惊东京。抗战两周年之际，仅八路军和新四军就与日伪军作战3219次，毙伤日军72030人，毙伤伪军15430人，俘日军1339人，俘伪军9615人，伪军反正19301人。

日寇结束了对冀南的“扫荡”后，集中5万多兵力，对太行山区发动了规模更大的“扫荡”。敌人割断我太行、太岳两区的联系，企图打通邯（郸）长（治）大道，把太行区也割裂成太南、太北两块，实行所谓“分区清剿”，逐步压缩，妄想把我军挤出太行，消灭太行山抗日革命根据地。中国共产党广泛发动群众，开展群众组织工作，进行艰苦的反“扫荡”斗争。

在波澜壮阔的全民族抗战中，全国人民和港澳台同胞、海外侨胞团结一心、义无反顾地投身到这场关系民族生死存亡的伟大斗争中。台湾义勇队与台湾少年团率先以有组织的团体形式赴大陆参加中华民族抗日战争。南洋各地的抗日救亡运动迅速发展，各种救亡团体相继成立，来自新加坡、马来西亚、吉隆坡、印度尼西亚、泰国、缅甸等地的华侨以满腔热血，响应号召，回到祖国，与祖国同呼吸共命运，不惜赴汤蹈火，肝脑涂地。在中国人民抗日战争的进程中，苏联、美国、英国等反法西斯盟国为中国人民提供了宝贵的人力物力支持。可以说，在中国抗日战争胜利的旗帜上，凝结着各国友人的血迹；在世界反法西斯战争胜利的丰碑上，熔铸着中国人民的卓著功勋。

八路军开辟山东敌后抗日根据地

115师挺进山东及山东抗日根据地的发展

萧　华*

武汉失守后，日军停止对国民党军队正面战场的战略进攻，施之以政治诱降为主、军事打击为辅的方针，把打击的重点指向华北的八路军，相继从华中、华南正面战场及其国内抽调7个师团又5个独立混成旅团加强华北方面军。与此同时，国民党军队逐渐走上消极抗日、积极反共的道路。山东，位于黄河下游，地处南北交通要冲，且为华北海上门户。山东根据地，南接华中，北连平津，与晋察冀和晋冀豫根据地成鼎足之势，对坚持敌后抗战具有重大战略意义。1938年5月，徐州失守后，山东完全沦为敌人后方。当时山东日伪军队及国民党顽固派军队近20万人，而我党领导的起义武装计约4万人。以山东省政府主席沈鸿烈为首的顽固派势力积极反共，多方限制和破坏我抗日力量的发展。山东抗日武装处于敌伪顽夹击之中，形势日趋恶化。

---

* 作者时任八路军山东挺进纵队司令员兼政委。

一

为了坚持和发展山东的抗战，使之成为华北抗战的战略一翼与联结华中敌后战场的战略枢纽，中共中央决定派部队进军山东。115师接到中央军委和八路军总部关于派遣部队入鲁的指示后，首先组织了一支东进抗日挺进纵队，向津浦路以东冀鲁边平原挺进，与那里的抗日武装会合，建立抗日根据地。挺进纵队以343旅政治部、直属队、685团2营和129师工兵连为基础，又从其他团抽调一部分骨干组成，我任纵队司令员兼政治委员，邓克明任参谋长，符竹庭任政治部主任。7月，挺进纵队组成，于9月27日，越过津浦路，跨进冀鲁边的边缘乐陵县，成立了冀鲁边军政委员会，揭开了挺进山东的序幕。此后，115师各部队相继入鲁。

1939年1月，343旅685团由晋西孝义辗转进入山东微山湖西区丰县后，与山东纵队挺进支队合编为八路军苏鲁豫支队，接着在沛县争取伪军一部反正。4月，击退了丰、沛、萧3县4000敌军对湖西区的联合“扫荡”，继之击退萧(县)铜(山)敌人的7路进攻。部队扩大到8000余人，创建了以丰县、沛县为中心的湖西根据地。5月，除留第4大队坚持湖西斗争外，主力由彭明治、吴文玉(吴法宪)率领南下，南越陇海路，进入萧县、永城、夏邑地区，与萧县地方武装合编。6月，东越津浦路，进入宿县、灵璧，粉碎了日伪军的7路合击，开辟了宿迁、睢宁、泗县、灵璧地区。战后留下1个大队坚持皖东北，大部兵力留津浦路西并向西发展进入亳县、鹿邑、柘城、商丘等地，与山东纵队陇海南进支队、新四军游击支队配合，开辟了以永(城)夏(邑)萧(县)宿(县)为中心的苏豫皖区。7月，将所属部队编为3个大队，1大队坚持皖东北，2大队调鲁南抱犊崮山区，3大队于9月回湖西开展工作。

为了继续增强山东抗日的骨干力量，八路军总部命令115师主力挺进山东。115师除将343旅补充团与晋西3个游击大队合编为独立支队(即陈士渠支队)，坚持晋西斗争外，1939年1月，115师代师长陈光、政治委员罗荣桓率领师部及686团，从晋西向山东挺进。3月2日，进入鲁西聊城地区。次日歼灭聊城西樊坝伪军一个团，打开了运(河)西局面。686团团长兼政治委员杨勇率领 3 营及师直两个连留运河以西发动群众，建立政权，扩大部队。师部率 686 团主力继续东进至东平、汶上、宁阳地区，与山东纵队第 6 支队会合，协助当地党组织建立抗日政权，瓦解了有 1 万名徒众的反动“红枪会”，拔除了伪军沿汶河两岸（东平、宁阳县境）的全部据点。5 月，在肥城以南的陆房地区粉碎日伪军 8000 余人的 9 路围攻，歼日伪军 1300 余人。5 月至 6 月，115 师司政机关和直属队各一部，以及东进抗日挺进纵队第 7 团，先后进入津浦路以东的泰安、泗水、宁阳边区，继而向费县西北发展，配合山东纵队粉碎了日伪军 1 万余人对鲁中地区的大“扫荡”，开辟了费县西北地区。在此期间，686 团 3 营扩编为师独立团，师直两个连扩编为游击第 7 支队。7 月，师独立团和游击第 7 支队合编为师独立旅，杨勇任旅长兼政治委员。同月，津浦支队由鲁西进入鲁南的临沂、费县地区 (10 月编入山东纵队第 2 支队）。9 月，遵照八路军总部指示，115 师师部 686 团、新扩编的特务团、随营学校分别进入鲁南的滕（县）峄（县）费（县）边区，与山东纵队鲁南人民抗日义勇队第 1 总队 (10 月调归 115 师建制）会合，拔除日伪据点多处，争取了一些地主武装保持中立，建立和巩固了以抱犊崮为中心的抗日根据地。是年冬，师独立旅一部进入鲁西北，配合 129 师部队、筑先纵队反击国民党顽固派军队的进攻，先后开辟寿张、阳谷、范县、聊城、莘县、朝城、古城等地区。

1940 年 2 月，115 师为统一鲁南地方武装的领导，将地方武装分别编为边联支队、沂河支队、尼山支队；将争取的地方实力派武装编为峄县支队、鲁南运河支队。为扩大鲁南根据地，向天宝山区发展，115 师师部率主力由南北进。2 月 14 日，歼灭汉奸孙鹤龄部，解放鲁南山区中心要地白彦镇。3 月 7 日至 22 日，日军集中 2800 余人三次争夺白彦，我军经 14 昼夜作战，歼敌 800 余人，解放了费县西广大地区。随后，又粉碎日伪军 8000 余人对抱犊崮山区的大“扫荡”，讨伐了伪军刘桂堂，开辟了天宝山区。师独立旅与我率领进入鲁西的东进抗日挺进纵队第 5 支队，于 3 月协同冀中、冀南军区部队进行了第一次讨伐国民党顽军石友三部的战役。同月，师独立旅与东进抗日挺进纵队第 5 支队合编为新的第 343 旅，杨勇任旅长，我任政治委员。

4 月，成立了鲁西军区 (机关由第 343 旅旅部兼)，我任司令员兼政治委员。同时，鲁西、鲁南主力部队进行了整编。6 月下旬，我调任 115 师政治部主任。7 月，陈士榘率独立支队由晋西到达鲁西。至此，115 师进军山东的工作全部完成。

1940 年 10 月，根据八路军总部指示，115 师将所属部队先后整编为 7 个教导旅。苏鲁豫支队第1、第 3 大队编为教导第 1 旅 (后南下华中改为新四军第 3 师第 7 旅)，旅长彭明治，政治委员朱涤新；独立支队第 1 团、鲁南支队与苏鲁支队编为教导第 2 旅，旅长曾国华，政治委员吴文玉 (未到职，由符竹庭担任)；独立支队第 2 团与运河支队编为教导第 3 旅 (兼鲁西军区)，旅长杨勇，政治委员苏振华；黄河支队编为教导第 4 旅 (兼湖西军区)，旅长邓克明，政治委员符竹庭 (未到职，由唐亮担任)；东进支队编为教导第 5 旅 (1941 年调归新四军为独立旅)，旅长梁兴初，政治委员张国华 (未到职，由罗华生担任)；东进抗日挺进纵队第 6 支队与鲁北支队编为教导第 6 旅 (兼冀鲁边军区)，旅长邢仁甫，政治委员周贯五；1941 年 7 月原八路军第 2 纵队新 3 旅和新 2 旅第 4 团编为教导第 7 旅，代旅长余克勤，政治委员赵基梅。另辖鲁南军区，司令员张光中，政治委员邝任农。

1939 年 6 月，党中央和八路军总部任命徐向前同志为八路军第 1 纵队司令员，朱瑞为政治委员兼山东分局书记，统一指挥山东与苏北境内的八路军各部队。1940 年 6 月，徐向前去延安参加党的第七次全国代表大会的准备工作。以后中央多次指示，由 115 师统一山东的军事指挥。党的领导的加强和主力部队入鲁，使山东人民的抗日斗争进入一个崭新阶段。到 1940 年底，山东分局领导的抗日根据地，除苏鲁豫皖边区和苏皖边区于当年 6 月划归中原局领导外，包括鲁西 (含湖西)、鲁中、鲁南滨海、胶东、清河、冀鲁边等根据地，人口 1200 万，土地 3.6 万平方公里，成立了省参议会和行使政府职权的省战时工作推行委员会，并建立了一个行政主任公署，14 个专员公署，95 个抗日民主县政府。115 师已发展到 7 个旅，共 6 万余人。山东纵队也编为 5 个旅两个支队，共 5 万余人，加上各地的地方武装，山东抗日武装力量已发展到 12 万余人。

二

115 师进入山东之初，山东的斗争形势极其复杂。1937 年 10 月，在日军向山东大举进攻时，国民党军队纷纷逃窜。没逃走的，有的向日军投降，被日军收编为伪军；有的进山为匪，自树旗帜。加之齐鲁自古以来兵患频繁，遗散民间的武器颇多，沦陷后各地迅速冒出各色各样的杂牌武装，“兔子乌龟满地跑，土鳖司令多如毛”，仅临邑一个县就有这类武装 72 股，多者近 1000 人，少者近 100 人。他们啸聚林野，打家劫舍，搞得四乡不宁。抗战开始，国民党山东省主席兼第三集团军总司令韩复榘不战而逃，使山东大好河山沦于敌手。八路军 115 师主力挺进山东前后，国民党顽固派却乘机钻回山东，并收编土匪地主武装，恢复地方政府，消极抗日，积极反共，专事摩擦，使我军与日伪顽的三角斗争日趋尖锐。

但是，山东人民具有光荣革命传统，党在山东的领导基础比较巩固。日军向山东进攻时，地下党举起抗日救亡大旗，武装起义的烈火遍及全省。115 师挺进山东，为山东抗日斗争增添了力量。在共产党的领导下，山东军民为建立敌后抗日根据地进行了不屈不挠的斗争。115 师在战斗中充分发挥了骨干作用，连续给敌人以有力的打击。1939 年 8 月，梁山伏击，我以同等兵力歼灭来犯日军 300 余人，毙俘伪军一部，缴获野炮 2 门，92 步兵炮 1 门。梁山战斗后，日军纠集 5000 多人，汽车、坦克 160 多辆，在各据点守备队的配合下，疯狂报复，扬言血洗梁山。但是，我鲁西军民依托青纱帐，到处开展游击活动，仅在这次战斗中就击毙敌人 300 名，击毁汽车 10 辆、坦克 3 辆，敌人狼狈撤走。

在我军同日军浴血奋战的同时，国民党顽固派趁机制造摩擦。山东国民党顽固派及别动队头子秦启荣部杀害我过路干部和护送人员 40 余人的“太河惨案”，国民党军第五十一军中的顽固派惨杀我鲁南区党委书记赵镈等 40 余人的“银厂惨案”等亲痛仇快的事件相继发生。我党我军高举抗日民族统一战线的旗帜，根据毛泽东同志提出的“发展进步势力，争取中间势力，孤立顽固势力”的策略，一面团结抗日民主人士和抗日友军合作抗日，一面进行反摩擦斗争。记得我们刚到冀鲁边时，逃窜到惠民的国民党山东省主席沈鸿烈，不敢和日军作战，却一心想把我挺进纵队赶出冀鲁边。为了团结抗日，我找上门去做工作。这个人是清末秀才，日本海军学校毕业，曾任张作霖的东北海防舰队中将司令，后当过青岛市长，老奸巨猾，诡计多端，尤其擅长于辞令。那时我才二十多岁，沈鸿烈根本不把我放在眼里。见面伊始，他拐弯抹角地提出："乐陵是鄙人治下，还望肖司令不要染指乐陵政务，使省府为难。"并说："贵军防区在山西、河北一线，贵军军饷很难筹措，还须请往河北征粮派款……"他原以为一个软钉子可以把我碰回去，岂知我义正词严地说："沈主席，蒋委员长曾经在庐山号令全国：如果战端一开，那就地无分南北，人无分老幼，无论何人皆有守土抗战之责任。山东沦陷，我军赶来抗战，沈主席理应协助。难道事隔一年，沈主席就把蒋委员长的话忘掉了吗？"说得沈鸿烈张口结舌，频频擦汗。舌战输了，沈鸿烈又指派土顽不断挑衅，制造摩擦，进而侵占我军防地，杀害我干部群众。在忍无可忍的情况下，我军被迫还击，先后给刘景良、张子良等反共最积极的土顽以迎头痛击，边区的反摩擦斗争才稍有平静。

我党我军在山东敌后的斗争，使日军十分惊慌。他们一面加强对国民党的政治诱降，一面集中兵力对付我抗日根据地。1939年和1940年，敌人在山东1000人以上的"扫荡"共25次，其中1万人以上的两次，1941年和1942年增加到70余次，其中1万人以上的9次。至于1000人以下的"扫荡"和出扰，则无日无之，平原地区尤甚。"扫荡"办法也从"分进合击""梳篦式扫荡"发展到大纵深重重包围的"铁壁合围""拉网合围"。1942年秋至1943年初，敌人对鲁中、胶东、湖西、冀鲁边、清河地区轮番进行1万人以上的"拉网合围"。山东军民依照毛泽东同志制定的战略战术原则，机动灵活地开展反"扫荡"。

1941年冬粉碎敌人对沂蒙山区的"铁壁合围"就是一个典型的例子。当时，敌人以5万重兵对沂蒙山区进行了两个月的"铁壁合围"。敌人首先袭击山东纵队领导机关驻地，接着以3万兵力，在坦克、飞机配合下，从四面八方向115师师部和山东分局驻地留田（临沂北50余公里）一带猛犯，同时在沂河以东隐蔽布置了强大兵力，准备诱歼我向东转移的部队。我留下部分武装坚持内线斗争，大部队连夜乘隙跳到西南方向，转到外线作战。敌人合围留田扑空，就分区“清剿抉剔”，企图追踪我领导机关和主力部队，破坏我根据地。我便派出一部分兵力，示形于敌，在费县东北的石兰打了一仗。敌人跟踪扑来时，115 师师部冒着风雪严寒适时转移。敌人又一次扑空后，师部秘密回到中心区，指挥转入内线的主力一部，采取伏击截击等手段，10 天打了 7 仗，毙敌 1000 余人；同时配合地方党政机关，发动群众同敌人斗争。在我广大军民的连续打击下，敌人不得不分路撤退，一次规模空前的大“扫荡”终于被粉碎。

1942 年，山东日伪军对根据地的“扫荡”更加频繁，封锁更加严密，使斗争更加艰苦。115 师根据中央军委提出的“敌进我进”的方针，在地方武装、民兵和广大群众配合支援下，破袭日伪军据点，制止日伪军的“蚕食”推进，坚持边缘地区的斗争。其中胶东的反“扫荡”规模最大。敌人这次对胶东区的“拉网扫荡”持续 40 多天，使用了 1.5 万余名陆军，还有部分海空部队配合作战。敌人深入我根据地后，分成许多小股，互相保持火力联系，边压缩，边搜索。白天摇旗呐喊，夜晚沿合围圈点火，控制山头，封锁要道，企图将我压缩到牟平县西南的马石山狭小地区聚而歼之。我根据地人民群众利用山头、森林分散隐蔽，主力部队留少数坚持内线，大部跳到敌占区或敌人已经“扫荡”过的地方开展游击活动，策应中心区的反“扫荡”。敌人扑到马石山，才发现我领导机关和主力部队已无影无踪。当时，1 个班外出执行任务与我们失去联络，陷于合围圈内。他们为掩护群众突围，往返冲杀数次，最后剩下 3 个人，在班长带领下，高呼“打倒日本帝国主义”等口号，拉响手榴弹，壮烈牺牲。敌人合围马石山后，又利用胶东三面环海的地势，沿烟（台）海（阳）公路拉成一线，向东平推，直抵成山角。接着又“扫荡”烟（台）青（岛）公路以西地区。由于敌人兵力分散，纵深单薄，我广大军民用“转山头”、钻空隙等办法巧妙地摆脱了敌人。

日军大规模军事挺进达不到目的，又施行军事、政治、经济、文化、特务等手段密切结合的所谓“总力战”，企图用频繁的“扫荡”和稳扎稳打、逐步推进的“蚕食”政策，缩小乃至摧毁我抗日根据地。1941 年底，敌人在我根据地建立据点 1100 多个；1942 年底，敌人仅在鲁南就“蚕食”了苍山、码头镇和临沂、郯城、邹县广大地区。在平原地区，敌以据点、碉堡为支点，构成纵横交织的公路网，并沿点线修筑封锁沟、封锁墙。在冀鲁边区，敌人建立了 456 个据点，平均每两平方公里、8 个村庄就有 1 个据点，封锁沟墙共长 1300 多公里。各县、区、乡都被分割成若干碎块，每走 30 公里，要过 8 条公路、5 条封锁沟，真是“出门见碉堡，处处是公路”。几乎没有一个村子不被迫向敌人缴粮、纳税。原来的根据地，完全变成游击区，我军活动极度困难。鲁中、胶东、清河、滨海、湖西地区，同样被敌人“蚕食”、分割和封锁。敌连续的“扫荡”和大规模的“蚕食”，加上国民党顽固派军队的夹击，使我根据地受到很大损失，抗日军民遭到严重困难。南沂蒙纵横不过 50 公里的地区。在一次“扫荡”中群众就被杀害 3000 多人，牲畜被抢去 1 万余头，粮食被掠夺 160 余万斤，民房被毁 5000 余间。广大人民生活极为困苦，不少地区群众断炊。鲁中的泰山区和鲁南山区最严重，军民以米糠、地瓜蔓、树叶、草籽充饥。1941 年、1942 年是山东抗日根据地最艰苦的两年。到 1942 年底，我根据地人口减少到 730 万，面积缩小到 2.5 万平方公里，部队减员四分之一，军械、弹药、被服、医药极端缺乏。有的部队夏天还穿着破棉袄，而冬天却打着赤脚。许多部队每个战士只有几发子弹。然而，我们并未被吓倒，在困难面前变得更加团结，更加坚强。这年 8 月，根据中央军委关于实行主力军地方化的指示，山东纵队改为山东军区，归 115 师指挥。山东根据地军民和敌人艰苦相持，拼死争夺。

三

正当山东战场处于最艰苦最困难的关头，1942 年夏天刘少奇同志代表党中央由苏北到山东，帮助中共山东分局总结斗争经验，提出了以后的斗争方针和任务，并对山东工作作了指示。

1943 年 3 月，根据党中央决定，山东实行党的领导一元化。罗荣桓任山东军区司令员、政治委员兼 115 师代师长、政治委员，黎玉任副政治委员，我任政治部主任。由山东军区统一领导山东我军主力和地方武装。不久，罗荣桓接任分局书记。1944 年秋，舒同由晋察冀调山东分局参加领导工作。各地区开展了整风运动，贯彻了精兵简政，实行了主力地方化，加强了小部队建设；深入减租减息，进一步调动了广大群众对敌斗争和生产的积极性，开展了以农业为主的大生产运动，加强了军事工业的生产。这些措施，为山东军民克服困难，渡过难关，粉碎敌人的“扫荡”和“蚕食”，恢复和扩大抗日根据地，打下了坚实的基础。

我军根据党中央“敌进我进”的方针，提出了“翻边战术”（即敌人打进我这里来，我们打到敌人那里去），以分散的群众性的游击战争和强大的政治攻势反击敌人，把斗争焦点引向敌占区。1943 年是“蚕食”与反“蚕食”最激烈的一年，敌人的“扫荡”仍很频繁。但是，进一步动员起来的千千万万群众，采用各种方式方法，向敌后之敌进军。在这一年，我们共攻克据点 300 余处，开辟了 5 万平方公里的新区，取得了全歼伪军刘桂堂部和解放郯城、赣榆城等辉煌胜利。

各地民兵在反“蚕食”斗争中进一步发挥了巨大威力。他们用“打、走、散、躲”和“打赚钱仗”等战术，广泛开展“麻雀战”和地雷战，对敌进行袭扰，取得了巨大成绩。特别是地雷战，使敌人无从捉摸，防不胜防。在普遍开展的“飞行爆炸”运动中，民兵把大量地雷埋在敌人的交通要道上和据点周围，甚至埋在敌人的营房和操场里。敌人走大路大路炸，走小路小路炸，走崖头、山岭、海滩和庄稼地也挨炸。

我们还大力加强小部队建设，出现了许多被誉为“怀中利剑”“袖中匕首”的武工队、游击队。鲁南铁道游击队就是一面鲜艳的旗帜。在津浦路鲁南段和临（城）枣（庄）线上，人们时常看到，急驰的火车突然出轨，车头忽然相撞，满载物资的列车忽然前后脱节。有时敌人补给前线的武器、弹药、布匹、医药，就这样经过游击队员们的手送往根据地。这些列车英雄还常常出入敌占城镇，杀敌夺枪，猎取情报，破坏敌人的仓库，捕捉汉奸特务，进行宣传，在敌占区开展工作。抗战胜利前夕，这支部队已经发展到 2000 人，从敌人手中夺回 400 多个村庄。活跃在沿海地区的海上游击队，经常化装成渔民、船工，以短枪、匕首和手榴弹杀死敌人，夺取物资，破坏敌人的海上交通，有时挺进敌占岛屿或潜入敌占海港袭击敌人。根据地广大军民还广泛开展政治攻势。我军常常在半夜将敌据点包围，向敌人喊话，或者利用敌人的电话线向日本士兵进行宣传。还专门编印了大批书刊和小说，封面印的是《说岳全传》，内容却是八路军杀敌的故事；封面是《京戏大全》，内容却是"身在曹营心在汉"或"伪军投诚""纳粹毁灭"等宣传画。我军还开展伪军家属工作，掀起"索夫唤子"运动，组织伪属到据点去叫回丈夫、儿子，仅鲁中区在 1944 年中就瓦解伪军 6900 多人。在敌占区，发展为我们工作的"内线"，开展抗日工作。1943 年，我军利用内线关系赚开赣榆城门。一举将该城攻克。为了惩治死心塌地的汉奸，实施镇压和宽大相结合的政策，我们开展了"红黑点""善恶录"的工作。凡暗中帮助我军者记红点，做坏事的登黑点，屡教不改的予以镇压。敌占区人民被伪军政人员压榨过甚的时候，就警告伪军说："小心八路军给你来几个黑点！"敌占区人民在我党我军抗日行动影响下，唱出了充满信心的歌谣："日本话不用学，再过一年用不着。"

总之，1943 年是山东根据地在艰苦斗争中发展的一年。这一年，清河军区部队摧毁日伪军据点 133 个，毙伤日伪军 3100 余人，恢复了清河军区与冀鲁边区、胶东军区的联系。滨海、鲁中军区占领了沂蒙山区与诸（城）日（照）莒（县）山区，沟通了滨海、胶东、鲁中、清河军区的联系。11 月，鲁中、清河军区部队先后粉碎日伪军 1 万至 2.5 万余人的"扫荡"。鲁南、滨海、胶东、冀鲁边等军区为策应鲁中、清河军区的反"扫荡"，展开攻势作战，先后全歼伪军第三师刘桂堂部和第七十一旅。12 月，发起第二次讨伐吴化文战役，歼其 800 人，并攻克鲁山以南的东里店等 20 处据点。此外，还粉碎了国民党李仙洲部对冀鲁豫边区和鲁南根据地的进犯。这一年，山东军区部队共恢复和开辟 7000 多个村庄的地区，为开展攻势作战创造了有利条件。

为贯彻中共中央关于进一步巩固根据地，积蓄力量准备反攻的指示，八路军山东军区于 1944 年和 1945 年春夏，连续发动攻势作战，歼灭日伪军 11 万余人，伪军反正的 1.1 万余人，收复县城 20 座，拔除据点 1200 余处，扩大了根据地，沟通了山东各区之间以及与华中抗日根据地的联系，将日伪军压缩在城镇和主要交通沿线，为反攻创造了条件。

1945 年 8 月 8 日，苏联对日宣战，山东我军立即编成 8 个师、11 个警备旅和 4 个独立旅，兵分 5 路，踏着秋禾灿烂的原野，以排山倒海之势，向胶济、津浦、陇海路沿线各大小城市猛进，我军所到之处，广大青年配合我军报仇雪恨，父老妇孺箪食壶浆欢迎我军。山东党政军民领导机关号召解放区青年、妇女、各人民团体，分别担任各种战时勤务，号召敌占区同胞组织起来配合我军解放家乡，号召工人举行武装起义，里应外合收复城市。同时以 20 万民兵组成子弟兵团支援前线和维持新解放区治安。仅 1 个月，我军就收复临沂、曲阜等县城 46 座，烟台、威海等海口、商埠 6 处，歼灭日伪军 6 万余人。到抗日战争胜利结束时，山东根据地已拥有 2400 万人口，12.5 万平方公里的土地；我军发展到 27 万人，民兵 50 万人。在战火中诞生和发展的山东抗日根据地，像雄狮般地巍然屹立。

八路军 115 师在鲁南

梁必业*

一

1937 年 7 月 7 日，日本帝国主义发动了卢沟桥事变，妄图以武力吞并我国大好山河。日军的铁蹄踏进北平、天津等地后又沿津浦铁路向南进犯。徐州失守后，山东完全沦为敌人后方。中国共产党领导山东人民，纷纷发动武装起义，组建了人民抗日武装，广泛地开展游击战争，并于 1938 年底组成了八路军山东纵队。山东是联结华北和华中的纽带，可以由此南下华中，北逼平津，且与晋察冀和太行根据地成鼎足之势，对坚持敌后抗战，具有重要的战略意义。

为了迅速发展山东地区的游击战争，毛泽东主席在 1938 年 10 月间召开的党的六届六中全会上提出“派兵去山东”。罗荣桓同志参加了这次会议。中央军委又于 1938 年 11 月 25 日指示第十八集团军总部，令 115 师师部率 343 旅进入山东、淮北的新老黄河间，包括津浦铁路东、西，胶济铁路南、北的广大地区。当时任 115 师政委的罗荣桓同志和代理师长陈光同志率领师

---

* 作者时任八路军第 115 师政治部总务处处长。

部及 686 团于 12 月由晋西出发，向山东挺进。当时，我是 115 师政治部的工作人员，跟随师部行动。一路上我们在兄弟部队配合下痛击日军，粉碎了泰（山）西敌人的 9 路围攻，取得了梁山歼灭战的重大胜利。

从 1939 年 5 月开始，师部率 686 团主力分批由泰西地区，东越津浦路，进入新泰、蒙阴、费县、泗水等县的边区，10 月进入费县南部的抱犊崮山区，并与由我党发动和领导的鲁南人民抗日义勇队第一总队会师。从此，我军打开了发展鲁南抗日根据地的新局面。

在此期间，115 师的 344 旅和 343 旅的 685 团，则由军委和集总直接指挥，分别进入鲁、豫、苏、皖地区。肖华同志则率 343 旅一部于 1938 年 9 月进入冀鲁边地区。115 师独立团、骑兵营和教导大队一部，早在 1937 年冬平型关战斗后，由聂荣臻政委率领去晋察冀根据地，坚持敌后抗战。

二

鲁南，指蒙山以南，陇海路以北，津浦路以东，沂沭河以西的广大地区。当时以抱犊崮、天宝山为中心坚持和发展鲁南抗日根据地是十分紧迫的任务。在 115 师到达之前，这里虽有我党领导的鲁南人民抗日义勇队等地方武装坚持斗争，但在强大的敌人和顽固派面前，显得极为薄弱，困难很多。整个鲁南地区，除抱犊崮以东的大炉、车辋一带为我控制外，其余山区多为地方武装所盘踞。他们有近万人，传称“司令”就有 72 个之多。他们的政治态度不一致：少数接受国民党政府的委任；多数和日军密切勾结；也有和我党关系好积极抗日的。少数地主武装称霸一方，欺压百姓，鱼肉乡里。1939 年春，国民党东北军的一个师又进入这里，更是搞得乌烟瘴气，民不聊生。日军的魔爪伸进鲁南之后，占据了所有县城，并伙同汉奸，向山区入侵，利用国民党顽固派妥协投降，加紧向我军进攻。

当时，我的笔记本上记录着 1940 年 1 月罗荣桓同志在大炉召开的创建抱犊崮山区根据地的动员大会上作的报告。他说：这里极便于开展山地游击战争，在战略上可以坚持和创建我军的根据地，并能配合苏北和鲁西的平原游击战争，成为他们的依托。罗政委还指出了创建抱犊崮山区根据地的许多有利条件：附近敌伪力量不到1万人，分布在城市及主要交通线上；顽固派的势力极不统一，而东北军一般表现中立，还不会立即采取公开摩擦；更主要的是我军战斗的胜利，局面将逐渐打开，群众工作也已开始广泛地开展起来。代理师长陈光同志在作《战略指挥原则》的报告时，也强调指出："我们要有阵地，才能坚持抗战。"

创建根据地的工作，首先是积极开展游击战争，打击敌伪的罪恶活动。在1939年秋冬之间，我们的队伍向邹（县）、滕（县）、临（沂）、费（县）、枣（庄）等地进发，严厉地打击了敌人，攻克了滕县的山亭、卞庄等地，接着奋力拔掉了由枣庄伸向抱犊崮山区的白山、上下石河等日伪据点，打垮了一些勾结日伪的投降派部队和几处最反动的地主武装，从而巩固了以大炉为中心的根据地。在打击了几个反动势力盘踞的土围子以后，我们采取"有理、有利、有节"的斗争方针，强调团结一切可以团结的人，彻底孤立少数顽固派，这样分化瓦解了反动势力，争取了一些地主武装，使他们有的保持中立，有的向我靠拢。从而削弱了敌伪和顽固派势力，更好地发动了群众，初步打开了抱犊崮山区的抗日局面，打下了把鲁南山区建设成为八路军单独的抗日根据地的基础。

1939年6月，毛泽东主席和党中央指示115师："在鲁南应大放县长区长及在可能条件下放专员，以争取政权。"我军正确地执行了党中央和毛主席提出的方针政策，从部队中抽调了大批干部，分赴各地，协助地方党组织进行创建民主政权的工作。当时政治部的民运部长潘振武同志就到峄县当县长。通过广泛宣传党的方针、政策，宣传我军取得的胜利，组织发动广大群众进行抗日斗争，使鲁南山区呈现一派欢腾的景象。到1939年底，我军就直接开展了10余个县的工作，协助地方党组织先后建立了6个县的抗日民主政权。

我们还认真做好抗日统一战线工作。1940年2月7日，我115师发布的《对抱犊崮山区的统战工作问题的指示》中明确指出：要利用地主阶级内部武装割据之矛盾进行分化工作，不要因纠缠于上层统战关系，而阻碍群众工作的开展与深入。这个指示在下达的同时上报中央，不久，毛主席回电同意《指示》所采取的方针。由于贯彻执行了这一指示和我军胜利的影响，鲁南地区的抗日民族统一战线得到了迅速发展。原大炉民团的领导人万春圃起了积极作用。当时在他的联络下许多地方实力派的武装纷纷向我靠拢。115 师入大炉，组织了临、郯、费、峄 4 县边联，宋子成同志任边联党的书记。大炉民团改编为边联支队，万春圃同志任队长。我们还通过地方党对邹、滕两县东侧的孔昭同部（当时称暂编第六师）开展工作。在当地名流彭畏三的联络下，孔部第二旅（董尧卿任旅长）多次参加我 686 团对敌作战。白彦战斗后，其大部并入我 686 团，其余改编为地方游击队。我军很快争取了峄县南北、运河两岸和费（县）泗（水）边区 5000 余人的地方实力派武装，接着又选派了大批干部及一部分部队，对这些武装进行了整顿，并先后将其编为峄县支队、鲁南运河支队、邹（县）滕（县）费（县）泗（水）宁（阳）5 县游击队等。当时，我军和东北军以及国民党鲁南区专员张里元等部，一般都保持了友好关系。

与此同时，我地方党组织也积极发展地方武装，先后编为临（沂）郯（城）费（县）峄（县）边联支队、沂河支队、尼山支队。1939 年 10 月成立了鲁南铁道游击队。这支长期活跃在津浦路和临（城）枣（庄）支线的部队，给敌人以沉重打击。1940 年秋后，115 师又建立了临、郯、赣（榆）、东（海）边区游击队，打通了鲁南区与滨海区的联系，并在滨海区南部开辟了新区。这些地方武装都为进一步发展和巩固鲁南抗日根据地作出了贡献。

三

郯码平原是苏鲁边境上最富庶的地区，是联系山东和苏北、华中的枢纽。它控制沂、沭两条河流的中段，直接逼近陇海铁路。因此南下郯码对于巩固以抱犊崮为中心的山区根据地，开展平原游击战争，具有重要意义。当时，郯码地区的形势是相当复杂的。日伪军为了在郯码一带站稳脚跟，一面修筑临沂至郯城、郯城至码头两条公路，一面在郯城、码头、李家庄、傅庄、华岩寺等地设置据点，建立伪政权。

1939 年 10 月，我军配合山东纵队的陇海南进支队攻克了临郯公路上的伪军据点李家庄，接着于 11 月底又向顽固派所盘踞的码头镇进行反击。阵阵寒风袭击着行进的队伍，许多同志还没有穿上棉衣，但战士们抗日救国的热忱，打汉奸、解救老百姓的求战精神战胜了寒冷。经过急行军后，我们于拂晓时渡过了沂河。一过河就是码头镇，先头部队以猛烈的炮火压住了敌人，机关枪吐着愤怒的火舌，地方武装也早已包抄了敌人的侧翼，在我军猛烈的打击下，敌人崩溃了，逃窜了。

我军占领码头镇后，开展了广泛的宣传工作，这时《鲁南时报》也油印出版了。民运工作干部配合地方党组织积极开展群众工作，提出了“有人出人，有钱出钱，实行合理负担”的号召，群众的抗日情绪十分高涨，出现了“母亲送儿打东洋，妻子送郎上战场”的动人情景。许多青壮年群众踊跃报名参加八路军。许多知识青年纷纷参加了当时我军举办的“鲁迅艺术大队”。在这块辽阔的土地上，燃起了抗日的烽火，唱起了抗日的战歌。

1940 年 1 月，我军一度攻克了郯城，缴获了大量武器，武装了自己。

在党的统一领导下，郯码地区相继成立了各级行政委员会，民主选出了在斗争中经过考验的区长、乡长，先后成立了几百个农民救国会和青年抗日先锋队。在码头、层山、涌泉等战斗中，有力地配合了我军作战，发挥了很大作用。

1940 年 3 月 8 日，鲁南妇女联合会宣告成立，郯码地区的妇女抗日救亡运动也蓬蓬勃勃地开展起来，到 3 月底，便成立了几十个区分会，这是郯码妇运工作空前的壮举。

四

著名的白彦战斗，是 1940 年 3 月间，我 115 师在鲁南进行的一次重大战斗。

位于费县西部的白彦镇，地处抱犊崮与天宝山区中间，是汉奸孙鹤龄的老窝和日寇控制鲁南山区的重要据点，也是我们创建鲁南抗日根据地的重大障碍。1940 年 2 月 14 日，我 115 师调集 686 团、特务团和苏鲁支队等，集中力量对白彦之敌发起了猛烈攻击，摧毁了白彦及其周围的据点，端掉了孙鹤龄的老窝，解救了白彦地区的广大群众。

3 月 7 日，邹县以东城后据点的日军 100 余人，第一次向白彦发起进攻，被我军击退。12 日，日军纠集了城后、费县西北的大平邑和费西南的梁丘等据点 1000 余人，在汉奸孙鹤龄残部的配合下，兵分三路，向白彦发动第二次进攻，妄图采取分兵合击的战术，置我军于死地。我特务团、686 团、苏鲁支队等，在白彦外围 40 里地带与敌人展开激烈战斗。日伪军以猛烈的炮火掩护，向我阵地连续攻击。我军沉着应战，利用白彦两侧山地的有利条件狙击敌人，并发起冲锋达 5 次之多，给敌人以重大杀伤。城后之敌，被我 686 团阻击于白彦西南的柴山，歼其大部。大平邑南犯之敌，在白彦以北也遭到我军痛击。为了更有力地歼灭敌人，我军采取了灵活机动的战略战术，先主动放弃白彦。敌人乘我转移之际，于下午 4 时许，像一群恶狼钻进白彦。当晚 12 点，我 686 团一部趁敌立足未稳，又勇猛异常地袭入白彦，与敌逐屋争夺，奋勇厮杀。敌人拼命挣扎，于 13 日拂晓向西北方向逃窜。我特务团和 686 团一个连跟踪追击，痛歼穷寇。在我追击下，逃敌施放毒气，并乘机钻入南径（在白彦与城后之间）。我军当即将南径团团围住。下午 4 时许，城后之敌 200 余人乘坐汽车多辆赶来增援，又被我击溃。战至黄昏，残敌在大平邑援军的掩护下狼狈逃走，丢下了 200 多具尸体。

我军获捷后，鲁南各处的日军、汉奸惶惶不安，纷纷求援于滕、峄、费等县之敌，并再度纠集了 2500 多人，妄想挽回败局，向白彦发动了第三次进攻。

19 日，敌人由大平邑分兵出动，一路直犯白彦西北的官庄；一路向东进攻白彦西南的太阳崮。我 686 团和由苏皖边区调来的苏鲁豫支队第 1 大队（大队长胡炳云、政委田维扬）在官庄、太阳崮与敌人展开激战，大大杀伤了敌军的有生力量。费县之敌也大举西犯。20 日，日军 500 余人经梁丘向关阳司进攻，在通过北魏庄、张庄时被我军伏击，激战 2 小时，敌窜入庄内凭险固守。我军于当晚挫败敌人，攻占了北魏庄和张庄。但各路之敌终以兵力优势和武器优势重占白彦。

21日晨，敌300余人，火炮10余门，由滕县出动向东经桑村直攻柴山前，妄图与占据白彦的敌人会合，又被我击退。当天晚上，我军以强大的攻势向敌人发起了总攻。根据事先侦察好的情报，首先摸入白彦村西头敌人的弹药库，搬出敌人存放的炮弹300多发和一部分子弹，接着继续摸进睡满了敌人的住房之中，把敌人的枪支全部运出后，愚笨的敌人方从梦中惊醒。这时，我后续部队从村西北角和东南角打入村内，用刺刀、手榴弹和敌人展开激烈的巷战。686团一个排，首先冲入敌群，他们英勇顽强，浴血奋战，在杀伤了大量敌人之后，全排壮烈牺牲。他们的英雄事迹，鼓舞了全体指战员的斗志，战斗持续到天明。22日拂晓，官庄来援之敌600余人，被我击退。白彦之残敌穷凶极恶，在施放大量催泪、窒息性的毒气之后，乘机狼狈逃窜。

在连续14个昼夜的三次争夺战中，我军共打死打伤日伪军800多人，缴获长短枪350余支及大批弹药和其他军用品。白彦战役的胜利，大灭了敌人的威风，鼓舞了我军民的士气，为鲁南抗日根据地进一步扩大与发展奠定了基础。战后，苏鲁豫支队第一大队又南越陇海路，返回苏皖边区，坚持参加华中抗战的斗争。

五

我115师在鲁南的胜利，坚定了人民群众抗日的信心和决心。根据山东分局和山东军政委员会的决定，1940年4月以赵镈同志为书记的鲁南区党委成立了，有力地领导各地委、县委的工作。军队也有了很大发展，除建立和扩大主力部队外，还成立了许多地方武装，到10月间，成立了鲁南军区，领导地方武装。军区归115师指挥，军区司令员兼政委是邝任农。

日军并不甘心他们的失败，特别是几次争夺白彦失败后，又集中第三十二师团、二十一师团、独立第六和第十混合旅团各一部共8000余人，于4月14日，由邹县、滕县、枣庄、峄县、临沂、费县等据点，分成十几路，向我抱犊崮山区根据地进行大规模的合围和梳篦“扫荡”，妄图趁青纱帐未起来之前，一举消灭我军。

敌人这次“扫荡”部署周密，阴谋毒辣，为防备我军乘据点空虚进行袭击，大量增加了各据点的守备兵力。敌人的进攻部队，采取了宽大正面和梯次配备，在行动中，先以伪装成我游击队的小部队为先导，主力则避开大路，隐蔽前进。各路敌人进行密切配合，互相策应，沿路建立临时据点，处处设防，步步为营，还狡猾地预设许多埋伏部队以防我军突围。在“扫荡”我中心区前，敌人首先在我边沿地区“扫荡”了一周，在费县南部的崮口和滕县的山亭等地进行了几个小规模的合击。从4月21日起，开始向我腹地推进。以费南的大炉为中心形成大规模的合围。同时在梁丘和堰头两处设置了临时兵站，以供应弹药和给养。

面临敌人重兵压境的严重局面，我军和地方党组织经过周密的研究和分析，根据罗荣桓同志的指示，制定了切实可行的反“扫荡”作战方案：（1）各部队分区坚持斗争，以少数部队配合人民武装坚持内线斗争，将主力分散置于边沿地区，以保持高度机动性；（2）利用隐蔽地带穿隙插空，靠近敌人之一路，不即不离，既便于打击敌人之一部，又容易摆脱合击；（3）加强侦察工作，准确掌握敌情，摸清了再打，看准了再跳；（4）在敌人迫近时，适时灵活地转入敌之侧翼，并伺机以伏击、袭击等战术打击敌人。

为了认真贯彻罗荣桓同志提出的作战方案，我115师师部率特务团两个营和边联支队一起在内线坚持斗争。为适应战斗的需要，师机关成立了干部武装排、勤杂人员战斗班，实行机关自卫。并派出机关干部担任侦察，掌握敌情。在这次敌人“扫荡”过程中，我们师直属部队在费县、临沂、滕县等地，寻找空隙，灵活穿插，多次避开了敌人的合围，保存了有生力量。在战机有利的情况下，主动与敌人交锋。如在大炉以西的宗光峪、车辋西北的潘家庄等地，我们就狠狠打击了小股进犯之敌。

在外线，峄县支队于4月30日，在驼山前击溃了由枣庄出犯的200余敌，击毙了60多人。敌人在这里的合围遭到了失败，在其他几处的合围也宣告破产。焦头烂额的敌人并未因此而罢休。他们重整旗鼓，调整部署，再次集结了大量兵力，伺机反扑。5 月 4 日从峄县、枣庄、临城、韩庄等据点共出动 3000 余人和数百骑兵，分成 15 路，围攻驻在峄县西南的褚楼和罗庄的我军。敌人先用密集的火力封锁我出路，然后再用大炮不停地轰击，仅一个小村子就落下了炮弹 40 多发，围墙被轰开许多缺口，我军机枪阵地也被黄土掩埋起来。我们的战士像铁人一般，以大无畏精神，冒着枪林弹雨，一次又一次地进行反冲锋。敌人受到出其不意的正面攻击和侧面夹击，顿时一片慌乱。我军在大量杀伤敌人之后乘机突围了出去。经过一天的血战，打死敌联队长广田中佐以下共 300 多人。

经过一个多月的英勇奋战，敌人的“扫荡”被彻底粉碎了。据统计在这段时间内，我们与敌人进行大小战斗 30 多次，共毙伤敌军 2200 余人。

在粉碎敌人对鲁南的大“扫荡”以后，5 月间，我军继续执行向北发展，开辟天宝山区的战斗计划。天宝山区在白彦以北，紧靠滋临公路，北接蒙山，和鲁中抗日根据地相接连。5 月中旬，我痛剿盘踞天宝山区的刘桂棠匪部，争取改编了控制这一山区的地方武装，对推动和发展鲁南抗日根据地，具有重要意义。我军还在滋临公路以北蒙山以南的地区连续粉碎了日寇及刘桂棠匪部的联合“扫荡”，先后在武安镇、小卞桥、王庄取得了共歼敌 600 余人的胜利，有力地打击了敌人，巩固了新区。

到 1940 年底，我开拓了广大的鲁南根据地，并打通和密切了与鲁中、湖西、滨海以及苏皖地区的联系。鲁南抗战形势达到了发展时期的顶点。在南迄郯码、北达滋临路的南北斜长的山区内，在临、费、邹、滕等地的敌伪和依附在他们外围并互相勾结的国民党顽固派的包围之中，建立了我党领导下的鲁南抗日根据地，为坚持鲁南抗战奠定了牢固的基础。

六

1940 年 1 月，毛主席指示要山东把发展武装力量作为一切工作的中心，年内山东分局与 115 师至少应发展 15 万人枪，115 师应分配干部与兵力到山东全境去，还要组训 10 倍于军队的抗日自卫军，极力争取山东的大部政权。我 115 师坚决执行了毛主席这一重要指示，为部队的大发展，作了顽强的斗争。

4 月间，115 师为适应鲁南斗争形势的发展和需要，统一鲁南部队的领导，决定将 686 团和由冀鲁边区转移来的第 6 支队第 7 团合编为鲁南支队，将原苏鲁豫支队第 4 大队扩编为东进支队。当年秋，115 师原留在晋西的独立支队司令陈士榘、主任王麓水率第 1 团到达鲁南，随即进入滨海地区。1941 年初，115 师领导机关离开鲁南，转移到沂蒙、滨海地区。115 师的一部分部队仍留在鲁南，和鲁南人民一道，继续坚持抗战。

难忘在泰西的战斗岁月

万　里[*]

在我漫长的经历中，有许多往事，随着光阴的流失，从记忆中渐渐淡去，而有些事情，却在脑际中留下深刻的印记，任凭历史烟云的剥蚀，始终不能消失。比如70年前，八路军东进支队在泰西英勇打击日伪军的场景，陆房突围中惊心动魄的战斗，还有当年战斗在泰西、如今已经逝去的第115师首长罗荣桓元帅、陈光将军以及那些烈士们、战友们，都清晰地留在我的记忆中。

历史回溯到1939年初，八路军第115师政治委员兼政治部主任罗荣桓、代师长陈光奉中共中央军委命令，率第115师师部、师直属队、第343旅第686团，以东进支队的名义，奔赴敌后山东抗日前线。3月1日，东进支队进入山东省境内,3月7日抵达东平县无盐村,12日进驻东平县东部的林马庄、常庄一带。14日，中共泰西地委一班人与八路军山东纵队第6支队赶赴林马庄欢迎第115师的到来。当时，我任中共泰西地委宣传部长，与地委的其他同志会见了第115师的首长，并筹备、参加了隆重的欢迎大会。在家乡的土地上，见到大战平型关的八路军主力部队，见到久经沙场的罗荣桓、陈光

* 作者时任中共泰西地委宣传部长、组织部长等职。

等将领，心里感到特别高兴，对泰西的抗战更加充满胜利的信心。

派八路军主力部队挺进敌后山东，是毛泽东主席根据党的扩大的六届六中全会确定的巩固华北、发展华中的战略方针和山东的抗战形势，做出的一项重大的战略决策。

早在全国抗日战争爆发后，中共山东省委就按照中共中央和北方局的指示，在全省发动了十余起较大规模的抗日武装起义，开展起抗日游击战争。在泰西地区，省委派张北华等同志于 1938 年 1 月 1 日发动了泰西抗日武装起义，随之建立了山东西区人民抗敌自卫团。这时，我在家乡东平县任中共东平县工委书记。县工委建立于 1937 年 10 月，是泰西地区的第一个县级党组织。县工委大力发展党组织，开展抗日宣传，发动群众组建抗日武装，于 1938 年 2 月与汶上县的同志共同发动了永安寺抗日武装起义，建立了一支抗日队伍。1938 年 5 月，中共中央任命郭洪涛同志为山东省委书记。他从延安率一批干部来山东途经东平时，听取了我代表县工委的工作汇报，对东平县工委的工作给予了充分肯定。郭洪涛同志随后东去到达肥城县北仇村时，在那里建立了中共泰西特委，段君毅同志任书记，孙光同志任组织部长，我任宣传部长，张北华同志任军事部长。特委大力开展建党和宣传、组织群众工作。至当年底，泰西地区的党员由不足 100 人发展到 400 余人，并在东平县工委的基础上又建立了泰安（西）、肥城、长清、平阴、汶（上）东等 5 个县委或工委，还建立了各县抗日动员委员会。特委还在山东西区人民抗敌自卫团中开展了建军工作，使部队加强了党的领导、严明了组织纪律、清除了混入的坏分子，面貌焕然一新。这期间，永安寺起义建立的抗日武装逐步扩大，被编为第 10 支队东进梯队。这支部队到东平县活动时，与东平县工委建立的东平县第 5 区抗敌自卫团和几个区队合编为第 10 支队挺进梯队，队伍发展到 1000 余人。1938 年底，山东西区人民抗敌自卫团和挺进梯队等部在长清县大峰山区整编为八路军山东纵队第 6 支队，兵力达到数千人。经过中共泰西特委和八路军山东纵队第 6 支队的共同奋战，初步打开了泰西地区的抗战局面，创建了泰西抗日游击根据地。当八路军东进支队到来时，泰西抗日军民无不欢欣鼓舞，普遍预感到泰西地区乃至山东西部地区的抗战局面必将有一个更好的发展。

东进支队到达东平县后，中共鲁西区委奉北方局指示，与八路军津浦支队来到泰西会合。鲁西区党委和第115师师部联合组成鲁西军政委员会，共同领导鲁西区的抗日斗争，罗荣桓同志任军政委员会书记。随后，根据罗荣桓同志的建议，鲁西区党委、泰西地委（由泰西特委改称）于3月20日在东平县常庄召开了地方和部队党的活动分子大会。我参加了这次会议的具体筹备工作：罗荣桓同志在会上传达了党的六届六中全会精神，分析了泰西地区的形势，肯定了泰西党组织和部队的工作，提出了迅速建立抗日民主政权、创建抗日根据地的任务。这次会议，给我的印象非常深刻。当时由于交通不便，消息闭塞，泰西远离延安，我作为地方党委的领导成员，是第一次直接听取传达中央全会的精神，心情十分激动。这次会议至为重要，应该说是一次开创泰西地区抗战新局面的会议。

常庄会议后，中共泰西地委在东进支队的支持和指导下，大力开展了以建党、建政、群众工作、统战工作为主要内容的根据地建设工作。东进支队在积极作战的同时，派出大批干部，与泰西地委派出的同志共同组成大量民运工作团，深入到各县的区、乡、村，发动群众，建立自卫队和农、青、妇、儿等群众抗日救国组织，并以此为基础建立起基层抗日政权。当时，我带工作团活动在平阿山区。东进支队和泰西地委十分重视并积极做好统一战线工作，曾在孙伯村（今属肥城市）召开了泰西地区军政联席会议，团结了一大批地方上层爱国民主人士，使泰西出现了团结抗战的良好局面。这时，加快了抗日民主政权的建设步伐，1939年6月长清选举产生了抗日民主县政府，接着，东平、泰安（西）、宁阳、平阴、汶（上）东县相继建立了抗日民主政府。我和工作团指导建立了东平、平阴两县的抗日民主政府。鲁西军政委员会于10月建立了泰西行政委员会，继于11月又民选建立了泰西专署，这标志着泰西抗日根据地正式形成。在这以前的10月份，地委组织部长孙光同志调鲁西区党委工作，我改任泰西地委组织部长。

在创建泰西抗日根据地的过程中，我和地委的同志们经历了当时震动全国的陆房突围战。这是抗战以来第115师继平型关大战以后与日军进行的又一次著名战斗。

东进支队自 1939 年 3 月上旬进入泰西地区后，与第 6 支队相互配合，先后进行了十多次战斗，横扫汶河两岸日伪军，歼敌 1000 余人，加之泰西各地的抗日工作轰轰烈烈，使日军非常恐慌。5 月上旬，日军驻山东第十二军司令官尾高龟藏调集济南、泰安、肥城、兖州等 17 个城镇的日伪军 8000 余人，兵分 9 路围攻泰西抗日根据地，妄图将东进支队和地方党政军抗日力量一网打尽。

5 月 11 日拂晓，第 115 师师部、鲁西区党委和泰西地委机关、第 686 团（欠第 3 营）、津浦支队、第 6 支队一部共 3000 余人被敌人包围在肥城县陆房一带一个狭小盆地里。当时，我们地委机关和第 115 师师部一起活动，我和机关的大部分同志被围在包围圈里。敌人在炮火掩护下向我军展开进攻，陈光代师长命令第 686 团抢占制高点肥猪山、岈山，师特务营抢占东山岭，津浦支队抢占凤凰山，坚决抗击敌人的进攻。我是生平第一次经历这么激烈的战斗。只见周围山头上枪炮声、厮杀声不绝于耳，陆房上空炮弹呼啸而过，爆炸声震耳欲聋。第 686 团连续打退敌人 9 次进攻，师特务营和津浦支队也予敌人以沉重打击。战斗从早晨持续到下午，敌人曾一度攻到第 115 师师部附近，子弹从我们身边飞过，经我军猛烈反击，才把敌人打退。下午三四点钟，我们地委的同志才吃了点地瓜，喝了口水，算是吃了顿饭。战斗还在激烈进行，师部决定坚持到天黑，于夜间突围。我们地委机关的同志都把背包存放到村内的大地窖里，准备轻装前进。天黑以后，大家分头沿小路突围。我和第 115 师的一位同志及通信员一起，沿红山口一条怪石嶙峋的小路摸黑往外突围。一天一夜只吃了点地瓜、喝了口水，又饿又渴，浑身疲惫乏力，咬着牙坚持走了八九十里，第二天到达集合地点东平县无盐村。几天后，第 115 师在无盐村召开了陆房战斗祝捷大会；泰西地委组织干部、群众清理战场，掩护、照料伤员；东平、肥城县委组织大批物资慰问部队。

陆房战斗，第 115 师等部以伤亡 200 余人的代价，毙、伤日伪军 1300 余人，其中包括日军大佐在内的 50 多名军官。这是山东八路军抗战期间歼灭日军最多的一次，更重要的是粉碎了日军企图消灭第 115 师师部、师主力部队和鲁西、泰西党政领导机关的阴谋，有力地保卫了泰西抗日根据地。陆房战斗，影响所及，震动全国，蒋介石亦致电朱德、彭德怀，表示“殊堪嘉慰”，这实际上承认了第115师在山东抗战的合法地位。

陆房战斗以后，第115师一部转移到津浦铁路以东活动。罗荣桓和陈光同志率机关少数人员和一支小部队向东平湖一带转移，第686团转移到东平湖一带休整。8月2日至3日，罗荣桓和陈光指挥杨勇同志的第115师独立旅在梁山歼灭了日伪军400余人，其中毙日军少佐长田敏江以下300余人，俘日军13人，创造了在兵力相当、我装备处于劣势的条件下，全歼日军一个大队的模范战例。之后，敌人疯狂进行报复“扫荡”。

8月下旬，鲁西军政委员会在东平湖小安山召开会议，罗荣桓在会议上阐述了创建鲁西平原抗日根据地的必要性和可能性，会议做出了创建鲁西平原抗日根据地的决定。9月中旬，罗荣桓、陈光同志遵照第十八集团军总部的指示，率部离开泰西，奔赴鲁南，开辟新的抗日根据地。

第115师在泰西7个月的时间里，为创建泰西抗日根据地做出了卓越的功绩。这期间，泰西党组织和群众大力支持第115师，先后派出5个县的独立营补充到主力部队，并支援了足够的粮食、钱款、布匹等物资。在战火纷飞的环境中，罗荣桓同志刚生下几个月的儿子东进曾寄养在肥城县农村的老乡家里，根据地群众冒着生命危险保护革命的后代。第115师与泰西群众结下的鱼水深情，将永远记载在红色史册里。

忆鲁南五井激战

钱　钧*

1939年初春，会师后的八路军鲁东游击第7支队和第8支队与临朐、沂水、博山三县交界的抗日武装整编为八路军山东纵队第1支队，马保三任司令员，我任副司令员。第1支队与第2、4支队同驻鲁中，开展了广泛的游击战争。这年6月，粉碎了两万多日伪军对沂蒙区（沂水、蒙阴一带）和泰山区（泰安、莱芜一带）的大规模“扫荡”，并扩大了泰（安）泗（水）宁（阳）边区。为了粉碎敌人对鲁中南根据地可能进行的第二次“扫荡”，第1支队于8月间奉命经淄河流域进入临朐县。临行前，部队首长交给我们的任务是保卫沂山、鲁山根据地，面向胶济线，保持鲁中与胶东、渤海根据地的联系。首长具体指示我们，部队驻在临朐的西南山区，西与活动在淄川、博山、莱芜东地区的第4支队为邻；南面靠近驻南麻的山东纵队指挥部；往东向安丘、昌乐地区发展，开展游击战争，消灭敌伪力量，扩大鲁中抗日根据地。同时，为粉碎敌人第二次大“扫荡”做好各项准备工作。

根据部队首长指示精神，部队从三岔店进入临朐县境，把第1营第2、

* 作者时任八路军山东纵队第一支队副司令员。

4两个连队放在嵩山脚下的暖水河一带。司令部进驻茹家庄。第1营营部和第1、3两个连队在距司令部8华里的五井镇驻防。第3营驻扎在平安峪一带。

五井镇坐落在临朐城西南30华里的山区。镇四周用石头垒砌的围墙有五六米高，四面各有一门，东门最高大。镇内人烟稠密，店铺较多。它不仅是邹（县）滕（县）曲（阜）泗（水）等县的买卖人经常来往的大集镇，也是从临朐通往南麻、莱芜的必经之地，战略地位非常重要。所以，支队司令部很重视它，不但派驻了较多的兵力，而且决定我常住在这里，以便在紧急的情况下能及时指挥部队作战。

10月26日下半夜，月光如水，秋风萧瑟，镇子里一片寂静。除了我们的哨兵在值勤外，紧张工作了一天的部队和群众都在酣睡。突然村外一阵激烈的枪声把我惊醒。清脆的三八步枪声告诉我：日军来了。然而，部队并没有得到敌人可能来犯的任何情报。看来，狡猾的敌人企图钻空子，利用我们到此地不久，侦察、通讯联络等工作还不完备的弱点，搞突然袭击。

我思索着向外走去，还没有出门，一颗八二迫击炮弹落在了院子里，房屋颤抖，尘土飞扬。敌人的炮弹继续向镇内发射，军号声和着沉重的爆炸声在镇子上空回荡。

我军指战员久经战阵，训练有素，面对敌人的突然袭击不慌乱。战士们迅速集合起来，根据命令奔向各自的战斗岗位。枪声从东南传来，我立即赶往东门。第一营营长李福泽已在这里，指挥部队开始向敌人还击。

这时我们设在莲花山上的班哨撤回来了。哨兵一跑到东门就气喘吁吁地问：“副司令员和营长在这里吗？”“在！怎么回事？”我急促地问。“莲花山被敌人占领了。”哨兵回答。

我一听，不禁吃了一惊，方知情况严重。莲花山在镇子东面约300米的地方，山虽不高，但地形复杂，形势险要。其东南与大埠山、小埠山相接，是控制五井镇的制高点，由于位置重要，我军在山上设有一个班哨，另外还有一个游动哨。现在这个制高点已落入敌手，对我们是个很大的威胁。

我焦急地问：“日军还是伪军？有多少？”“鬼子伪军都有，人数多少，天黑看不清楚。”“部队有伤亡吗？”“3人挂彩。”

接着，哨兵向我报告了莲花山被敌占领的经过。原来，敌人采取偷袭的办法，悄悄运动到山下，趁我游动哨兵转到其他地方时，突然占领了山头。刚才听到激烈枪声，就是双方在争夺制高点。我班哨终因寡不敌众，被迫撤出阵地，返回镇上。

五井战斗的序幕，就这样在我军处于被动局面的情况下突然拉开了。

一阵激烈的枪声过后，敌人停止了射击，周围又恢复了宁静。怎么回事？敌人在搞什么名堂？战士们用目光向我询问。我站在东门炮楼上，经过一番思索，做出了这样的判断：敌人虽占据了莲花山，但可能摸不清我们的虚实，暂时龟缩在山上。

黎明前淡淡的月光，被雾气和硝烟笼罩着，灰蒙蒙的一片，除了莲花山顶上的庙宇和树木有点模糊的轮廓外，其他什么也看不清。“知己知彼，百战不殆”，必须抓紧时间，掌握敌情。我和李营长迅速研究了一下，做出了决定：让他先派几名侦察人员出镇，摸清情况；再把部队分为两大部分，第一连守东门，监视南门；第三连到北门，兼顾东北角的炮台处。待侦察人员回来后，再决定如何迎敌。

不一会儿，侦察员回来了。初步了解，来犯之敌包括日军三四十人、伪军二三百人。敌人大部集结在莲花山上，八二迫击炮、掷弹筒、轻重机枪是较重的武器。

听完侦察员的报告，我心中有了底。从来犯之敌的人数和火力配备情况看，估计敌人不会有牵制五井而向西攻击我茹家庄司令部或更大的企图，只要在这里给予有力的反击，最多午后，他们就会撤退的。拂晓偷袭，午后返回驻地，这是抗战以来日军的通常战法。我军呢，第 3 营驻扎在平安峪一带，相距不远；临朐独立营在下五井，与五井镇形成掎角之势；镇内虽然只有两个连队，武器也较差，但我们进行的是反侵略战争，部队深深懂得为谁打仗，因而士气高昂；再加上当地群众的积极支援……总之，我们的有利条件很多，虽然一时比较被动，但完全可以变被动为主动。我分析着敌我双方的情况，作战方案也就初步形成了：先给以牵制性的打击，拖住敌人，尔后一待战机成熟，集中优势兵力，迅速出击，分而歼之。

为了更有力地打击敌人，我在仔细考虑着作战方案的细节。这时激烈的枪炮声打破了黎明的沉寂，敌人从东门、北门和炮台处同时发起了疯狂的进攻。

借着炮火的闪光，我们很快搞清了敌人进攻的阵势：东门是日军，北门和炮台处是伪军。很显然，敌人梦想依靠火力的优势，齐头并进，互相策应，一举得手。然而，他们没想到，这正给了我们各个击破的好机会。我们当机立断，决定由我在东门，指挥部队坚守；李营长赶去北门，以灵活的战术，辅之以政治攻势，首先打掉伪军的嚣张气焰，挫伤敌人的进攻势头，然后待机各个歼灭敌人。

李福泽营长赶到北门时，进攻的伪军已接近到围子前面。李营长当即命令副连长鲍汉源带一个排出了北门，向敌侧翼运动，同时组织战士们在围墙上喊起来："中国人不打中国人！""中国人不给鬼子当炮灰！"本来士气低落的伪军，在我们的政治攻势面前，就显得胆虚、理亏。但在伪军官的威逼和火力掩护下，仍继续向我逼进。我们的战士愤怒了，阵阵排枪射向敌人，手榴弹在敌群中纷纷爆炸，伪军被阻击在围墙下。双方正在僵持，敌人的侧后突然枪声大作，我们的迂回部队开火了。伪军受到夹击，一时乱了阵脚，接着抱头鼠窜了。数百名伪军如此不堪一击，我们当时也感到意外。事后得知，原来一名伪军大队长当场被击毙，伪鲁南警备军的所谓副司令王德平也负了伤。"树倒猢狲散"，那些伪军眼看着当官的非死即伤，哪个不怕？谁还想卖命？于是，他们抛下日寇和120多具尸体，一哄而散，狼狈逃命而去。

在伪军进攻北门的同时，东门受到日军更猛烈的攻击，迫击炮、轻重机枪发疯似的向东门袭来。几十名日本兵哇哇叫着向我冲锋，有的已占了东门外的房屋，有的已接近围墙。"打！"我一声令下，步枪、机枪一齐喷射出仇恨的子弹，手榴弹像冰雹似的向敌人投去。日军第一次冲锋被击退，高大的东门依旧在我们手中。但我们也有了伤亡。

弥漫的硝烟，混合在潮冷的晨雾里，周围一片黑暗。日军受到第一次沉重打击，更狡猾，也更狠毒了。他们一面打枪，一面推出一个从镇外抓来的老乡，逼迫他把高粱秆扛到东门下，企图放火烧毁大门。看到敌人这种卑鄙伎俩，战士们怒火满腔，等老乡一退走，一排手榴弹扔去，随着一阵强烈的爆炸声，火熄灭了。日军的阴谋又破了产。

东门和北门的围墙上，我军仅有两挺轻机枪是较重的武器。为了迷惑敌人，使其摸不清我们的火力配备情况，我亲自掌握一挺，时而点射，时而连发。这样和敌人对峙着。

这时，攻击北门和炮台处的伪军已经溃逃。我们立即调整了部署，加强了东门的防守力量。日军见伪军溃逃，东门又轰不开，烧不毁，攻不下，便像发了疯一样，气急败坏地又开始了从东门到炮台一线的进攻。机枪在吼叫，掷弹筒疯狂地发射着，迫击炮弹不停地爆炸，镇内和围墙上成了火网。

日军装备精良，极其凶狂；我军民协同一致，沉着迎敌。只见我前沿阵地上指战员在勇猛还击，救护人员在奔跑着抢救伤员。群众源源不断地把弹药送到战士身边，还有的战士在街上巡逻，劝说群众不要走出来，以免遭受伤亡。一切都在紧张而有条不紊地进行着。看到这激动人心的战斗场面，我深深地意识到：这里已筑起了真正的铜墙铁壁，任何敌人都会在它面前碰得焦头烂额。

日军的进攻遭到我军猛烈反击，丢下了不少尸体，又一次败退了下去。但敌人不甘心失败，仍然没有撤退的迹象。“好！敌人已被拖住，我们转守为攻，围歼敌人的时机就要到了。”我立即命令通讯员到司令部驻地，向司令员报告战况，并调机炮连火速前来参战。

战斗在继续着。太阳已在东方升起，日寇布阵情况清晰可见。通过观察，我们发现莲花山北麓一座石碑旁边，有一挺重机枪；东门外北边高大的坟堆后面和张家店南面的乱石堆里，各有一挺轻机枪。三挺机枪成品字形，组成交叉火力，喷射着毒焰。我们的战士聚精会神地瞄准还击。为了迷惑敌人，一个战士用步枪挑着军帽贴着围墙往上一举，立即引来敌人的一阵子弹。军帽时隐时现，位置不断变换，招引敌人不停地向军帽射击。看到这个办法奏效，战士们流满汗水的脸上绽出了得意而轻蔑的笑容。有几个战士也学着用同样的办法吸引敌人的火力，其他战士则借机给敌人以杀伤。

我来到战士身边，称赞他们勇敢机智。一个战士风趣地说："副司令员，这叫捉弄洋鬼子。"我满意地笑了，周围的战士也笑了起来。战士们的笑声刚落，我忽然发现坟堆边的机枪不叫了，而一个手持指挥刀的日军军官，伸头伸脑地向镇上张望，大概那家伙是发现自己受了嘲弄，在寻找着报复目标。我顺手接过紧跟在我身边的通讯班长杨中山手中的步枪，给了那日军军官一枪，随着枪声，那家伙粗笨的身躯，倒在了坟堆旁，再也不动了。

敌人经过一阵短暂的喘息，又在猛烈火力掩护下，连续向东门攻击，并数次企图爬越围墙，但都被我们击退。双方又陷入僵持中的沉默。突然，敌人机枪又向我猛烈地扫射过来，但好一会儿，不见敌人进攻。

"敌人又搞什么鬼？要逃跑！"我分析着，判断着。果然，不一会儿敌人就退到了莲花山上。此时，机炮连奉命赶到。我们并且得到了青州、临朐城之敌已无兵力向五井增援的可靠情报。于是，我下了决心：立即出击，夺回莲花山。

我命令机炮连出南门，监视莲花山，防敌西进。并准备轰击山头，配合部队占领制高点。我批准了李营长的要求，让他带领一个连从正面出击。第3连迂回攻敌后背，使敌首尾不能相顾。为了确保全歼敌人，我命李营长派通讯班长马体义前往平安峪传令第3营第5连赶来投入战斗。

攻击开始了，第1连在李营长的亲自带领下，勇如猛虎，向山上冲锋。山上守敌，凭借有利地形和几件重武器，负隅顽抗。霎时间，枪声大作，硝烟滚滚，喊杀声响成一片，爆炸声震耳欲聋。

时间已近中午，连续激烈的战斗，战士们体力消耗太大，脸上的汗水不停地流着，喉咙里干得像冒火，如果有一口水润润嗓子那该多好啊！可是战斗正紧，哪里顾得上找水喝呢。就在我们最需要水的时候，镇内群众冒着枪林弹雨，把水送到阵地上来了。指战员感动极了，但怕群众遭受伤亡，连声喊着："危险！危险！快下去！"就在这时，敌人的子弹像疾风暴雨般地扫来，有几个战士倒了下来。第1连被压在山脚下。

面对顽固的日军，我们的迫击炮怒吼了，炮弹不停地落在敌人据守的山头上、大庙里。顿时，山顶上腾起股股烟柱，碎裂的石块像阵阵石雨，向四面八方散落着。在炮火支援下，李营长带领英勇顽强的第 1 连战士一跃而起，巧妙地利用地形地物，迅速接近山头。

穷凶极恶的日军为了挽救其覆灭的命运，端着刺刀，嚎叫着向我反扑。一场肉搏战在山头上展开了。我们的战士越战越勇，各自寻找着拼杀的目标。体魄魁伟的新战士夏标，一上山就把满腔仇恨和怒火凝聚在刺刀上了。他双手紧握步枪，咬着牙，一步步向敌人逼近，在震耳的“杀”“杀”“杀”的喊声中，一连三个敌人死于他的刺刀之下。战士李树明盯上了敌人的重机枪，硬是夺了过来，他自己因此光荣负伤。营部通讯员（可惜记不起他的名字了）与敌炮手拼杀，夺来了迫击炮。

我军指战员勇猛冲杀，不到一个小时，五井的制高点——莲花山重新回到了我们手中。日军丢盔弃甲，夺路逃窜，简直成了丧家之犬。决不给敌人喘息的机会。我立即下达了穷追猛打、聚歼顽敌的命令。战士们奋勇争先，紧紧追赶，将敌人团团包围在莲花山东北山脚下四五百米处的一片坟地里。

敌人突围无效，援兵不来，预感到末日来临，便凭借坟包、树木进行垂死挣扎。坟地周围平坦开阔，不易接近，我军几次进攻，均未奏效，并有新的伤亡。看到残敌逞凶，战士们眼中冒火，怒不可遏，几次向我请求，表示不惜一切代价，拿下坟地，消灭敌人。我很理解大家的心情，但是，作为一个指挥员，必须对战士负责，努力做到既要消灭敌人，又要尽量减少牺牲，即使在接近全面胜利的时候，也不能有丝毫疏忽，否则，将会产生令人痛心的后果。我冷静地考虑着、观察着、捕捉着每一个有利的战机。

这时，胶东军区通讯营正从这里经过，也投入了战斗。第 3 营第 5 连也从南面山上压了下来，日军处于四面包围之中，已成瓮中之鳖。一股敌人见势不妙，携带掷弹筒两个，轻机枪一挺，企图突围逃路。“小子，哪里去！”战士们叫骂着。一阵猛烈的火力把他们压了回去。

我清楚地看到，全歼残敌的时机已到。于是重新组织了部队，命令第 1、3、5 连同时向残敌发起了全面进攻。立时，我军所有武器，一齐开火，强大的火力压住了敌人。第 5 连的战士们选择较为有利的攻击方向和地形，以排山倒海之势向敌人压过去，经过两次冲杀，攻占了外围坟包，迫使守敌退入坟地中心。坟地一战，不到 20 分钟，打得干净、利落。

至此，五井战斗胜利结束，敌寇全部被歼，无一漏网，仅有一名因掉在枯井内没被击毙，也做了俘虏。打扫战场，又缴获轻机枪两挺、掷弹筒两个、步枪数十支。战后调查，日军中队长木莫、小队长岩井和石日，在这次战斗中毙命。

新四军东进华中敌后

新四军东进豫皖苏边区

张　震*

1939 年 1 月，新四军游击支队在彭雪枫率领下，挺进豫东皖北。当时彭雪枫任司令员兼政委，吴芝圃任副司令员，我任参谋长。我们游击支队的主力（第 1、2 大队）进入永城县城，在永城、萧县、宿县地方党组织、革命知识青年、人民群众及友军的支援下，积极打击日伪军和杂八队。马村桥战斗，重创日军。在永城、萧县地区先后歼灭杂八队共 1000 余人。留在杞县的第 3 大队，在瓦岗附近粉碎了日军 2000 余人的进攻。这一系列战斗的胜利，极大地鼓舞了豫东人民，许多青壮年踊跃参加我军。到 3 月份，部队再次进行整编，建立了 3 个主力团和随营学校。

1939 年 5 月，刘少奇同志指示：游击支队应派部东进泗县、灵璧、五河地区开展工作。7 月，支队党政军委员会遵照少奇同志指示，决定由新四军高级参谋、苏皖党委书记张爱萍同志率部分干部进入皖东北地区，与当地党的组织和八路军苏鲁豫支队、南下支队取得联系，争取皖东北国民党专员盛子瑾参加抗日，开辟皖东北的工作。支队主力进军淮上，开辟宿县、蒙城、怀远、凤台地区，并于 9 月返回涡阳以北之新兴集。在此期间，永城县地方

* 作者时任新四军游击支队参谋长。

抗日武装领导人鲁雨亭受其父鲁紫铭老先生教育，在我党的团结争取下，毅然接受我党领导，遂将其部队编为第 1 总队，辖 2 个团，共 960 人。随后，我党领导的西华部队第 7 路军胡晓初、侯香山同志，因国民党顽固派企图消灭这支力量，根据豫东特委决定率部东移，改编为第 2 总队，辖两个团。我党领导的萧县、宿西地区武装，整编为第 3 总队（耿蕴斋任总队长），辖两个团。这时全支队已有 3 个主力团，6 个简编团，连同地方武装共 1.2 万余人，并与新四军军部取得了联系。11 月，游击支队奉新四军军部命令（因未经国民党同意），改名为新四军暂编第 6 支队。我们即公布为第 6 支队，删去了“暂编”两个字。

在作战胜利、壮大部队的同时，地方党政建设也取得了新的成绩，成立了豫皖苏边区党委，发展了各级地方党的组织，先后建立了永城、夏邑、萧县、宿西、亳北 5 个县的政权。较广泛地开展了群众工作，卓有成效地进行了统一战线工作，争取了一些会道门组织。并在打击日军、清除汉奸、保卫家乡、减租减息、发展生产、改善人民生活各方面都取得了一定的成绩。至 1939 年冬，豫皖苏抗日民主根据地已初具规模，并且展开了全面建设根据地的工作。

1939 年 11 月，刘少奇同志经豫南到达涡阳北新兴集，检查了豫皖苏边区的工作，并在 11 月 7 日纪念十月革命节大会上，检阅了 6 支队大部分主力。他指出：6 支队的斗争实践证明，党中央、毛主席的方针是正确的，6 支队今后的工作应作如下布置：在淮河以北陇海路以南的党所领导的一切武装部队统一归彭雪枫同志指挥，集中力量创建永夏萧宿 4 县根据地；要加强地方工作，健全省委，发展地方党组织；加强部队的正规化，进一步巩固和扩大主力部队。在一两个月后，主力部队及省委干部要抽一部分过津浦路东去，创建苏北根据地；在皖苏建立秘密党和群众工作，准备游击战；在睢、杞、太、鹿、商、亳等地建立小块根据地，以便将来连成大块。此内容于 11 月 11 日电报中央书记处。据此，支队除进行豫皖苏边区及睢杞太地区的建设外，12 月又派张太生同志率第 1 团及党政军干部 100 余名，到皖东北张爱萍同志处，归张爱萍同志领导，加强皖东北的武装力量。

1940年初，党中央、毛主席根据华中敌、伪、顽行动的基本特点指出：华中还处在发展时期的有利形势，继续发展华中的进步势力，是制止国民党反共投降逆流和争取时局好转的重要一着；中原局应当坚决地、有计划地在豫东、皖北、苏北建立民主政权；与八路军密切协同，将整个华北直至皖南、江南打成一片。为了完成这一战略任务，党中央给予第6支队的具体任务是：确实掌握新黄河以东、淮河以北、陇海路以南，西起开封，东到海边。将这个地区建成巩固的根据地，坚决肃清反动势力，坚决建立民主政权，坚决不让任何反对派插手，并扩大军队到4万人。同时中央还确定调八路军第344旅等部队南下华中，以增强华中抗战力量。

我们根据上述指示，进行了根据地的扩大和巩固工作：一是抽调大批干部充实永、夏、萧、宿、亳5县政权，进一步发动群众，巩固和扩大工、农、青、妇、儿童团、老人指导团等群众组织。大力巩固基本区，并建立了“豫皖苏边区联防委员会”作为边区的最高行政机构。二是以5个主力团向商丘、亳县、宁陵、夏邑和砀山敌占区开展游击活动，建立新的游击区，扩大根据地，并成立了砀南县政权。三是发展和扩大地方武装，先后成立永城、萧县、宿县3个独立团，并抽调一批地方武装充实主力部队。四是将随营学校扩建为“中国人民抗日军政大学第四分校”，招收边区内外知识青年，培养初级军政干部。这些措施，对豫皖苏边区的巩固与扩大，起了重要的作用。

1940年3月中旬，日军以3000余人的兵力“扫荡”我永城、萧县地区，我支队英勇奋战，粉碎了敌人企图。这时日军深感我军的壮大，确实已成为他们的“心腹之患”，遂于4月1日，纠集伪军共3000余人，对我第1总队进行合围，企图消灭之。总队长鲁雨亭同志率部于芒砀山西南之李黑楼与日军展开血战，激战竟日，打退了日军的数次进攻，给敌人以大量杀伤。但鲁雨亭同志等200余人亦以身殉国，壮烈牺牲。6月1日，我支队于新兴集召开“五卅”纪念大会。日军趁机分数路袭击我军，纪念大会的会场变成了杀敌报国的战场。我参加大会的各部队，分数路与日军激战于新兴集周围，打得敌人首尾难顾，不得不于黄昏败退。6月3日，我军在新兴集附近的鸭子刘家，继续召开了“五卅”纪念大会，表达了我军誓雪国耻的坚强意志。“六一”战斗后不久，萧县成立了“萧县抗敌纵队”，各县均成立了自卫团司令部。与此同时，又成立了“豫皖苏边区保安司令部”，作为地方武装的统一领导机关，以便加强地方武装建设。

皖东北的工作，在张爱萍同志的领导下，由于统战工作的开展，第一团东进和大批干部的调往，以及其他兄弟部队的共同努力，也得到了胜利的发展。1940 年 3 月，国民党皖北专员盛子瑾离去后，该区遂为我控制。苏皖区党委利用这一有利形势，组成了皖东北促进委员会，并委派了专员和县长，以我第 1 团与赵汇川支队、地方独立大队整编为新四军第 6 支队第 4 总队，辖 11、12 团及 3 个独立团，张爱萍同志任总队长兼政治委员。特别是刘少奇同志 5 月初抵皖东北，给该区的工作以有力的指导，他亲自指挥在该地区活动的八路军、新四军，粉碎了日军的“扫荡”，打退了顽军韩德勤部的进攻。至 1940 年 7 月，6 支队共有 1 个特务团、3 个主力团、4 个总队、萧县抗敌纵队、永城独立团、宿县独立团、睢杞独立团和亳北独立大队共 1.95 万余人。以永城县为中心的豫皖苏抗日民主根据地，已建立了 5 个县的政权、淮上办事处、5 个县的办事处，以及津浦路东的皖东北和新黄河以东的睢杞太两个地区，各级党的组织也得到了很大的发展。此时，为豫皖苏抗日民主根据地的全盛时期。

忆新四军游击支队的两次战斗

滕海清*

新四军游击支队于 1938 年 10 月成立以后，在豫皖苏边区开展敌后游击战争，沉重地打击了日伪军。当时我任新四军游击支队第 2 大队大队长。1939 年初，我们支队在皖北的芦家庙和板桥集进行的两次战斗，虽已事隔 40 多年，但回想起来，却还像是昨天发生的一样。

芦家庙战斗

游击支队在豫东睢、杞、太、淮一带与日军打了几仗之后，于 1938 年年底转到鹿邑县的白马驿休整，准备向萧、宿、永地区进军。

1939 年元旦是部队挺进敌后过的第一个元旦。这天，部队都吃上了饺子，连日来军旅的劳顿和生活的艰辛为之一扫。有的同志说，要是能打一个胜仗，就更有纪念意义了。

第二天，支队司令员彭雪枫派通信员来通知我去司令部。见面后，他说:“我想给你们 2 大队一个特别任务。昨天下午，商丘敌人占领了鹿邑县

---

* 作者时任新四军游击支队第二大队大队长。

城，我想要你们插到商亳公路两侧，威胁鹿邑敌人后方，相机打击敌人。”接着他问我：“怎么样，能去吧？”我回答：“保证完成任务。”他笑了笑说：“最好明天就出发，今天把部队很好地动员一下。”

元月 3 日，我 2 大队 310 多人从白马驿出发，经过亳县的十八里铺、魏岗，于 4 日到达皖豫交界处的苗楼地区驻了下来。当晚，据侦察员报告，进占鹿邑的敌人全部撤回商丘去了。看样子，敌人已发觉我部的行动，怕我们去抄它的老窝。又过了两天，商丘敌伪 2000 余人，沿商亳公路南犯，其先头部队 500 余伪军进占了亳北的芦家庙。当天夜里，我部亦转移到亳县东北王牌坊宿营。第二天（7 日），敌人不再前进，开始在芦家庙修筑工事。这真是一个难得的机会，我们决定抢时间，先下手，坚决打击进占芦家庙的这股敌人。当天晚上，我们就派人对芦家庙的敌情和地形进行了侦察，掌握了准确情报后，即决定 8 日晚上袭击芦家庙。在进行战前准备的同时，我们与亳县国民党的两支地方部队（一支是县特务大队，一支是驻张集的张甫清部队）取得联系，争取他们配合我们行动，虽然他们也表示愿意，但我们知道他们是缺乏诚意的。部队出发前，我向各连干部交代，要准备单独作战，不能有依赖思想。大家都说，不依靠他们，我们干我们的。

8 日晚上，明月当空，薄薄的一层冬雪覆盖着大地。我新四军游击健儿，精神抖擞，斗志高昂，向西北方向直插芦家庙。晚 11 时，部队接近芦家庙，立即开始了战斗，我带尖兵排和 4 连、5 连从北边，6 连从东边，两路杀进芦家庙集内。敌人事先没有准备，我们没费力气就抓了一批俘虏。一会儿，满街响起了枪声，我各连分成班、排、小分队勇猛地向街里面插。我军采取分割包围战术，经过半个多小时就把大部分敌人分片包围了。

这时，枪声、手榴弹声响成了一片。敌人守着房屋的门和窗户进行顽抗，我们从地面不好接近，就让各连组织战斗小组，爬到房顶上，扒开房顶，向里丢手榴弹，炸得敌人死的死，伤的伤，嗷嗷乱叫。经过 3 个多小时的激烈战斗，芦家庙内的敌人基本歼灭了。这时，已是凌晨 3 点多钟了。为了避免被敌人的增援部队包围。我们决定迅速撤走，6 连押俘虏，搬运枪支，并带着伤员先走。半小时后，我亦率 4 连、5 连撤离了芦家庙。

早上 7 点多钟，我们回到了出发地王牌坊。国民党那两支地方部队看到我们取得了战斗胜利，感到很惊讶，并且表示抱歉，他们都说因走错了路而没有赶上战斗。其实，他们都是本地人，怎么会走错路呢？这分明是在欺骗我们。

芦家庙战斗的胜利，打破了敌人占领亳县的企图，迫使敌人全部撤回商丘去了。更重要的是，这次战斗胜利鼓舞了当地广大人民抗日信心，使他们知道了共产党所领导的新四军才是真正抗日的队伍。

板桥集战斗

1940 年 7 月，新四军第 6 支队（原游击支队）与八路军一部合编为八路军第 4 纵队。不久，4 纵队除留第 6 旅在萧宿永地区坚持斗争。第 4、第 5 旅和纵队司令部及特务团先后进入淮上地区。我所在的 5 旅驻龙亢集、曹市集一线，旅部带警卫营驻蒙城板桥集。

11 月 17 日，宿县、蚌埠日军 500 多人和南坪集伪十五师 1000 多人沿宿蒙公路（公路早已被我破坏，不能通车，敌人只能徒步行军）向我板桥集进攻。早晨 7 点钟左右，敌人即与我警戒排接触。10 点钟左右，敌人从东南和南边开始发起冲击，企图从板桥集围墙爬上来，都被我警卫营打下去了，敌人伤亡很大。

下午 1 点多钟，日军 2000 多人到集子南边，以猛烈的火力作掩护，继续向我发起冲击，有的日军甚至已经爬上了围墙。我军奋勇抵抗，打退了敌人一次又一次的进攻，打得敌人丢盔弃甲，溃不成军。激烈的战斗一直进行到下午 4 点多钟，北边的敌人开始向西运动，企图包围板桥集。当时，我军其他部队离得较远，板桥集一旦被敌人包围，没有援军，那将是很危险的，于是我们决定撤出板桥集。我们顺西门外的抗日沟向西北撤到大赵家附近（我 13 团一个营驻在那里），准备吃了晚饭后向曹市集方向转移。

夜幕降临了，我们正打算转移的时候，纵队司令部的作战科长白浪突然赶到。他说，纵队命令他率特务团前来板桥集增援 5 旅，坚守板桥集。我就把今天的战斗经过向白浪汇报了。我说，如果你们出发前发个电报来，我们就不会撤了。白浪主张今晚再把板桥集夺回来。我说，板桥集易守难攻，再加上敌众我寡，夺回来的可能性不大。我们发生了争论，但由于要执行纵队命令，我们还是决定当夜用特务团的 2 个营、5 旅的 2 个营去攻打板桥集。

攻打板桥集的战斗，从晚上 11 点左右开始，一直进行到第二天凌晨近 4 点钟，战士们虽然打得很勇猛，但却没有什么进展。最后只好决定，白浪带特务团撤向移村集，我带 5 旅向板桥西北方向转移。我军撤走时，天已亮了。

不料，从徐州、蚌埠出动的日军 1000 多人，伪军 2000 多人，附汽车、坦克数十辆，还有飞机，这时正分两路向蒙城、涡阳方向前进。一路约 2000 人，在王集附近与特务团遭遇；另一路约 1500 余人，在唐南集与 5 旅遭遇，一场混战不可避免地在这两个地方展开了。特务团英勇作战，打毁敌坦克和汽车数辆，击落敌飞机一架，边掩护边打，撤回了移村集。5 旅两个营迅速抢占了村庄，消灭了一部分敌人，打毁敌人汽车数辆，然后也甩开敌人转移走了。

板桥集战斗至此方告结束。这次战斗经历了守备、进攻、遭遇三个阶段，初次与敌人的坦克交锋，还击落敌人一架飞机，使我参与部队得到一次很好的锻炼。这次战斗虽因掌握敌情不够，一度陷于被动，造成了一些不应有的伤亡，但从结果来看，在群众中的影响还是很好的。

东进决策

叶　飞*

1939 年 2 月，周恩来同志到皖南新四军军部，传达党的六届六中全会精神。全会批判了王明“一切经过统一战线”“一切服从统一战线”的右倾投降主义错误，重申全党独立自主地放手组织人民抗日武装的方针，把党的主要工作放在战区和敌后，大力巩固华北，发展华中，还指示新四军要实行“向东作战，向北发展”的方针。

陈毅同志到军部听了周恩来同志传达六中全会精神，回来后就命令我们 6 团准备向东作战。当时我是第 3 支队第 6 团团长，陈毅同志是第 3 支队司令员。他向我交代任务时说：“根据党的六届六中全会精神，要放手向敌后发展抗击日寇。我们不要依靠国民党发饷、发枪，要独立自主地发展队伍，壮大自己。你们这次到东路去，一要发展队伍，二要搞到武器装备自己，三要筹集款子。用一句话来说，就是人、枪、款。有人说这是机会主义。这不对！有了这些，才好抗日嘛！”他详细解释了这三条，又说：“还要相机建立抗日根据地。”最后，他确定我们以“江南抗日义勇军”（简称江抗）的名义出征，并亲自到部队作了鼓舞人心的动员。为了应付国民党第三战区，我改

* 作者时任新四军第三支队第六团团长。

名为叶琛，副团长吴焜改名为吴克刚，参谋长乔信明改名为汪明，政治部主任刘松青改名为刘飞。

5月4日，新四军6团干部战士情绪格外欢快，因为第二天，我们就要出发到江南东路地区去打击日本侵略者。所谓东路地区，是指常州以东宁沪（当时叫京沪）铁路两侧的长江三角洲地带，南起太湖，北至长江，东接上海。它交通方便，经济文化发达，战略位置十分重要。南京、上海沦陷后，江南地区陷入混乱的无政府状态，广大人民群众热望新四军进入江南敌后领导抗战。

我们一面派人到东路去侦察、联络，一面给部队发齐了夏装。一切准备工作都已就绪，只等第二天早晨出发了。

刚刚吃过晚饭，支队部打来电话，说陈毅司令员要我去。我放下电话，立即跨马向一支队司令部所在地溧阳县水西村奔去。十多里地，一会儿就赶到了。当我走进陈司令员的住房时，看见屋内只有他一个人，默默地抽着烟。见我进来，他用手指指旁边的竹凳，一句话也没说。我坐下后，他仍是一言不发。我心里一沉，问道："你叫我来有什么事啊？"

他还是不说话，慢慢从口袋里掏出一份电报递给我，电报是项英同志发给他的，内容是坚决反对东进。理由有两条：一是东进超出国民党划定的"地盘"，会破坏统一战线；二是东路地区铁路、公路、河网交错，日军兵力强大，据点林立，部队到那里去会被敌人消灭。

看到电报，我的心情很沉重，我是从心里赞成东进的，但事关重大，就没有说话，也抽起烟来。

陈司令员在屋里走来走去，先慢后快，越走越快。大约过了10多分钟，他突然坐下来问我："你看怎么样？"我一时不明白他问的"怎么样"是什么意思，没有回答。他见我没吭声，又呼地站起来，点燃一支烟，狠狠吸了几口，踱几步，在一张竹凳上坐下来。一会儿，他猛地站到我面前，问道："哎！叶飞，你看你们到东路会不会被消灭？"我立即回答："你问这个呀！我们有把握，不会被消灭；不仅不会被消灭，还会发展。我可以向你保证。"

他追问了一句："噢！你有把握？""有把握！不只我一个人，全团的营连干部讨论过，都认为有把握。我敢给你立军令状！”他摆了摆手，说：“那好！你们走，照原计划行动！”

我站起身来，又问：“那个‘破坏统一战线’的问题怎么办？”“你们走你们的，不要管。这不是你们的事。”说着他用右手拍拍胸脯：“破坏了统一战线，我负责！”又指指我：“部队被消灭了，你负责！”

从支队部回来，我让部队比原计划提前两个小时出发。时间是 5 月 5 日凌晨两点多钟。全团迈着整齐有力的步伐，向东路地区挺进。

新四军挺进鄂中平原

新四军挺进鄂中第一战

周志坚*

1939年1月17日，李先念受中共中央中原局的委派，率新四军独立游击大队从河南确山竹沟出发，经信阳北面的尖山、信阳西部的龙门新店，于1月19日到达湖北省应山北面的浆溪店，李先念就住在浆溪店街南头的一家民房里。这支队伍是由新四军第4支队第8团队竹沟留守处的两个中队和从延安来的60多名红军干部组成的，共有160余人。武器只有一挺轻机枪、90多条步枪、几十颗手榴弹及1部电台。为有利于做统战工作，部队对外的番号是新四军豫鄂独立游击支队，李先念任支队司令员（当时化名李威），我（周志坚）任参谋长，大队长谭子正，政治干事侯进先，秘书栗简，还有搞统战工作的陆光器及军医王艺（女）等。李先念开始就是率领这样一支队伍，奉命向武汉外围挺进，串联各地抗日星火，开辟了鄂豫边抗日敌后根据地。

李先念到达浆溪店后，第二天就去四望山北麓的信阳黄龙寺，向中共豫南特委、信阳挺进队传达了党的六届六中全会精神和党中央、中原局关于大力发展抗日武装，积极发动中原游击战争，创建敌后根据地的决定。同时

* 作者时任新四军豫鄂独立游击支队参谋长。

把信阳挺进队的一个中队计100来人、70余支枪编入新四军独立游击大队，这样新四军独立游击大队便扩大为200多人枪的队伍。然后又返回浆溪店，随同李先念来到浆溪店的还有豫南特委负责人刘子厚、娄光琦、王盛荣等。

2月26日，李先念派我带领游击大队到应山余家店找应山的党组织和游击队，告诉我说应山县委书记叫钱鹄卿。我带领第1、2两个中队共100多人从浆溪店出发，经过吴家店国民党部队的防区，到达余家店，驻扎在余家店西南古城畈过河的一个山头上，山上有个小庙，叫罗家庙。我们驻下后，便找附近老百姓，问他们知不知道钱鹄卿。他们说知道，就请他们去找，说新四军游击支队来了，叫他来找周志坚联系，队伍就在这里等候消息。

第二天天刚亮，大概是七八点钟的样子，突然有几十发炮弹从余家店飞出，在我们驻地西边不远的山上爆炸。我立即到庙外寨墙上用望远镜观察，原来是100多名日军，加上几十名伪军，还带了一门炮，从郝店方向出来，向西“扫荡”，进占余家店，正在向西北边国民党部队驻地攻击。日军先用了近两个小时时间，共放了100多发炮弹。国民党部队是桂系八十四军一七三师1个营及国民党应山县游击司令部。炮声停后，只见国民党部队向唐儿寨、娘娘寨、宋家岭退守。日军可能不知道我们驻在这里，没有向新四军所在的山上放炮。我回到庙里，即让部队做饭吃，并向部队介绍了情况，作了动员，布置了战斗。战士们个个同仇敌忾，摩拳擦掌，决心狠揍日军，挫其气焰。

吃了午饭，大约是12点钟左右，本来是阴沉沉的天气，这时又下起雨来了，我命令部队进入战斗，向敌人发起冲锋。过河有个小山包，小山包上有个土地庙，旁边有棵油梓树，我就在这棵树下指挥战斗。部队通过大畈，过河向东北展开，张日新带领第1中队向余家店进攻，张展带领第2中队向东北山上打。日军正在得意之时，突然遭到侧面的攻击，有点顶不住了，连忙向东北撤退。他们退出一个山头，新四军就攻下一个山头，一连攻下余家店附近的几个山头。我在油梓树下叫司号员吹冲锋号，敌人发现了目标，打来一炮，从树上飞过去，在土地庙后爆炸。接着又打来一炮，把那棵油梓树炸断，我就翻身到下面田坎上指挥。敌人缩回余家店镇内，进行顽抗。我第 1 中队从右翼迂回余家店街东，又转入街北，向敌人猛攻；第 2 中队由中路向街南进攻。敌人被迫撤到镇外，钻进镇东头一个山包上的丛林中死守待援。这是新四军第一次和日军正面作战，还没有摸到他们的特点。山包上只有一些稀疏的小松树，没有任何物体可作屏障。第 2 中队攻了几次，未攻下来，又让两个中队一起攻，一直攻到天快黑了，仍没有攻下来。战斗整整进行了一个下午，只好算了。天黑时，日军向随县浙河方向撤走了，新四军也撤了下来，这时雨越下越大，到了驻地罗家庙才下小了一点。

余家店战斗是新四军挺进鄂中第一次与日军正面作战，也是当时独立游击大队和日军打的最大的一仗，打死了日军 20 多人，我第 2 中队队长张展和第 1 中队 1 个排长及几个战士负伤，牺牲了四五个同志。

我和部队又在罗家庙过了一夜，第三天早上七八点钟，中共应山县委书记钱鹄卿来了，同我会了面。他汇报了应山县党组织和党领导的抗日武装情况。我问他有多少武装，驻在哪里？他说有一个大队，有二三百人，队长叫刘吉甫，在天子岗一带活动。我说想同他们见见面，了解一下情况，能否再次组织一次对日军的战斗。他说就到天子岗舒家冲汇合，便先去联系部队走了。吃了早饭我和部队就出发，准备中午赶到天子岗。这时日军从马坪、浙河、应山县城分三路开往余家店。因为事先未向组织和李先念司令请示，为了避免出现不必要的伤亡，我放弃了再次主动进攻的念头，让部队避开敌人的主力，回驻地浆溪店向李先念司令汇报。

我这次是带着伤员回到浆溪店的。当时王盛荣是豫南特委书记，也在浆溪店，见了我们抬伤员回来，他就批评说："谁叫你们打仗的，伤了这么多人！"我心里也确实难过。当我向李先念汇报了在余家店打日军和会见钱鹄卿的情况后，李先念却非常高兴。他对我们说："共产党领导的队伍，就是要打仗，打仗就要打日本鬼子嘛！这一仗是我们豫鄂游击大队第一次打日本人，你们打得很好！长了人民的志气，灭了敌人的威风。打仗哪能没有伤亡，有几个伤员算不了什么。"听了李先念的一席话，我们心里才踏实了。以后的事实证明，新四军这一仗的政治影响很大，当地群众反映，还是共产党不怕日本人，敢和日本人打仗，国民党见了日本人就跑了。

余家店战斗过后没两天，李先念便率领新四军豫鄂独立游击大队离开浆溪店，越过平汉铁路来到鄂东，又转向鄂中，继续向武汉外围挺进。

（张家金、彭为群整理）

忆新四军挺进鄂中襄南地区

张执一*

1939年初，李先念率领160余人的新四军独立游击大队自河南竹沟南下，进入豫鄂边区，深入敌后，会合和聚集中共领导的零散武装力量，认真贯彻党的抗日民族统一战线的策略路线，独立自主地开展敌后游击战争。6月中旬，他参加了中共鄂中区党委在京山县养马畈召开的扩大会议，决定冲破国民党的种种限制和束缚，在新四军的旗帜下，统一整编豫南、鄂中党所领导的武装力量，成立了由他任司令员的新四军豫鄂独立游击支队。后扩编为豫鄂挺进纵队，我任该纵队第4支队政委兼政治部主任。那时，新四军豫鄂边区部队的干部都是中青年。我们的负责人中，年轻的在25岁左右，年纪大些的也只30岁左右。主要负责人李先念刚到30岁，任质斌才25岁，陈少敏稍大一点，也不过30多岁。后来来到这个地区负责的郑位三，被我们尊称为"位老"，其实他才40多一点。那是一段值得怀念的岁月，同志间生死与共，艰难同担，意气风发，斗志昂扬。整日里吵吵闹闹，说说笑笑，彼此有了意见进行争论，相互批评与帮助；甚至上下级间争吵得面红耳赤以至对骂，说开了就完事，毫不记成见。上下级关系也不

* 作者时任新四军豫鄂挺进纵队第四支队政委兼政治部主任。

是那么严格，地位可以互换。一时某人成了上级，一时又成了下级，大家习以为常，不会因此带来不满。现在回想起那种大家庭的温暖，仍使人回味不已。

开辟襄南的全过程，是我们党坚持抗日统一战线中独立自主的政策，紧密地依靠广大人民群众，开展敌后游击战争的体现。

一

滔滔襄河（亦称汉水、汉江），出秦岭，经鄂西北，至武汉与长江合流。襄南是指从沙洋到武汉之间，襄河以南、长江之北，包括江陵、潜江、沔阳、监利、汉阳等县和天门、京山（当时京山县一部分地方如聂家滩在襄河南岸）、汉川、荆门、石首等县局部，面积共1万余平方公里的辽阔地区。襄南扼武汉西达四川的水陆通道，从汉阳有东荆河直通沙市，又有汉宜公路经沙市到宜昌。沟渠纵横，湖泊棋布，土地肥沃，物产丰饶，是闻名全国的鱼米之乡。

早在日军侵占武汉之初，襄南地下党就曾领导当地革命人民，建立了几支小型武装，后编入我新四军鄂中部队。在新四军豫鄂边区部队创建初期，我们遵照当时中原局书记刘少奇同志“新四军刚到鄂中，应积极活动，打击汉奸、伪军及零星日寇，以便扩大影响，巩固统一战线”的指示，就由东翼数度进入襄南，在武汉近郊的汉阳县境烧起抗日游击战争烽火。

1939年8月，新四军鄂中独立游击支队成立不久，第4团团长李人林和政委雍文涛等就曾率第4团经刁汉湖飞渡襄南，与汉阳县老党员肖利三、肖文安父子创建的汉阳县地方党的武装5中队并肩战斗，击溃了盘踞高庙的伪和平救国军九十二师熊光部队。

1940年2月，新四军豫鄂边区部队已扩编为新四军豫鄂挺进纵队，纵队首长李先念、陶铸等曾率领蔡松荣（团长，现改名蔡斯烈）和杨焕民（团政委）的第5团二渡襄河，第4团（团长李人林，政委周志刚）在襄河边策应，打击侏儒山一带的伪和平救国军八十二师汪步青部队。我军在攻占侏儒山集镇街道，毙伪军营长以下官兵 100 余人、俘 20 余人后胜利北返。杰出的国际主义战士、美国革命作家和记者史沫特莱曾随军采访写过报道，在 1943 年出版的《中国的战歌》中，她以《挺进纵队和矿工》为题，记述了第 5 团的成长。

同年 8 月，豫鄂边区党委和纵队首长派我持董必武给当时在汉阳一带掌握 1000 多伪军的杨经曲的电报，到汉阳蔡甸附近之官塘角一带，在当地地下党（负责人顾大椿、易家驹等）配合下，我们争取到杨经曲、黄人杰等率伪八十二师下属的一六五旅 1500 余名官兵反正。杨黄起义后，我豫鄂挺进纵队第 4 团和这支起义部队，后又加上第 10 团，合编为新四军豫鄂挺进纵队第 4 支队，下设 3 个团。杨经曲为支队司令，王海山为副司令兼参谋长，郑绍文为政委，我为政治部主任。郑绍文不久调走，我则继任政委兼政治部主任。

接二连三的胜利，打击了敌伪，鼓舞了襄南人民。由于那时我们的重点是发展路东（即平汉路以东的鄂东地区），所以主力部队一直未能向襄南纵深发展。

二

1941 年 1 月皖南事变后，豫鄂挺进纵队整编为新四军第 5 师，第 4 支队改为第 5 师第 1 纵队，杨经曲任司令，因王海山调任第 5 师第 15 旅旅长，副司令兼参谋长则由张文津充任，我仍任纵队政委兼政治部主任。过了一段时期，第 1 纵队编入第 15 旅，取消了第 1 纵队番号，杨经曲改任第 15 旅旅长，原旅长王海山改任副旅长，周志刚仍任政委，张文津任参谋长，我改任政治部主任，杜邦宪任政治部副主任兼组织科长。我同时受鄂豫边区党委委托，负责指导第 15 旅活动地区的襄西地委、天汉地委，以及京（山）钟（祥）、天（门）京（山）潜（江）、京北（京山北部）3 个县的工作，因而对该地区地方工作得以与闻。

1941 年 6 月，德国法西斯进攻苏联，日本帝国主义在准备发动太平洋战争期间，为执行“以战养战”的反动方针，加紧搜刮战争资源，巩固其在华占领区，突向我全国各解放区发动进攻。敌华中派遣军派其主力第三师团和第四师团一部，配合伪军向我鄂豫边区各根据地进行残酷“扫荡”。为牵制敌人主力，粉碎敌伪夹击，以扩大我军回旋区，新四军第5师首长和第15旅党委决定，由我率3个连和1个手枪队，远涉襄河，直插武汉近郊汉阳，为我军向襄南的川汉沔地区发展作准备。我们在汉川、汉阳地区活动不久，即将川(汉川)阳(汉阳)工委的地方武装改编为天汉游击支队。

1941年9月下旬，我率这支小分队回到故乡汉阳之索河和蔡甸附近之官塘角(当时蔡甸镇虽是日军据点，但周围乡村均是我活动区)、长新集、多山一带，一面扩大活动地区，开辟财源，一面对伪军开展政治攻势。根据师首长指示，我们第一步是争取他们不坚决与我们为敌，第二步则争取他们反正，接受我军整编。当时，盘踞汉阳的伪军仍是汪步青部。原来，汪步青自从1940年遭受我军打击后，在日军卵翼下，他的部队有较大扩充，自认为羽翼已丰。他们换上伪定国军第一师的招牌，拥有3个团、1个机枪营和1个教导大队共3000余兵力，还有兵工厂自制步枪。汪步青任伪定国军副军长兼第一师师长，盘踞在沔阳的彭家场、下汉埠、邹家帮、西流河、双河口，汉川的南河渡，以及汉阳的侏儒山、桐山头、永安堡、三羊头、东江脑、水洪口、曲口、窑头沟、消泗沟、九沟一带，横征暴敛，鱼肉人民。我来到汉阳不久，就通过当地士绅带信，向他交代我党政策，敦促其反正，但汪步青不仅不听劝告，反而扬言:“我有万人之众，新四军其奈我何!”事实证明，这是一个怙恶不悛的家伙，必须给予坚决打击。

三

汉阳人民是具有光荣的革命斗争传统的。土地革命时期，当地农民运动领袖沈万川、高明山、高士公、高士全(以后改名高纯一、高树颐)等同志，领导消泗沟和九沟一带的群众，举行武装暴动，参加工农红军，后来在西征途中虽相继壮烈牺牲，然而烈士们前仆后继的英勇献身精神，一直鼓舞着故乡人民的革命斗志。抗日战争爆发以后，汉阳人民又派遣他们的英雄儿女，北渡襄河，参加到新四军第 5 师的战斗行列。人心向我，使我们的工作进展很快。我们依靠地下党和人民群众，并争取到当地开明士绅的帮助，不久就弄清敌伪情况，并展开了政治攻势。为了扩大我军政治影响，我们一到襄南，即各以 1 个连的兵力，同时夜袭蔡甸、黄陵矶、大集场等 3 个日军据点，拂晓撤离（这 3 个据点距武汉市区只有 30 公里）。这次军事行动对敌伪震动很大。有不少伪军或伪方人员，慑于我军声威，纷纷向我接洽。说明他们决不是死心蹋地的汉奸，我们也晓以大义，争取他们。

盘踞川汉沔地区的日军不多，主要是伪军，汪步青的伪定国军第一师是其中势力最大者；除此以外，还有伪定国军第二师李太平部 1000 余人，驻在沙湖、平场和沔阳县城；伪定国军军长刘国钧的教导团几百人驻沙湖；其余小股伪军均依附日军分驻在汉川系马口和汉阳蔡甸、黄陵矶、大集场等据点。

伪军并非铁块一板，其内部分崩离析，互相倾轧。汪步青既已投降日军，又与国民党特务暗中勾结；伪副师长黄潮和参谋处长徐某均系国民党特务。日军对他们并不信任，敌伪之间互相猜忌。汪步青打着“曲线救国”的招牌，一面向敌据点方向修筑工事防日军，一面又经常向日军宣抚班、宪兵队送礼行贿，掩盖他们之间的矛盾，实际上是脚踏两只船。此外，他又为争夺地盘横征暴敛，与刘国钧、李太平的隔阂很深；在伪定国军第一师内部，各地方势力和帮派之间也矛盾重重。

川汉沔地区河网交织，不适宜大兵团作战，针对这一地理条件和伪军特点，我们决定以政治瓦解为主，军事进攻为辅，完成歼灭伪定国军第一师的任务。遵循这一斗争策略，我们派出干部和基本群众，通过伪军亲友及青红帮等各种渠道，逐渐渗透到伪一师内部，利用矛盾进行分化瓦解工作。

伪一师是汪步青利用家族和帮派关系拉起来的。汪从黄埔军校四期毕业，在国民党部队当过下级军官，因受不了纪律约束，回乡当了帮派头子，结交弟兄很多。武汉沦陷后，他就利用家族帮派关系拉起部队，不久即投靠敌寇，整编为伪军。伪一师的士兵很多是被汪步青骗来的。1940年1月中旬，美国记者史沫特莱访问我们俘虏的20几名汪步青部伪军后曾经这样报道："被俘的伪军目光忧郁，面色惨淡，声称他们是被迫加入伪军的。有个伪军说，汉口沦陷后日本人到了黄陂，把他们那个村子烧成平地，他听说要招收苦力修铁路，就同5个年轻人一起报名，结果被带到侏儒山汪步青这里当了伪军。"可见伪军中很多人并非甘心事敌。

另外，汪步青重用的亲信多是沔阳人，这些人的家属在汉阳挨家挨户住着，向每个村子派粮派款，甚至烧的柴草也向老百姓摊派，广大群众非常不满。我们就从这里入手，激发群众对伪军的仇恨。我们对群众说："汪步青这些沔阳的地主流氓地痞跑到汉阳来帮助日本鬼子搜刮你们，压迫你们，吃你们的粮，烧你们的柴，使你们生活更加困难，你们只有支持新四军抗日才能得到翻身。"

汪步青的兵工厂里多是汉阳人，常常受当官的沔阳人欺压，我们又对他们说："你们应该起来反对那些沔阳当官的，反正过来，才能得到解放。"对汪步青部队的沔阳人，我们宣传的内容又有所不同。他们说："我们是为曲线救国才当伪军的。"我们说："当伪军就是替日本人卖命杀自己的同胞，哪有什么曲线救国的事！要救国就得脱离伪军，沔阳洪湖是当年的革命老根据地，是有光荣传统的，你们不要把老根据地的名声搞坏了！你们应该反正过来，和我们共同抗日。"

经过这样分化瓦解，伪一师内部人心涣散，纷纷动摇，有的弃暗投明，向我军提供情报。我们不仅掌握了伪一师的总兵力和各据点兵力部署，对排以上的伪军官情况，也都了如指掌，还把伪一师一段时期的口令也弄到手了。

在政治瓦解工作奏效以后，我们立即报请新四军第5师师部批准，第15旅旅长王海山、政委周志刚、参谋长张文津等率所属之第43团和第44团夜渡襄河赶来增援（当时第45团留在襄西分散坚持，无法抽出），与襄南部队以及天汉游击队一起，向伪定国军第一师发起军事进攻。

1941年11月17日，我第15旅第44团和天汉游击支队各以两连兵力，分两路进袭侏儒山和南河渡，带路的就是从伪一师反正过来的原伪军 3 个班长。原来，在我军进攻之前，这 3 个班长就分别对他们的部下说过：“如果有战斗，不管上面什么命令，你们听我的，我叫打就打，不叫打就不打。”不料这件事被汪逆发觉，于是他们结伴到了我们这里。恰在这时，我们从一位派赴汪部作争取工作的地方旧知识分子手中拿回伪一师 10 天的口令（是汪部参谋处主任参谋提供的），因而我们更增强了以极少兵力夺取胜利的信心。

这次战斗，我军利用伪军口令，顺利通过敌人三道岗哨，一枪未发，即将伪三团团部及特务连、卫士班歼灭，俘伪团部军需主任以下官兵 100 余人，缴重机枪两挺、轻机枪 3 挺、步枪 400 余支。第二天早上，当日军分三路进攻时，我安全转移。

12 月 7 日，正是日本帝国主义偷袭珍珠港的那天，我第 43 团、44 团全部和天汉游击支队一个大队，分两路向侏儒山、南河渡、桐山头作第二次进攻。第二天清晨调整部署，经激战后，第 44 团攻占将军岭和桐山头，俘一连伪军，歼伪机枪营和步兵 10 余人；第 43 团以一连兵力进攻裴家山，击溃伪军新兵连。后因黄陵矶和大集场日军在奓山会合向我出扰，攻我侧翼，企图截断我第 43 团第 1 营归路，于是我军主动撤出战斗。第 15 旅副旅长兼第 43 团团长朱立文为掩护我的安全，让一只渡船载我渡过索子河，而他自己则不幸牺牲。现在每一念及，我心里都十分难过，我将永远对这位英雄战友表示深切的悼念。

12 月 23 日，第 15 旅集中第 43 团、44 团和天汉游击支队全部，第三次分三路向侏儒山、周家帮进逼。此时伪军由于不断遭受我军事进攻和政治瓦解，士气十分低落，不堪一击。有的伪军公开喊道：“汪家给了我们什么好处，何必替他卖命！”我一举即攻占侏儒山，伪军溃退。驻周家帮之伪司令部在我强攻之下，溃不成军，向汪家场、余家场一线撤退，我军追击时歼敌一营。我军攻进侏儒山以后，群众高兴极了，主动帮助我们抬运、抢救伤员，还抬着整猪整羊、挑着鲜鱼来慰问我们的部队，至今回想起来，那热烈的场景仍历历在目。

眼看伪一师行将覆灭，沙湖伪定国军军长刘国钧及伪二师李太平部1000余人，配合驻沙湖日军，在12月25日向西流河我第43团阵地进犯。我军隐蔽于河堤下，当敌伪进至距我阵地200米时，我轻重机枪同时开火，并与日军肉搏，将其全部击毙，俘伪军400余人。除自愿留下抗日者外，其余都发给路费释放。获释伪军到处宣传我军政策，规劝同伙放下武器。以后伪军每遇我军，有的举手投降，有的不战即溃，甚至伪兵工厂厂长被俘后也主动承认自己身份，将汪步青命令埋藏的造枪设备(其中有10余部精密机床)，以及步枪和机枪枪身都交了出来，我们共用了13只木船才运到湖区后方。

全歼汪步青伪定国军第一师之战，开始由第15旅第43团、44团和天汉游击支队参加。以后商请正在襄河北岸活动的第13旅旅长周志坚和政委方正平亲率该旅一部分部队渡河来增援，我们组成了临时指挥机关，展开了更大规模的进攻，才基本上结束这一战役。在消灭汪伪部队的最后一次较大规模的战斗中，我军在彭家场附近的胡家台发现由沙湖出扰之日军数百人，与之激战终日，双方伤亡达300人以上。

从1941年11月17日到1942年2月4日，我军共作战14次(对伪军和日军各7次)。除全歼伪定国军第一师外，还击溃伪定国军第二师1000余人，击溃日军7次增援，毙伤日军200余人，俘伪军950余人，缴获了兵工厂全部设备和大批军用物资。最后，汪步青本人也被生擒。

至此，在襄南东部，如汉阳之侏儒山、桐山头、永安堡、消泗沟、水洪口、曲口、窖头沟、三羊头、九沟，沔阳之西流河、周家帮、何家帮及汉川之南河渡、西江亭等大片国土，基本上为我控制。我们不仅粉碎了敌伪对我解放区的军事进攻和经济封锁，还扩大了根据地。在侏儒山战斗期间，我手枪队员几度潜入武汉市区，广泛散发传单，更扩大了这次战果的政治影响，使武汉敌伪一夕数惊，不时被迫戒严。此后，我小型武装经常出没于武汉近郊的姑嫂树、舵落口、郭茨口、十里铺等地。武汉商人为我军转运物资时，甚至公开向敌特声明：“这是四老板(指新四军)的！”敌特慑于我军声威，怕受到惩罚，只好放行了。

1942 年夏季，川汉沔地区抗日军民在对敌伪作战的凯歌声中，欢度 5 月端阳节。2000 余人汇集在襄河岸边，舞起龙灯，踩着高跷，像风暴卷起的狂潮，由这个村庄，涌进那个村庄，人们齐声唱着嘹亮的歌：

龙灯头上青，我们欢迎新四军。
龙灯头上黄，我们恨的是东洋。
团结有力量，军民合力打豺狼！
……

全歼伪定国军第一师之战取得重大胜利后，因威胁到日军占领区的心脏——武汉，日军乃抽调重兵并随带伪军熊剑东、邹平凡部数千人对我侏儒山进行“围剿”。我军遵师部命令，主动撤离襄南东翼，集结到白兆山一带，只留范敏夫（现名樊明甫）率少量兵力以天汉游击支队名义坚持游击战争。

侏儒山之战胜利开辟了襄南，而扭转襄南全局的战斗，是在以后进行的。

四

在我军进入汉沔期间，直至 1942 年末，襄南西翼及中部的江陵、监利、潜江、沔阳、汉川等县除县城为日寇侵占外，大部农村仍是国民党军第一二八师和第六战区挺进军第二游击纵队控制的。1943 年 2 月德国法西斯在欧洲战场受挫，日本帝国主义为尽早结束侵华战争，以便抽调兵力转赴其他战场，向蒋介石进行压降，麇集了主力部队 3 万人，进攻襄南。面对日寇进攻，第一二八师一触即溃，师长王劲哉被俘后，在武汉发表声明称：“劲哉抗日任务已经完结，如今解甲归田。”以所谓“改邪归正”为由劝其所部接受日寇整编。王劲哉投敌后，余部均分别投敌。记得有一位爱国的田连长（名字我忘记了），从伪军据点田二河古鼎新旅拖出全连反正，并威逼一个副团长跟着起义。我们曾给以“一二八师光复纵队”番号，号召第一二八师投敌部队归队抗日。国民党第六战区挺进军副司令兼第二游击纵队司令金亦吾则不战而降，率部投敌。国民党部队有的被整编为伪军，有的溃散为匪，到处窜扰，于是襄南地区全部陷落。日寇奸掳烧杀，襄南西翼及中部的洪湖老根据地人民，不堪其害，纷纷要求我军渡河南进。

这时，天汉地委、襄西地委以及第 15 旅建制均已撤销，由我和李守宪、王海山、李人林、刘真、吴云鹏、陈秀山、谢威、黄海滨、李蔺田、陈清 (现名郭子清) 等同志组成襄河地委，在第 15 旅基础上成立襄河军分区 (又称三军分区)，实行党政军一元化领导，驻在襄河北岸的观音湖一带。我任地委书记兼军分区政委，军分区司令是党外人士杨经曲，王海山任副司令，李人林任参谋长，刘真任政治部主任，李守宪任副书记兼襄河地区行署专员。江陵地下党张礼成等来向地委反映情况，并要求派部队进入襄南。地委分析情况后认为：日军攻陷襄南的目的在于占领洞庭湖西部地区，以打通粤汉铁路，其主力部队不可能在襄南地区滞留太久。如果我军本“敌退我进”的作战方针，挥师襄南，则既可以牵制敌人兵力，使敌首尾不能相顾，以策应正面战场作战；又能收编国民党部队溃散武装，争取伪军反正，发展我军力量，扩大抗日根据地。在报请边区党委和师首长批准后，我们派三军分区参谋长李人林和第 15 旅第 45 团政委戈平率该团第 1 营作为先遣部队渡河。陈清因在潜江地区工作过，对该地区较熟悉，随部队做向导。

五

时维 2 月，序属初春。李人林等率先遣部队从京山南的泗港市和多宝湾两个伪军据点之间夜渡襄河，在聂家滩登岸后，迅速挺进至江陵的三湖地区，与江陵地下党会合。

此时，整个襄南地区除敌伪部队外，还有土匪和国民党溃散武装，总计兵力约 1 万余人。比起这样的庞大数目，我先遣部队一营兵力显然力量甚微。但是，我军一去就高举抗日的旗帜，积极宣传我党抗日民族统一战线政策。最初，我们收编了第一二八师一位叫田美艾的营长所部 100 余人。接着，我们得悉原第一二八师旅长倪辑五在部队打垮后已经回到洪宋家场，李人林又派干部持信往访，动员倪辑五与我们共同抗日。在我们耐心的说服动员下，倪辑五终于接受江陵县抗日民主政府参议长职务，我们并劝倪参加“一二八师光复纵队”收容国民党溃散武装。不久，他的旧部就收集了五六挺机枪和 100 多支步枪，成立了江陵抗日自卫团，由倪辑五任团长。令人痛惜的是，这时，我们原在襄北成立的“一二八师光复纵队”里，由于那个被迫起义的伪军副团长用阴谋手段将带头起义的那位爱国的田连长骗入伪军据点杀害，以致这支起义部队被缴械，许多爱国者也被杀害。对于已被日寇整编为伪军的原国民党部队，我们同样执行抗日民族统一战线政策，耐心争取他们反正。对甘心事敌执迷不悟者，则聚而歼之，如对伪军刘银国就是如此。刘银国部原系国民党第六战区挺进军第二游击纵队金亦吾部直属大队，共 600 余人，在日寇西侵时追随金亦吾投敌，被整编为伪军，驻守在张金河一带。开始，我先遣部队写信给刘银国，劝其反正，遭到拒绝。于是李人林率部队连夜进袭，将其击溃，俘 100 余人。接着，我军又在反“扫荡”战斗中，歼灭监利伪保安大队一部。这时，其他伪军慑于我军声威，纷纷找我先遣部队接洽，表示愿意改恶从善。我们要求他们：第一，及时向我们提供日军活动情报；第二，不准掳掠残害百姓。只要做到这两条，可以不予打击。这样，我们就又争取到江陵县岭河口、丫角庙等地的伪军曾尚武部，暗中为我所用。从此我渡河部队即在江陵、监利、潜江的三湖、白露湖地区立下脚跟。

为适应形势的发展，加强对襄南地区的领导，襄河地委继续派干部和部队奔赴襄南，成立了中共襄南工作委员会和襄南指挥部，李人林任指挥长，刘真任工委书记兼指挥部政委（不久政委一职由方正平兼任）。襄南工委下设江陵工委和荆（门）潜（江）工委，这时日军不断向我军“扫荡”，襄南工委一经成立，即积极领导襄南军民，英勇地对敌进行反“扫荡”斗争。

1943 年 4 月，江陵、潜江日军 200 余人，配合潜江伪军李正乾部 800 余人分三路向我“扫荡”。李正乾原是金亦吾第二游击纵队的团长，他虽然追随金亦吾接受了伪军番号，但并非甘心事敌，他主动向我军提供情报，我军因之及时转移，使敌伪军“扫荡”扑空。4 月下旬我们争取到李正乾率部队 800 余人反正，由潜江城郊开到我军驻地徐李市，被整编为我第 3 军分区独立第 1 旅。

此后，襄南的抗日游击战争就更加迅猛地发展起来。我第 45 团全部渡河南进，除一营活动于江陵、土地口、张金河为中心的三湖、白露湖地区外，团长曹玉清率两个连活动于余家埠、老新口、周老咀，参谋长青雄虎率两个连挺进到了普济观一带。如此兵分三路，向洪湖老根据地的中心区域步步推进。

为了集中兵力便于机动作战，第 5 师首长命令成立新的第 15 旅，以吴林焕为旅长，方正平为政委，方正为参谋长，刘放为政治部主任，由鄂东经襄北逐步开往襄南。这年 5 月，日寇再次进犯洞庭湖西部地区，为适应形势变化，第 5 师师部来电令第 15 旅归襄河地委和襄河军分区指挥，以统一行动。为了扩大襄南战果，师部又令襄河军分区转令吴林焕、方正平率第 15 旅旅部及第 44 团(团长黄人杰，政委黄德魁)全部渡过襄河。

当我主力部队东进时，日军为阻击我军，派伪十师第二旅朱炳坤部约 2000 人扼守熊口。熊口乃潜江西南重镇，为我军南取监利、东攻沔阳、挺进洪湖的必经之路。伪军不但在熊口镇构筑了坚固的工事，还在附近设了十多个据点，我军决定武力解放熊口。

熊口之战打响之前，我们仍然首先采取政治攻势。朱炳坤手下有位姓王的营长，原是李正乾的旧部，我们即请李正乾去动员王营长反正，王表示愿在战斗打响后作我军内应，并在伪军中展开了工作。

6 月 6 日夜，我第 15 旅第 44 团及第 3 军分区地方武装一部，由浩子口一带出发；第 45 团两个营从土地坊出发，7 日拂晓向熊口进击。战斗打响后，伪军王营长即率部反正。经一天激战，我军攻占熊口街道北部，把伪军压迫到一角。午夜 12 点，我军一面进攻，一面通过王营长喊话，并一再送信，迫朱炳坤投降。在我军强大的军事和政治攻势下，朱炳坤被迫放下武器，宣布投降。我军即命令其部队撤离工事，开赴我指定地点洪宋家场集结受编。不料朱炳坤至洪宋家场后，竟企图率部向长湖逃窜。9 日，我受降部队当即予以围歼，俘人、缴枪各千余。朱炳坤率残部逃窜。至此，熊口及附近的杨家场、马家场、吴家场、周家矶等敌伪据点均被拔除，潜江西部及南部地区都被我军控制。此后，即由西翼率主力向东南挺进，创建以洪湖为中心的抗日根据地，并打过长江。与此同时，为配合主力，又在天汉地区成立襄南（汉沔）挺进支队，由东翼渡河向西发展，分路向洪湖挺进。第 15 旅渡过襄河后，师部为了更好地集中领导，乃令该旅归襄河军分区建制。我们随即得到中共豫鄂边区党委批准，在襄南地区成立了襄河地委襄南代表团，由方正平任书记，吴林焕、李人林、刘真、刘放、方正等参加，统一领导襄南地区军事工作和地方工作。

熊口之战不久，我第 44 团又在白露湖西岸的新观毙敌 40 余名。通过这两次战斗，我军就在地下党配合下，在江陵潜江之间建立了比较稳定的敌后根据地，襄南西部地区基本为我们控制。

从 1943 年 2 月下旬先遣部队挺进襄南，到这年 6 月上旬为止，共俘虏、瓦解、收编伪军和土匪武装 9000 余人。延安《解放日报》曾接连报道这一战果，陈毅军长也曾加以赞扬。我军力量在战斗中得到发展，稍事休整后，即继续向洪湖中心区东进。

六

“笑责南归何太迟，军民相见两无疑。狂风蓦卷洪湖浪，重舞当年赤卫旗。”7 月，正当莲花盛开，我第 15 旅第 45 团踏着贺龙同志领导的红二军团的战斗足迹重返洪湖。“红军回来了！”“红军回来了！”老根据地的人民奔走相告，挥舞着他们珍藏多年的赤卫队旗，拿起当年的梭镖，挖出了埋藏的枪支弹药，与我军胜利会师。

眼看我军挺进洪湖，日军和伪军也急急拼凑兵力，组织“扫荡”，妄图将我挤出洪湖地区。洪湖伪军主要是监利县伪保安大队王一鸣部。9 月 5 日，正当王一鸣与日军纠合一起，企图从东西南北四面合击我军前夕，我第 45 团参谋长青雄虎在张家坊与伪军尖兵排遭遇，将其全部活捉。从伪军俘虏口中得悉第二天日伪军配合“扫荡”的计划。第二天拂晓，我军化装成日军奇袭王一鸣部，除俘其中队长以下官兵60余人外，在伪军中作政务指导的日本军官田中也被我生擒，敌伪的“扫荡”计划全部被粉碎。

与此同时，第5旅第44团挺进到了天(门)潜(江)沔(阳)地区，拔掉潜江东南部敌人据点总口，打开了从这里通向襄南指挥部所在地熊口的通道。活跃在沔东的汉沔支队，也壮大力量，发展地盘，在洪湖与第45团会合。

随着部队的胜利展开，为就近领导与指挥，我们不久就将襄河地委和襄河军分区的领导机关移驻襄南浩子口一带，以李人林为首成立了襄南中心县，下设江荆潜、监沔、天潜沔、潜西、川汉沔、襄西县，随后建立石(首)公(安)华(容)县，并相应建立了区乡一级政权，每县都有二三百人的县大队武装。我们的地方武装常常配合民兵，在船头垫起沙袋，架起机枪，出没于芦林、莲丛的水网中，打日本，保家乡，像当年洪湖赤卫队一样英勇战斗。我们不仅胜利粉碎日寇“扫荡”，还基本上消灭了这一带的土匪，领导人民兴修水利，实行减租减息，使老根据地人民安居乐业。

在襄河地委和襄南军分区机关移驻襄南之后，第5师师部来电令第15旅领导机关与襄河军分区(第三军分区)合并，取消第15旅名义和襄河地委襄南代表团机构，王海山调走，以吴林焕充任副司令，我仍任襄河地委书记兼军分区政委，方正平为军分区副政委，方正为军分区参谋长(李人林调任中心县委书记、襄南指挥长)，刘放任军分区政治部主任(刘真调任襄西中心县委书记)，军分区仍以杨经曲为司令，但他常住大悟山，仍任鄂豫边区行政公署副主席。

开辟襄南根据地也活跃了边区经济，襄南素称鱼米之乡。我军一到那里，就控制棉花、粮食，成立了襄河贸易管理机构，以对敌顽进行贸易和货币斗争。我以粮棉换回边区急需之军用和工业物资，并通过税收肃清伪币，稳定边币，将收取的法币上交边区到河南换取食盐。1943年底，我军又开始控制了长江从监利到新厂100余里交通要道。由于边区秩序安定，没有匪患，关税统一，因而商人大批从这里通过，税款得以源源上缴，为边区提供了大批财源，做出了较突出的贡献。

七

开辟襄南为我军恢复襄西根据地和向江南发展创造了条件。早在抗日战争初期，曾志、李守宪、刘真、吴云鹏、王建桥、王全国等就相继在襄西开展工作，并建立了根据地。但在1942年边区被敌伪顽夹击的严重期间，襄西只留下少量干部和小型武装，坚持在当阳、荆南和北山3块小根据地，襄西党政领导机关和主力部队均奉命渡河东移。为了恢复襄西，襄河地委在1942年底就决定成立了襄西中心县委，并加派干部到襄西，恢复了当阳、荆北3个工委和襄西支队。1943年四五月，第3军分区部队由襄南进击荆门县土顽武装保安支队姚金陵部，打开了襄南至襄西的通道，恢复了我们与在襄西几块小根据地的联系。此后即加强了对襄西的领导，重建抗日民主政权，全面开始了襄西根据地的恢复工作。

1943年9月，苏美英中四国发表宣言，一致表示要以联合力量击败德国法西斯和日本帝国主义。日军于是调集其华中派遣军第三师团、三十九师团、四十四师团、五十八师团及十三军团之一部，加上伪军共7万余兵力发起常德战役，再次向湘北、鄂西的国民党部队进攻，并不断袭击我军，以图保其后方安全。此时，为了进一步打击日军，策应正面战场作战，我们在继续发展襄南的基础上，由李人林率第3军分区一部分部队，组成江南挺进支队。9月18日，支队进抵石首的江北地区，收编了土匪方以成部。11月，支队又飞渡长江，挥师洞庭湖畔，在华容、石首、公安3县边界，开辟了桃花山根据地，成立了党的华石公工作委员会和华石公行政委员会。在我军到达桃花山之后，政治影响远及洞庭湖以北和鄂西南的国民党后方，枝江、松滋一带的我党秘密党员潘哲夫以国民党区长的公开身份，组成1000余人的地方武装。在地方党负责人李东波筹划下，潘哲夫率部起义，跋涉数百里来根据地参加抗日。

1944年10月，新四军转战鄂南的以罗厚福、张体学为首的第14旅一部分，从古战场赤壁附近的柳头北渡长江与第15旅一部分会师。接着，第5师师部又令我们派汉沔支队配合第14旅第41团南渡长江，开辟嘉（鱼）

蒲(圻)临(湘)地区，把襄南与鄂南抗日根据地连成一片。

新四军鄂豫边区抗日武装自创建以来，是以对武汉实行战略包围准备反攻收复中原失地为战略目的的。武汉是全国水陆交通中心，西接四川，南连湘粤。自从1938年10月沦陷之后，日本帝国主义一直把这里作为西犯南侵的战略基地，集结着日本侵略者6个师团和两个旅团约15万兵力，配合8万余伪军在市区及水陆交通沿线城镇据守，即使在太平洋战争爆发后，日本兵力不足时，武汉及左近据点仍有2个师团10个旅团和大批伪军防守。我军开辟襄南，恢复襄西，进军鄂南，又跃马长江，进军洞庭湖畔，这就不仅完成了对武汉的包围，而且威胁平汉、粤汉铁路，西扼长江，缚住了敌人手脚，为我军反攻创造了条件。

“南渡长江饮马欢，桃花山望井冈山。洞庭湖水连天碧，放眼三湘尽笑颜。”形势的发展到了这时，胜利的图景已经在望了。

(郭令炘整理)

南岳游干班开学

国共合作的南岳游干班忆述

吴奚如*

在武汉沦陷前夕，国民政府准备飞迁重庆，蒋介石把华北一些地方的军队将领召集到武汉开会，并邀请当时的第二战区副司令长官兼第十八集团军总司令朱德参加。当时我在武汉八路军办事处工作，这时八路军办事处的大部分负责人和工作人员都撤走了，留下的电台和机要警卫人员不多。

朱德总司令来后，周恩来与他商量决定，这次面见蒋介石时应提出，在抗日战争相持阶段要发展敌后游击战，并建议国共两党合作举办游击干部训练班。随后，周恩来要我以朱德总司令的名义起草一份建议书。我拟好后交给了朱总司令。按当时的要求，建议书要盖印章，朱总便请邱南章同志临时去找人刻一颗。刻章人听说要刻朱德的印章，吓了一跳，经邱南章说明后才给刻。我盖印时给盖歪了，所以至今还记得这件事。

朱总司令面见蒋介石时，向蒋谈了毛泽东主席《论持久战》的观点，提出抗战进入相持阶段，应发展敌后游击战，并建议国共两党合作，举办游击干部训练班。蒋介石表示同意，要求尽快拟定计划。其后，周恩来、叶剑英

---

* 作者时任南岳游击干部训练班教官。

找我们一起研究，制定了游击干部训练班教育计划大纲，由周恩来提交蒋介石。

1938 年 11 月，蒋介石在南岳主持召开第一次军事会议，提出“二期抗战，游击战重于正规战”，正式决定在南岳举办游击干部训练班，并致电中共中央，请派干部到南岳游干班教授游击战。我党中央认为，参加举办游击干部训练班，对于团结抗战意义重大，决定派叶剑英带人去。接到通知后，叶剑英和李涛、边章伍、薛子正、李伯崇等先到衡阳进行筹备。

当时我也奉命担任该班教官，但我因在桂林负责八路军办事处的工作，去得稍晚一些，是 1939 年春天去的。参加举办训练班的我方教官和工作人员共有 30 多人，对外叫中国共产党代表团。

我们在南岳集中住在一处，住的地方叫桔盈圃，是一座地主庄园，叶剑英和我们住在一起。我们主要教授游击战的战略战术和政治工作，其他军事爆破、土工作业、通讯等课程由国民党军队教官担任。具体分工是叶剑英主讲游击战争概论，边章伍、李伯崇、薛子正负责讲授游击战术，李涛和我负责讲授游击战的政治工作。我们讲课的教案由自己确定，教材也由自己动手编写。

第一期训练班由汤恩伯任教育长，叶剑英任副教育长，陈烈任政治部主任。后期因汤恩伯调走，由李默庵任副教育长代行教育长之职。我们与汤、李、陈等人虽然在一些问题上存在分歧，但合作气氛还好，他们对我们比较尊重，工作上给予合作和支持。第一期的学员除了国民党军队的连、营以上职务的军官外，还招收了一部分青年学生。一般来讲，蒋介石嫡系部队的军官学员与我们接触比较少，杂牌部队的军官与我们接触较多。

第二期训练班开始，李默庵正式接任教育长，戴子奇接任政治部主任，叶剑英已调到重庆负责中共中央南方局工作去了，我方由李涛负责。从这一期开始，由于国民党和共产党第一次大摩擦，影响到训练班，他们在会上公开散布反共言论，我们当场提出驳斥。

第三期训练班由于日军飞机经常到衡阳一带进行轰炸，于是搬到祁阳。因国民党加紧溶共、限共、防共，军统特务也在训练班暗中活动，我们经常提出抗议，后来无法合作了，就全部撤出了南岳游干班。

在南岳游干班，周恩来同志曾以国民政府军委会政治部副部长的身份到南岳，给第一期学员作了题为《中日战争之政略与战略问题》的报告，反响强烈。还请苏联顾问讲过课，因为当时一部分武器是苏联提供的，所以请他们来讲步炮协同动作和空军、陆军协同动作等，我们有时也去听课。

越南胡志明也曾在南岳游击干部训练班住过一段时间，当时越南国内很不安宁，到处抓革命者，他在国内不能待，便来到中国，住在南岳我党代表团驻地，利用我们的合法地位和电台进行革命活动，也兼做电台的新闻翻译工作。第三期训练班结束后，他随我们撤离到桂林去了。

忆谈南岳游击干部训练班

李默庵*

南岳游击干部训练班，简称“游干班”，是专门训练用游击作战方法，在敌后打击入侵我国的日本侵略军的。同时，也是国共两大政党第二次合作，团结抗敌，重要而具体的产物。我作为该班主要负责人之一，至今印象深刻。唯是事已隔近50年，现随身既无资料可查，且我的年龄又已过82岁，记忆不免衰退。兹就记忆所及，谨述该班概况以供参考。

自 1937 年 7 月 7 日，由于日本侵略军的挑衅而爆发的全面抗日战争，到 1938 年 10 月，我国东部各大城市，如北平、天津、太原、济南、徐州、上海、南京、广州、武汉等处，先后被日本侵略军占领，半壁河山，沦入敌手。在各战场抗敌的战斗中，虽经我军的不顾牺牲的奋起战斗，终以装备过分悬殊，纯凭血肉之躯，难抵猛烈之火炮，其牺牲之壮烈与惨重，是史无前例的，确实体现了中华民族不可轻侮的爱国精神。

武汉失守后，蒋介石于 1938 年 11 月 25 日，在湖南南岳召集南中国战场参战的各高级指挥官，举行第一次南岳军事会议，并邀请代表中共的周恩来和叶剑英参加了会议。随后于 12 月 15 日，又在西安召集了北中国战场各

---

* 作者时任南岳游击干部训练班教育长。

参战高级指挥官举行了西安会议，主要是宣示南岳会议的决定。彭德怀代表中共参加了会议。第一次南岳军事会议的重大决定的要点如下：

1. 决定长期抗战到底，以争取最后胜利。

2. 利用广大国土，以空间换取时间，争取长期抗战以困敌人。

3. 不在一域一地的得失，改变过去以占领要地即为胜利的旧战争理论，如首都南京及其他要地陷敌，而我们仍占领有被敌占领城市以外的广大乡村增强全国军民对敌长期抗战的认识和信心。

4. 确定自七七抗战开始，至武汉失守为第一期作战，以正规战为主。尔后为第二期作战，以失地过广划分为敌前与敌后两个战场，敌前以正规战为主，由国民党军担任；敌后以游击战为主，由八路军担任，国民党亦担任一部分，形成全国全面对敌人的作战。

5. 在敌占区，随时予以攻袭，积小胜为大胜，使敌枕席难安，必须处处设防。因而占地愈广，力量愈分散，时间愈久，消耗愈大。这是敌后游击作战的主旨。当时出于需要，曾提出游击战重于正规战的口号，以增强各方的注意。

为贯彻第一次南岳军事会议开辟敌后战场，进行游击作战的决定，国民政府军事委员会特在湖南南岳创办南岳游击干部训练班，简称“游干班”，调训各战区军政干部，施以短期训练，倡导游击作战。为强调游击战在对敌第二期作战中的重要性，由蒋介石亲自兼任班主任，派汤恩伯为教育长，负实际责任。并商请共产党同意派叶剑英为副教育长，共同主持之。

游干班的组织是直属军委会。因系短期训练班，仅常设一个班本部，分教务、总务、军需、军医等处和一个政治部，任用专职人员，处理该班一切事务。担任军事、政治等教育课的教官，均系向各专门机构调用。如担任教授游击战的军政教官，以叶剑英率领的中共代表团为主。该代表团共约 30 余人，其中约半数是教官，半数为办事人员。

游干班训练的时间为 3 个月，其训练时间的分配，军事为 55%，政治为 45%，均以训练游击作战为主。有游击战术、游击战斗的实战演习、爆破技术、游击部队政工、民众运动等。

该班第一期调训各战区中级现职军官和其他人员 1046 人，编为一个总队，下设 8 个队。其总队长、队长由部队抽调军长、师长或旅长临时担任，区队长及其以下各干部，在受训人员中选任。第一期于 1939 年 2 月 15 日开学，一切按原定计划顺利进行。

1939 年 4 月，因河南战场的需要，游干班教育长汤恩伯奉命仍回第三十一集团军任总司令，率部驰赴河南作战，蒋介石即令我接任游干班教育长。当时我自抗战开始，率军参加晋北忻口会战后，移驻晋南之中条山地区，任第三十三军团长，辖第十四军及九十三军，以攻袭同蒲铁路南段之敌为任务，当时华北战场重点在台儿庄，我们军团正面无重大敌情，处于休整状态，故蒋介石令我接任该班教育长。

4 月初，我奉命离开山西，经重庆面见蒋介石后，于 4 月下旬到达南岳，5 月 1 日正式接任教育长职务。其组织、人事和教育等一切均依原定计划照常进行，毫无变动。第一期训练班于 5 月中旬圆满结束。结业后，各学员仍回原职工作。训练班学习期间，教授游击战课程的中共代表团的几位教官，在叶剑英领导下热情执教，颇得学员的好评。尤其是叶剑英亲自主讲的课程，因他经验丰富，且善于辞令，深入浅出，更受欢迎。在训练期间，我们还邀请了军委会政治部副部长周恩来先生讲授《中日战争之政略与战略问题》课程，使学员深受鼓舞。

第二期受训的为各战区送来的学员，约 500 人，编为一个总队，下辖 4 个队，于 6 月 20 日开学，其训练课程等，均仍照第一期的办法进行。学习时间仍为 3 个月，第二期于 9 月 20 日期满结业，受训学员仍回原职工作。

第三期游干班受训的学员除各战区送来的 600 人编为 4 个中队外，另在各地招考 600 名高中学生，也编为 4 个中队 (其中有女生 150 人编为一个中队)，共编成一个总队、两个大队。第一大队的学员训练课程与第一、二期相同，第二大队的学生队则另加军事基本训练，时间延长为 6 个月。

第三期于 1939 年 11 月 1 日开学，学员队于 1940 年 2 月 1 日结业，学生队仍继续留班学习。由于敌人飞机不断侵扰，训练班在南岳很不安全，便于 1940 年 3 月全部迁到祁阳。第三期的学生大队于 1940 年 4 月结业。以后南岳游干班改为西南游干班。至此，南岳游干班结束，中共代表团于 1940 年 2 月底撤离游干班。

南岳游干班从 1939 年 2 月 15 日第一期开学，到 1940 年 3 月迁至祁阳，共办了三期，培训来自全国各战区的学员共 2000 余人。总结其观感有以下几点：

1. 该班的主旨在开辟敌后战场，倡导游击作战的重要性，对增强长期抗日的信心起了一定的作用。

2. 该班是国共第二次合作抗战最具体的行动之一，合作良好，成效甚著。

3. 叶剑英所讲述的游击战，如讲军民关系像鱼和水一样，军队一刻也不能脱离群众的比喻，使各方印象深刻。

回忆在南岳游干班听叶剑英将军讲课

杨定一*

1939 年春，国共合作在湖南南岳创办了西南游击干部训练班。游干班第一期学员是从国共两党现役军人连以上团以下的军官中调派的。我当时是湖南祁阳抗日救亡队队长，由父亲杨一粟（又名杨若海，在游干班任教官）介绍，进入游干班第一期学习，编在第六队第一班。当时正在太湖执行游击任务的朝鲜爱国青年金世日也编在第六队。叶剑英将军在游干班任副教育长兼游击战术总教官，他身材魁伟，精神饱满。经常穿一套半旧灰军服和一双半旧长筒马靴。他虽然也讲普通话，但总是带着广东话的尾音，他与同学们谈话，和蔼可亲，谈笑风生，没有半点架子。

游干班为了避免敌机空袭，利用南岳密林中山沟顺着山坡的斜度，挖成一排排梯形座位，成为一所天然野外课堂。

叶剑英将军对游击战术理论造诣很深。他讲课声音洪亮，同学们听课时，好像铁碰到磁似的被吸引住了，真是鸦雀无声。大家都聚精会神地侧耳倾听和忙于做笔记。

他说："游击战与阵地战不同，游击战是在敌人后方进行的战斗，游击

---

* 作者时任湖南祁阳抗日救亡队队长，南岳游击干部训练班学员。

队就像神话小说封神榜中所说的，都是天兵天将，来无影去无踪，真是丈二和尚，叫敌人摸不着头脑。它不像正规军那样，在各方面都有补给，我们是自力更生的队伍，正像游击队歌词唱的那样：‘没有吃没有穿，自有那敌人送上前，没有枪没有炮，敌人给我们造……’”

他又说：“游击战是只有攻击没有防守的战斗，要出其不意，攻其不备。我们总的战术是：化整为零，变零为整。如果战斗对我们不利，我们就把整个的队伍化为若干三五成群的麻雀队，散布在四面八方，使敌人找不到我们的目标，以保全我们的战斗实力。如果战斗有利，我们就把分散的麻雀队集中起来，成为一支强有力的攻击队伍，一举歼灭敌人。这里有三个基本原则。这三个原则都很重要。大家一定要掌握好，运用好。一是敌人小于我时，就要吞并它，使敌人成为我们最好的运输队和后勤队。二是敌人等于我时，就要各个击破它。三是敌人大于我时，就要牵制它，配合我主力军来消灭它。”

当时有人提问：“在军力上敌众我寡，在武器上敌优我劣，怎能把敌人牵制住呢？”叶剑英将军胸有成竹地笑着说：“我们在农村经常可以看到，一个五六岁的娃娃，能把一头大水牛乖乖地牵着走。大水牛比五六岁的娃娃要大多少倍，为什么牛能听小娃娃的指挥呢？问题很简单，只要我们抓住它的弱点，牛就会自然而然地听指挥。牛虽大，但鼻子是它的弱点，只要把绳子拴在它的鼻孔里，它就会乖乖地听指挥。我们对强大的敌人也是这样，只要抓住它的弱点，敌人也同样跟着我们转。‘声东击西’，是牵制敌人的一条法宝，所谓‘声东击西’在军事上叫做‘佯攻’。我们把主力军埋伏在西方，却在东方虚张声势，扬言要攻击敌人，使敌人把西方的军力调往东方，待敌人在西方的军力薄弱了，这时我们再猛攻西方，然后我们又能转移到南方或北方，使敌人防不胜防。如果碰上狡猾的敌人，按兵不动，我们的麻雀群就从四面八方攻击，扰乱敌人，挫伤其战斗意志，配合我主力军来消灭它。这样也和小娃娃牵水牛一样，敌人会跟着我们跑的。总的来说，我们国家是一个地大人多、山高林密、山回路转、地形复杂的国家。有开展游击战的有利条件，任何来犯的敌人，它只能占领我们的‘点’和‘线’，却占领不了我们的‘面’，敌人的四面八方随时都有受我们攻击的危险，最后胜利必然是属于我们的。”

以上这些精湛的游击理论，叶剑英将军讲得十分生动，我至今还记忆犹新。

游击干部的熔炉

谭安猷*

1939 年 3 月，中共衡山县委负责人欧阳方为衡山县青年战时工作队队员参加南岳游干班一事，向八路军驻衡阳办事处主任、南岳游干班副教育长叶剑英同志请示，他答复由地方党组织决定。县委同意青工队员参加南岳游干班学习。青工队队长向大鑑连夜派人赶到吴集，通知我们回县投考南岳游干班。我们留下刘莲安、谷济美继续坚持工作，刘国安、谷济兴（后改名石坚）和我 3 人星夜奔赴县城，经考试录取后，于 4 月 5 日到南岳游干班报到，被编入第七队。从此，我脱下学生服，穿上军装，成为一名军人了。

第一期学员原为 6 个队，后又增加第七、八两个队，共计 1046 人，第一、二、三队为现役校尉级以上军官，其他各队来源不一，参差不齐，我们第七队是招收当地知识青年为主，亦有部分国民党部队调来的人员，共 149 人。衡山县青工队员有刘东安、向大鑑、刘国安、谷济兴、谭安猷、谭云龙、旷定家、侯芸、何欣光、刘重德等 40 余人入班学习。

---

* 作者时为南岳游击干部训练班学员。

紧张的学习

我们第七队是4月5日入学的，比其他几个队迟了一个多月。开设的课程有军事课、政治课，军事课又分学科和术科，以游击战术、游击政工为主。结合学习军事基本知识和特种技术，如爆破作业等。我们的教室就在何键公馆的走廊上，每人一条小凳，一块木板当课桌用，每天有五六节课，学习非常紧张。

叶剑英给我们讲授游击概论，吴奚如讲授游击政工，李伯崇讲授游击战术。讲课内容理论结合实际，深入浅出，通俗易懂。叶剑英同志给我们讲课，印象最深，他身着一套退了色的军装，脚穿长筒马靴，和颜悦色，平易近人，每讲到重点处，还用手势来加重语气。一次讲到军民关系，用鱼和水来作比喻。他说，开展群众游击战争，要紧紧依靠群众，在敌后作战，一刻也离不开群众，要搞好群众工作，就得了解群众的要求，抓住群众的心理，说着举起右手捏拢五个指头，以示掌握住了群众的样子，给我们以深刻的印象。

我们除听课外，还聆听中外知名人士的演说和报告。4月18至19日，周恩来（军事委员会政治部副部长、国际问题讲师）作《中日战争之政略与战略问题》的报告，我们齐集于班本部（圣经学校）礼堂，按队横列，我们第七队站在最后一排，只见讲台上周恩来同志身着戎装，目光炯炯，神采奕奕，讲话铿锵有力，讲到重点处便挥动着手臂。还有胡愈之演讲《对日本帝国主义的分析》和日本人鹿地亘演讲《对日本军阀的解剖和日本国内的民主斗争》。这些报告和演讲大大鼓舞了我们的斗志，提高了对游击战争及敌我形势的认识，增强了持久抗战的意志和抗战必胜的信心。

第一期毕业之前，为了把学习的理论用于实践，游干班全体学员在叶剑英副教育长精心组织和指挥下，举行了一次大型的军事演习。我们齐集于南岳东草坪，当战斗命令发布后，第一至六队学员走小路出发了。我们第七队是“假设敌”，由李伯崇同志指挥。他沉着冷静，带领我们沿公路前进，行至护湘关，只见两旁山峰耸立，树林密茂，公路从狭谷中经过。当我们前进到隘口时，突然枪声大作，喊声震天，伏兵四起，从两边山头压下来，我们已身陷重围。这时，李教官指挥我们向左侧小山头冲去，大家边喊边冲，有的转过身来，奋力争夺，互相扭打起来。演习完毕，叶副教育长进行了讲评，强调要发扬优点，克服缺点，以利实战。

针锋相对的斗争

随着抗战进入相持阶段，统一战线的形势发生了变化，南岳游干班中的顽固分子，常暗中监视防范中共人员。叶剑英同志正确执行党中央的指示，与顽固派进行针锋相对的斗争。有一次在班本部（圣经学校）礼堂的学员大会上，汤恩伯说：共产党八路军，只顾扩大自己的势力，搞摩擦等等。叶剑英同志立即上台发言："中国共产党对国共合作的诺言是忠实执行的，我们对抗日民族统一战线是始终坚持的，搞摩擦的决不是共产党。"

这样的斗争不仅在上层领导，而且在学员中同样存在。我们一进游干班，就同三青团开展斗争。这实质上是同国民党衡山县党部斗争的继续。随同我们进游干班的某些学员，向班部和队部的三青团汇报，对我们进行监视，有时队部指导员要我们交代组织问题，都被我们顶了回去。到毕业分配时，他们还对学员采取某种措施。在此情况下，向大鑑出走，后转赴延安。而罗焕却被扣押在班部。

愉快的生活

为了锻炼我们在游击战争中进行政治工作和群众工作的能力，各队星期天到农村去活动，因第七队多是本地人，便把我们分散到各队。叶剑英等游干班领导各率领一个队，深入到南岳附近农村，走家串户进行访问，女同学则去联系妇女群众，做她们的工作。这种课外活动，加强了游干班与当地群众的联系，获得了游击队政治工作的实践经验。

第一期一至六队毕业后，我们从何键公馆搬到班本部（圣经学校）继续完成学业。这时操练时间多了，每天凌晨出操，从山上到山下往返 10 多里，还要进行分列式操练。夜间要晚点名。有次搞紧急集合，半夜里一声哨音，我们从睡梦中惊醒，摸黑起床，因没有准备，丢三落四，弄得一个个很狼狈。以后也就比较习惯了。

我们每天中午和傍晚都去南岳半山腰一个用石块砌的游泳池游泳。夜晚，一般都有文娱活动，星期六开联欢晚会，还经常放电影和新闻简报，有时抗敌演剧队来班部进行慰问演出。如抗敌演剧八队来南岳演出活报剧《光荣的牺牲》，情节很感人。

奔赴抗日前线

1939 年 7 月 5 日，第七队学员结业，班部将我们统一分派到第三和第九战区。7 月 6 日，我和刘东安、石坚、刘重德、旷定家、吴澍等几十人，分乘几部大卡车，向江西上饶进发，7 日在茶陵为抗战两周年举行了纪念会。经过 10 余天的长途跋涉，始抵第三战区（江西上饶），在此等待分配。当快要分赴前线部队时，由于党的工作需要，刘东安同志乘车返回湖南。接着，第三战区把我们分派到江南挺进第一、二两个纵队，旋即乘车至浙江金华。随后，我们从金华到兰溪，乘船沿富春江顺流而下到桐庐，石坚、旷定家、吴澍等继续前进至安徽郎溪江南挺进第二纵队，刘重德、罗粟宽和我等人在此登岸到江南挺进第一纵队报到。刘重德他们分派在政治部工作，罗粟宽和我分派到教导总队任见习官。这个部队的军官湖南人很多，乡情融洽。至此，算是正式到了前线，开始了兵营生活。

南岳游干班杂忆

李　扬*

1939年春，组织上派我去安徽泾县新四军军部无线电学校学习。学了几个月后，先在军部的总台工作了一两个月，然后被分配到八路军驻桂林办事处电台组工作。大约在秋天，电台主任申光同志找我谈话，说组织上要调我去南岳游干班工作，我就去了。

当时，游干班正在办第三期，我和王清生（当时我们都叫他王老五）共同负责一部电台的工作，在南岳工作了约摸两个月。1939年底，由于日军飞机轰炸，游干班只得搬迁。我带着电台，跟随李涛同志到了湖南祁阳，继续在第三期游干班工作。我党代表团的驻地设在祁阳县郊一座大院里，周围都是山，距上课的地方还有一段路程。当时代表团约有10来人，团长是李涛同志，教官有薛子正、边章伍、吴奚如等。电台工作主要是保持与桂林办事处的联系，有时也收新华社的电讯新闻，供教官们参考。除教官外，有两个炊事员和一个小伙子管报纸、信件，另外还有几个警卫、机要人员。李涛的爱人也在代表团，可能是做些翻译资料的工作。因工作需要，我和李涛夫妇住在一个套间里，房子很小，经常听见他两口子对一些理论和时局问题进行辩论，有时争得面红耳赤。

---

*　作者时为南岳游击干部训练班电台工作人员。

我们代表团的同志朝夕相处，彼此之间十分融洽。我们分成两个组过组织生活，每星期都定时开会、学习。我和李涛夫妇、薛子正、边章伍等在一个组。在教学分工上，李涛、吴奚如负责讲抗日政治工作，薛子正、边章伍等主讲游击战在抗日战争中的作用及其战略、战术等军事课程。

1939 年冬至 1940 年春，国民党和共产党关系日益紧张，我方教官在下课返回途中，几次遭到石块袭击和谩骂。李涛同志也嘱我不要随便外出，以防不测。虽然如此，我们还是顾全大局，讲清楚民族团结、共同抗日的道理，尽量让他们了解我党的抗日民族统一战线的政策。在我方教官和全体工作人员的努力下，仍有不少国民党的学员和工作人员对我们友好。例如有些国民党学员经常到我们驻地来和教官探讨学习问题。另外，国民党在游干班也有个电台组，设在我们附近。因两个台发报时间相近，经常互受干扰。后来，我们与他们商量，请他们错开发报时间，他们同意了，以后发报也就顺利多了。

还有一件事，给我印象很深。当时我们的生活条件很差，冬天没有棉衣穿，床上铺的是稻草，被子也很薄，经常冻得睡不着觉。1940 年春节前后，连续下了一个多星期的雪，满山遍野一片银白。我是南方人，从未见过这般景象，感到新鲜，但也冻得受不了。为了取暖，我发报时，就在椅子底下放一盆炭火。谁知烤得久了，臀部竟然生出一个大毒疮，又红又肿，很快就开始发炎化脓，以至高烧不止。为了不影响工作，李涛同志找了训练班的一位友军军医为我看病。因为两党关系已不正常，治疗时我心里直嘀咕，他会不会给我胡乱医治呢？结果这个医生倒挺负责。他用一种黑色膏药敷在我的患处，没几日就抽出了脓疙瘩，烧也退了。我很快恢复了健康，又开始了正常工作。

1940 年春节后，我们坚持办完第三期游干班后，上级指示我们撤走，八路军驻桂林办事处派了两辆卡车来接我们，我们便离开了祁阳。在撤走的时候，有不少国民党学员悄悄地在路边送行，有的人还流下了眼泪，表现了对我党教官的依依不舍之情。

（孙虹整理）

中条山抗战

中条山抗战三年回顾

孙蔚如*

1938年7月余调任第三十一军团长，领导第三十八、第九十六两个军。赵寿山任第三十八军军长，下属第十七师师长耿景惠、独立第四十六旅旅长孔从洲。李兴中任第九十六军军长，下属第一七七师，师长陈硕儒（式玉）；独立第四十七旅，旅长王振华。教导、骑兵两个团仍属军团部。参谋长陈子坚，秘书长李百川。余率在陕各部由朝邑渡黄河，驻永济县之六官村，该地前面强敌，后背大河，势甚艰险，但中条山为陕东屏障，为敌我必争之地。8月间敌即犯我永济阵地，我主阵地右起尧王台，经东西姚温，左接黄河岸，守备部队为孔从洲旅，王振华旅在右前方成子埒一带担任剿袭敌后，乃因兵分力单，未能达成任务，致敌将我西姚温阵地突破，我张希文营向该处逆袭，肉搏一昼夜，该营全部殉国，我主力及炮兵得以安全转移，厥功甚伟。敌乘胜迫进我韩阳镇第二线阵地，我教导团凭已做工事与敌激战7日之久，因芮城失陷，遂逐步东移，一面令赵寿山（该军此时已由高平调来平陆附近），率部夹击芮城之敌，战于陌南镇、曹村一带。此时我主力已进至芮北安、西沟等处，敌仓皇北窜。我即安然东进至安邑以南地区，我各军

* 作者时任第四集团军总司令。

已陆续集结（第五二九旅由晋城开到），对防务另作调整：军团部东移东延村，留第四十七旅于虞乡、永济一带作运动战，张茅路（张店至茅津）以西由第一七七师及第四十六旅担任之，张茅路以东由第十七师及直属部队担任之。

1939 年初本部改编为第四集团军，除原有部队外，配属第四十七军李家钰部，即令该军接第十七师右翼担任防务。此段阵地面临同蒲铁路南段，敌人交通极为便利，我方则沟岔错杂，运动至感困难，横广 300 余里，纵深三四十里，后背黄河，毫无回旋余地，以故各部作战皆是独立任之，不望增援也。

1939 年 2 月，敌 2 万余人分 6 路围攻王旅阵地，激战 7 昼夜，卒以众寡悬殊，粮弹不继，难于持久。我王旅长集合全部出其不意，突破敌军正面，经虞乡、猗氏、闻喜、夏县境内，自我阵地右翼安全归来，为战术创一先例。3 月间敌 5000 余沿张茅大道向我进犯，我放弃大臣村，逐步后退，诱敌深入。第十七师主力埋伏圣人涧一带，一面令第四十七军派重兵占据轮峤，断敌后路。敌进至我埋伏地带，经我军猛烈逆袭，敌大溃退。惜轮峤部队未能达成任务，致敌逃逸。

1939 年 6 月 6 日敌二十师团全部（师团长川岸）、三十七师团一个旅团、野炮第二十六联队、山炮第一联队、山口集飞行队一队（战斗机、轰炸机共 38 架），分 9 路向我第一七七师及独立第四十六旅阵地进犯，战斗激烈，我军逐步后退，集结于平陆附近，敌两翼包围，李兴中军长率陈硕儒（式玉）、孔从洲等部由敌正面冲入，歼灭敌步兵 1 大队、山炮 1 中队，获山炮 5 门，由敌军官死尸中捡得敌作战命令 1 件，枪械马匹甚多。绕出敌后，安全转入我阵地。敌因伤亡过巨，不能立足，我军由后侧压迫，敌狼狈溃窜，我乘胜恢复战前全部阵地。是役我伤亡 6000 余人，敌更倍之（据报敌在运城追悼士官以上阵亡者亦列灰罐 1700 余只），先后激战 10 昼夜，卒打破敌“扫荡”中条山之企图。

1940 年 4 月 14 日敌 1 个师团由张茅路分两路东向我阵地进犯（1939 年 6 月 6 日战役后，张茅路以西地区破坏特甚，我只留少数部队游击，主力全移张茅路以东，总司令部东移郭原）。我军按预定计划逐步后退，诱敌深入至望原，我正面部队凭已设阵地，坚强抵抗，我右翼主力向敌后侧猛烈剿击，敌仓皇溃退，我斩获甚众。此役敌之动向完全被我测知，惜剿击部队动作失时，未能予敌更重打击为憾，先后激战两周，仍恢复原有阵地。

1940年10月本军奉命调豫西，计本军守备中条山3年之久，大战如上所记。敌先后进犯者共11次，皆予敌沉重打击。此数年为敌焰方张之时，敌不敢西越雷池一步，陕西得保安全者，本军实有力焉。我军以劣势之装备与兵力，处险地当强敌而达成任务，厥有数因，兹记于后：

（一）“两军相遇勇者胜”“上下同欲者胜”“置之死地而后生”。我全军同仁皆能认清环境，人皆有与阵地共存亡之决心，故能久战不殆，再接再厉。

（二）“兵在附民”。我军纪律良好，军民融洽，敌与我对战3年，敌我两指挥部相距不及百里，而敌不知我指挥部之所在（1939年6月6日战役中，及1940年4月14日战役中，均获得敌人全部命令，其附图所记我总部、军、师部地点，完全错误，且敌机经常轰炸我阵地，而从未在我高级指挥部投弹，是为明证）。这全由军民一体，共保秘密，敌探不得进入之效。

3年中本军伤亡2万余人，而敌更过之，后由庞炳勋部得敌文件（《阵中日记》），记有敌二十师团在中条山与本军对战时期，先后补充19次之多，其数已可概见矣。

1940年10月本军渡河后，驻偃师、巩县、汜水、广武一带，担任河防。

第四集团军在中条山抗战概况

陈子坚*

一、部队简史和七七事变后派出部队抗战

孙蔚如，陕西省长安县人，陆军测量学校毕业。在杨虎城将军的部队中历任队、营、团、旅、师、军长、参谋长等军职，西安事变前，任杨将军的第十七路军三十八军军长兼第十七师师长。西安事变时兼任西安警备司令。西安事变后，杨虎城将军被迫辞职出国考察。出国前杨将军把他率领的第十七路军部队（不含冯钦哉部）编为第十七师（师长赵寿山）、第一七七师（师长李兴中），和警备第一旅（旅长王俊）、警备第二旅（旅长孔从洲）、警备第三旅（旅长王振华），教导团（团长李振西）、骑兵团（团长孟庆鹏），统归第三十八军军长孙蔚如指挥。孙蔚如兼任陕西省政府主席。我于 1938 年春调任第三十八军参谋长。

七七事变，孙蔚如秉承杨虎城将军抗日救国夙志，于 1937 年 8 月即派出第十七师（师长赵寿山）、第一七七师之第五二九旅（旅长许权中）和教导团（团长李振西），分别到河北保定、山西娘子关和忻口参加抗战，勇

* 作者时任第四集团军参谋长。

敢杀敌，颇著战绩。迄 1938 年，除教导团因伤亡过重调回陕西整补外，第十七师和第五二九旅仍在晋东南高平、晋城、王屋一带归第十八集团军朱德总司令指挥与日军作战。孙蔚如任陕西省政府主席期间，对共产党八路军关系和睦。蒋介石于 1938 年 6 月免去孙的陕西省主席职务并把孙的部队以命令改编为第三十一军团，下辖第三十八和九十六两个军，每军以一个师和一个独立旅编成。教导团和骑兵团编为军团直属部队。

孙蔚如遵令编组如下：

第三十一军团军团长孙蔚如，参谋长陈子坚。

军团直属部队：

特务营营长雷振起；教导团团长李振西；骑兵团团长孟庆鹏；学兵队（两个中队）。

第三十八军军长赵寿山、副军长段象武、参谋长李××。

第十七师师长赵寿山兼（后任为耿景惠）、副师长陈式玉、参谋长李竹亭。

独立第四十六旅旅长孔从洲。

第九十六军军长李兴中，副军长王根僧，参谋长张平。第一七七师师长李兴中兼（后任为陈式玉）、参谋长张清波。

独立第四十七旅旅长王振华。

紧接着，蒋介石命令孙蔚如率领第三十一军团的在陕部队渡过黄河到晋南中条山抗战，以坚守中条山掩护黄河之安全为任务，在任何情况下不得渡过黄河右岸（即南岸、西岸）。另命令在晋东南归十八集团军指挥的第十七师和五二九旅开中条山归还建制。原属孙部的警备第一旅，则令留陕西守河防，改归西安行营主任蒋鼎文指挥。以后孙蔚如虽向蒋介石、蒋鼎文一再申请把警一旅调中条山增强抗战力量，都未获准。

二、渡河前后的部署和作战

在军团部渡河之前，孙蔚如先命令第九十六军军长李兴中率一七七师（欠五二九旅）和独立第四十七旅由郃阳县之夏阳渡东渡黄河，对河东各县残留的日伪军进行攻击，相机占领之。李军渡河后，侦得河东各县驻敌不多，乃猛力向敌攻击，连战10余日，次第将临晋、猗氏、永济、虞乡、解县之敌击败逼走。孙另令独立第四十六旅旅长孔从洲率部于朝邑大庆关东渡，进驻永济附近在蒲州旧城（不含城内有河防部队守备）亘中条山西麓尧王台之间、同蒲铁路正面，构筑坚固阵地准备固守，以防敌增兵南犯我风陵渡。

军团部和直属部队于7月初某日夜间由朝邑经大庆关渡口东渡。过河后经韩阳镇进驻中条山西部之六官村。根据李兴中军长报告，连日来太原之敌不断用火车向运城、安邑一带增兵，敌机每日向运城以西以南地区侦察扫射，有南犯模样。于是孙蔚如命令：（1）第九十六军以一七七师（欠五二九旅）占领中条山二十里岭、直岭水峪、王官水峪、雪花山之线各隘口山险构筑工事，准备固守，并对解县、虞乡、永济、铁道线派出警戒。（2）独立第四十七旅仍活动于解县、虞乡、永济以北地区对敌游击。如敌大部南犯，即攻击敌侧背，以协力我守军之作战。（3）独立第四十六旅加速构筑尧王台至蒲州旧城间正面工事准备固守。（4）教导团在韩阳镇附近选用中条山麓至黄河滩间之有利地形构筑预备阵地。

第三十一军团刚过河时期，在作战上仍归西安行营主任蒋鼎文指挥。过河不久，即接蒋介石电令，着第三十一军团改归洛阳第一战区司令长官卫立煌指挥。

三、中条山西部防御战

敌约1旅团以上兵力（情报说是关元六旅团），附炮10余门、战车10余辆集结运城、解县附近，敌机10多架每日往返侦察。孙蔚如令各部严加戒备。8月12日拂晓，敌步兵在炮空掩护下对我第一七七师中条山阵地和独立第四十六旅正面阵地分路攻击。我各部官兵士气旺盛，利用坚固工事，阻敌前进，独立第四十六旅阵地前挖有宽、深3丈之外壕，阻敌战车亦不能前进。敌进攻3日，我阵地安然固守。敌在我火力下伤亡反较我为多。不料第 4 日夜间，敌一部爬山绕经我第四十六旅尧王台的半山坡窜入我阵地后方并攻占我万古寺、西姚温等地，因而守军被打乱了。孙蔚如据报后即令教导团派队前往增援堵击，李振西团长派张希文营前往，虽然收复了万古寺，但张希文营长以下官兵全部牺牲。孙蔚如乃令教导团剩余主力占领韩阳镇预备阵地坚守。又令独立第四十六旅部队转移沿中条山西麓对前进之敌进行侧击。教导团在韩阳镇阵地 10 余日，一再挫敌攻击，使敌不能前进。但教导团在坚守激战中亦伤亡中校团附魏鸿纪以下官兵 200 余人。李振西屡次报告告急求援。孙蔚如正考虑教导团已伤亡三分之一以上，是否还能坚守下去？应调哪个部队去增援？忽接李兴中电报称：攻我正面之敌已大部撤退，有约 1 个大队之敌由安邑绕过二十里岭以东山路迂回到陌南镇向芮城前进中。孙蔚如考虑军团部目前没有得力部队增援，教导团韩阳镇阵地失守是时间问题，敌又已迂回到我背后，乃电令归还建制，已到达平陆县的第三十八军赵军长急派第十七师有力部队速去陌南镇尾击西进之敌。另令独立第四十七旅迅速由铁道北返回中条山西部，对由永济南进之敌侧击尾击。又令独立第四十六旅撤回中条山军团部附近。最后，据李振西报告，韩阳镇阵地已被敌突破，才命令该团相机撤退、上中条山随军团部行动。军团部于 9 月初某日，离开驻扎两个月的六官村，经麻沟向东转移。旋据赵军长电报，第十七师的第四十九旅部队已将迂回之敌在陌南芮城间地区击败东窜。

这次中条山西部防御战，前后经过 20 余日，我各部伤亡官兵约 1000 余人。

四、改编为第四集团军前后的防守部署

1938 年 9 月下旬（此日期似有误，应在 8 月 28 日日军占领风陵渡之前——编者注），军团部移驻张峪镇。此时南犯之敌主力退据安邑、运城、解县、虞乡、永济铁路沿线。东面由安邑派出约 1 个大队附炮 4 门向南进占张店，并构筑工事拉铁丝网作为据点防守。西面由永济不时派出部队向南进

出，企图占据风陵渡。军团攻防部署如下：

（一）第九十六军以独立第四十七旅置于虞乡、永济以南的中条山西部地区对敌进行运动战，经常对由永济南进之敌部署侧击、尾击、截击，该军主力坚守运城、解县以南中条山各山口隘路，阻敌南犯。

（二）第三十八军以有力部队攻占张店敌据点，该军主力坚守安邑、运城以南中条山各山口隘路，阻敌南犯。

（三）两军各派高级军官率参谋人员在防区内实地勘察，构筑工事。

（四）以山沟复杂、东西运动困难，各军自行留预备队控制于适当位置。

（五）尔后军团部移驻东延村。

1939 年初，第三十一军团奉令改编为第四集团军，孙蔚如任总司令，李家钰任副总司令，我任总部参谋长。指挥的部队除原有的第三十八和九十六两个军外，增加了李家钰兼任军长的第四十七军（川军）。该军辖两个师——第一〇四师（师长李青廷）和第一七八师（师长李宗昉）。第四十七军原在中条山夏县以东以南地区抗战，编入第四集团军指挥后即令该军左接第三十九军占领侯家岭、毛家山之线的原来阵地。该军自留预备队控制于适当地点。改编为第四集团军后，后方勤务部即编组第七兵站支部位置于茅津渡南岸，分站分设在黄河北岸对各军补给粮弹。李家钰副总司令不在总司令部，仍驻该军军部南村。

五、1939 年春季敌对我中条山的两次进攻

1939 年 2 月中旬，解县、虞乡之敌关元六旅团附炮空部队对我中条山西部第九十六军进攻。我第一七七师凭险固守阵地，击退进攻之敌。在最西部活动之独立第四十六旅与敌激战 7 日，伤亡甚重，分路突破敌之包围薄弱部分，路经虞乡、永济间向铁路以北转移，以后经猗氏、闻喜、夏县返回中条山。

1939 年 3 月末，运城、安邑之敌约五六千人，附炮兵空军，分路对我第三十八军第十七师和独立第四十六旅阵地进攻。赵军长指挥各部在阵

地依靠工事大量杀敌，第十七师第四十九旅在圣人涧激战6昼夜，毙敌尤多。然后赵军长指挥放开正面让敌南进茅津渡，部署第十七师和独立四十六旅主力分别迂回敌后进行侧击尾击。敌最后终于不支，北窜退出中条山。

六、1939年夏中条山六六战役

1939年5月间，同蒲铁路敌运输频繁，敌机飞侦次数增加。孙蔚如判断敌将有大的动作，下令各军严加准备，坚守阵地，并自行调整阵地部署，加强工事。

6月6日，运城、安邑、解县之敌川岸二十师团全部和夏县之敌牛岛师团一部（约3000人）配属山炮、野炮各1个联队、空军山口部队飞机30余架（敌军番号兵力等系当时俘获敌作战命令记载）在炮空强大火力掩护下，分九路向我中条山各军阵地猛烈进攻（敌分9路进攻是当时据各军报告战况统计的，印象甚深）。进攻第三十八军和第九十六军阵地的是川岸二十师团，进攻第四十七军阵地的是牛岛部队。此役因敌兵力太大，火力太强，除第十七师和第四十九旅在望原的阵地经过苦战将敌击退外，其余各军第一线阵地均先后被敌攻占。第四十七军军部南村受到攻击，军部被迫东退。该军两师退据郑家圪垯、下涧之线苦战拒敌。以后敌集中力量攻第一〇四师之西沟，我第一七八师乘机猛攻敌侧背，使敌伤亡甚大，攻势受挫，从此不再东进，以后分别撤退。第三十八军的独立第四十六旅向平陆转移途中，日军已占平陆北的盘豆村，前面受阻，后面追敌又至，几乎受敌包围。孔旅长组织主力，详察敌情，利用夜暗，向北突击成功，继续北进，侦知前面东车村有宿营的敌炮兵中队，即下令包围猛攻，敌休息无备，被我歼灭，俘获炮4门（埋于该村地下）。并在被击毙的敌中队长身上搜获作战命令等文件。时敌军已进占平陆和茅津渡，我黄河南岸炮兵对敌猛烈轰击。同时，赵军长指挥第十七师由张茅大道以东，李军长指挥第一七七师由张茅大道以西，分别向敌侧击、截击、尾击，经过多日激战，敌伤亡甚大，终于不支退出中条山。我各军次第恢复中条山阵地。是役是孙集团军在中条山最大的战役，前后经过约 20 日。我各军共伤亡官兵约六七千人。敌亦伤亡甚众，战后敌在运城追悼阵亡官兵，有尸灰罐 1700 余只。在敌陷茅津渡时，东延村总部距茅津 6 公里，颇受威胁，遂东移郭原村。

七、策动晋南伪军起义增编新编第三十五师

1938 年 7 月孙蔚如才渡河驻在六官村时，接到蒋介石一件鼓励伪军起义参加抗战的规定，凡伪军（北平齐燮元伪军、日本皇协军伪军）起义参加抗战者，一军仍编为一军，一师仍编为一师，颁发正式番号、经费。孙蔚如对我说："咱们部队在抗战期间，蒋介石只会借机裁减番号，决不会增加番号。这个规定倒是给了咱们增加番号和经费的机会。"他叫我由直属部队有文化的士兵中，挑选 40 个勇敢机警的人，开办瓦解伪军训练班，由我亲自训练，教以情报和瓦解技术。训练三周，就分别派赴晋南各地工作。直到 1939 年秋，果然策动晋南皇协军司令戚文平愿意起义抗战。在起义之前已报请蒋介石颁给新编第三十五师的番号。到起义行动时，戚文平受日军之阻未能全部来归，只副司令白云飞带 2000 多人来到中条山。因人数和武器不够，孙蔚如呈准蒋介石把起义来归的部队和独立第四十六旅合编为新编第三十五师，以孔从洲任师长，仍隶属第三十八军。

八、第四十七军调走后中条山的防务部署

1939 年 12 月间，第一战区司令长官卫立煌电令将第四十七军调离中条山开赴太行山南麓对道清铁路之敌作战，所遗夏县以南以东防务，由孙蔚如派部队接替。孙蔚如考虑到六六战役中，第三十八军、第九十六军损失的兵员武器，尚未补充完备，中条山防地正面东西 200 多里，即使第四十七军不调走，也觉力量单薄，鉴于六六战役阵地到处被优势敌人突破之经验，请准

一战区长官部，在张茅大道以西纵深太浅的中条山地区，不再坚守阵地，只派第九十六军的独立第四十七旅在该山区活动，对敌进行运动战。另派游击支队杨振邦部（该支队实力 1000 多人，官兵都是晋南本地人，是抗战中编组的，一战区同意归孙集团指挥接济）在中条山最西端雪花山为根据地，对永济南下之敌游击。将第三十八军全部和第九十六军主力移置张茅大道以南以东和夏县以南以东的纵深山区（包括原第四十七军防区），第三十八军在右，第九十六军主力在左，各派有力之一部占领侯家岭、毛家山、望原、圣人涧之线为前进阵地，筑工事防守，各军自行控制强大预备队于适当位置，准备打击侵入之敌。第七兵站支部移置于三门峡以东渡口对两军补给。总部驻郭原村。

九、1940 年中条山四一四战役

1940 年 4 月 14 日，运城、安邑之敌牛岛师团附炮空部队由安邑、夏县、张店分路向我第三十八军、第九十六军阵地进攻。我第三十八军部队在望原、毛家山一带与敌血战 3 日后诱敌深入，主力由右侧向敌进攻。我第九十六军第一七七师守圣人涧部队被敌突破，攻占茅津渡，我黄河南岸炮兵对敌轰击，敌回窜。第一七七师主力主动后撤，协助第三十八军夹击由望原侵入之敌，经两军主力对侵入之敌反复冲杀，经数日激战，敌伤亡甚大，不支后退。此役先后经过半月余，敌使用兵力之大，仅次于六六战役。

第四集团军守备中条山掩护黄河之安全，3 年以来较大战役已如上述。此外，还有第三十八军对张店敌据点的几次攻击，因无炮兵，仅靠步兵强袭，均未成功。还有两次，两军各派团营为单位的部队进出铁道线，破坏敌交通通信和到铁道以北地区游击。独立第四十七旅活动于中条山西部，对永济南进之敌有多次袭击，干扰敌之行动。杨振邦支队在袭击敌人时曾俘虏过 1 个日本兵和 1 个朝鲜翻译。3 年作战中第四集团军伤亡约 2 万人以上。四一四战役两军伤亡约 3000 人，请求补充，蒋介石命令把第十七师和第一七七师的两旅四团制改编为一师三团制，于是又削弱了战斗力，全军皆不满意，但还得遵令改编。

1940 年 11 月，奉第一战区司令长官卫立煌命令，第四集团军南渡黄河接任黄河防务。

回忆第十七军在中条山战役中的情况

高建白*

中条山和黄河是保卫西安和陇海路的屏障与天堑，坚守中条山在军事上有重要意义。1939 年 4 月 11 曰，我们第十七军第八十四师由太岳山刚刚开到垣曲县的朱家庄，就接到了反攻日军的命令。当时，我任该师第二五一旅旅长，奉命率部投入了晋南会战的反攻作战。经过 10 天的战斗，反攻取得了胜利，日军退据中条山有利地区，我军也占领了一些地区。以前，我军在太岳山打游击，行将一年，现在又改为阵地战，很感死板不灵，加之情报工作未能开展，对敌方情况不够明了，因而一切工作，都得重新布置。第十七军高桂滋军长为了增进军民感情、共同抗日起见，散发赈粮，救济饥民，修筑道路，补修民房，帮助收割……通过种种工作，群众和军队才接近起来，得到人民很大的协助。

一

沉闷了两个月的时间，终于在平陆燃起了战火。平陆失陷后，紧接着便

---

* 作者时任第十七军第八十四师第二五一旅旅长。

是茅津渡的放弃，日军在黄河北岸奸淫掳掠，种种暴行，令人发指。这是日军进犯中条山的先声，这说明残酷的激战就要开始。这时，我军第八十四师担任垣曲县西北店上、曲家沟、焦家庄、结山一带的防线。1939 年 6 月 15 日，武装敌探 5 名，各携手枪一支，进入中间地区。恰巧我部情报工作员同时进入该地区。由于我们得到群众的援助，在军民合力奋击下，敌探两名被擒，获手枪两支。17 日，敌兵 100 余名放火烧村以泄愤。在这种情况下，我们的情报工作仍然没有放松，还在灵活地进行，很快就得到了正确的敌情：“19 日敌将以 4 个联队的兵力，分道犯我。”我第二五一旅当即开入阵地，准备给敌人以迎头痛击。19 日，闻喜敌军七八百名，窜入山内我李少棠旅马营防地，敌我战于婆婆岭、镇风塔一带。炮声彻夜不断，清晰可闻。

6 月 20 日晨，正面敌因受李旅马营守军迎头痛击，未能得逞，遂由闻喜增兵 1000 余，分由桃沟、店上包抄而来。于是，马营陷敌重围。敌开始向我旅阵地进犯，并以 6 架飞机轮流轰炸。敌我在东沟一带我旅前沿阵地上展开剧烈血战，因为敌机纷纷投掷燃烧弹，致使店上、东沟、上阴里一带村落都起了火。上午 9 时许，我令艾捷三团长率两营兵力，进入结山阵地，向敌迎击。这时，敌由闻喜不断增援，机枪声、大炮声、飞机炸弹声，混成一片。我正面敌步、骑、炮兵 2000 余名，鼓噪犯我阵地。我守兵竭力御敌，激战至 5 时，敌伤亡 300 余名，敌焰顿减，前线转趋沉寂，间有零星枪声。但是到了下午 6 时，天将黄昏，敌炮狂吼，敌又向我猛攻，主力一度冲至我旅结山阵地的山腹。这里是全线阵地的最高峰，一时情况颇为危急。艾捷三团长率两连战士猛扑敌群，经半小时许肉搏，敌不辨我多寡，纷纷溃退。夜里 11 时，敌攻陷我下阴里、前焦，续向余元下、上玉坡、下玉坡之阵地猛烈进犯。此时，敌兵数倍于我，我工事亦都被敌轰毁，全线进入紧张状态。所幸士气旺盛，在余元下、红石山、自石山展开激烈血战，一直激战到 21 日晨 5 时。敌见我战士英勇肉搏，敌我双方死亡惨重，敌又派飞机两架，低空轰炸助战。在这种情况下，我战士越与敌紧密接触，挥刀交锋，白刃与赤血横飞。此时，我正面牺牲惨重。李旅黄营亦加入战斗，枪声如雨，炮声震耳欲聋，为战斗中最激烈的一日。当时，我旅指挥所设在石门，督战业已 3

日，忽然东西北三面山头炮声杂响，黄营阵地一度陷落，黄营长督率七、九两连誓死反攻，苦战半小时，收复原有阵地。我随即命令北战线之岳团长，在后焦、上玉坡、下玉坡一带加强警戒，严阵固守。当时敌三次攻陷我白石山主要阵地，均经我反攻夺回。那时，第二连张国栋连长患回归热，卧病在床，虽已有人代理他的职务，但他决心参加战斗，抱病指挥该连守御白石山阵地。敌首次攻占白石山时，他在山脚下服药，听说白石山失陷，勃然色变，一跃而起，拔出手枪，指挥四五十名战士直扑该山。他首先冲向山顶阵地，用手枪打死敌五六名。该连六班以手榴弹连续投掷，敌顿慌乱，毙命者20 余人，盘踞在山头的敌人，一时大乱，纷纷逃窜，我乃夺回白石山。张连长因病中过分激动劳累，晕厥倒地，士兵们扶之下山。这天正是端阳节，这时忽然得到电话说我右翼第十五军阵地被敌压迫而放弃，于是我侧被敌截断，使我军陷入重围。不料军部又转来上边命令，让我旅转移阵地，攻守中条山西南峰，以保证中条山会战全线优势。22 日晨 3 时，我旅离开战场，冲出包围线，向西南峰山区前进。

22 日，我们冒雨急行军，奉令向西南最高峰布防。夜雨如注，淤泥没膝。在转移中，遇见从敌区跑出的一个青年农民，状极悲惨。他啼哭着说：“我是闻喜人，居住乡间，家有老母，不能走路，这次日本鬼子来到我家，哥哥被杀，妹妹被欺负，我也被打得满身是伤。这次打仗，日本兵让我带路，我才乘机跑出，爬山越岭，找中国队伍，为我报仇。这一带的路我很熟悉，愿意给咱们的队伍帮忙，能不能给我一杆枪，让我也去打鬼子。这次打仗，鬼子没有占到便宜，我亲眼看见抬下去的伤兵可多啦，有的伤重顾不得抬，架起柴堆点火给活活烧死了。”我除安慰他以外，留他在旅部，让他随情报人员侦察敌情。他的名字叫赵福全，人甚老实朴诚，身上确实有伤。

25 日晚，我旅离开大山，向前挺进，追击敌军。艾捷三团王营直追至马家山，与数百残敌相遇，整整打了一天，占领了马家山、上玉坡、下玉坡。

26 日晚，我主力部队收复店头、北峪、石门、下阴里、店上、东沟。

28 日，我旅再向敌各据点攻击，并清扫战场。

一旬来的战斗，粉碎了日军肃清中条山我抗日部队的企图。

8月8日，王礼锡、宋之的两先生领导的文艺作家参观团一行来我军防地访问。我招待了他们，并与他们进行了座谈。叶以群先生对这一次座谈有真切生动的描写，题目是《中条山——游击》。

二

1939年9月，第一战区对于中条山的兵力部署又作了另行分配：

第十七军担任守卫中条山的大门横岭关，右翼第十五军武庭麟部（是属于刘茂恩集团军的），再右系毕梅轩司令的游击部队；左翼是唐淮源的第三军，再左是孔令恂的第十九军。

在这一阶段，第五集团军总司令是曾万钟，指挥第三军和第十七军两部，总司令部设在马壁村。后来，又在第三军和第十七军的中间加入了公秉藩的第三十四师。

第十七军第二五一旅担任横岭关的正面警戒，经常与左右两翼的友军联系。日军自1939年6月25日败退后，将中条山主要有利地形，全部占据，并修筑有坚固的工事。横岭关的主要高地，早被日军封锁，我们只得在关下平坦地面设防。这是一个非常艰巨的任务，必须构筑坚固的工事。古堆山的敌人距我们的前沿阵地，只有800多米，我们在敌炮火之下构筑工事，其困难可想而知。白天受敌人炮火压制，不能作业。全部工事都是白天考察决定好工作位置，夜间秘密构筑的。假如没有月亮就只能摸黑干，就更困难了。我们旅就是在这种艰苦的条件下，把坚固周密的工事逐步修成的。我们旅由于前次在中条山痛击日军时兵员损失惨重，中条山所遗留下来的部队，又都是杂牌军队。例如第十五军是刘镇华的河南部队的底子，第九十军是魏益三的东北军部队的底子，第三军是朱培德的云南部队的底子，第十七军是国民二军胡景翼部队的底子，毕梅轩的游击队是从陕西零星凑起来的。抗日以来，蒋介石对非嫡系部队限制扩充，不给武器；对兵员的补充，也是有意拖延，因而缺额太多，挂名一军而实不足一师，有名无实，非常空虚。老百姓说："杂牌军是'空军'"。

蒋介石根本没有把中条山放在心上，因而将杂牌队伍集中在中条山，将自己的亲信第十四军李默庵部和其他亲信军、师一律南渡黄河，用于别处。杂牌军在中条山抗日，胜也好，败亦罢。胜了为他撑面子，败了也正合他牺牲杂牌军的目的。这不能说这不是造成中条会战失败的最大原因之一。

因为横岭关是中条山的大门，10 月苏联派往中国的军事顾问查理赫特来我们旅视察。我把我们的部署一一向他说明后，查理赫指着地图说："我们要把来犯的敌人粘在这里。预备队从这里出击，就是敌人的侧后方，我们来个夹击战术，把敌人在这里全歼。"他说的是非常正确的。但他只知道各部队的番号，却不知其实力。防线长而兵力单薄，大规模的夹击战，不能有一处弱点。可是，这个战线上的弱点太多了，仅仅守着一条脆弱的线，怎么能御敌！连个雄厚有力的机动预备队都没有，还能谈什么夹击战呢？这种情况迭次上报总部和长官部，都没有答复。我们这个旅在横岭关正面筑成 3 道坚固的石坝，可以阻止敌军的战车。我们的官兵，也还有作战的信心。可是，右翼军的地势平坦，又不构筑工事，而且还是两个军的结合部，敌人肯定会从这里突进来的。针对这种情况，我们只好准备了 3 个连，作为友军紧急时刻的后援。我陪着查理赫顾问先看了我旅的阵地演习，又看了我们构筑的防御工事，他很满意。查理赫顾问说："你旅阵地的全盘情况，我已经很明白了，现在请你先回旅部，我还要到艾团团部和团长谈谈，请旅部参谋主任留在这里就可以了。"我离开后，查理赫要求尹参谋主任和艾团长到前方的走马梁阵地看日军的工事位置和敌我对峙的情况。他们走了几段散兵壕，不凑巧被敌人发现了，先是一阵机关枪扫射，接着是步枪也打开了。见此状况，他们立刻往回走，在两峰山没有能停，一直回到槐店。这时枪声已经停止，艾捷三团长集合了 3 个营长，要求查理赫顾问发表视察后的意见，并请加以指导。查理赫顾问很高兴地说（经翻译官翻译）："我到中条山看了很多阵地，只对你们的阵地有特别满意的印象。你们的工作成绩是出乎我的意料的……你们能同敌人保持接触，而且有控制敌人的力量和信心，这是以前战役中少有的。你们能在敌人炮火控制的面上构筑工事来对抗敌人的铁爪工事，反映了你们的勇敢和勤劳踏实的作风，把争取胜利放在了可靠的基础上。这种勤劳踏实的作风，是目前中条山阵地首先需要的。……从战术上来说，两个部队的结合处总是弱点，你们各级指挥官对联系和协助友军的计划，是非常周密的，这证明中国的军队有飞跃的进步。……还有一个好现象，就是在第一线看到你们紧张的演习，这证明你们能把学习和战斗结合起来，你们能天天抓紧战斗训练，这样就会不断提高增强你们消灭敌人的力量。……我们认为你们的经验，是很宝贵的。横岭关是中条山的大门，希望你们负起这个守御的责任。”查理赫视察完毕，南接返回军部。

1940 年，我改任第十七军第八十四师副师长。1941 年 5 月，我军正面日军是清水师团。在 4 月底和 5 月初，日军在各条战线上抽调部队，频繁运输，集中在闻喜、夏县、绛县一带，向中条山我守军全线进攻。这次来势与过去几次有些不同，有些人认为没有啥，有些人认为是要占据垣曲县和其他黄河渡口，敌人不会和过去一样，打打就走了。我们认为，横岭关是通向垣曲的道路，是敌人必争之地，我部必须认真准备。好在工事坚固，士气高昂。但恐右翼出问题，因为他们兵员少，又不作工事，敌人进攻，无险可守，所以曾将敌人动向和友军情况详报上级，请求增加兵力。直至5月7日，才听说第九十四师过河。7 日后半夜，与敌接触，同时总部通报说，中条山全线，敌军向我各军阵地进攻，形势紧迫，万分紧张。刘明夏的第九十四师，于 8 日下午 5 时许，经我军军部赶赴前线时，第十五军被敌一击，即溃败下来。7 日后半夜，我正面敌人开始向我军进攻，官兵奋勇抵抗，敌未能得逞，敌用战车来冲，又被我石坝所阻，我部击毁坦克车两辆。正在激战中，不意左翼的第三〇四师、第三军和第九十军的两个师各部阵地同时发生大战，阵地被敌突破。第九十四师因为长途行军，疲惫不堪，道路又不熟，开赴前线即与敌遭遇，一击而溃散。连第五集团军的总司令部驻地的马壁村，也受到威胁。敌又以三路合击的策略，企图抢占沿黄河各渡口，不使中国军队渡河，以便一网打尽。敌截断了第十七军军部与部队的联系。此时，我军奉命转移第二线（胡家峪南边的山地），还未到达新位置，即与敌一部发生混战。这时，中条山处处都陷于混乱状态。因为我方军队事先没有计划，指挥上又不统一，互相协助更谈不到，试想这么大的根据地，事先没有预备队，第九十四师又是临时抽调来的，仓促应战，怎么能行呢？正因为如此，敌军一打，乱成一团，连第五集团军总司令曾万钟和他的总司令部，都被敌冲散。第三军军长唐淮源自杀，第十二师师长寸性奇阵亡，第九十军第三〇七师师长王竣战死，第三十四师师长公秉藩、第九十四师师长刘明夏、游击司令毕梅轩都被俘。我和高桂滋军长、刘乃祺副军长、金醒吾参谋长、王秀泉副官长、韩一帆秘书在一起，也和队伍失去了联系。

同是一个部队，为什么我们在太岳山能取得胜利，而换了一个地方在这里就是如此下场呢？这不是由于地理决定的，而是由于领导决定的呀！一处是由共产党领导的（指中条山会战前，该部归时任第十八集团军朱德总指挥领导），一处是由国民党蒋介石亲信领导的。

三

5 月 8 日全线被敌突破，我部奉命转移第二线，军部由柴家圪垯出发向西南转移，规定第十七军军部驻马壁村，那天晚间住在架桑村。9 日晨 4 时许，总司令曾万钟派联络参谋对高军长说：“西南方向我第三军阵地被敌突破，都退下来了，敌人距总司令部马壁村不远，现在总部已经转移到别处去了，顾不及通报，候总部驻地安顿好，再行电告，特派我来通知你们。”这时，天已黎明，出村展望，见敌人正向马壁村方向炮击。这时，架桑村被各军各师的后方杂色部队、后勤人员以及各军眷属挤得满满的，都不知怎样才好。高桂滋军长和我决定向北寻找自己的部队，掌握实力，以便应付当前的混乱局面。走了 7 里地，高军长主张休息吃饭，耽误了两个多钟头。这时望见敌人已进入马壁村了，约半个钟头，敌炮即向我们休息的地方轰击。我们向北翻过大山，至南沟接到岳英贤团长的报告，说他们已占领第二线指定的阵地，目下尚无敌况。高军长很觉高兴，就在南沟休息了两个钟头。忽然敌机 7 架，大肆轰炸。这时东北方向，发生枪声，南沟的南山枪炮声也很密，各军各师后方人员、眷属、杂役、兵勇和当地的人民群众，都逃避而来。敌尾随追击，继而从东、北、南三面包围而来，情况紧迫，只有向西逃跑，寻找自己的部队。行至申家沟地方，正在问询道路、烧水休息之际，后面敌人又攻击了上来，我军民只好继续西逃，不料西边大山又有人开枪射击，紧接着又是机枪扫射，在前边跑的军民和眷属，又都调转头退回。紧接着东、南、北三方面的敌人也包围上来。高军长认为是四面敌人合围而来，因而让大家密藏于深林之中。其实两边山上开枪射击的并非日军，而是艾捷三团打的。他们误认为那些去西山的散兵和老百姓，是日军的便衣队，因此才开的枪。当时我们如果大胆冲进，便可以找到3个团，再遇到日军，也能抵挡一阵。如果沿途少休息，在南沟跟着岳团送报告人同行，也会顺利地与各部队联系到一起。就在这种危急情况下，敌军已包围上来，并与西山我军发生战斗。敌人一步一步前进，我们在密林中看得清清楚楚。我们也做好了准备，万一敌人搜查进来，只有拼个你死我活，那时早已把生死置之度外。到了天黑，枪炮声一齐停了下来，敌人大部队集体经过这里，大皮鞋在石头路上走的声音很响，听上去约计有1000多人向西山前进。这时，我们推断，艾捷三团和其他各团一定向西退走，因为敌人是向西追去了。

次日早晨，侦察知道南沟一带已经没有了敌人，我们只好向后转，再回南沟去，设法弄饭吃。正当上千的隐藏军民聚集到村中时，不料西边又发现敌人向东搜来。我们决定奔向东南到河西村去。刚到了河西村，正要休息，敌军又从四处包围上来，枪声很密。我们隐藏在河西村的南小沟里，眼看着敌人已到村边了。高军长感到形势危急，向副官要手枪，作自杀的准备。正在这危机时刻，突然大雨如注，枪声渐稀，侦察得知敌人已退，我们才回到屋子里，烤衣服、烧水，休息了一宿。

次日，高军长听说敌人退了，很高兴地对大家说：“我们一定要寻找部队，同时设法向长官部、总部报告。”正在这时，敌人又包围了上来，大家又只得分散隐藏。敌军一部即驻扎在河西村。深夜，我们自己人互相寻找，我和高军长、韩秘书遇在一起，在山中的小土窑里待了一天。

5月14日，与刘乃祺副军长、金参谋长、王副官长在金圪堆会了面。这时，才知道了敌人主要的目的是先行占领黄河沿岸各渡口，严密封锁，欲将中条山的中国军队，一网打尽。敌人分了20余个支队，划区搜山，寻找隐藏的中国官兵。同时选定据点，赶修工事，看来要作长远的打算。我们这次会合后，心情稍好。

5月15日早晨，不料敌机又临，敌军一部也渐渐活动起来。我们就隐藏在北大坡。这里树木茂密，我们总算安全地度过一个整天。太阳快落山时，大家走出树林，用望远镜向皋落镇一望，看到敌人大队正在集中，一部分向横岭关方向前进。我们认为敌军大队退走，情况好转，决定当晚住在山下的村子金古堆。正在烧水做饭之际，敌军又一次来到，在山顶射击，大家只好又分散奔藏。敌机枪不断扫射，我和贾真一队长又同时负伤，因流血过多，行走困难。但后来还是决定，必须离开此村，如能到武家沟一带，宿吃休疗，即有办法，因为我曾在那里住过。于是，我和贾真一彼此互相拖拉，趁天黑逃生。幸亏遇到一位姓陈的老头和王兴富关照，住在了他的北沟。

5月16日到庙湾，17日又巧遇刘礼和刘义两人，在他们家住了两天，他俩对我们特别照顾。19日住到焦家沟。20日刚到曲家沟，敌人又包围上来，我们经后山离开此村，在这里胡振江、温存和、张礼3人帮助我们换了药。5月22日抵达马鞍桥，24日到达寺底，才和我军警卫连连长齐天然相遇。据齐说：我军第四九九团、第五〇一团、第五〇二团，这3个团损失不是太大，在申家沟两大山与敌战后西退，已经安全渡过汾河，与晋军取得联系。第一战区催令速渡黄河，开驻河南新安县整顿。艾雅春的第五〇〇团与军部失去联系，在焦家沟被敌包围，团长已经阵亡，余部壮烈牺牲。现在军长究竟在何处，传说不一。他们已经组成武装小组，化装找到了许多关系，无论如何一定要把军长接出，完成保卫长官的责任。我们走到郝庄休息时，听说金醒吾参谋长、王秀泉副官长在郝庄西的一个小村隐蔽，我随即派人约他们一同西行，不料他们两人不愿同行，最后被俘。

6月2日，我们到了薛店，在那里住了5天。5天中，敌人常来搜索，形势甚为紧张。后来找到郝青山为我们引路（专走小路），决定在日军碉堡附近偷渡汾河。我们一行7人在敌人炮火下总算安全渡过了河，当晚即住在余章镇。8日进入马壁峪口子，这里是安全地带，已经逃出了死亡圈外。到了吉县，乘小船渡过黄河，巧遇高军长亦脱险归来。我们悲喜交集，不知话从何说起。

高军长在中条山指挥作战，热心帮助地方公益事业，关心群众生活，因而群众对他有好感。在这次被敌冲散的危急情况下，得到很多爱国农民的援救，才得以辗转找到自己的队伍。高军长说：“我和你们分散后，过了 20 多天的难民生活，使我难忘的是郑忠义义士，他将我和牖夫（即副军长刘乃祺）及韩一帆一起隐藏在石头圪垯的天主教堂内。后来，郑忠义又联系郭金声，托郭金声由小道送我们到曲沃城关，敌人没有发现我和牖夫等，终于过了黄河，今日大家才能见面。金醒吾（参谋长）、王秀泉（副官长）表现不好，在北大坡极其困难的时候，他俩劝我另找出路，意思是劝我投降，我拒绝了他俩的主张，他们都私自跑了，结果被俘，是应当受到的惩罚。”

过河后，我们迅速赶回河南新安县，整顿部队，继续抗战，以尽军人的天职，挽救民族的生存。

南昌会战

第五十八军在江西参加南昌会战

鲁　元*

1938年10月，第五十八军由云南开赴湖北，参加武汉会战之崇阳战役，当时第五十八军隶属卢汉的第一集团军。不久第一集团军调第九战区，参加南昌会战。其时，我任第五十八军参谋长。

奉高战役和反攻南昌

1939年，入侵江西之日军，与我九战区友军，对峙于修河南北岸。2月中旬，敌第三十四师团等5个师团、独立第十四旅团，并海军一部，强渡修河，进攻南昌。3月17日，敌以一部在海、空军掩护下，猛攻鄱阳湖西岸吴城镇，守军与敌激战7昼夜而弃守。23日，永修虬津阵地被敌之主力攻破，因道路未彻底破坏，使敌机械化部队得以分头南犯，先后陷靖安、安义、奉新，进而全力猛攻南昌。我军与敌激战至27日，以实力悬殊、伤亡甚大而放弃南昌。

日军攻陷南昌后，又向奉新、高安、西南地区挺进，与第十九集团军总

* 作者时任第一集团军第五十八军参谋长。

司令罗卓英指挥之第十八军、宋肯堂第三十二军、刘多荃第四十九军、李觉第七十军、俞济时第七十四军、夏楚中第七十九军等，在锦江北岸的靖安、安义、奉新间地区进行激战。

第一集团军奉令自鄂调赣北驰援，当即经浏阳达许市转铜鼓、修水、九仙汤，于3月29日到达奉新、高安西南地区，迅插敌背，投入战斗。我第五十八军与敌激战于潦河南岸之大禾岭、白塔路、上龙岗、新形山。我第六十军与敌战斗于米峰东南地区之狮子山、莲花山等地区。激战5昼夜后，我军将敌压迫于潦河南岸之文家山、五步城、凤凰山、虬岭、莲花山、释符观之线，形成敌我对峙状态。这时，我左翼之靖安，安义西南，潦河北岸地区，有刘多荃军第一〇五师及预备第九师守备，右翼湘赣公路及锦江北岸地区，有友军俞济时军守备。敌我阵地俱甚迫近，各军阵线的局部日夜均有战斗。

南昌失守，严重影响到西南战局，蒋介石为此极为震怒，给予第九战区副司令长官兼第十九集团军总司令罗卓英以撤职查办处分，旋令其戴罪立功，迅即收复南昌。

1939年4月初，赣北战局转稳后，由罗卓英指挥国民党军全力反攻南昌。中路为宋肯堂之三十二军沿赣江西岸北进，直攻南昌。该路派预九师进入西山区，收容流散该地区之北方官兵三四千人，以西山为据点，对虬岭、生米街、牛行（今改名昌北）之敌进攻，截断和破坏西山周围敌人的交通和通讯设备。左路由第一集团军代总司令高荫槐指挥，以第五十八、第六十两军，向靖安、安义、奉新地区之敌进攻，并以一部进入南浔线、乐化地区，截断敌之后方联络。右路由李觉指挥七十军东渡赣江，进攻南昌地区东面之敌。

全面反攻南昌开始之前，赣北整个部队均有调整。第一集团军的部署是：以第五十八军之新十师接收新十一师潦河以南、大禾岭以北阵地，新十一师集结甘坊、上富待命；第六十军之第一八四师，仍位置于大禾岭南及米峰东南地区；新三军之第一八三师守备米峰以南锦江北岸之线阵地。此时，当面之敌一〇六师团据守靖安、安义，并有一加强联队据守奉新地区。

第一集团军决心以有力之一部，先攻奉新；以第五十八军之新十一师突入安义、奉新间地区，截断敌之联系；主力则由北南进；新十师之一部，由西东进；第六十军之第一八四师全力由南北进，摧毁当面敌之据点后，协力攻取奉新；新三军之第一八三师以一部出击，牵制该师当面之敌。

4月，我各路军开始分头反攻。敌我激战于南昌、赣北地区、双方伤亡均大。11月，奉新之敌沿潦河北岸西犯，陷郛家山、东坪、会埠、罗坊。13日，我第五十八军新十一师攻克郛家山、东坪、会埠、罗坊。并派部截断安义、奉新交通，敌仓皇退守奉新。15日午夜，敌车队满载军用物资由安义驶奉新，被我第三十一团伏击，全歼车上之敌，缴获军械物资甚多。21日，我新十师、第一八四师会攻奉新。22日，我军攻克白塔徐；23日攻克白马庙，继攻五步城之敌。同时，第一八四师曾团配合余团之一部，进攻陶仙岭；余团以主力进攻猪婆大丘，在陶仙岭、虬岭间与敌四五百人遭遇，经激战后，制增援之敌于鸦雀岭。22日，敌步兵七八百人，在坦克掩护下，进攻余团峦岗岭阵地，该阵地中弹千余发，工事全毁，官兵奋战，击退敌之攻势。迄午。敌坦克迂回进攻峦岗岭，守军伤亡殆尽，乃陷敌手。余团预备队在重机枪掩护下猛烈反攻，夺回峦岗岭。入夜，猪婆大丘之敌向鸦雀岭转进，为我曾团突袭，在被击毙之敌大队长尸体上，捡获地图、文件以及日皇所赐之佩剑、手枪等物。

4月12日，第五十八军之新十师全力攻击竹山正面之敌。我官兵奋勇突入敌阵地，纵横砍杀，敌军不支，我遂完全占领敌人阵地。13日晨，敌援军在战车配合下，凶猛反攻。血战竟日，我因伤亡甚大，阵地复陷敌手。孙渡军长，鉴于该线阵地重要，抽调部队增援，严督反攻。我军浴血拼搏，卒于14日午将敌击溃，再占龙形山、骑马山线之阵地。

中路友军预九师张言传部，于21日潜渡南湖，攻占牛行车站，其他友军战况俱激烈，敌我互有进退。

5月2日，第五十八军之新十师，奉令向张公渡挺进，截断南浔路，策应南昌方面的战斗。奉新、高安之我军，续攻当面之敌。4日，第五十八军新十一师进攻洋螺岩之敌，力攻3日未克。9日，敌蒲松师团由靖安绕到该师后方，乃转移太子街。16 日，敌全力攻太子街，新十一师被迫一路战斗，至 28 日集结上富。30 日，总部令该师调高安盛庄整补待命。第五十八军奉令率新十师守备米峰以南、高安以北地区。

至此，反攻南昌战役，遂告结束。

赣北秋季进攻战役

1939 年 7 月，九战区司令长官薛岳为消耗敌人有生力量，命令赣北第一线守备部队发动秋季攻势。

第一集团军决定以第六十军之第一八三师进攻安义、潦源山之敌，第一八四师进攻奉新城郊之敌；以第五十八军新十师进攻雷王殿之敌。

21 日，第一八三师攻潦源山，新十师攻雷王殿，俱予敌以重创，但未攻克各该地。

7 月末，新十师转锦江南岸守备，米峰以南、高安以北地区由新十一师接替。

9 月，华中日军纠集 10 余万人，发动第一次长沙会战。为确保湘北我军主力侧背之安全，诱敌深入而歼灭之，薛司令长官命令第一集团军（附新十五师）阻击赣敌的援湘部队。

当时，赣北之敌，调动频繁，并向我第五十八军新十师、第六十军第一八四师阵地攻击，同时向我友军佯攻。我新十、第一八四两师日夜与敌激战，第一八三师为敌一〇六师团压迫，退至九仙汤附近。16 日，沿潦河南岸西进之敌，与新十五师汪之彬部激战于上富地区。薛司令长官为战区第一线侧背安全计，指令第一集团军立令孙渡军长率第五十八军新十师及配属六十军之炮兵排，于 17 日前调至杨公圩、村前街地区。18 日，另一股日军由大禾岭南下，直插村前街、杨公圩，截断我第一集团军前后方交通联络，情况突变。这时，第五十八军改移官桥、泗溪，第六十军附炮兵排改移棠浦地区。18 日，在前线作战之第一八四师、新十师各留一掩护部队与敌保持接触，主力转至肖坊、斜桥地区。沿途遭到敌机大肆轰炸。这时敌又窜至斜桥附近，新十一师之一部进攻斜桥之敌，主力转进杨公圩，途中又与迂回杨公圩之敌遭遇，激战至 19 日，乘夜突围，伤亡较大。20 日，到达官桥、泗溪。第一八四师 18 日午夜越过敌包围线，于 19 日晨到达棠浦。敌包围我军之企图，全遭失败。

9 月 23 日，我第一八三、一八四两师，配合甘坊正面之新十五师围攻甘坊及其附近的敌军，连月激战，终将敌人歼灭。惜第六十军军长安恩溥严令杨宏光第一八三师赶至甘坊北部地区加入战斗，岂知杨竟擅将所部带至找桥而贻误战机，丧失一部分战果。

当第六十军与甘坊之敌战斗时，第五十八军令新十一师据同安市，以制敌南窜宜半，并保卫总部侧背安全。又令新十师挺进找桥西端，以杨秀、魏泽民两团占领找桥南北之线，构筑工事，以制敌之窜逃与增援。10 月 2 日，增援之敌猛攻杨团的坳下阵地，该团与敌激战 3 昼夜，敌不得逞，乃以一部续与杨团战斗，主力由新十师左侧豆腐坳迂回找桥侧背。新十师师长刘正富率部撤向铜鼓。孙军长令新十一师增援找桥：敌我正激战中，敌忽向西北石街方向退走，旋传我长沙会战大捷，我正面之敌，窜湘增援之企图终于破灭，狼狈逃回南昌。

锦江南北岸战役

1939 年 11 月末，第一集团军奉九战区令，调奉新、高安前线守备。当以第六十军之第一八三师守备骑马山、竹山、马奇岭、米峰之线，左翼连接预九师。第一八四师连接米峰以南狮子山、莲花山至锦江北岸。第五十八军守备锦江南岸。安义、靖安方面为王耀武之第七十四军。时，敌我对峙于锦江南北岸。敌据制高点，对我行动，较易瞰制。

我军展开赣北攻势时，第一集团军代总司令高荫槐请假回滇，由第五十八军军长孙渡代理总司令，新十一师师长鲁道源代理第五十八军军长。

第五十八军奉令以新十一师指向金刚岭。该师于 12 月 1 日夜渡锦江南岸，向敌进攻，克搭岗山；12 日，克九渡余家；13 日克高邮市，即夜猛攻金刚岭，敌据岭顽抗。14 日，我攻占附近之狗头山，敌增援反扑。15 日，敌复踞狗头山，我军猛攻再克狗头山，双方伤亡俱大。旋新十师奉令接替新十一师锦江南岸防线，新十一师则向高邮市挺进。16 日至 21 日，新十一师以锐猛之势，向金刚岭之敌进攻，屡攻不下，因伤亡较大奉令撤回金堆罗整补。在廿余日战斗中，我军拔除江北敌军 3 个据点，为我军创造了攻防有利局势。此间，第一八三师多次策应新十一师之作战，攻击鸦雀岭、凤凰山、虬岭之敌，有力地牵制了敌军的行动。

金刚岭之战后，第五十八、第六十军两军的敌后挺进部队，四出袭击敌军，大量破坏敌之交通联络。奉新之敌，先后遭受我第一集团军各军的不断打击，终于在 1940 年 5 月末撤逃。我第一八四师击溃敌之掩护部队而收复奉新。第一集团军的其他各军，亦先后调离江西。

失守南昌的经过

赵子立*

一、作战前的敌我态势

日军的兵力和概略位置　1939 年 2 月初，日军在第九战区的兵力有六个师团，在赣北的九江、德安、武宁和鄂南的阳新、大冶方面是第一〇一、第一〇六、第一一六等 3 个师团；重点是在德安方面的修河北岸。在鄂南的咸宁、通山、通城、崇阳、蒲圻和湘北的临湘、岳阳方面也是 3 个师团，它们的番号有第六师团、第九师团、第二十七师团，湘北、鄂南日军的重点是在岳阳、新墙河北岸地区。1939 年 1 月底，即薛岳代理第九战区司令长官后一个多月的时间，就发现南浔线正面日军大量增加，有进攻的模样（笔者时任长官司令部参谋处副处长）。日军第六、第一〇一、第一〇六、第一一六等师团，按步兵来说，都是一个师团辖两个旅团，一个旅团辖两个联队。

第九战区的辖境　南昌失守时，第九战区的境界，大体如下：东与第三战区以进贤县为界；北与第五战区以长江为界；西南与第四战区以东安为界，东安属九战区；南与第七战区以宜章为界，宜章属九战区；在长江以南的川

* 作者时任第九战区长官司令部参谋处副处长。

鄂、川湘、黔湘省界以西，为军事委员会直辖区，以东为第九战区。

失守南昌时的战斗序列　第九战区司令长官陈诚（兼），代司令长官薛岳，副司令长官罗卓英、杨森、王陵基，参谋长吴逸志。

当时司令长官，在名义上还是陈诚遥领，实则一切由薛岳负责。第九战区在名义上是受在桂林的军事委员会委员长西南行营指导，当时白崇禧为主任，薛岳根本不理会白崇禧。薛、白的关系，是由于北伐时白崇禧在上海撤过薛岳第一师师长的职，薛岳自投靠陈诚后，成为陈系的将领，他更要反对陈诚的对立者——白崇禧与何应钦，以显示他的威风与对陈的忠诚。他实际上仅受蒋介石的指挥，但也不是绝对的，不过较之对何应钦、白崇禧好些就是了。何应钦以参谋总长或军政部长名义给他的电报或公文，白崇禧以军训部长或行营主任名义给他的电报或公文，不合他的心意时，常见他批上"不理""胡说"。对蒋介石署名的电报或公文，不合他的心意的，敢于力争，或批上"存""待办"，置之高阁。在作战上不受别人牵制，只要他同意，幕僚就可以放胆办事，不像后来笔者跟着刘峙那样，处处要受上级和下级的干涉或阻挠。

第九战区当时指挥下列部队：

（一）第九战区前敌总司令兼第十九集团军总司令罗卓英，第十九集团军副总司令刘膺古，参谋长罗为雄。指挥第四十九军刘多荃、第七十军李觉、第七十九军夏楚中、赣北游击司令杨遇春、第三十二军宋肯堂。第三十二军辖第一三九师李兆瑛、第一四一师唐永良、第一四二师傅立平。第四十九军辖第一〇五师王铁汉、预备第九师张言传。第七十军辖第十九师唐伯寅（代）、第一〇七师段珩。第七十九军辖 3 个师，记得有第七十六师王凌云、第九十八师王甲本、第一一八师王严。

（二）吴奇伟军团第四军辖第一〇二师柏辉章、第五十九师张德能、第九十师陈荣机 3 个师。

（三）第三十集团军总司令王陵基（兼），参谋长宋相成，指挥第七十二、第七十八两个军，都是辖两个师，第七十二军军长为韩全朴，第七十八军军长为夏守勋。

（四）湘鄂赣边区游击总指挥樊崧甫。

（五）第二十七集团军总司令杨森，参谋长邵陵，指挥第二十军杨汉域，该军辖第一三三师杨干才、第一三四师夏炯。

（六）第十五集团军总司令关麟徵（兼），参谋长姚国俊，副参谋长吴丽川。指挥第五十二军张耀明，辖第二师赵公武、第二十五师张汉初、第一九五师覃异之。第三十七军陈沛，辖第九十五师罗奇、第一四〇师梁仲江。

（七）第二十集团军总司令兼洞庭湖警备总司令商震，参谋长周旭斋，指挥第五十四军霍揆彰、第五十三军周福成、第九十九军傅仲芳。这 3 个军均似辖两个师。第九十九军的两个师，一似第九十二师梁汉明、一似第九十九师高魁元。

（八）第一集团军总司令卢汉（代总司令高荫槐），参谋长赵玉矜，指挥第五十八军孙渡，辖新编第十师刘正富、新编第十一师鲁道源；第六十军安恩溥，辖第一八二师郭建臣、第一八三师杨宏光、第一八四师万保邦。

（九）战区直辖军，第七十四军俞济时，辖第五十一师王耀武、第五十七师施中诚、第五十八师冯圣法。

除以上各部队外，尚有战区直辖的特种部队。如重野炮兵，经常有一个多团，由于前方道路破坏了，不能使用于第一线。在敌我对峙时，通常控置于后方——长沙、湘潭等处；在战役发生后，通常使用于决战地区。工兵经常有一个团，负责洞庭湖的封锁及指导前方各主要道路的破坏任务。布雷队一队，负责洞庭湖的布雷工作。通信兵一两个营，负责战区通信网的构成。宪兵一团（团长似为姚应龙），负责战区军风纪的维持工作。

作战开始前的部署　第十九集团军：吴奇伟军团担任南昌方面的守备及鄱阳湖西岸的湖防；第四十九军在永修城及修河南岸占领阵地，与北岸的日军对峙；第七十军在张公渡及修河南岸占领阵地，与北岸日军对峙；第七十九军控置于安义以西地区；杨遇春赣北游击部队以九仙汤为根据地，在九岭山山区活动，总司令部驻南昌。

第三十集团军：主力在修水（城）、武宁间澧溪（今浬溪）地区对东北占领阵地，与武宁方面的日军对峙；一部控置于修水（城）附近，总司令部驻修水县西南良塘。

湘鄂赣边区总部游击部队以九宫山、大湖山为根据地，在幕阜山山脉地区活动。总指挥部驻南茶。

第二十七集团军：第二十军主力在通城、平江间南江桥地区，对北占领阵地，与通城方面的日军对峙；一部控置于平江以北地区，总司令部驻平江附近。

第十五军团：第五十二军主力在新墙河南岸占领阵地，与北岸日军对峙，一部在汨罗江口至新墙河口间洞庭湖东岸担任湖防；第三十七军一部担任汨罗江口——营田——湘阴线洞庭湖东岸湖防，主力控置于湘阴以东地区；王剪波游击部队在通城、临湘间地区活动，军团部似驻长乐街附近。

第二十集团军：第九十九军在益阳、沅江、汉寿方面，担任洞庭湖南部湖防；第五十三军似在南县、华容、安乡方面，担任洞庭湖北部湖防；其余一部担任藕池口至太平口间长江右岸江防；第五十四军似控置于常德、桃源地区；总司令部驻常德。

第一集团军控置于浏阳、醴陵地区。

第七十四军控置于高安、上高地区。

二、作战计划

与制定计划有关的地形　鄱阳湖西岸，自吴城以南，港汊分歧，大部队进出不便。修河在春、秋、冬三季可徒涉，潦河更小，四季均可徒涉，但夏季九岭山山洪下来时，不能徒涉。赣江下游，障碍力大，四季均非船渡不可。奉新地区，以西是九岭山山区，以东隔潦河是西山、梅岭山区，奉新附近潦河以南也是高地，故奉新、安义地区，是个小盆地。

制定计划时的情况判断　南昌方面的作战计划，是 1938 年初冬第一兵团总司令部制定的。当 11 月间第一兵团的部队，仍在修河以北地区战斗，但已决定将转移到修河南岸作战。正在这个时候，第一兵团总司令薛岳，让我同总部中将高级参谋杜建时会同拟定南昌方面的作战计划。当时杜建时和我对南昌方面作战的情况估计如下。

对日军作战行动的估计：

修河南岸，自张公渡以西是高连山地，大兵团运动困难，日军不会从这方面进攻。张公渡至涂家埠间是低山地，涂家埠至赣江西岸是平地。因此，估计日军进攻时，将由张公渡以东地区渡河，经安义、奉新向生米街方向迂回，利用赣江的障碍将我修河以南部队，均放在他的包围圈内，将我主力部队消灭后，它唾手可占南昌。

对日军进攻时机的估计：

日军进攻时机：如以鄱阳湖水面作战为主，以有力部队由水上直出进贤切断南昌后方时，将选在高水位时期，但鄱阳湖进出不便，这种可能不大。陆地作战为主，以主力渡修河南犯，仅以一部由水上进出鄱阳湖西岸威胁南昌，这样将在低水位时期进攻。

我军决战地区的选定：

修河以北的交通，日军可修复，故其进攻时可能在修河北岸使用大量炮兵，加之修河障碍不太大，因此，在修河南岸与日军决战是不利的。

奉新方面是个洼地，我修河南岸部队，逐次抵抗至潦河南岸时，以有力部队由安义以西山地向东侧击；另以有力一部由西山、梅岭山地，向西侧击；我逐次抵抗部队，由潦河南岸向北反击，将日军包围于奉新、安义地区，与之决战，较为有利。

基于以上估计制定的作战计划：

（一）作战方针：兵团以决战防御之目的，以一部兵力，守备鄱阳湖西岸及修河南岸，以主力控置于安义、奉新以东、以西两地区，俟敌军深入至潦河北岸，转取攻势而歼灭之。

（二）指导要领：鄱阳湖西岸守备部队，应纵深配备，以工事及火力严密封锁各港汊隘路，坚决拒止敌军的登陆。但届时如鄱阳湖方面无情况，应以主力参加决战地区——安义、奉新的决战。

修河南岸守备部队，先采取持久防御，而后待命向潦河南岸进行逐次抵抗，务赢得时间，以便完成一切决战准备，再待命转取攻势。

控置部队，在东面，控置于西山、梅岭地区；在西面，以主力控置于安义以西，以一部控置张公渡西南、安义西北山地。待命东西夹击深入至安义、奉新之敌。但届时如有新增部队，不能到达决战地区时，张公渡西南、安义西北的控置部队，应以一部或全部占领张（公渡）安（义）公路以西山地侧击敌人，协力正面逐次抵抗部队，迟滞敌军前进，使新增部队获得到达决战地区的时间。

交通：将修河以南，牛行、奉新线以北的道路彻底破坏。

（三）兵团部署概要：吴奇伟军团应以有力一部守备鄱阳湖西岸湖防，以一小部任南昌警备，以主力控置于西山、梅岭地区。

第四十九军应任张公渡以东修河南岸及永修县城的守备，重点保持于左翼。

第七十军应以一部任张公渡及张公渡方面修河南岸的守备，以主力控置于张公渡西南的山地。

第七十九军控制于安义以西山地。

这个计划经参谋处长狄醒宇同意，转给薛岳，但当时他并没有完全照这个计划部署军队。他的部署是：以吴奇伟军团第 × 军任鄱阳湖西岸的守备，第四军控置于南昌牛行地区，以第四十九军、第七十军任修河南岸的守备，以第七十九军控置于安义以西地区。如此，对这个计划已经打了一个折扣。

至 12 月，薛岳去长沙代理第九战区司令长官，由第九战区前敌总司令兼第十九集团军总司令罗卓英带着他的总司令部来南昌，接替第一兵团的指挥任务。第一兵团总司令部将鄱阳湖西岸、修河南岸的防务，连同这个作战计划，一并移交第十九集团军总司令部接收。

三、作战经过概要

南昌的失陷　约 1939 年 2 月上旬，日军向修河北岸增加兵力，有进攻的迹象，罗卓英认为修河南岸兵力薄弱，要把第七十九军向修河赣江所形成的那个三角地区部署。狄醒宇和我知道后，向薛岳建议说：“如果第十九集团军把第七十九军放进原南浔铁路（当时破坏了）以东去，它就破坏了我们整个的作战计划，南浔线的作战将不堪想象，必须制止它。”薛岳说：“第七十九军是归他（指罗卓英）指挥的，我们不必干涉。”

第十九集团军让第三十二军担任南浔路两侧至鄱阳湖沿岸防务。第七十九军位于南浔路西至潦水防务。参谋处建议以浏阳方面的第一集团军两个军及修水（城）方面的第三十集团军一个军向奉新方面急进，薛岳仅同意让第一集团军开往奉新，参加南昌方面的会战。

约 3 月中旬的一个夜间（应为 3 月 21 日——编者注），日军开始攻击，首先由第七十九军、第四十九军两军结合部渡过修河，向第七十九军左翼、第四十九军右翼包围。激战至翌日晨，日军不断由突破口注入兵力，并在修河北岸升起气球，指挥炮兵向第七十九、第四十九军阵地进行密集射击，继以猛烈冲锋。第四十九军不能支持，右翼向南溃退，左翼的一部——第一〇五师第三一三旅康景濂旅向西退到了第七十军的背后。第七十九军被迫向乐化、梅岭地区撤退。第七十军正面虽无激烈战斗，但张公渡以东阵地，全被日军突破，该军亦向安义西北山地撤退。当日日军向安义、奉新追击，第四十九军已丧失抵抗能力，日军迅速占领了安义、奉新。这就是哄传一时的“罗卓英连失三城——永修、安义、奉新”！当作战的第一天，日军突破修河南岸的阵地后，罗卓英就让第四军在南昌附近东岸布防，坐着汽车去了上高。

日军由奉新经大城向东继续突进，当天晚上，日军的先头部队就到了生米街。这时罗卓英由上高打电话给薛岳，要放弃南昌。薛岳在晚上找狄醒宇和我去研究，并起草撤退命令。狄醒宇和我都说：鄱阳湖无情况，吴奇伟军团守赣江东岸，有可能支持三四天，第七十九军还有战斗力，让他以梅岭、西山为根据地，向南侧击敌人，第一集团军已到中途，日军由一条道窜到生米街，孤军深入，不是好的态势。还是让第一集团军两个军，第三十集团军 1 个军，连同第七十军共 4 个军，限他们 4 日后向安义、大城攻击，让第四十九军在高安、上高间收容整理，为预备队。这样有可能转败为胜。最初，薛岳很犹豫，最后他还是要放弃南昌。狄醒宇请他再考虑。他说：“你们回去吧，这个电稿，我自己起草。”写到这里，要说明薛岳对于罗卓英为什么这样迁就？为什么要迅速放弃南昌呢？简单地说：一是因为张发奎、薛岳，原是拥汪（精卫）反蒋（介石），反蒋失败后，所以能够再起，是罗卓英找陈诚，陈诚又找蒋介石说好话的（陈诚有本事，能把反蒋者变为拥蒋者）。因此，薛岳对罗卓英特别迁就。二是因为第四军既是张发奎的嫡系，又是薛岳的嫡系，好像一个兼祧的儿子，两门子都爱如至宝，怎肯放在南昌担任风险呢！所以他要放弃南昌。回想吴逸志不止一次地向我介绍薛岳与罗卓英以及薛和第四军的关系，并说：“我们要特别照顾到这一点，什么事都不要等长官（指薛岳）亲自开口。”由此可见薛岳对人对事的偏私和吴逸志的深得为官之道。

当时薛岳的手稿，是电报发出后才交到参谋处的，他是让第十九集团军退守梁公渡、松湖、高邮市、祥符观、故县之线，特别指示第七十九军应由乐化地区向西突围。这样，仅几天的时间就丢掉了江西的省会——南昌。

南昌失陷后，第十九集团军以吴奇伟军团守备梁公渡至高邮市对岸锦江南岸之线，以第七十、第七十九军守备高邮市、祥符观、故县之线，以第四十九军在上高附近收容整理。

战后，第七十九军与第四十九军互相推诿修河失守的责任。第四十九军说：“日军是首先由第七十九军王凌云师正面突过来，包围本军右翼的。”第七十九军说：“日军是首先由第四十九军正面突过来，包围本军左翼的。”但这个争执发生后，罗卓英并没有认真追究。第四十九军刘多荃，原是张学良的东北军，刘多荃受到降两级处分，第一〇五师师长王铁汉受到撤职留任处分，戴罪图功。

南昌的反攻　蒋介石知道南昌迅速陷落的消息，大发脾气，责成罗卓英收复南昌。在当时，日军在一个地区站稳了脚跟以后，想硬攻下来是很不容易的。在战事顺利的时候，薛岳是敢于不执行蒋介石的命令，向蒋介石申述意见的。但在南昌迅速陷落的情况下，薛岳也不敢抗拒蒋介石的命令，只好让罗卓英反攻南昌了。由于知道攻下南昌是不可能的，又由于这次进攻南昌完全因为不敢违抗蒋介石的命令，所以第九战区就不给罗卓英充分的兵力，怕他一下子搞垮了影响全局。第一集团军虽然也交给罗卓英指挥，但只让它担任高邮市至故县的守备，而让罗卓英仅使用吴奇伟军团的主力（留一部守原阵地）及第七十、七十九两军反攻南昌。并让第七十九军再由故县以南穿过日军奉新——大城线到牛行地区去，攻击赣江以西南昌外围的日军。

罗卓英受命后，以吴奇伟军团主力由赣江、抚河间向南昌攻击，以第七十九军向牛行、望城岗攻击，以第七十军向生米街及其以北攻击，第四十九军已残破不能使用，仍在上高附近整补。

日军攻下南昌后，将主力部署在南昌及其外围赣江两岸地区，占领我军从前构筑的阵地，以一部占领永修（涂家埠）、张公渡、安义、奉新各要点，维护永修至南昌的交通。由于南昌外围的阵地是我军构筑的，对于地形及工事位置颇为熟悉，所以我军于夜间攻击开始后，有些部队由日军空隙进入日军据点的侧后方，但攻击日军所占领的据点时，总是攻不下。攻击的第二、第三天，日军以炮空猛烈轰击，步兵进行反攻，我进攻部队受挫，全线毫无进展，只好停止进攻。蒋介石对罗卓英失守南昌，反攻又无结果，固然很生气，但并没有处分他。因为罗卓英是陈诚系中坐第二把交椅的，有陈诚保镖，当然万事大吉。

我军攻击南昌顿挫后，日军亦未反攻。

四、战后的检讨

南昌战役结束后，第九战区也没有开过检讨会，薛岳也很沉默，不谈这一战役的得失，狄醒宇和我是嘀咕过这件事的。那时认为罗卓英既不明敌情，又不熟地形。在抗战初期，我们对日军根本就不宜采取硬对硬的办法，以第七十九、第四十九、第七十等3个军，采取直接配备，排列在修河南岸，一经日军突破，即不堪收拾，这是失败的主要原因。反之，如以一部兵力，在修河南岸至奉新间，采取持久抵抗，虽然仅有百余里，也不致连失三城，而能赢得时间，这是从日军战术特点和当前的战例得到证明的。日军的攻击，通常是按他的军事教科书上规定的程序——阵地侦察、开进、展开等进行的。我们一个抵抗线，至少可以赢得一天时间，在去年（1938年）秋，第一兵团主力进行万家岭包围战时，以王敬久军在德（安）星（子）公路上拒止由星子方面增援万家岭的日军，就是采取持久抵抗赢得时间，使主战场完成作战目的的。本战役由修河至奉新方面，如能赢得五至六日的时间，第三十集团军的一个军（如果要使用时）和第一集团军的两个军，即可赶到战场，以出敌意料的围攻，与没有炮兵（道路彻底破坏了，一时修不好）而又正在运动中的日军决战。这样，就有可能保卫住南昌。就是在罗卓英连失三城、日军先头部队已到生米街的时候，也未到放弃南昌的时机。修河障碍力小，赣江障碍力大，日军攻修河南岸阵地有大量炮兵，日军攻赣江东岸阵地就没有炮兵。日军向修河南岸进攻，背后安全；日军向赣江东岸进攻，背后有第七十军及第四十九军一部在安义西北山地，第七十九军在乐化、梅岭地区威胁着日军奉新至张公渡的后方联络线。因此，吴奇伟军团有可能支持三至四日，等待第一、第三十集团军的部队到达战场进行反攻的可能。固然，在生米街方面赣江西岸与日军决战，不是原计划决定的，原计划是预定在奉新附近与日军作战，但这是原计划的错误，原计划没有把战局的演变看清楚，实际上在生米街方面赣江西岸与日军决战，较之在奉新方面与日军决战有利得多。潦河不成障碍，它的价值不能与赣江相比，何况在赣江西岸与日军作战，对我军来说，所换取的时间更多一点，对日军来说，暴露在我军火力下的后方联络线更长一点，有啥不好呢？如果鄱阳湖方面无情况的话，如果我军大胆的话，就是日军渡过赣江东岸一部，我军则可于赣江东西两岸夹击之。可惜制定计划时，见不及此。日军到了生米街，当时罗卓英、薛岳只看见日军逼近南昌，而看不见我军有利态势，这样，便把南昌给断送了。

还有一个值得提出的问题，日军占领武汉以后，对湘赣来说，把一部兵力摆在新墙河和修河北岸，就可以巩固武汉和长江南岸一部占领区。至于对像长沙、南昌这样的城市，多占一个虽然可以多掠夺一些物资，但要多胶着一些兵力。所以笔者认为此次南昌会战及以后的第一、二、三次长沙会战，日军都是以消灭我军有生力量、反攻力量为主要目的。只要稍微有点不大顺利，或是最后仍有部队抵抗，日军就不一定占领南昌。及至日军已经占领了南昌，我军再要夺回，那就太不容易了。

吴城激战回忆

张尊光*

农耕于野，商营于市，喊声与枪声争鸣，民心和军心共愤，战争锻炼着人民，人民适应着战争，抗日民族统一战线，团结着炎黄子孙，屡战屡败，屡败屡战，在战火洗礼中走向胜利。

一、敌我态势

1939 年春，日军对南昌虎视眈眈，亟欲攫入囊中，贪婪而无止境地深入我华中腹地。截至 3 月中旬，敌村井支队和部分海军在星子县准备进攻吴城，第一〇一师团在修河北岸，第一〇六师团在虬津东西之线，完成渡过修河的准备工作，第六师团在武宁、箬溪，第一一六师团在鄱阳湖东岸。其作战目的，显然在于从安义、奉新，拊南昌之背，迂回包抄，歼灭我野战军于赣江左岸。

* 作者时任第三十二军一四一师第七二一团团长。

二、吴城受命

3 月 13 日，第三十二军一四一师七二一团部队早餐完毕，我（时任第七二一团团长）接到军部电话:（一）总司令和军长现在吴城;（二）着第七二一团团长张尊光立即驰赴该地，接受命令;（三）该团必须于本日下午 10 时前，到达吴城，布置防务。

突然发生的情况，使我没有时间召集各营营长开会，只得与副团长马正康交谈了关于部队立即出发的准备，后方负责人的安排，地方上瓜葛事项处理的原则等，便匆匆离开广阳桥湖村，先行上路。

按照建制，团长是受军所属师的节制，师长是团的直接长官。如今不经过师长（第一四一师师长唐永良），不仅军长（第三十二军军长宋肯堂）在吴城，总司令（第十九集团军总司令罗卓英）也在吴城，双双等着我面授机宜，这本身就意味着事关重大，不同寻常。马上加鞭，我恨不得插翅飞去，一见分晓。

行至涂家埠，迎面来了郄国仁，他正在巡视阵地。1937 年 10 月，他只身潜入平汉线上元氏车站敌营，掳得日军军官图囊，内有作战地图，被人称为独胆英雄。我俩简单地交换了一下情况，证实敌人调动频繁，蠢蠢欲动。

万家灯火时，我终于到达吴城。路旁迎候的是一位姓王的参谋，他递给我一份由军长宋肯堂、总司令罗卓英共同署名的手令：着第七二一团固守吴城，望激励所属官兵，奋勇战斗，力却顽敌，城存与存，城亡与亡，杀身成仁，舍生取义，力争胜利，以振军威，有厚望焉。

入夜，全团于布置警戒后，各在指定地区宿营。

三、仓促设防

14 日，鸡声代替了号角，我们要利用敌机尚未出动之前，侦察地形，布置兵力。

吴城面鄱阳湖，临赣江，是一个水码头。居民几乎都是水上人家，人烟稠密，生意兴隆。由于紧靠湖畔，四面多水，地形小有起伏，傍水而不临山，实际上是一片平川。人们从事商业，兼有渔民、农民。镇外树木稀少，从湖面窥视，一览无余，毫无遮掩。建筑物是砖、木、石结构，背湖面街，形成几道通衢，鹅卵石间以条石铺成不规则的马路。整个市镇南北较长于东西，房屋鳞次栉比，阵地自然形成纵深，一般说来，守，还是有条件的。

当面之敌为村井支队。在海军陆战队支援下，配合海军作战飞机。日军以海、陆、空三个方面，都占有优势。特别是飞机，可以飞到树梢那么高，侦察时则一目了然，扫射时则俯首引发，在我交通线上投弹，更是肆无忌惮。

晨曦初上，晓岚待消，嗡嗡之声，由远而近，敌机已飞临我阵地上空，干扰我军行动。上午9时左右，我们对固守吴城，研究集中成几条意见：

（一）总司令、军长，亲临吴城下达守备命令，其重要意义已不言而喻，要求我全体官兵，必须矢忠矢勇，一往无前，重创敢于进犯之敌。

（二）吴城之战是固守防御，寸土必争，义无反顾。每一间房，每一个小巷，每一条街，都要在防区内做好各自为战的准备。依据建筑物的坚固程度，构筑若干个星罗棋布的据点，着眼于便利指挥，互相策应，独力支撑，以消耗、迟滞为手段，削弱敌人，进而聚歼其有生力量。

（三）吴城既是坚守防御，又是专守防御，敌人可以从水上、陆上、空中，多面进击，而我们则只能招架，无力还手。面对一片汪洋水泽地带，出击、牵制、佯动，都是做不到的。

（四）重创、歼敌的有利时机，应选择在敌人由我阵地前面，从登陆艇登上舢板或径直跳水直接向我冲击的瞬间，作殊死战。一处被突破，突破口两侧之守军，要以全部火力封锁，切断其后续部队。

（五）火力视建筑物之高低，坚固程度，前后左右关系，采取多层次配备，使火网立体化。最低处为重机枪，特等射手应配置于不惹敌人注意的位置，在有效射程内（这个距离以射手之精确度自行掌握），对敌指挥官、观测人员、通信兵等打冷枪。发射时机，宁可晚些，不要过早，避免在同一位置发射两次。

（六）在敌人进行火力侦察时，应注意掩蔽我火力点，轻、重机枪火力，绝对不应过早暴露。

（七）应以全力加强工事，木质覆盖，最少两层用于顶部，其次序应为指挥所、重机、轻机、连长、排长。应特别注意轻机枪、火箭筒之掌握，以便于火力机动。

（八）水面歼敌是我们战斗的重要手段，但不能排除巷战。巷战对于我们来说，相对有利，敌人炮火、空中优势，在火线将受到一定限制，因此，在构筑阵地工事的同时，应在各自防区内，做好巷战工事计划，待阵地作业完成时，立即修筑，在预备队阵地，当然可以及早动工。

（九）团附张圣武带领各营附官，立即检查居民疏散情况，并现地进行指导，减少无谓损失。

（十）拂晓前开早饭，黄昏后开晚饭，午餐与早饭同时送到阵地。

（十一）团长第一代理人为副团长马正康，第二代理人为第三营营长宋福庭。

布置好之后，决定由第一营、第二营占领沿吴城北侧的防御阵地，接合部如现地所示，由两个营前后重叠配备火力，线上属第二营，第三营为预备队。沿吴城南侧一带断绝地，依地形起伏构筑工事，正面应有重点地布置兵力。开始构筑工事时，于黄昏前由营长和副营长分批率领连排长去镇内熟悉地形。副团长根据上述要旨，已经草拟出团的防御作战命令，当众口述。迫击炮连由团直接掌握，应各营的请求随时以火力支援，阵地设在坟坡。

过了中午，各营以疏开分进的方式，隐蔽进入阵地。并立即开始土工作业，战机照例进行活动，并对我预备队扫射，投弹多枚。第二营由望湖亭上观测到距阵地 2000 米以外，有敌舰和登陆艇在湖面游弋。军部配属的无线电台，已于中午前开设完毕。

入夜，我团把阵地配备、敌军活动情况，向军参谋处汇报，并请求追补一个基数的弹药，连夜送到前方。从此，我团便由军部直接指挥。

15 日、16 日，敌机连日进行侦察、扫射和投弹。

17 日，敌舰艇十数艘，在空炮协同支援下，敌陆战队在吴城前沿阵地登陆，被我击退，有数处居民点工事被敌击毁。入夜我守兵加强了工事。

本日，军部派第一四二师炮兵营（营长陈锐霆）第一连（连长庞馥庭，河北军事政治学校学生）配属我团作战。我和庞馥庭连长协商在吴城南侧高地，选定3处阵地，对望湖亭方面敌舰艇进行机动射击，拦击敌人登陆。

四、酣战一周

18日凌晨，敌军飞机3架轮番出动，有时投弹，有时扫射，飞行员探出座舱，向下俯视的面孔，阵地上也看得清清楚楚。轻重机枪的射手，压抑不住沸腾的怒火，把机枪从工事里拿出来，便向日军飞机射击。这一果敢行动立即产生了效果，日机急忙向高空逃窜。但是，这种扑灭敌人气焰的行动，只有预备队阵地上的机枪手，才有一解心头之恨的机会。主阵地上的弟兄们，是没有办法以牙还牙的。

上午8时，湖面先后出现敌人登陆艇7艘，向我阵地前沿进行火力侦察，我严令不准还击。上午9时，敌军在我阵地前一字排开15艘登陆艇，由远而近，逐步逼近。我命令炮兵连、迫击炮连在敌人接近1500米的距离时，开始射击。同时，命令第一线守军，在敌人炮击我阵地前沿时，为了减少不必要的损失，可以班为单位，暂时避到预先构筑的第二线阵地，待观测到敌军进至400米附近，即跃入前沿战斗。

自敌艇在湖面开始活动以来，我第一线防御部队，每班都指定一名观测员，从目测距离中，概略测算他们的行驶速度，其中包括横向、斜行、掉头、前进、后退，这种数字虽不够准确，但在指挥射击方面，则有小小的补益。对水面敌人战斗，我们还是比较陌生，一面打，一面摸索，形势逼出办法，自有其可行之处。敌机飞临阵地上空助战，不时对我后方袭扰。炮声、炸弹声、轻重机枪声，响成一片，步枪声已被淹没。硝烟弥漫，房倒屋塌，个别木制房屋中弹，烈火熊熊，繁华热闹的吴城，前天在外观上是一个完整、昌盛的市镇，而今竟以断壁残垣、成堆瓦砾的惨相呈现在人们眼前。战火激励着士气，战祸暴露了日军的凶残。激战至日中，敌人无进展，向星子方向遁去。

初战却敌，军长在电话里慰勉有加。

我部全体官兵争分夺秒地修整工事，迎接更加激烈的战斗。整夜炮声隆隆，我们经过将近两年的“培训”，听着这种噪声，比服两片安眠药催眠还有效，“鼻息”用“加农”伴奏，非常和谐入耳，感谢日寇的值班炮兵为我们提供了休息的条件，“你们辛苦了，明天见！”

19 日早晨，战况颇不平静。9 时前后，望湖亭被敌炮击毁。在这次战斗中，制高点的占有对我们并不重要。一平如镜的鄱阳湖，视野可以极目，射界可以达到各种火器的有效射程。在我预备队的阵地上，凡是对空比较隐蔽的地点，都是我们的观测所，即便在阵风激起浪花，阴霾密布的天气，敌情仍可尽收眼底。日军见到望湖亭被他们的炮火击毁，便集中火力，打开这个缺口。11 时许，敌人的 5 艘登陆艇在其炮兵及两翼轻、重火器掩护下，在我第五连阵地前强行登陆。何连长奋不顾身，奋起反扑，中午时分，战斗陷于胶着状态。我由预备队抽调一个连，归第二营营长指挥，严令该营不惜一切牺牲，必须在下午 4 时前收复原阵地。同时命令炮兵连、迫击炮连进行遮断射击，切断敌人的增援部队。阵地前沿守军，猛烈射击，把当面的敌人吸引到自己的前面，以减轻五连正面的压力。激战至下午 3 时，日军占领的一小块滩头阵地，并未再有进展，如果盘踞到夜间，我方组织反击，少数敌兵将有被歼的危险。敌方事出无奈，只好制造一个假象，3 架飞机全部出战，炮兵集中火力，所有水面船只，一律强攻，战斗激烈空前，一小时后，掩护着登陆的小队仓皇遁去。

战斗渐趋平静之后，我来到了第五连阵地。他们正在修复工事，改标射向，在太阳余晖的映照下，犹可依稀辨认敌兵留下的斑斑血迹。何连长左臂负伤，但他坚持战斗，不下火线。营长把他安置到营指挥所休息，自己同各排长策定第二天的战斗方案。我嘱咐何连长安心休养，并将他的英勇事迹上报请奖。连长负伤之后，营长和副营长亲自参与部署，并决定中尉排长孙士俊暂代连长职务，副营长留连协助指挥。连夜调整部署，把重机枪变换了阵地，使之更便于发挥侧射威力。团预备队配属的一个连，接替了第二线。由于击退了敌人的第一次强攻，信心倍增，誓欲灭此朝食，以儆顽敌。

炮声送走了19日的黑夜，迎来了20日的黎明。敌人继续循着昨日的航线，攻击重点，直射火器均集中到我第五连阵地；同时又以有力之一部牵制住我第四连正面，使我左右不能相顾。酣战至11时，敌强行楔入我第五连阵地。当他立足未稳之际，少尉排长王福成，带着他的一个排，强力反击。六七名敌人利用死角，正在准备向我奇袭，王排长发现之后，立即端着轻机枪，向敌人扫射。这一出其不意的行动，吓得敌人晕头转向，慌了手脚。跟着他冲上来的弟兄一齐喊“杀”，硬是把敌兵从正面打回去了。王福成是山东人，是一位地地道道的彪形大汉，平时练兵的办法并不太多，可是大炮一响，他的劲头就来了。他常端着一挺捷克式轻机枪，喜欢跪射，有时兴起，便站着打他几梭子。当敌人还莫名其妙的时候，他早又转移了。他的特点是“静如处子，动如脱兔”。他在战斗中有两个诀窍，一是突然，二是飘忽。他的拿手好戏，是打“交手仗”，“身大力不亏”，“一对三”他也不在乎。手榴弹投出以后就拼刺刀，在格斗时常常和敌人扭作一团。在吴城战斗后半年多一点时间，我团又在安义至奉新的公路上伏击敌人，他抓着一个日本少佐军医厮打起来，又来了两个日本兵，才把那个军医拖走。当晚我到阵地上去看他，他若无其事地对我说：“便宜了这几个鬼子，枪打得高了。”我给他记了一功，并以中尉排长存记。

20日，敌对我全线猛攻，下午3时，我第一营阵地在第三连防守地区被敌突破，并节节向纵深发展。值此紧急关头，我急调预备队的一个连，归第一营营长指挥，首先稳住阵脚。这时阵地上呈现出犬牙交错的局面，大部分进行着阵地战，一部分转入了巷战，但通信联络未中断，指挥系统没发生困难。是日，敌机对我炮兵连、迫击炮连阵地全力轰炸，连长李厚德身旁被撂下一个炸弹，炸起来的泥土，把李埋入地下，幸好正是漏斗孔的安全范围，死角挽救了李的生命。夜深，我与各营计议，副团长提出了几条具体措施：（一）压缩敌人占领地区，一间房子一间房子地进逼；（二）在能见度许可时，轻重机枪即开始封锁射击；（三）手榴弹的投掷应注意实效，巷战时，这是件威力强大的兵器；（四）预备队的任务，是以全力保持我阵地的完整，制止敌人分割；（五）加强巷战工事，一间房，一堵墙，要用生命去保卫；（六）炮兵连、迫击炮连备足弹药，准备凌晨对敌火力急袭，具体时间，另有命令。

对于因伤亡而缺的初级军官，根据各营的建议，以口头命令委任了代理人员，班、排适当作了合并，以便指挥。兵站利用各种运输工具，组织补充，粮弹充足，士气旺盛。

午夜之前，军部了解到战斗已白热化，深恐我独力难支，计划指派王团长来吴城，支援我团战斗。电话未及谈完，我也没和副团长商量，便拒绝了这个计划。我说："吴城镇区不大，以我现有战斗兵近千人的实力，进入巷战之后，敌人的炮火及空军投弹、扫射，势必受到限制，战斗力将相对平衡。此时，我们投入大量兵力，人多地狭，徒增伤亡。我团阵地虽一部被突破，但有信心收复。目前，士气高昂，誓与日军周旋到底，请勿派援兵。"

21 日破晓，敌人摆开了决战态势。湖面出现了 36 艘登陆艇，先是以 7 艘登陆艇扩大他昨天得到的战果，而后便向我阵地全面突击，使我无法相互支援，炮火则指向我支援的后方和团指挥所。由于敌机低空侦察，指挥机构早已暴露，上午 8 时，一个小队的敌军，突然出现在我指挥所的左侧，我急令特务排向敌阻击，同时向预备指挥所转移。敌机发现这一有利目标，紧紧盯住团部不放，扫射、投弹，为炮兵指示目标，在不大的开阔地上，拖了我将近一个小时。

我官兵英勇奋战，遏制住了敌人的进攻。这时的枪声此起彼伏，时断时续，轻、重机枪连续射击少了，更多的是点射，手榴弹的巨响多起来了。

受命驰援吴城的王启明团长（这是一位中共地下党员，1947 年起义回归解放区。曾任陈赓将军纵队参谋长、云南省政协副主席等职），上午 9 时在吴城南边丁家山南端的半路上和我接通电话，询问敌情、战况。他和我是 1929 年的老同学和好朋友，急于支援我团和日军见高低。因地形狭长，不宜将过多部队投入战斗，商妥将第七二三团第二营配属给我指挥协同作战。其余部队即停在丁家山地区，待机参加战斗，并掩护我团的侧后安全。我即把上述情况，电传各营，官兵得讯，军心大振。10 时，传达兵向我报告，后方的增援部队到了，第七二三团第二营营长刘荣宗已出现在我们面前。鏖战进行到生死存亡的决战关头，兄弟部队驰来增援，我们又是老同学，相见之下，激动、兴奋、愉快交织在一起。我命令该营，先行就地隐蔽，便把战场现状扼要作了介绍，并将反攻计划，一并告知，遂令刘营长接替预备队阵地。并令该营第六连配属我第三营，归营长宋福庭指挥，向敌人反击压去。我团见来了援军，士气更加振奋，全面进行反击，到下午4时，敌人即乘舰逃去。我军恢复了原来阵地。利用夜间，积极修复，加强工事。日军今天铩羽而归，绝不肯善罢甘休，我们已做好恶战准备。

22日上午8时前后，敌人飞机、大炮向我团阵地猛烈轰炸和炮击，继之以40艘舰艇载着步兵倾巢来犯，同我吴城守军全线展开了激烈战斗。敌人主攻指向望湖亭东西之线，即我宋营防御的正面上。敌人的飞机、大炮向我前沿阵地反复轰炸和炮击，特别是宋营正面突出部，工事被摧毁。敌人在其空炮协同掩护下，正面实行登陆。我炮兵对敌施行狙击，支援前沿步兵战斗。12时敌登陆成功，我步兵与敌展开了近距离的火力激战和手榴弹、白刃格斗。敌人伤亡虽然惨重，但仍在数处突进了我防御阵地。我团拼命阻击和反击，形成了逐垒逐屋的拉锯战。战线上敌中有我，我中有敌，互相穿插，各自为战，战况极为复杂混乱。电话线中断，指挥不便。但敌人进攻已被我阻击堵住，空炮协同对其火线支援，也无能为力了。轰炸和炮击，主要转移到我火线后面，特别是指挥所和预备队的位置和地区，阻碍我军行动，杀伤我军官兵。对敌空炮作战，我们无力还击，双方局部反复争夺，激战一直持续到黄昏，战线渐趋稳定，战况渐趋沉寂。我即令部队加强工事，补充弹药，准备明日（23）凌晨1时开始，全线夜袭敌人，将原阵地全部夺回，完成固守吴城任务。

深夜12时忽接军长命令，着即撤离吴城，张（尊光）团转进到南昌，沿赣江布防，王（启明）团到军为预备队，其电文如下：

> 我军在吴城业已达到消耗迟滞敌人之目的。张团着撤离吴城，向南昌转移，张尊光团长到军部接受任务。王团部队转进到军部附近为军预备队。

23日拂晓前，部队完全撤离了吴城，激战就结束了。

五、传令嘉奖

《民国日报》4月29日第二版刊登消息，标题是《涂家埠、吴城之役，第三十二军作战得力，蒋委员长特电奖励》，内容为：

> 常德28日电：南昌战役，我第三十二军宋军长指挥所部奋勇抗战，屡歼顽敌，蒋委员长极为嘉慰，特电奖励。原文如下：第三十二军宋军长、第一四一师唐师长，涂家埠、吴城之役，均能奋勇击敌，完成任务，着即传令嘉奖。该师团长张尊光守备吴城，作战得力，记功一次，授予华胄荣誉奖章一枚，并发给该团官兵犒赏1000元。该军师长傅立平守备涂家埠、狗子岭阵地，作战努力，达成拒敌南犯任务，记功一次。

记南昌会战中的几次战役

邹继衍*

1939年南昌会战，我当时在第七十军任连长，旋升营长，亲身参与了此次会战外围的几个战役，并在后期战斗中左腿中弹负伤。现虽时隔40余年，但回顾当年往事，仍然历历在目；特别是我营陈备武营长壮烈牺牲的英勇形象，更深深地刻印在我脑海中。兹就回忆所及，写成这篇资料，作为南昌会战部分史实，提供参证，并借以表达我对陈营长的深切悼念（文中关于敌军番号、敌酋姓名及作战准确日子，因无文字保留，无法记出）。

一、河防失守，仓皇撤退

1938年，我任陆军第一〇七师第三二一旅第六四一团第二营第六连上尉连长，驻防浙东。是年冬，全师奉调赣北，编入第七十军建制，被分配担负南浔线修河中段守备任务。当时我师是两旅四团制，接受任务后，即以第三一九旅第六三七团、第三二一旅第六四一团两个团为第一线守备部队，其

---

* 作者时任第七十军第一〇七师第三二一旅第六四一团第二营第六连上尉连长，战役中升任该营营长。

余两个团归各旅控制使用，师部及后勤机关驻第一线后约 20 华里的滩溪。右翼友军为第四十九军第一〇五师，左翼系本军第十九师。我们第一线主阵地，是沿修河南岸一字摆开直接配备到河边的，构筑有较好的野战工事，轻重武器火力点、散兵坑、交通壕，均复加坚固掩盖。守备官兵即住在阵地掩蔽部中，可随时出而应战。

修河河幅，宽约 100 米到 150 米之间，其时冬干水落，只有靠敌北岸，留存着一条 10 米左右的深水流。为了监视敌人涉水偷袭，每夜都要派出哨兵推进到水边潜伏，俾能及时报警。而敌军的部署，竟与我完全相反。他们的主力，大都驻扎在二三十华里的后方据点内，前哨部队驻地，也远隔河岸五六华里，只在晚间经常派出一些小巡逻队沿河游动，偶尔打一阵步枪或几梭子机枪，进行扰乱，察我动静，白天很难看到敌踪。面对这种情况，一些受过军事养成教育、稍具头脑的下级军官，也都认识到像我们这样一字长蛇阵的河防配备，既少纵深，又无重点，处处设防，处处薄弱，突破一点，全线皆垮，纯粹是一种疲劳兵力、被动挨打的消极防御。综观敌军态势，则以逸待劳，主动灵活，既保持有高度的机动自由，又使对方无从窥测其方向。两相对照，优劣显见，胜算谁操，岂待筮卜？自然，这些想法和看法，只能在同学友好中互相谈论，无人敢于冒昧公开提出。广大下层官兵，在这种疑虑苦闷的心情下，本着军人以服从为天职的传统观念，一直蹲在土洞内苦守了整整 100 天，未曾经历过任何一次正式战斗。无疑，这不过是暴风雨前夕暂时的表面平静而已。

1939 年 3 月上旬，我们一再接到上级发出“敌将进犯、严加防范”的指示。21 日傍晚，敌之大部队纷纷推进到北岸河沿，随即向我全线开展火力攻击，我亦全部进入阵地，进行隔河对射。枪炮轰鸣，打了一夜，但无敌军渡过河来。翌晨将近拂晓，听到较远右方战况激烈，特别是敌集群炮火倾泻弹雨的爆炸声，简直地动山摇。而我后方那些口径大、射程远的加农炮却显得回击无力，炮声凌乱。我们判断，敌之攻击重点，显系指向我右翼张公渡口，其余地段只是牵制性的佯攻，预料情势不妙。果然，到上午 9 点多钟，即传来第四十九军防守的张公渡河段，被敌强攻突破失守的消息，左翼所有部队，一律被迫撤离退入第二线山地。敌主力部队强渡成功后，即甩开两翼守备军置而不顾，凭借飞机掩护，以轻型坦克为前导，沿南浔公路线，向南昌疾进（当时公路未破坏）。当天下午，我第七十军与第四十九军第一〇五师，奉命经山区分向安义、靖安方向后撤。几部人马，沿着一个方向，几条山道行进，加上雨天泥泞，一昼夜只能前进十几公里，甚至几公里，有时几部分队伍会合一点，让路等待，一停就是几个钟头，其行动拥挤、迟滞可以想见。敌人楔入战线纵深后，便派出一个旅团的兵力，尾随我军追击，还不断以小股轻装步骑兵，在我退路上进行穿插、阻截，更使部队陷入混乱、割裂状态，狼狈不堪。

修河战役，是南昌会战中关键性的一战。因为这条横贯赣西北的水上动脉，为保卫南昌外围的天然防线，加上工事林立，重兵防守，以为天堑可恃，难于逾越。可是，当敌军发动攻势后，整个战线，只经历了一昼夜的战斗，一点突破，全线皆溃，放弃全部河防，任敌长驱直入。部队云集，竟束手无策。担任张公渡河段的守军，在敌军集中优势兵力的强攻下，虽然奋起抗击，顽强战斗，坚持了七八个钟头，阵地被突破后，还曾一再组织反攻逆袭，遭受惨重伤亡。由于大势已去，局部的努力和牺牲，当然不可能扭转或补救全局性的失败，但对这一部分官兵奋勇杀敌、流血牺牲的爱国精神与壮烈行动是不能抹杀的。

二、反攻安义，得而复失

我军在撤退途中，由于上述种种，已处于非常被动的困境，旋得知紧靠我退路左侧的安义城为敌侵占，更感觉到威胁增大。上级指挥部为改变这一不利局势，命令第一〇七师派出两个团，组织一次反攻安义、夺取安义的战斗。我第六四一团，是受命负责由西北方向进攻的一个方面，我们第二营担任攻城主力（由东南方向进攻，另一个团的情况不了解）。

当夜凌晨 1 点，我部由距安义 20 余华里的集结点出发，4 点多钟到达城郊。在天色朦胧中，指定为攻城部队，不料行进在先头的第五连，突失联系，到处找不到队伍。营长即改令我第六连执行攻城任务，我率队迅速进到离城 100 米左右，占领了几个山包与高地，一面进行火力侦察，一面观察前方及左右动静。安义是一座四周筑有高厚城墙的山城，可能是敌刚进占，城内人烟冷落，朝北城门虚掩，尚未关死。从敌火力还击和火器配置判断，在西北面据城防守的，约为一个步兵中队。依此类推，估计盘踞城内之敌，最多为一个加强大队的兵力。据此，我方（第三营已加入战线）开始发动强大攻势，我第四连奋起从北门突入城内，第三营一个排也随之冲入，与敌展开激烈巷战。由于东南方面之友团，始终未能到达配合夹击，使敌解除了两面受攻威胁，便把大部分兵力集中，转向我突击队反扑，小钢炮从近距离直接进行阻截轰击，连长孙浩中炮阵亡，官兵伤亡累累，立脚不稳，因而被逼撤出城外，旋由我连断后，掩护全部退回山地团部。第五连连长萧传藻，在出发途中，因天黑迷路走失方向，未能执行任务有错，但随即率部赶到前方参战补过。团长邬乐知滥用职权，课以违抗命令、临阵脱逃罪名，将其就地枪决。

安义战斗，由于计划欠周，上级指挥不力，在整天战斗中无一负责将领亲临第一线，部队本身又不善于主动协同作战，致使已经攻入城内得手的城池，得而复失。最后只有撤离安义，继续向靖安转进。既未能完成上级赋予夺取安义的任务，又造成了孙浩连长以下 20 余名官兵的伤亡，真是言之痛心，令人嗟叹！

三、高湖鏖战，挫敌凶锋

撤离安义后，我部行抵靖安高湖地区，奉令停止退却，准备参战。随后，从上级下达的作战命令和旅、团长的直接指示中，了解到：其时，我们部队正处在山峦起伏、空间不大的峡谷地带。而巍峨高峻的五梅山、九仙汤山脉，横亘在不远的我军退路上。唯一登上山顶的铁门槛一条通道，直上 15 华里，陡峭壁立，非常险要。在前有山阻、后有追兵的情势下，如果我们不能在高湖地区挡住敌军，几万人马云集在这样一块回旋有限的绝地，不仅有被分割击溃受歼的危险，且将严重影响整个会战局势。为此，军部果断决定，指定素以能战见称的我第三二一旅欧阳烈旅长，统率所部，就地择要设防，坚决阻击追敌，掩护全军转进。

欧阳旅长接受任务后，立即集结整顿部队，命第六四二团萧蔚云团长，率领全团及第六四一团第三营，共 4 个营的兵力，在高湖西北面山地，星夜抢筑工事，建立第一线阻击阵地。又亲带部队的营、连长，登山察看，选择地形，布置第二、三线纵深阵地，为迎击敌人做了充分准备。设防的翌晨拂晓，敌之前锋迫近，恃其兵精械利，根本不把我军放在眼内，开始便使用一个大队的兵力，猛扑阵地，我即迎头痛击，予以初创。敌受挫后，源源增调援军加入战斗，向我两翼迂回，妄图一举包围歼灭我阻击部队，以炮兵、坦克、强大炮火猛攻，掩护步兵冲锋。我方凭借有利地形和既设工事火网，沉着应战，狠狠还击，击毙的敌尸横列阵前。激战至午，阵线右翼第六四二团第一营营长文绍斌（湖南益阳人）中弹牺牲，第一线 4 个营，陆续将全部兵力摆上阵地，战斗进入白热化阶段。

旅指挥所根据战况，遂令预备队陈备武营进入二线阵地，支援备战，第六连附重机枪一排，担任守备主力，很快将兵力、火器，按地势作了部署，并占据右翼无名高地，作为全线支撑点。下午 3 时许，第一线情况恶化，伤员源源后运，火力逐渐减弱，初时尚能互相掩护退却，接着全线混乱后撤。幸我二线严阵以待，居高临下，射界广阔，当即发挥各种武器威力，进行轰击扫射，迫敌攻势顿挫，双方进入对峙。不久，旅长严令萧团长立即反攻夺回原阵地，但下面几个营长，都推说打得很苦，观望不前。陈备武营长在场见状，愤然说："养兵千日，用在一朝，全民抗战，义无反顾。你们不去，我去！"说完，便带着第五连奋勇出击，他凭着满腔热血，机智勇敢地两次攻上阵地，给了敌人以打击和威胁。当第二次攻上敌阵时，他冲在前头，抓住了一挺设在棱塄上的轻机枪脚架，用手枪将敌射手击毙。正要翻上塄去，不料后面敌预备射手跃上，端起机枪扫射，一颗子弹，击中其腹部，滚下棱塄。幸而有个班长，一枪射杀敌兵，缴获了那挺轻机枪，从而迫使敌军后撤。我得报后，便自动出来代为指挥，立即组织全线所有武器，并请团属迫击炮连配合，向敌发动了一次强大的火力攻势，掩护第四连出击，将营长救出，抢运回来。我见他躺在担架上，浑身是血，腹部弹穿，肠子流出，脸色蜡黄，气息奄奄，惨不忍睹。我当即抓住他的左手，连喊两声："营长，营长，你感觉怎样？"他听了微睁双目，用呆滞的眼光，坚定地望了我一眼，才发出微弱的声音，断断续续地讲："我，我不行了，你，你要……要决……决心守住阵地。"说完，滚下两颗泪珠，闭目不语。我当即派上士陈其昌（陈营长胞弟）随同担架，火速送旅、团医务所抢救。又命第四、第五两连撤回二线阵地。这时天已黄昏，敌因不惯夜战，战场暂成胶着状态。晚 8 时许，团部转来旅长亲笔命令，主要内容是：陈备武营长因伤势太重，抢救无效牺牲，提升我为营长，二线阵地交由第三营接替后，归完建制，迅速整补待命。全营官兵得知陈营长牺牲消息，均感无限悲痛。我升任营长后，在第二天的阻击战中，左腿负伤，随即转送后方医治，虽流血甚多，幸未伤及筋骨。两个月后，伤愈回队供职。

高湖阻击战，只是南昌会战中的一个局部战役，敌我投入兵力，估计敌人为一个加强联队，我军为一个旅，但由于地处扼要，双方争夺激烈，都付出了重大的伤亡代价。接战的第一天，我军使用了 5 个营，营长阵亡 2 人、负伤 1 人，连排长及士兵伤亡 200 余人。牺牲虽大，却给了敌人沉重一击，刹住了他们的凶锋。我军坚持阻击了两昼夜，掩护了全军安全转进，主力迅速登上铁门槛，凭险构成坚固阵地，使敌在这高山坚阵前，未能再越雷池一步，最后缩回奉新、安义等城市据点。这次战役，是打得好的，它是有积极意义的。在这一战役中伤亡的官兵的鲜血，是没有白流的。

随枣会战

随枣会战亲历记

凌压西*

随枣会战时期，我任第八十四军第一八九师师长，经历了会战的全过程。现将我的亲身经历回忆如下。

一、会战前敌我态势和战斗概况

1938年10月间，由第五战区司令长官司令部所指挥的第三十一军和第八十四军，自黄广（黄梅、广济）作战失利后，分别由浠水及平汉铁路鸡公山各地，先后向鄂北转进。当八十四军退抵随县附近时，接长官部命令，立即停止退却，在随县前方择要构筑阵地固守。八十四军奉令后，一面选定阵地，派一八九师展开于随县城前方蒋河右岸万家店、七里岗及襄（阳）花（园）公路两侧之线向敌警戒，一面加紧整编队伍，将原建制的一八八师缩编（该师在黄、广作战时，因师长刘任指挥失当，损失甚大，除将军官调回广西另组部队外，士兵全部调拨充实一八九师）。另由长官部拨三十一军的一七三师、一七四师归入八十四军建制，并改师为两旅四团制，每团的兵

* 作者时任第八十四军第一八九师师长。

员，亦由1500余人增至2000人。

在我军整编工作刚告完竣时，日军第三师团一部约7000人，分由襄花路及应山通往随县公路向我军进犯，其主力抵马坪后，先头部队即推进到淅河，随即展开于蒋家河左岸、淅河塔儿湾和高城前方之线，向我阵地窥伺。此时我军已整编就绪，根据敌情，部署第一线阵地及其纵深配备。计第一线分为两个守备地区，以一七四师为左地区守备队，占领右起蒋家河右岸之河滨经竹林铺、混山之线，一八九师为右地区守备队，与左地区一七四师衔接，经万家店、七里岗跨过襄花公路和涓水到随县右前方高地之线；以一七三师为总预备队，控制于襄花公路（厉山后）之唐县镇整训，军部及直属队则驻于厉山及其附近地区。

我军阵地部署尚未完成，敌即向我发动袭击，一开始即对我右地区一八九师阵地之七里岗（距随县城约7华里）及襄花公路两侧猛扑，并以飞机及榴弹炮向我阵地及后方轰击。敌认为我军新败，士气低落，战斗力必然薄弱，竟图以少数兵力，恃其优越之武器，把我军一鼓击溃，继而进战襄樊。孰料我军已整编充实，士气旺盛，连续击退敌军数昼夜的猛烈进攻，打破了敌军企图进占襄樊的迷梦，并迫使其不得不采取与我对峙状态。嗣后，我军阵地工事日渐巩固，不但能阻敌进攻，而且屡以游击方式夜袭敌阵据点。每次袭击都或多或少予敌以杀伤，从而奠定了我军固守随县6个月（1938年11月至1939年4月）的基础。

1939年4月下旬，日军秘密增兵开始向我左翼地区一七四师阵地进攻，于是随枣会战于1939年4月30日正式爆发。

二、敌我兵力配备

八十四军参加此次随枣作战的部队及官长有：军长覃连芳、副军长徐文明（作战时在后方）、参谋长钟纪。辖一七三师师长钟毅、副师长粟延勋：五一七旅（旅长粟延勋兼），一〇三三团（团长凌云上）、一〇三四团（团长郑一匡）；五一九旅（旅长梁津），一〇三七团（团长李剑光）、一〇三八团（团长刘栋平）。一七四师师长张光玮、副师长覃尖：五二〇旅（旅长覃尖兼），一〇三九团（团长张文鸿）、一〇四〇团（团长周敬初）；五二二旅（旅长朱秉鑫），一〇四三团（团长陆龙）、一〇四四团（团长肃洁宇）。一八九师师长凌压西、副师长李宝琏：一六六旅（旅长李宝琏兼），一一〇五团（团长谢振东）、一一〇六团（团长周天柱）；五六七旅（旅长朱乃瑞），一一〇七团（团长王作民）、一一〇八团（团长白勉初）。军辖 3 师，师辖两旅，旅辖两团，每团 3 营，每营 4 连，每连官兵 128 人至 130 人不等，平均每团连直属队共约 2000 余人，包括军直属部队的特务营、工兵营、炮兵营、运输队、担架队、医院（临时配属非建制单位）等，全军参战兵员共约 3 万人左右。

日军第三师团兵力，会战前共约 8000 人左右，连同以后增援部队近 2 万人；有空军助战，有系留气球观测，有骑兵、坦克、榴弹炮和加农远射程炮，以及火焰喷射器、烟幕弹和毒气弹等特种部队的优良装备配属。

我军只有常规使用的步机枪、手榴弹和迫击炮（亦称步兵炮）等几种寻常武器。临时配属的炮兵，仅只有几门山炮，且日间被敌人的系留气球所监视完全无法射击，只有白天将目标瞄好，夜里才能发炮，但目标不是固定的，命中率很低。敌人多是利用白天攻击，我们的炮兵就成了哑巴，发挥不了威力。

三、战斗经过及结果

战幕拉开后，敌对我军阵地并不进行全面总攻，只选择我阵线薄弱环节的一七四师左翼（因无友军和险要地形的依托）之竹林店、混山一段，集中全力实行锥行突进的攻击，所有空中的飞机、地面的坦克和远近射程的大炮，都一齐出动，一开始战况就十分剧烈。但右地区一八九师方面的情况无甚变化，敌只增加一些兵力，作佯攻的牵制。一七四师面对兵种、装备均居优势之敌，仍能以常规的简单武器作顽强的抵抗。每一个据点都战到被敌机及炮火轰炸到无法立足时，始转移第二线阵地继续抗击。在敌人攻击点纵深只有一华里地区内，作了四线对敌决斗，坚持了两星期之久，战况之烈，牺牲之大，为该师参加抗战以来所罕见。

在剧战中，军部虽领调一八九师的一个团及军总预备队一七三师两个团增援，但敌之攻击点地段狭窄，我军人多无法展守，反使敌火力增大了效力。加之一七三师的增援部队，自守备随县以来，都在后方整训，从未到过第一线，在战况最紧张、死伤累累的惨状下，始仓皇加入战斗，因而作战情绪不高，战斗意志不强，与敌接触不到 4 天，就先溃下来，结果影响了战局的全线失败。

四、失败的原因及退却情况

此次作战的失败原因，上面已经略述，就我个人对这个战役的看法，认为当有下面所列的几个因素：

（一）一七三师最后参战而最先溃退，不独未起到其预备队的作用，而且影响友军的战斗情绪很大。（二）指挥不统一，负责战役直接指挥的军司令部，军长和参谋长经常闹意见，指挥不能统一。（三）敌人的火力猛，摧毁与破坏力甚强，使一七四师牺牲重大，不得不向后转移。（四）右地区守备队的一八九师，虽然知道自己正面之敌，是一种佯攻牵制态势，但除奉调一个团（一一〇八团）增援一七四师外，始终未作有力出击，故未能牵制敌人积极支援领区作战，形成坐观成败的态度。

参战部队除一八九师是奉令有计划的自动撤退之外，所有一七三师的两个团和一七四师的 3 个团，都是由战场溃败下来的，情形相当狼狈，因此全军不能集中作统一的行动，3 个师就分三路转进。即各师的团、营以下所有因中途被敌击散而分数路退却的，只有一七三师撤退较早，即沿襄花公路经唐县镇、枣阳、双沟直退到家湾、樊城，沿途均未与敌接触，安然退走。

一七四师原定由公路直向樊城转进的，但当退至唐县镇时，被来追之敌的坦克袭击，被迫折向关山店、三合店、唐河县、南阳，然后转回老河口到达樊城。当该师通过三合店时，敌已先期到达，遂发生遭遇战，敌我突然接战，战况颇为剧烈，战斗经过虽很短促，但仍有相当损失，师部副官处长何传豪还被敌俘去。

一八九师是奉令撤退，而且又得到黄学会改编的随县人民抗战游击国术队临时接防阵地，正面之敌并未来追，本可安然转进。但在接受撤退命令时和转进途中，6 月间发生了副师长兼五六六旅旅长李宝琏投敌的事件。李是东北人，日本步兵学校出身，于一八九师在随县整编时，始由第五战区长官部派充副师长兼旅长。到职后的几个月中，一向住在离师部约七八华里的旅部，非有重要会议，很少接近师部。这次突然投敌，是否事先与日伪有联系？师部无从了解。好在只有李宝琏一人投敌，五六六旅的全部官兵，一见李宝琏与汉奸接洽并制造投降旗帜，都非常愤慨，不独不愿投降充当伪军，而且将李宝琏扣留，只因看守不严，被其乘机逃脱，只身投敌。而五六六旅的两位团长谢振东、周天柱则率全部官兵绕道至樊城归队。

一八九师师部和五六七旅的退却，虽然到达襄花公路时，与由厉山来追之敌遭遇，迫使不能依照军部指定的路线前进，遂转向桐柏山，出平氏、唐河赊旗镇、方城，再转博望、南阳、邓县、老河口回樊城集中。除在襄花公路与敌相遇作数小时的局部战斗外，沿途都很安全，无甚损失。

此次作战，八十四军因随县一败，竟不能集结队伍，作有计划、有指挥的一面抵抗、一面收容部队的转进，致使全军凌乱奔逃，一泄几百里，停脚点竟超过战区指挥部后方甚远。而且敌人的追击部队，亦只到达枣阳和七房岗（枣阳西面约 30 余华里之公路上），并未远追。即使进抵枣阳的敌军，亦因感受我桐柏、大洪两山区守军左右夹击的威胁，不久即自动退回随县。更使我们远走南阳、方城的部队感到惭愧。

随枣会战中的亲身战斗

陈仕俊*

1939年2月中旬，第二十二集团军总司令孙震奉命，以第四十一军（军长孙震兼）和第四十五军（军长陈鼎勋），由襄樊附近开赴钟祥、京山所属的流水沟、张家集、周家集、袁家台子，安陆、随县所属的大洪山、天河口、柳林店、均川、安居一带，接替第二十一集团军李品仙部守备的近200里防务，与日军占据的京钟路之丰乐河、长寿店、洋梓、黄家集、官桥以及安陆、马坪、浙河、随县一线对峙。

第二十二集团军当时防务部署概况是：第四十一军第一二四师担任右翼流水沟、张家集之线守备；第一二二师守援周家集、袁家台子之线。第四十五军第一二五师师长王仕俊率第七四九团（师的预备队）控制柳林店附近，第七五〇团（团长陈仕俊）担任本军右翼天河口至柳林店之线守备，团部位于天河口陈家大院子；第六四六团担任均川、安居一线守备。第四十五军军部率第一二七师（师长陈离，缺一个团）控制在唐县镇附近。第二十二集团军担任防务面积过宽，军、师、团之间空隙很大，不能衔接，因而只能守线上之点，各部经常派出小部游击，搜索敌情。

---

* 作者时任第二十二集团军第四十五军第一二五师第七五〇团团长。

3 月下旬，日军向我集团军各守备部队发动攻势（据文献记载应为 4 月 30 日——编者注）。一方面，由京钟公路向流水沟、周家集进攻；一方面，安陆、随县日军第三师团大部经襄花路向澴潭、枣阳进攻，一部分经茅茨畈向双河进攻。日军分从京钟路和襄花路对我进行钳形会攻枣阳地区，包围第二十一集团军和第二十二集团军的主力部队。经过一天战斗，右翼友军第一二四、一二二师和第二十一集团军的一部分部队被击溃。当时第四十五军奉令派一个师开到双河、茅茨畈地区占领要点，狙击敌人，掩护右翼友军撤退。第四十五军派第一二七师师长陈离率所部（缺一个团），附第一二五师第七五〇团赶赴指定地区对敌阻击。

我团奉令后，将天河口防务交地方游击队，立即出发向双河前进，受第一二七师指挥。行军途中，发现友军部队纷纷后撤；当我团到达双河集时，陈离师长令我部在双河东南 8 里的高地慢山坡占领阵地，掩护友军后撤。我率部刚到达指定地时，陈离要我到师部研究作战部署。师部位于双河以西的村庄，相距 10 里左右，我到师部研究后，还要赶回团部调整部署；而此时敌机正对我军不断侦察轰炸，前方友军混乱溃退，日军又在尾追。骑马赶回前线途中，遇敌机低空轰炸扫射，我即倒卧在土壕沟里，幸免无恙。但是，随我行动的传令兵和卫士伤亡 5 名，我的乘马也被炸伤；我步行跑到前线，下达任务，展开部队；第二营（营长林如书）占领右翼阵地，赶筑工事。第一营（营长官乃和）为团的预备队，控制于慢山坡后侧本道方面。这时是午前 11 时，第一二二师和第二十一集团军的部队，正通过本团阵地，纷纷败退。午后 1 时，我以电话告知各营准备战斗，要尽力隐蔽部队，待敌人到最近距离，才开始射击，无命令不准鸣枪。

午后 2 时，敌先头部队 150 多人追来，到达凹地半坡中距我阵地约 200 米，我部即居高临下对敌夹击，激战半小时，歼敌过半，其余向后逃走。接着敌军大部队到达，即与我团展开战斗，虽有日机助战，我们利用有利地形，激战到黄昏时，敌无进展。不料这时敌军一部从我右翼迂回进攻，袭击我后方之第一二七师部，与师预备队激战两小时，师部被迫撤退。我左翼之第七五八团也无枪声。我团战至夜间 9 时，敌军增加部队向我右翼猛攻，突破我阵地，把第二营与团部切为两段（第二营营长林如书率部会同第一二二师的刘景素营向右翼大洪山撤退，得到新四军部队的协助和给养的支持，待随枣战役结束后，这两个营才开回襄樊）。战至10时，感觉孤立，准备后撤，但是双河集街上有少数敌军，妨碍我军撤退，即派第三连连长吴钦明率部前往，用手榴弹把双河集之敌肃清，并占领集镇，掩护撤退。我团于11时开始撤下，转移到双河西南的森林高地，集结部队作防御部署。

第二天拂晓，日军分两路向我围攻，我部乃沿山冈树林突围，节节抵抗，逐步撤退；一、三两营相互掩护，向枣阳方向转进，同时选派便衣队在后卫的后侧埋伏，袭击日军。因地形复杂，森林荫蔽，敌军不敢深进。至11时，我团乃脱离敌火，继续向枣阳方向前进。沿途仍有敌机不断轰炸扫射，因而时伏时走。到了襄花路附近，发现敌人已控制公路的要点，就在树林内荫蔽休息，待晚间10时，从敌人占据要点空隙中，全部安全通过襄花公路，继续向枣阳行进。到第三日凌晨4时，抵枣阳城外接官亭附近，与敌发生夜战，事先只知枣阳是友军据守，殊不知枣阳已被日军占领。我团与敌对战1小时后，即乘夜北退，向唐河转进。当日上午10时，到达枣阳所属的太平镇。该镇有土城墙，墙外有水壕，壕外有铁丝网，是当地人民防备土匪设置的。我团官兵疲困，因头天晚饭和本日早饭都未进食，也无时间造饭，认为这个镇很坚固，稍事休息，限一小时炊事吃饭，一面派出小部警戒，并召集各营长研究突围路线。这时正降冰雹，又吹大风，日军突于此时冲入镇内。事出意外，我团官兵顿时惊慌失措，向两边店房内躲避。我即大喊“是土匪”，才使官兵出来迎击。幸团部休息处距土城门约30多米，重机枪连在团部附近休息，事先已把机枪架好，在发现敌人时，立即射击。我督率官兵展开巷战，第一营营长官乃和身先士卒，以手枪、手榴弹参加白刃战斗，与敌人拼搏。巷战中，我用手枪在20米左右，亲手击毙敌兵2人。经过半小时的手榴弹和白刃战斗，消灭部分敌人，其余退出土城门外，想要逃跑，被我军预设于城门口桥上的重机枪封锁，不能通过，只得分散向城墙两侧的水壕里逃跑，又被壕外铁丝网拦住，逃不出我们的枪口。当时因我官兵伤亡不少，而在铁丝网外面敌掩护进攻部队的50多名敌兵，距城墙不过

200 米，也只被我团消灭过半，其余向后逃跑。这次战斗，歼灭日军 130 多人，并击毙、击伤敌战马 50 多匹。我团第一营营长官乃和、第二连连长张良荣负伤，共计伤亡官兵 50 多人。

这时，敌军大部队到达，集中机炮向我部轰击。我部第三营当即撤退，占领太平镇以北的高地，狙击敌人，掩护本团转进。午后 1 时，我部完全撤出该镇。4 时，完全脱离敌人。

我团于第四天正午始抵唐河，与第一二七师、一二二师和第二十一集团军的一部分部队会合。他们在那里收容整顿。我部在唐河休息半天后，即同第一二七师向南阳经邓县，回驻襄阳、樊城。后在胡家营经过短期整顿补充，又随同第四十五军开赴随枣地区，担任守备任务。第四十五军军部驻澴潭，第一二五师进驻梅邱，担任均川、安居之线防务；第七四九团在左翼安居之线；我团在右翼担任均川一带守备，右与新四军驻洛阳店附近的部队联接，对安陆、浙河、马坪、随县之日军（第三师团）相对峙于大洪山、浸水之间，长达 6 年之久。

随枣战役中的襄河东岸截击战

陈芳芝*

第五战区司令长官部根据敌情判断，日军向我随枣地区进攻的企图日益明显，于 1939 年 4 月下旬在樊城召开军事会议，决定采取攻势防御，以粉碎敌人的进攻。第三十三集团军总司令张自忠开会回到总部后，召集第五十九军团以上军官开会。他说:“现在战区得到情报，日军在武汉地区调动大批部队，企图向我军进犯，各部队应急速准备与敌人作战。现在国家到了危亡时期，我们应下定决心为国家、为民族的存亡，不顾一切牺牲，与日寇一拼。打日本鬼子，死了也是光荣的！如果敌人发动进攻，我们当以全力将其消灭在襄河地区。”他指示各部队多派便衣将敌情弄清楚；敌人如来进犯时第一线部队诱敌深入，我们第二线兵团要不顾一切牺牲，集中全力将敌人消灭；在敌人没有向我们进攻之前，多作消灭敌人的准备，多作步炮协同作战的准备，在步兵前进时一定要做到炮兵和自动武器压制敌人，以减少我们的伤亡；并命令参谋处订出计划，派人到各部队考试；指示各部队官长应加强对官兵的抗战认识教育。

第五十九军第一八〇师刘振三部受命任襄河东岸钟祥县长寿店以南对洋

---

* 作者时任第三十三集团军第五十九军第一八〇师第五三八团团长。

梓镇之敌警戒，阻止北犯；左翼与大洪山的第二十九集团军王缵绪部联系，右翼与第七十七军冯治安部联系。刘振三命我带第五三八团为第一线警备部队，阻止日军北进；第一八〇师第五三九团、五四〇团驻长寿店西北吴家冲，集结为师预备部队，师部驻吴家冲。

1939 年 4 月下旬，日军以 3 个多师团兵力分三路向我军进攻，一路从信阳地区向确山我左翼兵团第六十八军刘汝明部进攻；另一路日军第三师团从应山、花园地区向随县地区进攻；日军第十三师团为主力，临时配合两个联队和骑兵第四旅团于 4 月 22 日晨 5 时，在敌机、坦克车掩护下，集中炮火向第一八〇师第五三八团阵地猛攻。经过一天的激烈战斗，我第一营阵地被日军突破，敌人继向长寿店进攻，被我团和第五四〇团两面夹攻，将敌人阻止在长寿店以南周家冲李家畈地区。

24 日凌晨 5 时，敌人又集中全力向我军阵地猛攻，战斗约 1 小时，敌人集中 10 余辆坦克掩护步兵向我第五三八团、五四〇团之间猛扑，在敌我兵力和装备的悬殊下将我阵地突破。师长刘振三打电话命我向丰乐河转斗湾区撤退，同时告诉我：总司令张自忠命我师诱敌深入，将敌人诱到田家集、流水沟地区，集中集团军全力将敌人歼灭在襄河东岸；并说总司令准备亲带第三十八师和二十七师、骑兵师等部从宜城流水沟地区渡河，截击敌人，将北犯的日军消灭在田家集、黄龙垱地区。与此同时，张自忠总司令命第七十七军冯治安部从荆门东北地区贺家集渡河侧击日军的右后方；命第二十九集团军王缵绪部从大洪山向敌人右侧背进攻，并派一部兵力向京钟公路阻击日军增援部队；命第一八〇师在丰乐河以东地区集结阻止日军，并准备将北进之敌的后路截断，协同第三十八师、骑兵师等夹击敌人，将日军歼灭在田家集地区。当晚 9 时左右，接总司令部通报：第五战区长官部命第二十二集团军孙震部从樊城渡河，已到达黄龙垱以北；命广西部队一个军从襄阳渡河，协同第二十二集团军向敌人猛攻。战区准备将日军歼灭在黄龙垱、灌子口地区。

25 日晚，第三十八师从宜城县东南流水沟渡河后占领阵地，阻止日军渡河。北进的敌人当晚占领田家集之后，主力继续北犯，一部兵力向我第三十八师黄维纲部猛攻，经过一昼夜激战，敌人伤亡很重，向后撤退。于是张自忠命第三十八师向敌猛追，追到田家集西北地区，与敌发生激战；张自忠又命第一八〇师刘振三以全力从丰乐河东南田家集以南向敌猛攻，协同第三十八师夹击敌人。刘振三受命之后，亲自给我打电话，告诉我："总司令从宜城渡河亲自指挥第三十八师、骑兵师向敌人猛攻，现在田家集西北地区与敌人激战。命第五三九团一部向长寿店进攻，第五三八团和第五四〇团即时出发向田家集以南之敌猛攻。"第五三八团到达郭家冲，前方发现日军约有2000余人向北行进，当时我命第一、三两营向敌人侧背猛攻，一面向师部报告日军情况和我团对敌人进攻处置。我军在田家集西南郭家冲东北地区与敌人激战约3小时之久，将日军一部击溃。接着，我团和第五四〇团兵分两路，在田家集西南约10里处与敌人展开激战。当天下午，敌人飞机5架向我军阵地轰炸、扫射。约半个小时后，日军1000多人向我正面猛攻，经我团和第五四〇团从两面夹击和反复突杀，将敌人阻止在我阵地前，敌我双方死伤均重。

26日上午6时，日军从田家集增援约二三千人附大炮10余门，在飞机掩护下，向我第三十八师阵地猛攻，一昼夜激战之间敌人几次反扑，被我三十八师击退。第三十八师黄师长给张自忠打电话报告：日军向我攻击很猛，我军伤亡很重，第一一三团顶不住，请总司令派队增援，以防万一。张自忠当即将我军各部作战进展情况告知黄师长，同时命令黄师长告诉各指挥官：只许前进，不准后退！敌人快被我全部击溃。我困难，敌人比我们更加困难，要争最后5分钟！并命黄师长集中力量向敌人猛攻，并派一个骑兵营的兵力向日军左侧背迂回。

第三十八师又经过一昼夜激战。激战中，第三十八师营长金振声受伤，全营官兵惊慌。金振声营长当即命副营长到各连督战，说明营长受的是轻伤，决不下火线，以鼓舞士气。又经过三四个小时的激战，终将敌人击退。黄师长将这个情况向总司令张自忠报告，当时张自忠即命黄师长升任金振声为团长，并通报各部队。同时，第一八〇师参谋长金子烈给我打电话，说金营长受伤不退，决心与敌人死拼，终将敌人打退；命我传达各官兵奋勇杀敌。全军在张自忠的亲自渡河指挥下，又经过半天的战斗，日军全线被我击溃。在敌人总退却时，张自忠以电话命令第五十九军向敌猛追，士气更加旺盛。当天下午，第三十八师追击到灌子口南、田家集东北地区，在亭子山附近向敌猛攻，敌军伤亡 500 人左右，俘敌战马 80 余匹和弹药很多。同时，第一八〇师在不到 3 个小时内，将长寿店东北 15 里黄泥坑攻破，当天中午占领了长寿店，敌人向钟祥县和洋梓镇溃逃。我军尾追，至 28 日中午到达洋梓镇北，收复了上洋梓地区原阵地。此役，第一八〇师俘敌战马 10 余匹、橡皮船 50 多只，将日军松井部击溃。

张自忠将军亲率第三十三集团军东渡襄河，侧击日军北犯，将敌人的补给线截断，使敌人不能增援，打死、打伤敌军约三四千人，敌分两路向花园车站和钟祥地区溃逃。而我军在这次战役中损失也很大，因此张自忠命第一线留一部阻止敌人，将主力撤到襄河西岸之荆门、宜城孔家湾地区整补。

战役胜利之后，第三十三集团军受到重庆统帅部和战区长官部嘉奖，发给奖金 10 万元。张自忠将军当即分配给各部队，并将功劳归到全体官兵身上，将有功人员各升一级。

八路军冀中歼灭战

威震冀中平原的齐会歼灭战

黄新廷*

齐会一战，八路军 120 师威震冀中平原。此役经三昼夜激战，基本歼灭日军吉田大队，成为抗战时期首创平原游击战大量歼敌精锐的模范战例。716 团参加了齐会战斗，当时我任该团团长。

当机立断　周密部署

1939 年 4 月 18 日晚，我团随师部由高阳县庄头地区向东转移。经过两个晚上的夜行军，20 日拂晓前到达河间县东北的卧佛堂、大小朱村地区，与先期到达相邻地区的我师独 1 旅靠拢。此时全师两个旅 7 个团，还有冀中军区第 27 大队在这个地区会合，准备进行整训，并待机作战。我团驻小庄、任村、齐会 3 个村子，是全师西翼的屏障。

正是清明时节，冀中平原春光明媚。然而冀中的局势却依然是相当严峻的，120 师驰援冀中以来，虽然四战四捷，和冀中的部队一起打破了敌人第 3、4、5 次围攻，但敌依仗其军力优势，侵占了我冀中区的全部县城和主要

---

* 作者时任八路军第 120 师第 716 团团长。

集镇。冀中平原上，敌据点林立，炮楼密布，各据点之间相距不过一二十公里，我回旋地区大大缩小。敌人到处拼凑伪政权，推行“治安肃正”；以据点为依托，经常出来抢粮食、抓民夫，胁迫群众平道沟、修马路；不时集结兵力，梳篦拉网，进行“扫荡”作战，企图在青纱帐起来之前消灭我军，或将我逐出平原，以确保其占领的平、津等要地和津浦、平汉等铁路运输线的安全。其侵略气焰十分嚣张。我们要想站稳脚跟，稳住冀中局势，巩固和发展这块抗日根据地，就必须以英勇的战斗，给疯狂的敌人以更沉重的打击。

战机终于来了。4 月 20 日，日军第二十七师团的吉田大队 800 余人，伪军数十人，分乘汽车 50 余辆，携山炮两门，随带满载弹药、给养的大车 80 余辆，浩浩荡荡，由沧州开到河间县城。

吉田大队开到河间，是跟随我军行踪而来的。但他的情报不甚准确，以为我军在该地区不过 2000 左右的兵力，不知我是 1 万余人的大军集结。这一点，吉田就要倒大霉，他决定出兵“扫荡”，打我个措手不及。但他也明白，我们是著名的贺龙指挥下的主力，预测将是一场激战，所以出发之前，令部下尽量多带弹药，各种炮弹、枪弹、手榴弹、掷弹筒，满满装了几十辆大车，仅山炮炮弹就带了 420 多发。这在当时，就日军“扫荡”作战来说，也是一个很大的数量。连他的士兵也惊讶：“扫荡作战中，就数这次携带的弹药多得出奇！”

4 月 22 日下午，吉田大队带着长长的大车队，出河间县城西门，转而向北行进，傍晚到达河间城北三里铺。

就在这天晚上，我们师部召开了各旅、团首长和师直营级以上干部会议，部署整训工作，同时，全师将士也在师部驻地大朱村开联欢大会，庆祝 120 师和冀中 3 纵队合编，并进行整训动员。贺龙师长、关向应政委、周士第参谋长、甘泗淇主任等领导同志都到了会。联欢大会开始，贺龙师长整整灰布军装，摸摸浓密的胡子，首先站起来讲话。正讲着，侦察员气喘吁吁地跑来报告：日军吉田大队已进驻三十里铺，离我不到 15 公里。于是贺师长话头一转，把联欢大会变成了战斗动员大会，他说：“同志们，为了巩固和发展冀中抗日根据地，这 3 个月来，我们各部队并肩作战，密切配合，取得了一连串的胜利。同志们连续行军打仗，都很疲劳了，原想让大家休息一下，但敌人不让我们休息，现在已经送上门来了，怎么办呀？”接着，他幽默地说：“既然敌人把礼物送上门来，能不收下吗？本来今天晚上叫战斗剧社给同志们演几个小戏，现在就不演了，各部队立即带回，连夜做好战斗准备，隐蔽待机，听命令行动。我们要在冀中平原上打一个漂亮仗，等战斗胜利以后，再来开一次祝捷大会！”

他嘱咐指战员：“今天晚上大家辛苦一下，熬个夜，把工事修好，准备和敌人干，要注意防炮、防毒、防火（防敌人烧房子）。”

最后，贺师长号召“军民一心，团结起来，坚决粉碎敌人的进攻。敌人来了，要狠狠地打，来多少，消灭多少！”他猛一挥手，结束了这个简短有力、风趣生动的战斗动员大会。贺师长亲自动员，给全师增添了巨大的力量。指战员们精神振奋，热血沸腾，决心打好这一仗，开创冀中抗日斗争的新局面。

军民同心　准备杀敌

我们正在听贺师长的讲话，周士第参谋长把我从会场叫出来，对我说：“敌人在三十里铺，离你们最近，你们要严密监视敌人的行动，看他是向东还是向北，随时向师里报告。”我随即告团参谋长王绍南，立即派出侦察，一直派到三十里铺敌人鼻子下，随敌前进，及时报告敌人的动向。晚会提前结束，部队还没有带出会场，师首长就召集旅团领导紧急研究情况，对吉田大队的行动企图进行了分析判断：敌人这样大的兵力北出河间，很可能企图在任丘、吕公堡、大城诸敌配合下，进行“扫荡”作战，向我驻区进攻。

这一战敌人兵力不少，装备精良，训练有素，又异常残暴凶恶，被华北日军视为精锐之旅。因血洗南京城、屠杀中国人民有“功”，吉田大队从官佐到士兵，人人佩戴勋章一枚，骄横不可一世。这次倾巢出动，可谓来者不善。

平原游击战，敌强我弱，我通常是进行分散的小规模的游击，一次消灭一小股敌人，积小胜为大胜。这次是敌装备精良的 1 个大队，要一口吃掉它能不能吃得了？怎样才能稳操胜券、全歼敌人？师首长审时度势，作了缜密的研究和判断：

一、敌军兵力较大，装备精良，但不明我军虚实，系孤军冒进；分散在周围的日伪军只有 2000 多人，既要守点，又要防我游击队袭击，不可能大批增援；我 7 个团、1 个大队集中在附近，兵力对比占绝对优势，以我重兵打孤立少援之敌，这是取胜的基本条件。

二、敌虽来势汹汹，但我是连战连胜的正义之师，已取得平原作战的经验；冀中新部队经过几次反围攻作战，战斗力已有很大提高，且两师会合，士气正旺，这是克敌制胜的最重要因素。

三、我军现驻区是冀中抗日根据地较巩固的中心区，人民拥戴八路军，痛恨日本兵，群众基础好，敌骄傲狂妄，轻举妄动，必然给我以可乘之隙，这叫做骄兵必败。

结论：歼灭吉田大队，是有把握的。

师首长当即下了决心：抓住有利战机，隐蔽待机，实行外线速决的进攻战，歼灭吉田大队。

接着又进一步分析了敌人的攻击方向，是由西向东、还是由北向南？师首长判断，向东的可能性较大。因为向东距我领导机关驻地路线最短，同时可得到西北方向任丘、北面吕公堡、南面沙河桥、东北方向大城等敌的策应配合，对我形成四面围攻的态势。

716 团摆在全师的最西面，敌人如果向东进犯，716 团则首当其冲。根据以上分析判断，师首长作了周密的部署：以 716 团正面交战，视战斗发展情况，以主力断敌退路，尔后合围攻歼；以少量兵力警戒各据点之敌，阻敌增援，保证主力攻歼的成功。

当然也估计到这个敌人不是那么好打的。它兵员充实，老兵多，火力强，弹药足，战术技术好，士兵信奉法西斯主义，有武士道精神，在失利的情况下，仍十分顽固，宁死不降；而我军武器装备差，火力不如敌人。因此确定了白天固守，夜间反击，连续包围，不断杀伤，最后歼灭的基本战法。

贺龙师长特别叮嘱我：敌人如果向东进犯，你们是首当其冲。你们团是打头阵的，白天一定要守住，紧紧抓住敌人，大量杀伤、消耗、疲惫敌人；夜间要坚决果断地反击；敌人如果逃跑（敌不善夜战，通常是天黑就收兵），就与兄弟部队协同，包围歼灭敌人。并令我立即回团部署战斗。

这时，著名的国际主义战士白求恩大夫正在 120 师。贺师长部署完毕以后，对白求恩说："你的医疗队放在哪里好？还是跟师部在一起，好不好？"白求恩说："还是靠前一点，放在齐会附近吧！"贺师长问："为什么？"白求恩说："你不是说齐会是战斗的中心吗？战士们需要我们和他们在一起。"听了这话，贺师长转身对我说；"听见没有？告诉大家，白求恩大夫就在你们身边，和你们一起战斗！"这种高尚的国际主义精神、大无畏的战斗品格，对我们是一个很大的鼓舞。战斗发起以后，白求恩就率领医疗队来到距齐会仅有 5 里地的屯庄，手术室就设在村南的一个小庙里。由于这里离战场近，医疗队及时地抢救了不少伤员的性命。

我赶回团里，令 3 个营都要连夜备战，以做到有备无患，万无一失，并令各营立即组织指挥员现地勘察地形，选择阵地和进攻路线。平原作战有个特点是无险可守，村落是唯一依托。白天战斗一打响，就要顶，敌人打炮也好，放毒、放火也好，都要顶住，不能走，一走就失去依托，谁走谁吃亏。要顶住，就必须充分利用地形、房屋，修建坚固的工事。因此，令各营连夜加修工事，务必做到坚固可靠。同时令各值班分队不解背包，随时准备夜里应付紧急情况。政治处则分头下去，协助各营进行政治动员，组织群众转移。一声令下，全团立即行动，投入了紧张的备战。

我和政委金如柏、副政委黄新义、参谋长王绍南、政治处生任颜金生等研究了情况、任务和打法，重点研究了齐会村的战斗。

冀中抗日根据地创建以来，齐会逐渐成为中心村庄，人民群众抗日热情高涨，积极支援八路军。在这个村子作战，群众基础很好。齐会，据说历史上曾有三条河流在此处会合，古河道虽然早已干涸，但总的来看，在平原上，仍不失为一个地形较复杂、易守难攻的好战场。该村有 400 多户人家，是一个比较大的村庄。村内有一条南北街，街两旁是许多小巷和房屋，有一定纵深，利于我布兵作战。村东南有大水塘，水比较深，是我布防的天然障碍物。大水塘上有一座小石桥，为进出的通道，利于我狙击敌人。村沿有一些零星房屋可作为前哨阵地，利于我防守。

我团驻齐会村的 3 营，前身是红二方面军的第 6 师 16 团，老底子是洪湖赤卫队，经过长征，可以说是身经百战，战功卓著，战斗力很强。指战员大多数是红军，骁勇善战。营长王祥法经验丰富，沉着老练，由他指挥作战，可说是主将得人。

我们决定把固守齐会的重任交给 3 营；1 营相机使用，随时准备支援 3 营的防守作战；2 营为预备队。我们先用 1 个营对付吉田大队的全部兵力，留两个营在关键时刻加入战斗，可以始终保持主动的地位。决定白天固守，黄昏后 1、2 营从外线进攻，3 营伺机反击，里外夹攻，大量歼灭敌人的有生力量，为师主力合围全歼该敌创造条件。

作战方案定下以后，团的领导干部分头到各营布置任务进行动员和检查指导，我立即赶到齐会，向 3 营作具体部署。

我们曾与吉田大队较量过，3 月 1 日黑马张庄一战，我们巧布伏兵，消灭其 200 多人。王祥法听说要二打吉田，十分兴奋。

我向他交代了此次战斗的意图，并共同研究，明确了具体打法：敌人兵力较多，我们不在村外打，那样兵力就分散了；就从村沿打起，在村沿利用有利地形如塄坎、坟包、树丛、土坑、水塘和房屋等，在村里再利用街巷和房子层层阻拦、节节抗击，不断杀伤敌人、消耗敌人，叫他欲打不行，欲罢不能，把它粘在齐会走不了。

我一再提醒王祥法，贺师长的意图不是把敌人打跑，而是要全歼。你们要紧紧抓住敌人，不能让他退出战斗逃跑。这将是一场恶战，任务很艰巨，你们要想一切办法坚持到天黑，为上级调整部署围歼敌人赢得时间。要留 1 个连作预备队，使用到最吃紧的地方或用于夜间反击。

打法一定，王营长立即部署兵力，分派任务。各连进行了简短的战前动员。战士们听说要打大仗，个个摩拳擦掌，决心书、保证书雪片似地飞向连部、营部。老乡们听说八路军要在这里打鬼子，一传十，十传百，纷纷从家里跑出来，扛着镐头和铁锹，和战士们一起挖工事，掏枪眼，军民并肩，决心把齐会村变成坚固的战斗堡垒。

动员和组织群众转移的工作十分艰难。老乡们抗日心切，非要留下支前不可。特别是青年小伙子，纷纷找到连部、营部恳求："让俺们留下吧，难道打鬼子没有俺的份儿？"一位 50 多岁的老大娘找到王营长说："别瞧你大娘老了，给你们烧烧水、做做饭，也是俺们一片抗日的心意！"经过再三劝导，才说服了老乡。临转移前，老乡们把烙好的饼子、煮好的鸡蛋硬往战士手里塞，还不住地嘱咐：吃得饱饱的，多杀几个鬼子！全营指战员，没有一个不深为感动。一个山西籍的战士说："冀中老乡真好，为他们流血牺牲，我心甘情愿！"

万事俱备，只待敌人。战士们在阵地上养精蓄锐，像猎手等待猎物一样等待着敌人的到来。

八路神威　勇猛战斗

22 日夜 12 点，吉田带着大队人马悄悄出发，贸然东进，23 日拂晓前从丰截河村渡过了古阳河。一路上搜索了几个村子，没有发现八路军的踪迹，9 时占领了南北大齐、北齐曹村一线。于是放开胆子，督领人马直奔齐会。敌人从三十里铺一出动，我便衣侦察就跟踪报告了。我们当即把团指挥所移到小店村南杨家坟。我们心中都很敬佩：贺龙师长所料不差，敌人果然向东来了。

我们站在麦地里，用望远镜瞭望着。不久，镜筒里出现了敌人的身影，我立即打电话命令 3 营准备迎击敌人。一会儿，敌炮兵在一座砖瓦窑附近部署发射阵地，步兵分 3 路展开成战斗队形，从西边掩杀过来了。敌人离齐会约 800 米时停止了前进，突然"轰"的一声，一发炮弹的爆炸声打破了激战前的寂静。这是敌人的火力侦察。王营长告诉战士："不要开枪，等敌人靠近了再打。"中路敌人 1 个步枪中队、1 个机枪中队，左路、右路各 1 个步枪中队，看到村子里没有什么动静，就大着胆子，弯着腰，向齐会搜索前进。敌人越逼越近，狰狞的面目看得清清楚楚。战士们屏住呼吸，紧握着武器，等候开火的命令。当敌人进入我火力射程之内时，王营长一声令下：打！霎时间机枪、步枪、手榴弹一起开火，前面的敌人哀嚎着倒下了一片。

枪声一响，吉田明白村里八路军不少，当即命令炮兵猛烈射击。两门山炮一齐发射，村子里腾起阵阵烟雾。随着炮火延伸，敌再次发起攻击。在重机枪拼命射击掩护下，端着刺刀的日军从西、北、南三面向齐会猛攻过来。3营利用村沿的有利地形和工事顽强抗击，战士们不慌不忙，等敌人靠近了，又是一顿排枪、手榴弹，连续打退了敌人3次冲锋。

3次猛攻未逞，吉田气急败坏，命令施放毒气。我们曾受过敌人毒气的袭击，早有防毒的准备。3营指战员们立即把大蒜嚼烂，塞在鼻孔里，再用湿毛巾把口鼻捂严。为保证机枪火力，共产党员纷纷把水壶送给机枪班备用，自己忍着毒气的强烈刺激，流眼泪、打喷嚏，有的呼吸困难，仍奋不顾身地坚持在阵地上。

吉田估计毒气已经奏效，再次组织兵力发起冲锋。哪知我军早有防备，毒气奈何我不得。敌人一上来，我机枪响得更欢，手榴弹投得更猛，敌人一个接一个倒了下去。吉田督队继续猛攻，战士们跳出工事，同敌人展开白刃格斗。一时刀光闪闪，喊杀声震天。9连连长曾祥望大吼一声，从敌人军官手中夺过一把战刀，一口气砍死3个日军。

村沿战斗，敌我双方争夺得非常激烈。一所房子、一片树林、几个坟包，失而复得，得而复失，一进一退地战斗持续不断。村南一块阵地被敌一个小队夺占，3营立即组织反击。战士们散开成半圆形队形，在机枪火力支援下向敌猛扑过去，夺回了阵地，歼敌1个小队，仅小队长带两三人死里逃生。敌右翼中队立即组织兵力前往接应搭救，又被我打死打伤七八个。战斗异常激烈，不少同志为神圣的抗战事业贡献出了生命。有一个机枪手，子弹打光了，又被敌阻隔，他怀抱机枪，忍着剧烈的伤痛，以坚强的毅力在阵地上爬过来爬过去，集中了牺牲同志的几颗手榴弹绑在身上，等日军靠近身边，他猛然一拉弦，与几个敌人同归于尽。

3营在村沿战斗中消灭了不少敌人，但自己伤亡也不小，而且弹药也不足了。营长王祥法仍按预定方案，指挥各连撤进村子，转移到房子里、屋顶上，逐街逐巷、逐墙逐屋地同敌人展开争夺战。他们早已把各家房子打通，把长板子、梯子架在屋顶，把许多砖瓦房改造成了坚固的堡垒，使敌人每占领一堵墙、一间房，都要付出很大的代价。

中路的敌人突进了村子，攻占了几所房子，一部分爬上了房顶。我机枪射手在高大屋顶上等个正着，一阵猛烈的扫射，敌人有的陈尸房顶，有的从房顶上栽了下去。有个日本兵妄想偷袭我房顶的机枪阵地，他借着一股旋风刮起的灰尘作掩护，倏地爬上较高的一座房子，以烟囱作依托，向我机枪阵地射击。我早有防备，几支枪早已对着这座高房。这家伙一举枪，有个战士立即从怀里掏出手榴弹甩了过去，“轰”的一声，弹片击中了那个日本兵的面部，吓得他连滚带爬下了房顶。敌人没办法，竟然把山炮拖来向我轰击。我 3 营指战员有的英勇牺牲，有的面部被弹片击伤，满脸流血，顾不得包扎，仍浴血搏斗，而且越战越猛。

吉田一看巷战中部下死伤惨重，而进展却很缓慢，便使出了更毒辣的手段：放火烧房子。妄图以火攻把我3营置之死地或逐出村外。火苗借着风势，越烧越猛，齐会村霎时间浓烟滚滚，火光冲天。3 营指战员沉着镇定，迅速组成防火组、战斗组。战斗组连续抗击敌人，防火组则奋力灭火。当敌人以烟作掩护逼近房屋时，我房顶上的监视员一声令下，手榴弹冰雹似地投向敌群，炸得敌人血肉横飞，尸体狼藉。但终因火势过大，房子一间一间跟着倒塌，一些街巷被敌人占领。

我站在杨家坟区观察战场，指挥战斗，流弹不时从身边掠过，枪声、爆炸声、喊杀声不绝于耳。突然见村子里烟火冲天，判定敌人是放火烧房。估计 3 营吃紧，是 1 营加入战斗的时机了。于是告诉参谋长：命令在敌人侧背待命的 1 营跑步上来增援，从东北方向实施进攻，造成反包围的态势，协助 3 营稳定齐会的防御。

1 营接令后立即展开成战斗队形，从东北方向猛烈向敌进击。吉田果然凶猛顽强，他不怕两面受敌，以部分兵力、火力转入防御，抗击 1 营的进攻，仍以主力向 3 营猛攻，企图一举拿下齐会。由于大白天在平原上进攻，敌火力远胜我火力，1 营将村外敌人消灭一部，将其余敌人压缩到村沿以后，敌依托房屋和工事顽强抵抗，1 营进攻受阻。于是出现了这样的态势：敌人包围着村子，我们又夹击着敌人，双方形成阵地对峙。1 营虽未能突进村内与 3 营会合，但杀伤了不少敌人，消耗了敌人的有生力量，牵制了敌人一部分兵力火力，减轻了 3 营的压力，对 3 营是个强有力的支援。你顽强，我比你更顽强！浓烟烈火中，3 营营长王祥法站在屋顶上挥臂高喊："同志们，沉住气，1 营就在村边，东南角隔着一条街，火烧不过去，大家往那里撤！我们一定要坚持到底，完成上级交给的任务！"

在王营长指挥下，战士们边打边撤。掩护撤退的 12 连几个战士，在火苗乱窜的屋顶上瞄准敌人射击，子弹打光了，就甩手榴弹，以自己的鲜血和生命，掩护战友安全地向东南角撤退。有一个班剩下的 4 名战士，被敌人围困在一间屋子里撤不出来，子弹打光了，敌人越围越近，情势十分危急。班长告诉战士：上刺刀，准备拼！敌人见屋里没有动静，猛地冲上来踹门而入。班长大喊一声："杀！" 4 把雪亮的刺刀刺进日本兵的胸膛，我们的战士乘敌人慌乱的瞬间冲出了屋子。

3 营撤到东南角以后，阵地就剩下几座大院了，这几个大套院都是砖房，比较坚固。炮火的硝烟，浓重的毒气，大火的烈焰，笼罩着齐会。指战员一个个被黑烟熏得像铁匠样，有的被火焰燎伤，有的衣服被烧破，但大家同仇敌忾，战斗情绪仍然十分高昂。王营长向全营提出了"战胜火攻，战胜毒气，坚持到底，保证胜利"的响亮口号。同志们在阵地上纷纷表示决心：圆满完成上级交给的战斗任务，保证师团领导战斗意图的实现。全营调整了组织，调剂了仅有的弹药，共产党员守在最危险、最吃紧的地方。轻伤员也都拿起了武器，准备抗击敌人新的进攻。好在 1 营奉团的命令，不让敌人有喘息的机会，不停顿地组织猛烈的进攻，使吉田忙于两面应付，对 3 营的攻势有所减缓。

贺师长始终关注着齐会村的战斗，我们随时将主要情况向他报告，及时得到了他的指示。正当齐会烟火冲天，战斗最吃紧的时候，贺师长又来电话询问情况。糟糕的是 3 营的电话线断了，村内情况不明。我们几次派人联络，均中途伤亡。贺师长得悉后，即令 715 团派 1 个连，务必突进村内查明情况、支援战斗。715 团派 7 连沿道沟隐蔽前进，以突然勇猛的动作，从东南方向向敌人冲去。3 营 9 连连长曾祥望见此情景喜出望外，立即派排长张化林带战士前去接应。张化林指挥战士一顿猛打，吸引了敌人的火力，7 连乘势一个猛冲，打开了缺口，冲进了村内，与我团 3 营会合。敌随即组织反扑，封锁了 7 连打开的缺口。

增加了生力军，3 营如虎添翼，士气更加高涨。为了守住最后的阵地，王祥法登上屋顶观察战场，只见村东南水塘的那座小石桥上，敌人设置了重机枪阵地，扼住了我进出的唯一通道，同时与西北角上的炮兵阵地构成了火力联系，对我造成严重威胁。王营长决心夺回小石桥，以求打破敌人的包围，伺机恢复同团的交通联络。

这时，10 连杨连长站了出来，要求亲自带领 6 班前往夺回小石桥。王营长说："好！注意动作要隐蔽、勇猛、突然，我组织火力掩护你们！"杨连长率 6 班迅速前进，我重机枪一阵怒吼，把墙头上敌人的歪把子机枪打成了哑巴。杨连长和战士们乘机跃起，迅速接近了水塘前一片四五十米的开阔地。杨连长叫战士们拧开手榴弹的盖子，紧紧握在手中，自己也掏出了盒子枪，把子弹顶上了膛，并对战士们说：过了这片开阔地，就到桥头了，我们一定要把小石桥夺回来！同志们，拼吧！受伤不要紧，白求恩大夫就在我们后边！

四五十米的开阔地，多少险阻啊！敌人的炮弹、枪弹不断地往那里倾泻。我掩护火力也不示弱，猛烈向敌射击。就在这密集的弹雨中，杨连长和战士们分头跃进，子弹噗噗地钻进他们身旁的泥土，有的战士挂了花，有的就在这块开阔地上牺牲了。但剩下的同志仍一往无前，利用敌炮火间隙，匍匐、翻滚、跃进，终于通过了这片开阔地，接近了桥头，把手榴弹一排排甩了过去。桥上的敌人被这猝不及防的猛烈袭击打蒙了，就在敌人惊恐发呆的瞬间，杨连长和战士们已猛扑上去，同敌人扭打起来，以刺刀、枪托将敌消灭，一举夺桥成功。格斗中杨连长腹部受了伤，鲜血把灰布军装染红了一片。

突然间，西南方向坟地里敌机枪阵地的火力向桥面压来，杨连长忍着伤痛说：“咱们要固守桥头，就必须摧毁坟地敌人的机枪阵地。”他捂着肚子，带了几个战士就向敌阵地爬去。当接近坟地正要投手榴弹时，杨连长腹部又一次受伤，倒在了地上。战士们高喊着“替连长报仇”的口号，愤怒地向敌冲去。这时，王营长指挥村里的战士，从侧面向坟地之敌攻击，在我两面夹击下，敌不支，从工事里拖出机枪逃跑了。但随即敌又组织火力封锁了桥面。卫生员给杨连长作了包扎，随后把他抬到医疗队。白求恩大夫检查了他的伤势，看到他腹部伤势很重，不断渗出血水，立即给他做了手术。这位伟大的国际主义战士激动地说：“我真想象不出你是怎样忍受这样大的伤痛而坚持战斗的。”

四面埋伏　天罗地网

齐会打得正紧的时候，周围据点之敌企图增援吉田大队。贺龙师长早有部署，我阻援部队早已进入阵地以逸待劳。任丘之敌 300 余人南下，被我预伏在麻家屋附近的独 2 旅 5 团迎头拦击，被迫向西北方向退走。大城之敌 200 余人到新广安，被我冀中 27 大队击退。吕公堡只有敌百余人，势单力薄，被我游击队袭击钳制，根本没敢出来。

至 17 时，贺师长判断，援敌已经退去，吉田大队已孤立无援，天一黑可能逃跑，即决心调整部署，调动兵力，断敌退路，围歼该敌。令独 1 旅的 715 团及 2 团各 1 个营赶到刘古寺、西保车设伏，敌如南逃，即协同 716 团加以包围歼灭；令独 2 旅 4 团埋伏于四公村、杨庄附近，敌如西逃，即协同 716 团追击部队予以围歼。以上各部，于 18 时到达指定位置。

周士第参谋长随即电话告我：贺师长正在调整部署包围敌人，各部已开始行动，关键是你们 3 营要紧紧抓住敌人，不要让敌人逃跑，坚持到 20 时，你们全团发起反击。

战斗即将进入第 2 阶段——围歼敌人的阶段，吉田大队已成瓮中之鳖。我心情十分振奋，即令 1、2 营做好进攻的准备，20 时整准时发起反击。我们正在研究 1、2 营的进攻路线，有个姓李的老汉自动跑来当向导。我们看他年岁大了，劝他别去，李老汉说："我家几辈住在齐会，哪家有几个灶火口我都知道。别看我老了，腿脚还灵着哩！"我们拗不过，只好派通信员送他到2营当向导。多亏老汉道路熟，反击发起后，他领着2营顺利突进村内。

离全团发起攻击还有 3 个小时，我合围部队正在向指定地点运动，眼下最要紧的，是 3 营能不能坚持到 20 时。必须马上派人进村向 3 营传达上级意图。这时参谋长王绍南同志挺身而出："团长，我进村去一趟！"我和政委商量了一下，感到参谋长亲自跑进村了解情况、传达任务，对 3 营是一个鼓舞，同时又可以加强第一线的指挥，就同意了他的请求。王参谋长带了两个通信员，在 4 连机枪火力掩护下匍匐前进，向村庄爬去，爬到一个池塘边上时踩塌了虚土，土块哗啦啦掉进水塘，这异样的声音立即引来了敌人的射击。4 连的机枪猛烈射击压制敌人，王绍南和通信员趁机迅速前进，爬到村边 3 营的阵地。3 营战士搬开机枪，王参谋长从架枪的洞口钻了进去，穿过几个挖通了的房间，找到了营部。王参谋长向 3 营领导介绍了敌情和师、团的歼敌部署，表彰 3 营打得勇敢、守得顽强，共同研究了下一步的作战方案，并派回一个通信员向我们通报了情况。这样，我们对完成任务就更有信心了。

天慢慢黑下来，村子里的枪声突然稀疏了。吉田望援兵，援兵不到；想进攻，力量不足；想撤兵，又不大甘心。他的部队士气沮丧，进退两难，举棋不定，如热锅上的蚂蚁。他兽性大发，命令炮兵猛烈发射毒气弹。我团驻地小店和师部驻地大朱村村沿都毒气弥漫。

毒气侵来，正在村沿指挥作战的贺师长和司令部人员都中了毒，头晕目眩，呼吸困难。医务人员要抬贺师长进村治疗，贺师长摆摆手，又打了一个手势，要过蘸了水的口罩戴上，稍事休息，又继续坚持指挥。

20 时整，反击时间到了。我们指挥 1 营由北向南、2 营由西向东，同时突然发起攻击。3 营和 715 团 7 连正在顽强抗击日军的进攻，听到四面枪声不断，知道反击已经开始，非常兴奋，立刻反守为攻，趁势向外突击。一霎时枪声大作，喊杀声震天。我全团兵力展开反击，攻势锐不可当。打了一整天，还能组织起这样猛烈的反击，实出吉田的意料。敌虽几面挨打，仍依托房屋和村沿工事顽固抵抗。经 8 小时夜战，我夺回了一些阵地，又杀伤了许多敌人。这时，北半村的敌人已经肃清，群众担架队也跟着进来了，立即把伤员抬出去，送到屯庄交给白求恩医疗队治疗。

24 日 4 时，我组织各营再次发起猛攻，包围圈越缩越小，将残敌压缩到村西南一些房屋和断墙残壁之间。

面对我包围攻击，敌伤亡惨重，而援兵又无望，吉田感到情况不妙，再不撤兵，难免全军覆没，这才决意利用夜幕作掩护，率残部突围。各股残敌一面抵抗我之围攻，一面派人收容伤员，收集同伴的尸体和遗物装上大车。装不了的，掘坑掩埋，砖瓦窑附近成了敌人的临时坟场。我小分队又乘机袭击收容伤员和收集死尸的日本兵，霎时间这些人又成了伤兵、死人。敌人终于在四面楚歌中做好了突围撤退的准备。两发信号弹临空，敌随军大车开始移动。接着，吉田集中火力和兵力打开一个缺口，向南逃窜。我当即令 2 营猛追尾击。1 营已鏖战一天，转为预备队。3 营经一昼夜激战，杀伤了大量敌人，已胜利完成任务，本身伤亡也很大，令其打扫战场，整顿组织，待命行动。英雄的营长王祥法身负重伤，大腿被炸断，幸亏白求恩大夫亲自操刀，给他接好了断腿。

2 营指战员不顾夜战的疲劳，迅猛向敌追去。拂晓，抓住了敌人的后尾，歼其一部。敌边打边退，十分狼狈。

我派骑兵通信员告 2 营营长蔡久：敌正向马村方向逃跑，你们要咬住敌人不放，猛追猛打，千万不要让敌人跑掉。2 营接令后，以更加迅猛的动作向敌追击。这时太阳升起来了，附近老乡赶来送水送茶送大饼，拍巴掌、喊口号，给子弟兵助威。

敌逃向马村，遭到我抢先一步占领该村的715团4连的迎头痛击。原来，715 团在西保车附近设伏，一夜候敌不至，奉命东移南北留路村待机，进至马村附近，正碰上敌人向南突围，遂不等命令，即主动果敢地以 4 连先敌抢占了马村。

前有堵截，后有追兵，吉田不敢恋战，乃折向东逃窜，企图经找子营村向南留路村方向突围。敌本来是要向南逃回河间的，被我一堵，又被迫向东，这样，它越走就离河间老巢越远了。看来吉田已料到我在其归路上预伏有重兵，不得不采取迂回曲折的退却路线了。不管你吉田有多么狡猾，我团2营和715团穷追不舍，并攻占几个小村，自西向东，对敌后卫发起进攻。敌无可奈何，只得以一部兵力抢占找子营村，以村庄为依托进行抵抗。同时，他们1天1夜未得进食，饿得实在难以行军打仗了，不得不稍事停歇搞饭吃。日军一进村，就挨家挨户找吃的，哪知我人民群众早已坚壁清野，不要说吃的，村里连个人影也没有。敌垂头丧气，不得不就地埋锅造饭。此时村内外枪声一片，敌慌慌张张，狼吞虎咽地吞了几口夹生饭，即在吉田督战下以主力向南留路村猛攻。

贺龙师长早已布下天罗地网，哪容敌人逃窜！早在敌人折向东突围时，贺师长已下令埋伏在郭官屯的3团迅速前出抢占南留路村。3团接令后立即跑步前进，到达南留路村时，见先头敌人已进至村西一二百米处，情况万分紧急，战机稍纵即逝，团长当即令第1、2营为第1梯队，迅速抢占村西沿有利地形，坚决击退敌人的先头部队，令第3营为第2梯队，占领村内街巷及坚固房屋，准备与敌进行巷战。这时，独1旅副旅长王尚荣、政委朱辉照同志，冒着敌人的炮火，在南北留路村之间开设了指挥所，亲临一线指挥。旅副政委幸世修赶到3团，传达命令，进行动员，号召全团指战员勇敢战斗，不怕牺牲，坚决阻击敌人，不让敌一兵一卒逃跑。

与此同时，715团稍做准备，即向盘踞在找子营的敌人进攻，双方展开激战。老乡自动跑来当向导，领着715团的精悍分队绕到敌人侧后，利用楞坎、房屋等死角，接近敌人固守的房屋和道沟，一顿手榴弹甩过去，炸得敌人鬼哭狼嚎，乱成一团。敌赶忙集合散乱的队伍，还未集合好，即被我打散。敌人再集合，又被打散。我715团正面猛攻，侧后突袭，10时左右，将敌逐出了找子营。

敌失去依托，被迫在找子营村东集结兵力，在炮火掩护下，以密集队形拼命向南留路村突围。敌炮火十分猛烈，3团的不少工事被敌炮火摧毁，许多房子被炸塌，部队仍奋力阻击。3团原是冀中的新部队，合编后在红军干部带领下，打得更英勇顽强。独 1 旅幸副政委负伤不下火线，与 3 团指战员并肩战斗；团政委朱吉昆同志身中两弹，仍坚持指挥，危急时刻身先士卒与敌拼杀，又中一弹而光荣牺牲。指挥员的模范行动大大鼓舞了部队的士气，全团不怕伤亡，奋勇堵击，使敌始终不能前进一步。

战至 11 时，敌对南留路村久攻不下，被 3 团堵住了去路，后面又有 715 团和我团 2 营的包抄尾击，乃被迫转入防御，占领南留路村与找子营之间的有利地形，进行土工作业，顽抗待援。敌人原先满载弹药给养的大车队，此时满载着伤员和死尸，在道沟排成一路纵队，足有数百米长，进不得，退不得，被钉死在道沟里不能动弹。伤兵在呻吟，马匹在悲鸣，对敌人来说，可真够惨的了。而我们所得的战利品，可真叫多，枪支、子弹、刺刀、背囊、杂物等，田野里抛得到处都是。

贺师长见敌固守待援，即指挥 715 团、2 团、3 团各一部，再次将敌团团包围。贺师长考虑到周围地形平坦，白天攻击不易奏效，同时需要进一步调整部署，遂决心白天围困，只令小分队不断袭击，使敌不得喘息，黄昏后发起进攻。为防备敌人向南逃窜，又命令我调 2 营到张曹村设伏，断敌退路。同时令 1 团、5 团向任丘、吕公堡、大城方向警戒，阻敌增援，保证围歼的顺利发展。

黄昏时分，我合围部队发起向心突击，又经半夜围歼，将残敌压缩到南留路村西面张家坟狭小地区。这场夜战，打得敌胆战心惊。当年参加侵华战争的中国驻屯步兵第三联队第八中队上等兵内匠俊三在战时笔记中写道："在我经历的战斗中，没有比这次扫荡作战给人留下最深刻的记忆。""我前面的马车上装着六七具战死者的尸体，有的人死于手榴弹和步枪，很大的伤口张开着，鲜血染红了军装。有的人头部中弹。目睹这凄惨的场面，难过地走了几公里路，在我前面一连 20 多辆马车，都装着战死者躯体。仅在一次战斗中就出现如此之多的伤亡，这在中国事变发生以来，即使是南苑战斗或武汉作战也不曾有过。"

这就是夜战中敌人狼狈万状而又垂死挣扎的景象。

敌虽被我压缩到张家坟狭小地区，但困兽犹斗，突围之心不死。25 日

3 时，残敌集中兵力火力猛攻张曹村，企图夺路南逃。我团 2 营早在此等候多时，8 连正面抗击，5 连向敌右翼侧击，使敌数次猛攻都未能得逞，徒然留下多具尸体。攻张曹攻不动，拂晓，吉田又组织残兵转而向东再攻南留路村而守候在那里的 3 团再次英勇抗击，连续打退敌人 9 次冲锋。敌人像无头的苍蝇，乱冲乱撞，始终逃不出我之包围，只得又回到张家坟猬集一团。至此，残敌已完全丧失反扑能力，被迫掩埋尸体和枪械，掘壕据守，等待援兵。吉田多次发电催促，但各据点出动的援兵，早被我 1 团、5 团、冀中 27 大队等阻援部队击退，吉田等待援兵，只是望梅止渴而已。25 日下午，贺师长等领导同志来到南留路村 3 团阵地，在亲自观察战场、了解情况以后，贺师长说："打了两天两夜，敌人死的死，伤的伤，剩的不多了，又无弹药补充，战斗力已极大削弱，全部歼灭敌人的条件已经成熟。"他命令我团、715 团、2 团、3 团立即调整组织，补充弹药，从四面接近敌人，进行近迫作业，于黄昏同时向敌发起总攻，最后解决战斗，全歼残敌于张家坟区。

黄昏，我军发起总攻。突然天气骤变，狂风突起，尘土飞扬，遮天蔽口，刮得对面看不清人，无法进行战场观察，同时由于各部动作不够整齐，协同联络不够密切，当攻入张家坟区时，狡诈的吉田已乘隙率残部逃走。我军立即追击，歼其后尾一部。漏网之敌连续困战 3 天 3 夜未得休息，已精疲力竭。他们困倦到极点，半路上一进村就倒头大睡，又被我附近游击队袭击，一些日军在睡梦中糊里糊涂地丧了命。800 多人的队伍，最后仅剩 80 余人，经沙河桥逃回河间城。

齐会歼敌 700 余人的大胜利，是与冀中人民踊跃支援我军作战分不开的。战前频繁地送情报，使我们及时掌握了敌人的情况；卸门板，甚至拿出桌椅板凳、箱子柜子，协助我军加修工事；战斗中帮助我们放哨、带路、抬担架、送弹药；二乡五里的群众，为我们用小推车送猪肉、贴饼子、煮红薯。人民群众不惜一切地支援我军作战，更激励了我军杀敌的斗志。许多群众都以亲自到前线送慰问品、抬担架为无上光荣，甚至百里以外村庄的群众，也纷纷赶来支前。他们知道 120 师南方人多，爱吃鱼，就在白洋淀上捕捞鱼虾，一担一担送到部队。白求恩医疗队门前，老乡们人来人往，络绎不绝，女的挎篮子，给伤员送吃的，男的扛着担架，要求把伤员接回家中养伤。我们连续追击、包围敌人时，伤员就托付在群众家中，他们掩护、护理、喂水、喂饭、接大小便，就像对待自己的亲人。这许多激动人心的情景，至今想起来犹历历在目。

齐会战斗的3天3夜，在吉田大队的历史上是没有过的。胸前挂着“勋章”显赫一时的精锐之旅，东撞西撞，始终未能逃出贺龙师长布下的天罗地网。吉田大队基本上全军覆没。吉田本人不久也被解职调回国内。这一仗，打出了八路军的威风，严重打击了敌人的疯狂气焰。120师威名远扬，人民群众传颂“八路军是神兵，贺龙是活龙”。中共中央发来贺电，党中央机关报发表社论，对齐会大捷给予表彰。冀中人民更是兴高采烈，奔走相告，传诵胜利的喜讯。蒋介石、程潜等也致电嘉勉。齐会大捷锻炼了部队的战斗力，鼓舞了人民群众的抗战热情，更坚定了广大爱国军民抗战必胜的信念。

忆八路军齐会大捷

李　浙*

1939 年 3 月中旬，冀中军区独立第 4 支队奉命编入八路军 120 师战斗序列，改称为独立第 1 旅，辖 715 团及 1、2、3 团，旅长高士一，副旅长王尚荣，政委朱辉照，副政委幸世修，参谋长郭征，政治部主任杨琪良。独 1 旅办有军报《群声报》，我当时是该报的记者。

不久，冀中第 5 次反围攻战役开始。日军于 3 月 18 日开始，约 7000 余人，战车 2 个中队，分 7 路向大城、文安、任丘、安新、新镇地区围攻。19 日，2 团在大清河南岸、鄚州以北地区阻击赵北口方向进攻的敌人。同日，3 团于吕公堡战斗后，转至河间东北地区活动，不断袭扰敌人。24 日，715 团及 1 团各一营袭击由大城进占大尚镇的敌人。28 日，715 团以 6 个连袭击由河间进到米各庄的敌人，毙伤敌人 40 余名。30 日，715 团及 1 团又与大城出犯敌人在南魏、北魏激战 5 个小时，敌伤亡 80 余人，向大城退去。4 月 6 日，任丘敌人约 500 余人向鄚州进攻，遭 3 团阻击，敌人退回任丘。此次反围攻战役，独一旅与敌军大小战斗 29 次，毙伤敌人 500 余名，敌占去任丘、肃宁、文安 3 城，其余向原据点退去。

---

* 作者时为八路军独立第 1 旅军报《群声报》记者。

敌人第5次围攻被粉碎后，120师的部队本想在战役空隙时间进行整训。那时，师部移到了河间的大朱村、小朱村，独一旅也向师部靠拢，分别集结于翟上、侯安、南留路、北留路、北察、郭官屯、孙刘庄地区。但敌人不给我们修整时间，很快爆发了齐会之战。当时我以独1旅军报《群声报》记者的身份，亲历了这一场战斗。

4月22日，敌第二十七团第三联队吉田大队约800余人，另伪军数十人，附九四式山炮2门，重机枪9挺，掷弹筒4具，随行大车80余辆，满载给养弹药，由河间县向北出动，当晚宿营于十里铺，企图寻找我军作战。

根据各方情况判断，这一股敌人，有由河间、任丘、吕公堡、大城诸敌配合下，四面向120师师部地区合击的可能。当时，我军兵力集中，士气旺盛，消灭这一股敌人，并抗击各方来援的敌人，是极有把握的。贺龙师长、关向应政委下了决心，坚决要打好这一仗，当晚召集各旅团首长布置战斗，于大朱村举行全师联欢大会，作了紧急的战斗动员。

4月22日7时，这一股敌人果然杀来。9时许，敌占领南北齐曹一线，对齐会村打炮，进行威力侦察，接着向齐会村发起攻击，并将驻齐会村的独2旅716团第3营包围于村内，展开了激烈的战斗。

师首长为查明敌情及解716团3营之围，命令独1旅以少数部队配合716团向敌展开攻击。独1旅首长当令715团第7连自孙刘庄出发，驰向齐会村东南小树林，向敌展开猛烈进攻，杀伤敌人一部，冲进村内，与716团取得联系。但接着通路又被敌人封闭。敌人采用火攻并大放毒气，我村内坚守的部队待敌人接近时，以手榴弹大量杀伤敌人，双方成对峙状态，直至黄昏。

同日，任丘敌人200余，企图与这股敌人会合，进至麻家坞附近，遭到独2旅部队阻击折回任丘。吕公堡的敌人受到地方游击队的袭扰钳制，始终未能南犯。火城出动敌人200余，被独1旅1团及3分区部队所阻击，无法与进攻齐会的敌人取得联系。到了17时许，师首长判断进攻齐会的敌人已成孤立，且有退走的可能，为歼灭这股敌人，立即部署：以716团第1、2营由北、东北向齐会外围攻击，以该团的第3营及715团第7连由村内向村外反冲击。另外，以独 1 旅 715 团全部及 2 团一个营进至齐会以南去河间方向的刘古寺、东西保车设伏，以独 2 旅的一个团及另一个营进至四公村、杨庄敌人来路设伏。各个部队都很快地完成了部署。

当晚，716 团猛烈地向敌人发起内外夹击，敌据守部分房屋及村沿工事，进行顽抗。至 24 日拂晓，敌见情况不妙，妄想向南撤走，向马村方向运动。这时，715 团在东西保车设伏一夜，未见敌来，正奉命向南北留路地区集结，忽接马村侦察报告，得知敌人正向东南突围，团首长便机动地命令 1 营第 4 连迅速抢占马村，阻敌逃跑。敌人遭到迎头痛击后，又折向东面找子营村，4 连尾敌追击，紧紧咬住。9 时，715 团全部追上来，向敌展开猛烈攻击。敌人抢占找子营村内房屋阻我追击，并掩护他的先头部队向南留路村内攻击，企图夺路逃走。独 1 旅首长即调郭官屯的第 3 团抢占南留路，坚决阻击，不使敌人向东逃跑。

为达成有利的歼敌态势，独 1 旅即以 2 团部署于北留路一线，自北向南展开进攻。命令 715 团迅速夺取找子营，以便将敌包围于南留路与找子营之间，以野战歼灭之。并令第 1 团在侯安、小王村向大城及吕公堡方向组织防御。24 日 11 时，715 团全部投入战斗，占领了找子营大部房屋，残敌被迫退守村东 4 所院落。

敌在我前后夹击下，为摆脱被围的困境，企图夺取南留路逃跑，以山炮向南留路狂轰，支援步兵实施连续冲击。这时，3 团英勇战斗，几次和敌人肉搏，将进至村沿的敌人击退。旅副政委幸世修同志在这里负了伤，团政委朱吉昆同志，3 次负伤不下火线，因伤重而光荣牺牲。敌多次攻击受挫，退守到张家坟。这里有很多坟丘，还有松树林，敌人在这里进行土工作业，与我对峙。

为了最后歼灭这股敌人，独 1 旅调整了部署：以 715 团向困守找子营 4 个院落的敌人实施突击，夺取该村；第 2 团第 2 营自北留路向南、第 3 团第 1 营自南留路向西，以配合 716 团第 2 营自张曹由南向北，于黄昏后向敌展开全面攻击。

黄昏时，715 团以手榴弹及用火攻，给敌以严重杀伤，残敌弃守 4 所院落，也退守张家坟，找子营村为715团完全占领。这时，敌已被全部压缩在张家坟狭小地区内，作困兽之斗。我军彻夜以机枪、迫击炮向敌射击。

25日拂晓，敌向张曹716团进行多次反扑，企图向南突围，受到坚决阻击，未能得逞。天明后，敌又转向东，对南留路实施多次突击，3团连续打退敌人9次冲击，并在715、716两团的配合下，逐步紧缩对敌人的包围。敌人死伤遍野，且已连续战斗了3昼夜，饥渴交集，恐惧万状。

黄昏，我军发起总攻。但这时暴风突起，飞沙走石，天昏地暗，好大的柳树连根拔起，战场无法进行观察，敌人乘机向东南突围。715团尾敌跟追，约20余里，又歼敌一部。残敌80余人，逃至枯树泊村，敌军之间又发生误会，伤亡10余人，最后只剩下几十人，狼狈逃回河间城。

齐会战斗，历时3昼夜，毙伤敌人700余人，俘敌7名，缴获枪弹及其他军用物资甚多。在冀中，这是一次最大的歼灭战，是空前的一次大胜利，抗日军民热烈称颂它为平原模范歼灭战。

胜利的消息很快传遍了远近城乡。还在战斗进行的时候，甚至百里以外的群众也自动前来支援。有的组织担架队抢救伤员，有的烙大饼、买点心、杀猪宰羊慰劳部队。为了使部队的后方和广大群众共享胜利的喜悦，我们特地从北留路村动员了一辆马车，拉着被打穿的敌人的钢盔和搜集到的好多敌人贴身的护身符以及照片等，到翟上、王庄、高家头、殷家庄、大朱村、小朱村、卧佛堂等村举行流动展览。围观的人很多，群众纷纷称赞我们战士的枪法打得准，嘲笑敌人即使带着护身符也救不了自己的命。战斗结束了，我到3团去采访，美美地吃了一顿缴获敌人的大米和罐头。记得有的同志错把敌人的烟雾罐也当做了食品罐头，打开正想要吃，突然冒出了浓烟，逗得大家哈哈大笑。

山地运动歼灭战——陈庄战斗

张宗逊[*]

布阵待敌

日本侵略军从1939年3月起，对我晋察冀边区北岳区的东部、西部先后进行疯狂“扫荡”，我边区军民奋起反“扫荡”，粉碎了敌人的企图。与此同时，国民党顽固派军队不图抗日，一意反共，制造摩擦，全国随时都可能发生突然事变。在此形势下，1939年8月中旬，我八路军第120师主力奉中共中央军委的命令，由冀中腹地西越平汉路，转移北岳区整训待命，并参加巩固北岳区的斗争。

9月上旬，120师的第1梯队到达北岳区。我当时任358旅旅长，我们旅部和在冀中新成立的第4团驻灵寿县的牛家厂口、东西岔头一带，独立1旅在冀中新成立的第2团驻行唐县的口头镇、湾里及秦家台羊地区，独立1支队(即以后的师属特务团)驻程家庄，津南自卫军(即以后的359旅719团)驻南北谭庄，隐蔽进行整训。抗日军政大学第2分校驻灵寿县陈庄附近，晋察冀军区第4军分区第5团活动在慈峪镇以南，第3军分区的部队活动于党

* 作者时任八路军第120师第358旅旅长。

城镇地区，分别监视灵寿县城和曲阳县敌人的动静。

就在这时，晋察冀军区聂荣臻司令员和正在参加晋察冀第二次党代表会议的 120 师关向应政委联名来信通知我们，敌人正调动兵力，有向我军进犯的迹象，要我和旅政委张平化负责指挥 120 师第 1 梯队的部队，在北岳区军民协助下，粉碎敌人的进攻。信中还告诉我们，各地的地方武装、后方机关、学校和群众，也都在积极进行反“扫荡”的准备。

果然不出聂、关首长所料。驻石家庄日军独立混成第 8 旅团旅团长水原义重少将侦知我晋察冀边区党政机关和 120 师后方机关、抗大第 2 分校等单位，正在边区南部的重镇陈庄附近休整，准备举行“秋季大讨伐”，妄图消灭我驻陈庄的后方机关、学校，破坏我边区的后方设施，并以陈庄作为对北岳区进行冬季大“扫荡”的据点。

敌人这次进攻是经过充分准备的，特别是在战术上声称是“从八路军游击战中学来的新经验”，采取“山地讨伐的‘牛刀子’新战术”，即反“杀鸡焉用牛刀”之意，用“牛刀子”来对付我们。

9 月 24 日，水原义重亲自指挥守备正太路的三十一大队，以及灵寿、正定、行唐、无极县的伪警备队共约 1500 人，随带强拉的民夫 200 余人，数十辆大车，突然集中灵寿县城。

敌人的调动，我们很快知道了，并判断敌人可能在近日进攻陈庄。陈庄距离灵寿县城只有 50 余公里，从灵寿县城到陈庄，除几条绕行的山路以外，主要道路是经慈峪镇的一条大路。以前，敌人曾多次对陈庄进行骚扰，走的就是这条路。我们估计，这次敌人还会走这条大路。因此，确定驻牛家下口的 4 团派 1 个营进到口头镇以南地区，担任行唐、曲阳方向警戒，其余部队集结在北谭庄到岔头一线两侧的山岭上，布成 1 个袋形阵地，等待来犯之敌。

25 日清晨，隐约的枪声由南面阵阵传来。敌人从灵寿县城出动向慈峪进犯了。就在这天下午，贺龙师长率 120 师师部和 358 旅主力团 716 团由冀中到达行唐县西北的南北城寨。我们立即通过电话向贺龙师长和周士第参谋长汇报了对敌情的分析和战斗部署，贺师长同意我们的分析和部署，进一步增强了我们的战斗勇气和胜利信心。

在慈峪镇附近，我们只有 4 分区 5 团的两个连在那里警戒，可是，敌人却动用了进攻陈庄的全部兵力和火器。敌人进占慈峪后，我们即令津南自卫军以一部从正面逼近敌人，节节抗击，诱敌深入，5 团的一部则在慈峪以南活动，监视慈峪和灵寿县城敌人的后续部队。

敌情不断传来：敌人进占北霍营；敌人进到东西伍河；敌人向着我们设伏的方向来了。我们等待着，可是从中午等到黄昏，连敌人的影子也没有看到。这是怎么回事？原来，敌人占领南谭庄以后，就停止了前进。当夜，我津南自卫军以白头山为依托，几次向敌发起攻击，诱敌出战，狡猾的敌人只以火力还击，兵不前进。敌人不肯上钩，我们只好抑制着急切求胜的心情，把胜利推迟到明天。

这时，我们发现了意外的情况：26 日下午 4 时，南北谭庄、东西伍河和北霍营一线的敌人全部退回慈峪镇。傍晚，情况又有新的变化，5 团报告说：慈峪镇的敌人正向灵寿县城撤退，大炮、轴重已经撤走很远。敌人是不是发现了我们的意图？他们真的就这样撤走了吗？我们分析了各种情况，结论是否定的。日军同八路军已经打了两年交道，在我军面前吃尽了苦头。敌华北方面军司令部对其部属所作的一个指示中说："……对付八路军必须采用一套新的战术，找准敌人的弱点，出其不意，以大胆勇敢精神和动作，进行包围、迂回、欺骗、急袭，在近距离进行很快的奇巧袭击。"可见目前敌人的突然撤退，显然是一种欺骗行动，是用来迷惑我军的所谓"新战术"。

27 日拂晓，晋察冀军区司令部电话告诉我们：敌人只留下几百人控制慈峪镇，主力 1000 多人正沿鲁柏山区的小路向陈庄轻装急进。5 团两个连正紧紧尾随敌人，监视敌行踪。这个消息完全证实了我们的判断。我们立即调整了部署：津南自卫军以 1 个营绕道尾追敌人，其余继续控制白头山、北谭庄以南阵地，严密监视慈峪镇的敌人；716 团、2 团、独众 1 支队等部，即刻顺大路向陈庄前进。

27 日正是农历八月十五日。敌人趁我军民欢度中秋佳节之际，沿鲁柏山的山路，经南燕川、长峪奔袭陈庄。沿途我 5 团和抗大 2 分校派出的连队对敌不断阻击。上午 11 时敌人占领陈庄。但是，我驻陈庄的机关和群众早已经坚壁清野，安全转移了。下午，我各部队先后赶到了陈庄外围。占领陈庄的敌人，以为他们的“新战术”奏效了。后来，我们从缴获敌人的文件中发现，日军三十一大队大队长田中省三郎在这天的日记里得意地写道：“不经大的战斗而占领陈庄，这是指挥者的天才。”而实际情况是，敌人进入陈庄扑了一个空。陈庄这个 900 户的大镇看不到一个人影、找不到一粒粮食，家家户户都空荡荡的，什么也没有，而迎接他们的却是沿街墙壁上的大字标语：“打倒日本帝国主义！”“把侵略者赶出中国去！”入夜，我独立 1 支队一部不断袭扰占领陈庄的敌人，陈庄周围彻夜响着枪声。敌人整夜不得安宁，又找不到一个老百姓，得不到一点情报，只能躲在村子里盲目射击。我军的袭击小组一直摸到敌人的阵地前沿，有一个战士摸到敌人一个机枪组前 10 多米处，用手榴弹将 3 个敌人全部炸死，把机枪扛了回来。

敌变我变

正当敌人奔袭陈庄的时候，贺龙师长给我们指挥所打来电话，他说：“敌人这次袭击陈庄，采取声东击西、避实就虚、轻装急袭，这算什么‘新战术’，完全是班门弄斧！”贺师长指示我们：敌人是孤军深入，北无据点接应，南边接济也十分困难。因此，他们在陈庄必然不敢久留，等敌人回窜的时候，必须抓紧时机，在运动中把敌人消灭掉！

遵照贺师长的指示，我们立即研究调整部署。研究时，大家认为关键的问题是判明敌人会从哪条路回窜？从以往的经验来看，如 1938 年 11 月的滑石片战斗，向我根据地奔袭的日军，是从哪条路来沿哪条路回去的。我们依此设伏，取得了胜利。但是，敌人的行动规律开始变化了，我们不能不重新考虑。既然敌人来的时候玩了一套“花招户”，那么走的时候也可能来个“新战术”，改变过去的老规律，不走来时的小山路，而顺东南的大路逃跑。敌人这样做，既可以避免像过去那样遭我伏击，又可以和慈峪的日军相呼应。敌变我变！我们决定改变以往在敌人来路上设伏的做法，确定以

716 团集结于慈河北岸的东西寺家庄，从北面严密控制敌人东逃的大路；独立 1 旅 2 团进入慈河南岸的冯沟里、坡门口、高家庄地区，从南面控制敌人东逃大路，如发现敌人从原路撤逃，则迅速向长峪地区机动，协同独立 1 支队坚决阻击敌人南逃；我们指挥所前移到南台头，决心在运动中将敌人包围全歼。为了防止万一，另派独立 1 支队和 2 团各 1 个营进到陈庄南面的长峪，防止敌人可能由来时的小路南撤。独立 1 支队的另一部则顺大路向陈庄东侧的七祖院和敌人保持接触。这个方案经师部批准后，部队便开始行动。同时，边区政府还把灵寿、平山、行唐、正定等县的游击队和民兵都发动起来。参加侦察警戒、封锁消息、带路送信、捕捉敌特汉奸、组织担架队和运输队等，积极配合部队的行动。

果然如贺龙师长所料，袭占陈庄的敌人，被我军小部队彻夜袭扰打击，不得休息，异常恐慌，不得不退出陈庄。28 日拂晓 5 点 50 分，陈庄上空腾起了冲霄的烟柱，敌人焚烧陈庄的房屋了，这是敌人逃跑的信号。我们命令各部队准备战斗。8 点多钟，陈庄方向传来密集的枪声。侦察人员报告：敌人出了陈庄，向东沿大路撤退，在七祖院同独立 1 支队打上了。这个消息实在令人振奋，敌人就要进入我军的伏击区。可是，半个小时以后，独立 1 旅来电话说：一位侦察参谋亲眼看见，敌人的主力已经后撤，离开大路涉渡慈河，有沿来路逃跑的迹象。狡猾的敌人又要了一个花招。

综合各方面的情况，经过缜密的分析，我们仍肯定原来的判断：敌人并没有发现我军的设伏位置，更没有觉察我军的伏击部署。因此，他们顺来路逃跑的可能性很小。但是，为了慎重起见，我们还是命令 2 团主力由冯沟里以南的山地赶到陈庄南面长峪一线，协同独立 1 支队和 2 团在那里的部队，防止敌人真的由来路逃走。

1 个小时以后，前沿侦察部队报告：敌人主力过慈河以后，又转换了方向。利用河边的芦苇和树丛作掩护，正沿慈河南岸鲁柏山脚的大路向东逃窜。大家不约而同地长吁了一口气：敌人到底还是朝着我们给他安排好的死路走来了！

战斗很快打响了。开始，敌人以为我们上了他们“新战术”的当，我们把主力已集中在他们的来路上，他们现在遇到的只不过是一些小小的游击队，因而并不在意，大摇大摆地向东撤退。当敌人走了不过二三公里，到坡门口一带时，就遇到我 2 团特务连和 716 团 1 营的猛烈阻击。正向长峪急进的 2 团主力，听到这边的枪声，也从敌人后面追来。敌人开始慌乱了。716 团 1 营据守的叠谷崖阵地，是伸向慈河的一个突出而又光秃的小山包，像一扇闸门一样，死死卡住敌人向东逃跑的路，对敌人威胁极大。敌人为了夺路逃跑，以两个中队的兵力向这个小小的山包发起了连续的强攻。疯狂的日军不顾死活地凭着火力掩护向山包上拥来。1 营的指战员沉着应战，等敌人冲到跟前，一阵猛打，冲在前边的敌人一个个滚回山下。就这样，1 营英勇地同敌人展开了一场激烈的争夺战，从上午 9 点多一直打到下午 1 点，先后向敌人进行了 4 次冲击、3 次肉搏，阵地坚如磐石，始终牢牢地掌握在我们手中。敌人被我军火力压在河沟里，成群地挤在一起，火力发扬不了，又无处藏身，急得像热锅上的蚂蚁，团团乱转。一股敌人北涉慈河，企图抢占东西寺家庄的高地。预伏在北山上的我 716 团 3 营突然以猛烈的火力进行阻击，敌人猝不及防，一批接一批地倒毙在淤泥里，残余的敌人狼狈地逃回南岸。

敌人向东、向北都碰了硬钉子，又转向南面。敌人以高家庄、坡门口为依托，向南面青山我 2 团的阵地展开猛烈的攻击，企图抢占有利地形。我 2 团部队英勇抗击。3 营特别是 9 连、10 连打得英勇顽强，连续打退敌人几次冲击。经过激烈战斗，敌人在我阵地前沿死伤惨重，我 2 团 3 营伤亡也很大。此时，独立 1 支队尾追敌人，由西向东对敌占的高家庄展开攻击；716 团也从慈河北岸向南进攻；4 团从牛家下口赶到，在 716 团和 2 团之间投入战斗，占领了坡门口以东的高地，把敌人向东逃窜的路完全封住了。这样，北边是慈河，南面是陡峭的鲁柏山，四面都有我们的部队堵击，敌人被紧紧压缩在沿河的高家庄、冯沟里、坡门口 3 个村庄和附近的小高地，完全陷入了绝境。

这时，边区的群众翻山越岭，从四面八方来到阵地上，有的送饭，有的送水，有的抬担架救伤员。群众的热情支援，给部队很大的鼓舞，战士们都摩拳擦掌地准备最后围歼敌人。

聚歼顽敌

袭击陈庄的敌人被包围，灵寿县城的敌人着了慌，急忙向慈峪镇增兵300 余人，连同留在慈峪的四五百敌人，于 28 日下午 4 时，向南北伍河、白头山我津南自卫军的阵地发动进攻，企图打通到坡门口的大路，接应那里的日军突围。但是，津南自卫军的指战员，在敌人猛烈的炮火轰击下，顽强阻击，使敌人前进不得。

黄昏时分，我军向被围之敌发动总攻击。2 团由南向北，占领了冯沟里村南的小高地，逼近敌占村沿；4 团由东向西进攻，夺取坡门口后，继续向西攻击；独立 1 支队从西向东占领高家庄之后，继续攻占了冯沟里以西的高地，向冯沟里攻击；716 团越过慈河向南进攻，迅速占领了坡门口和冯沟里中间的小高地，将两处敌人的联络割断，接着冲入坡门口村内和敌人展开格斗。此时敌人极为慌乱，死伤狼藉。但因我们的部队刚从冀中水灾区过来，行军时手榴弹大部分受潮，十之八九不发火，未能解决战斗，攻进敌占村内的部队只得退出来补充手榴弹，和敌人形成对峙。

夜里，我们的号兵迎着明朗的圆月，不断吹冲锋号，刺刀班、投弹班轮番袭击敌人。被困在两个小村子里的残敌，惊恐万状，又渴又饿又累，几次组织突围都被打了回去，有些伪军悄悄地跑过来投降，剩下的敌人只得依靠村子作垂死挣扎。

29 日，敌人还幻想以出我意料的行动来逃脱被歼的命运。清晨，敌人攻占了津南自卫军驻守的白头山阵地的一部分。师首长为保障主力顺利歼灭被围之敌，遂令 4 团转移到东西岔头，以增强对白头山之敌的防御；上午 7 时，津南自卫军对攻占白头山之敌发起反击，歼灭了部分敌人，收复了阵地，余敌退回南北伍河。

这时，我们令2团和716团各以一部兵力监视被围之敌，主力稍向后移，补充弹药，准备再战。被围的敌人见增援没有希望，不敢再东逃了。当他们发现我东面和南面的主力移动时，妄图寻找我薄弱的地方转变突围方向。上午 7 时 30 分，敌人离开村子，集中火力，施放毒气，全力向坡门口西南高地冲击，突破我 2 团 6 连的阵地，拼命往鲁柏山上爬。鲁柏山又高又陡，敌人趴在光秃秃的山崖上，既无掩护，又无依托，我 716 团迅速追击并以各种火力猛烈射击，又给敌人很大杀伤。敌军官在后边压阵，举着战刀砍那些走不动的士兵，辎重和重火器等丢了一路，当敌人爬到山顶时，活着的也只剩下二三百人。

残敌满以为爬上鲁柏山就可以摆脱我军的重围，从山背后溜走。没想到我 4 分区 5 团主力早就赶到山后西南的万寺崖，堵住了敌人的逃路。急红了眼的敌人，摆开 3 人 1 小组、3 小组 1 大组的三角阵式，在火力掩护下，向我 5 团阵地冲击，当敌人冲到离阵地二三十米的山坡上时，早已憋足了劲的 5 团战士们用手榴弹向敌人猛砸。敌人几次冲锋，都被打退。敌人向西南突破不了，又反过来向东南突击。此时，我军各部队已先后赶到。716 团和独立 1 支队自北向南，2 团 2 营自东向南，将敌人重新包围在鲁柏山西端的高地及山沟里。民兵、游击队和群众卡住了所有大小山沟和荒僻小道。包围圈越缩越紧，敌人被围困在方圆不过 500 米的鲁柏山主峰上，南面是陡石坡，北面是绝壁，已经成了瓮中之鳖。

下午 1 时，我师炮兵也运动上来，对敌人抵近轰击，打得敌人抱头鼠窜，死尸遍地。敌人经过我军几次打击之后，又回过头来从我 5 团的阵地全力突围。敌人的全部火器一股脑儿向 5 团阵地打，特别是 5 团 8 连所在阵地是个山坡，成为敌人进攻的重点，黄乎乎的一片日军，端着枪呼喊着冲向 8 连阵地，经过几番拼搏，8 连伤亡很大，前沿阵地被敌人突破。5 团经过一夜急行军和大半天的激烈战斗，战士们又渴又饿，但是战斗情绪却十分高昂。5 团 8 连及时得到师炮兵支援，趁势组织反击，连炊事班也投入战斗，在另一连队支援下，又夺回了阵地。此时，716 团 3 营 10 连和独立 1 支队也向敌人发起冲击，当即占领了敌前沿阵地。

敌人多次组织突围都未得逞，而且不断受到我军的杀伤，处境非常困难，只好不住地呼救。从战后缴获的敌电文中知道，当时敌人曾垂死哀叫“现在西侧鞍部苦战，刻下身边忧虑，望至急以飞机送弹药粮秣，并增派讨伐队。”敌人的飞机倒是来了，第 1 次飞来 3 架，因我军发起冲击，同敌扭在一起，展开白刃格斗，敌机无法扫射轰炸，转了几圈就飞跑了。第 2 次又飞来 3 架，用降落伞投下几大包弹药和饼干，但大部分落到了我军阵地上。29 日下午 6 时，贺龙师长骑马来到我们指挥所。他到前边观察了形势，笑着回来，坐在柳荫下，端着烟斗安详地吸着，指示我们说："要补足弹药，安排好伤病员，准备打好最后一仗。"黄昏时分，我们按照贺师长的指示，对鲁柏山的敌人发起总攻。刹那间，山上枪炮齐鸣，杀声震天，硝烟弥漫，716 团 5 连的战士们首先从东侧冲上山，接着，后续部队和西侧 5 团的战士们也相继冲到山上，同敌人展开了肉搏。敌人在我军勇士面前，死的死，伤的伤，大部被歼。有十几个敌人从南侧的陡坡滚下去，钻进万寺崖偏僻的山沟里，次日清晨也被我民兵、游击队一一俘获，无一漏网。

30 日上午 7 时，慈峪方向的敌人又增加了 200 多人和 3 辆坦克，企图绕路沙湾方向北进，被及时赶到沙湾的我 4 团所阻击，无法前进。到了下午，这路敌人得知北犯陈庄的日军已被歼灭，垂头丧气地用汽车载着死尸和伤兵，经慈峪退回灵寿县城。至此，陈庄战斗胜利结束。以"牛刀子"战术闯入我根据地的狂妄敌人，终于遭到惨败。

这次战斗，是我军在贺龙师长指挥下，对毛泽东同志"基本的是游击战，但不放松有利条件下的运动战"的作战原则的具体运用。历时 6 天 5 夜的战斗，我军以 6 个团的优势兵力全歼进犯陈庄的敌军，并击退慈峪方向增援之敌 1000 余人。在坡门口村有一堆堆用写有"大和魂灵"的太阳旗覆盖的敌人尸体，全都砍去了右手，大概是敌人拿着回去对指纹作"报销"去了。这次战斗，共击毙敌官兵 1000 多人，俘日军 16 人；缴获山炮 3 门、轻重机枪 20 余挺、长短枪 500 多支、掷弹筒 9 个、无线电台1部、降落伞 5 个、战马数十匹。我们一些新战士、民兵也缴了敌人的枪，捉了俘虏。这是 120 师由冀中西返途中，同晋察冀军区部队一起取得的第 1 个山地运动歼灭战的胜利。

南洋华侨归国支援抗战

忆东江华侨回乡服务团吉隆坡队

黄炜然*

抗战爆发后，南洋各地的抗日救亡运动迅速发展，各种救亡团体相继成立，当时最著名、最有影响的就是以陈嘉庚为主席的南洋华侨筹赈祖国难民委员会。在吉隆坡，由吉隆坡埠各界人士捐献资助，组成了 73 人的东江华侨回乡服务团（简称“东团”）吉隆坡队，我为队长（后改称总干事）；由侨领黄伯才、张郁才出资，组成了 13 人的两才队，黄志强为队长；由侨领官文森独资，组成了 7 人的文森队，王春红为队长；其他还有加影队、士毛月队等。这些华侨子弟队伍相继回国，参加抗战。

我们吉隆坡队的成员，是由南洋英荷两属救乡委员会（简称“惠侨救乡会”）采取公开报名，经口试合格后发通知录取的。原定队员 72 人，其用意是激励队员继承发扬黄花岗七十二烈士的精神，为祖国、为民族战斗到最后一息。但一位姓郑的小个子青年缠着救乡会负责人不放，大家被他的爱国热情所感动，批准了他的请求，于是吉隆坡队的人数增加到 73 人。

我们队的队员是来自各个阶层的。主要是工人（包括煤矿、锡矿、印刷、橡胶各业工人），以及店员、裁缝、屠夫，还有自由职业者、教员、记

---

* 作者时任东江华侨回乡服务团吉隆坡队队长，后改称总干事。

者、学生、邮政职员，少数是小资产者。年龄最大的二十六七岁，最小的十六七岁。文化程度高小、初中居多，高中占少数。我们经常练习唱歌，唱《义勇军进行曲》，唱《松花江上》，尤其是《告别南洋》，几乎每逢集会必唱。大家都是为了一个共同的目的：回国参战，将侵略者赶出国土！

告别南洋

1939 年 5 月 19 日上午，惠侨救乡会假座吉隆坡中华总商会会址，召开吉隆坡各界人士欢送“东团”吉隆坡队大会。到会者都是当时的侨领、知名人士、同乡会人员、队员的亲属及朋友、新闻记者等，楼下的大会堂里挤满了人。我们身着制服，高举队旗，唱着抗战歌曲来到会场。

大会进行中，摄影记者拍下了许多感人的照片。次日，吉隆坡的中文报纸在显著的位置上报道了大会的盛况，刊登了照片。最令人们感动的是我们队的绝大部分队员不留后路，不去英殖民当局领取可重回吉隆坡的入境证，以示“救国救民决不回头”的决心。

下午，惠侨救乡会派来了七八辆巴士。我们所乘的车前、车后都是送行的车辆。车队浩浩荡荡地往 25 英里外的巴生港口进发。在车上，我们高唱救亡歌曲，望着洒有我们辛勤汗水的熟悉土地，内心的依恋和昂扬的激情交织在一起。到了巴生港口，恰巧陈嘉庚的南洋华侨筹赈祖国难民委员会在吉隆坡招募回国的机工（司机和修理工）也在此码头乘轮回国，所以码头已挤得水泄不通。离码头约 800 米远的海面上，停泊着开往香港的客轮，小汽轮把我们分批载到那儿登船。

船向新加坡方向越走越快。第二天上午，便驶入了新加坡港口。新加坡的惠侨救乡会分会主席戴子良等前来送行。下午，轮船离开了新加坡，向西贡进发。

归国途中

我们的船风平浪静地航行了 4 天，抵达了西贡港湾。船在西贡码头停泊后，南洋华侨筹赈祖国难民委员会招募的机工就在这里登岸转赴滇、缅，我们站在舷廊上，向他们挥手送别。

从西贡到香港，就不是那么一帆风顺了。船到伶仃洋时，日军来电，要检查我们这艘船。怎么办？我们在惠侨救乡会派来的钟醇生的指导下，立即召开干事会紧急会议，商议对策。我们决定将反日的宣传品、队旗和有碍安全的东西包好，交给船长收藏起来。队员们分散到各个角落，准备应付敌人的查询。如万一暴露了，我们即见机拼搏。队员们毫不惊慌，一致行动起来，做好了最后一搏的思想准备，静静地等待着。

正在准备应变的当儿，海上起了风暴。初时，微风渐渐加强，继而强烈的阵风怒吼着扑向航船。船被抛进浪谷，好一会儿才升起，又被浪头举到空中。两天过去，风停了，浪静了，敌情也像这场过去的风暴一样消失了。也许还应该感激这场风暴吧，日军大概是被它吓跑了。海面上出现了来往的船只，远处的岛影隐约可见，香港就要到了！船上的气氛开始活跃起来。

我们的轮船在九龙码头靠岸了，欢迎我们的“东团”驻香港办事处的负责人曾寿隆、孙石、林务农、柯平等及余闲乐社、惠阳商会、惠阳青年会、海陆丰同乡会的人们早已在码头等候多时了。上岸后，我们和欢迎的人们一一握手，随后到九龙油麻地和平旅店和新新酒店歇宿。

在中区雪厂街思豪大酒店，香港各界人士、社会团体为我们举行了盛大的欢迎会。到会的听说还有国民党海外部部长吴铁城、侨务委员会主任张天爵。

国门所见

5 月 29 日上午，我们在尖沙咀乘火车离开九龙。同行的有港九社会团体代表多人，他们携带着药品、慰劳品准备到坪山慰问共产党领导的东江游击队的曾生部队。

下午两点钟我们来到宝安县沙鱼涌。国民党的海关就设在山腰处，一切过往行人、货物必须从这里经过。东江游击指挥所第三游击纵队新编大队（即曾生大队）已派了许多战士在这里迎接我们，大家见面非常高兴。前来迎接的战士帮助我们与海关交涉，要求免税放行，可海关坚持物品要完税进口。我们解释说，这些全是救济品、药品、慰劳品，而不是商品，不应上税。海关根本不理会。双方互不让步，相持不下。最后游击队的战士们拉出驳壳枪把着关口，叫我们强行通过。原来游击队早有准备，对面山头已被控制了，所以国民党海关人员也不敢再上前阻拦，只好一声不响地放我们过关。

我们在曾生大队的带领下，打着队旗兴高采烈地上路了。从这里到坪山有 30 华里，走的是崎岖的乡野小道。不久，行进速度就慢了。尽管大家很疲劳，可还是振奋精神向前走。近黄昏的时候，坪山到了。这里是曾生大队队部所在地。在坪山，我们如同到了家一样，友好的款待，亲切的交谈，热情的帮助，使我们深切地感受到了兄弟之情、同志之爱。眼前的一切对我们来说都是见所未见，闻所未闻的，处处都充满了新鲜感。没事时，我们就三三两两地到圩场、农家、田埂上走走看看，心中十分舒畅。

一天，曾生大队和我们一起开了个联欢晚会。这里没有吉隆坡、香港那样的大厅，我们就在晒谷坪布置会场；没有彩灯霓虹，我们就吊起了明亮的汽灯；没有咖啡、糕点，却有一桶桶清甜的家乡水；没有电影与服饰华丽的歌舞，但高昂的抗日战歌令人热血沸腾。

不久，我们吉隆坡队一分为二，52 人编入了曾生大队。从此以后，他们就在曾生大队长指挥下，拿起枪杆子投入战斗。我、陈现、陈剑雄等 21 人仍留在“东团”吉隆坡队，准备开赴东江各县开展抗日救亡运动的宣传工作。我们 73 人共同生活了一个月，现在，大家要分手了，不免感到难分难舍。但我们都有一个共同的信念：中国人民一定能够取得抗日战争的彻底胜利。

斗争的考验

6 月 2 日，“东团”吉隆坡队以我为队长，陈现为副队长，在惠侨救乡会代表陈醇生、“东团”驻港办事处副主任孙石的领导下，带着部分药品、物资，向惠州出发了。途中在淡水圩住了一宿，向驻军罗坤支队表示慰问并送了些药品。在淡水，我们看见了被日寇炸成一片瓦砾的废墟，当地群众的惨况令人目不忍睹。第二天，我们乘帆船由淡水河顺流而下，下午就到了惠州城。“东团”惠阳县第一团叶锋团长把我们安顿在旅店歇息。

在这里，我们拜访了东江专署的池中宽专员、东江游击指挥所香翰屏主任、第三游击队骆风祥司令、惠阳县长刘秉刚等当地的首要人物，并各送锦旗一面、药品一批，以表示海外华侨的希望和情意。这些礼节性的活动都是为了使日后的工作便于开展。另外，叶锋团长等人还带我们到惠州、惠阳各群众团体慰问，像第四战区司令长官部政工队、抗日先锋队，等等。

不久，孙石、钟醇生等人完成了各自的使命，分别回香港、南洋去了。我们在惠州继续活动。此时，“东团”各县的组织由“团”改为“队”了。叶锋任“东团”的团长。约在 7 月，我们全队奉命参加国民党博罗县党部开办的训练班。参加受训的还有博罗队、两才队队员。

博罗训练班的训练内容是学习一般的军事常识和防空知识，政治学习主要是宣传三民主义。训练班公开号召大家加入国民党，甚至采取暗地里个别拉拢的手段。面对这种情况，我们几个暗暗商量了一下，决定分别通知队员不要参加。我们的理由是：回国是为了参加抗日救亡工作的，没想过要加入党派。如果要我们参加，还得写信问问南洋的父母亲才好。那时他们还不敢露骨地威逼我们。但有两个头脑不甚清醒、认识糊涂的队员被诱惑过去填了表。此后，这两个人就被分化出去了。

一个月很快就过去了。训练班结束后，我们队开赴博罗县的乡村、圩镇做宣传工作。在响水、柏塘、显村等地慰问、唱歌、演街头剧，宣传抗日救亡道理。出去工作时，我们往往带些济众水、适安油、保济丸、奎宁、阿司匹林等药品，帮助群众解治小疾小病，很受群众欢迎。

夏去秋来，我队奉命返回惠州团部，整顿队伍，调出了一些同志：陈剑雄去两才队，叶福生去博罗队，叶子汉去惠阳队，曹文武留在团部。也调进了几个人：冯尧南和海丰的两女一男，新组成了海陆丰队，冯尧南为队长，我为副队长。我们从团部出发，经平山圩、三多竹、埔心，重山叠岭，一山更比一山高，越走越艰难。下了一个坡，我们在一个凉亭里休息。亭柱上涂着石灰粉处，“建立工农兵苏维埃政府”这几个漂亮的正楷字依稀可见。

过了小亭，小路平坦了。不多一会儿，我们就到了海丰县城，当地吴同志安排我们在平民医院住宿。他向我们介绍情况，指导我们如何开展工作，同时还派了一男二女充实我们队伍。还有一位名叫牛特的同志，比较老练稳重，他常来联系、指导我们工作。冯队长和我为使工作顺利开展，常到国民党县政府、县党部及各团体联系，并送了一批药品给平民医院。院长对我们还是友好的，可当局对我们态度冷淡，各团体似乎也不敢接近我们，加上绝大部分队员不懂本地话，给工作带来了很大困难。我们只能采取写标语、画漫画等方式进行宣传活动。

在海丰打不开局面，我们又到了陆丰，住在一所学校里。陆丰有位高高瘦瘦的陈编同志协助我们工作。县党部书记长叶子弼是个典型的顽固分子，态度极为蛮横，不允许我们在陆丰县开展工作。我们多次交涉、说理均无效。最后他竟然声明，如我们不走，就要用军队赶了。我们无可奈何，只好撤回海丰。后来接到团部通知，留下海丰的两位女同志，全部撤回惠州团部待命。这时已是严冬季节了。

在团部，我们重新整顿了队伍，总结前段的经验教训。决定：冯尧南队长调离我队，又补充两位男同志（其中一个是罗铁风），两位女同志（许惠然、李惠萍）。以我为队长，陈现为副队长，开赴惠阳横沥圩工作。

横沥圩是国民党区署、区党部所在地。我一方面与他们联系，留部分同志开展圩镇工作，另一方面，派人到莲塘、森白洞一带农村活动，访问群众，宣传抗日，办夜校。我们的队部设在东江边的一所学校里。后来学校又住进了保安团的一个连。连长郭清经常请我们到连队教歌，讲形势，介绍八路军、新四军及曾生部队的情况，以教育他们的连队。他的大胆行为使我们疑惑不解，当然我们不会放过宣传机会的，但同时也保持着警惕性。

这里的国民党区署、区党部和我们的关系还可以，联系工作，常来常往。适逢“东团”成立周年纪念，他们送来了一面锦旗，可锦旗上却写着“效忠党国”4 个大字，弄得我们哭笑不得。

3 月 7 日下午，郭清连长匆忙而紧张地来到我队部，告诉我，他已接到立即开赴稔山附近截击曾生部队的命令。他说：“不知曾生知道否，你快派人告诉他。如果曾生部队在这些地方遇到我们，我们不开枪或朝天开枪，让他们过去。”我听后不动声色地说：“不会有这样的事情发生吧，我们和曾生部队没什么联系。”他忙表示：“请你相信，我说的是真话，不要误事。”他走后我立即找来了罗铁风，让他去报信。他是白芒花人，人熟地熟，机警能干，听我把情况一说，连夜奔向坪山。后来得知，曾生部队早已得到消息。“三八”妇女节那天晚上，他们一面和群众开纪念会，一面暗中集结部队离开坪山，向海丰开进。这就是国民党顽固派制造摩擦的坪山事件。以后听说第三游击纵队第二大队（即王作尧大队）也同时受到国民党军队包围，幸早得到情报，免遭毒手。东江华侨回乡服务团的博罗队事件差不多也发生在那个时候，李翼队长等 23 人被捕了。在横沥圩，国民党区署向我们公开说明，上峰有令，不许我们再进行活动了，他们不能不执行。这样，我们只好将下乡的人员撤出农村。大家都不愿意离开工作点，说我们华侨子弟不远千里来到这里吃苦，为国为民，不知错在哪里！

时局恶化，事态严重。第二次国共合作以来全国性反共逆流正向东江袭来。东江华侨回乡服务团被迫停止了工作。我们吉隆坡队奉命返回惠州，驻守团部。两才队也在这里。我们一起在叶锋、刘宣的领导下坚持斗争。

通过各方面的努力，国民党终于同意放人了，但在具体问题上，我们和他们仍然有争论。国民党说要分批放人，我们怕他们要阴谋，坚持要一齐放。在广大华侨的声援和惠侨救乡会的大力支持下，我们终于胜利了。国民党当局释放了被捕的博罗队全体同志和后来监禁在惠州监狱的东团吉隆坡队、两才队、惠阳队的同志。

8 月底，我们和博罗队的同志离开韶关到了老隆，然后改坐帆船沿东江直下惠州。我和吴逸民同志去香港，向叶锋团长报告，向南洋惠侨救乡会报告。

在敌人后方

在香港，叶锋团长告诉我们，曾生部队已经由海丰转入东莞、宝安一带敌后打游击了，要我到九龙钻石山动员在海丰失散的同志归队。我去钻石山后，于10月10日和几位同志毅然决然地离开了九龙，回到淡水惠阳队部。此时吉隆坡队的队员正集合在这里。我传达了叶锋同志的意见，带吉隆坡队到敌后去。

在一个黑夜里，我们跟随从海丰返敌后的小队伍，穿过日寇在广九铁路边布吉村的据点，向龙华方向开进。天将亮时，我们在一座山腰小庙处歇息。联络好以后，交通员带我们来到了一个沙梨园，见到了王作尧部队的部分同志。记得有卢克敏、阮海天、黄伟成等。我们分住在简陋的草寮中，歇了几天。邱觉民、叶仕安、叶子汉三人因病要求去香港医治，组织同意了（后来邱觉民病愈归队，叶仕安和叶子汉先后病死在田心村老家和淡水）。我们跟着交通员穿过小坡、水田、果园、敌人据点，到了东莞县大岭山脚下大横村，编入了曾生大队。

1940年10月以来，5年多的时间里，我们活动在东、宝、增、从、番敌后的三角斗争地区，穿插在敌、伪、顽和地方反动武装据点的空隙里，与敌、伪、顽周旋、斗争。初时我们的任务是在农村做民运工作，宣传抗日救国，发动群众，组织群众，武装群众，征收公粮，建立抗日的民主政府。

由于日、伪、顽互相勾结，经常到这些地方烧、杀、抢和抓人，加上日寇野蛮的“三光”政策，在这里制造了一片恐怖。在抗日武装力量还不强大时，群众对我军队认识不足。因此，初期工作阻力很大，生活也十分艰苦，武器装备得不到补充，药品物资来源困难。吃的是杂粮、稀粥，甚至饿着肚子夜行日宿。敌、伪、顽军常在夜里包围村庄，拂晓进村搜索，我们往往不得不在半夜三更转移，睡在山里、稻田茅寮里。我们有些同志就是在这样的艰苦环境里病死或被敌人抓住杀害的。

随着形势的发展，地方武装不断扩大。1941年3月间，上级调我出来和三位新从香港回来的男同志及七八个女同志组成一支流动宣传队。我被任命为队长。到各乡村、圩镇做流动宣传工作。我们演讲、唱歌、演小话剧、写标语、画漫画、出墙报、到农家座谈。有时在武装部队的保护下突入边缘村庄或敌、伪、顽势力范围内的村庄宣传。群众都说我们是学生军、模范团、模范队，是真正的抗日队伍。

在公明圩、水贝、合水口一带开展新区工作的时候，我忽患急性痢疾，不能做流动宣传工作了，上级就把我调去大塘后方办事处做书记，派廖同志任宣传队队长，李静（女同志）为副队长。1941 年底，日寇南进，太平洋战争爆发了。我转到卢伟良领导的增、从、番游击大队工作，活动在黄旗山、油麻山一带。有个时期，我们在番禺县罗岗圩一带，以油印报纸、夜访群众等方式进行宣传，同时派一些人去火村办学当教员，我也被派去水西办学。还没开课，就接到通知回黄旗山脚大队部开会。拂晓，大队部遭日军突袭，幸有投奔了共产党抗日武装的独九旅某连部分士兵，在其副连长的率领下携带着两挺勃朗宁轻机枪过来，增强了火力，顶住了敌人的攻势，我们才从山腰突围出来，但黄金水、刘德两同志因受重伤牺牲了。

1942 年二三月间，因这一带局面打不开，我们被调回东莞、宝安县，在宝安县塘夏涌找到了大队。曾生大队长、陈志强政训员以他们的名义写公函给当地父老，派我在那里开展工作，请他们协助。以后我就在东莞的涌头、霄边、锦下、乌沙、沙头、上沙、怀德、直至太平虎门和宝安的塘下涌、燕村、罗田、李松朗一带工作。

我们虽然生活在群众之中，但要开展活动，难免引起敌、伪、顽注意。我们安排在霄边村小学当教员的梁静宜就曾被顽军抓到金桔岭据点审问，后经乡长保释才放了出来。第二年夏天，日伪军黑夜包围了该村，拂晓进村将学校的 5 个教员全部抓走，带到太平据点审问，其中有两人是我们做民运工作的同志，梁静宜又未能幸免。由于敌人抓不到证据，我们又通过伪乡长活动，最后才保释了出来。我也遇到过几次紧急情况。一次，我住在塘下涌，清早站在鱼塘边，突然在马鞍山方向发现一支顽军队伍向村前开来，我即向村后跑去，没料到村后又插过来一队顽军，几乎和他们碰了个照面。我马上拐弯朝燕村跑，但已被顽军发现。他们高声喝我站住，见我不理便向我开枪，这时，我不知哪儿来的一股劲，跑得更快了。脱险后我才发现手背在流血，原来是枪弹溅飞的碎石打的。又如北栅事件，我们一些同志被日伪大包围，除部分突出包围圈外，被敌人抓走了好些人，押赴广州。三角地带的斗争是十分艰苦的，各种危险情况都可能发生。

在这个时期里，我们同时还做敌军工作和情报工作。进驻金桔岭的伪军王天龙营，派了一个连驻在霄边村将军庙。慑于我军威力，该连区连长曾对霄边圩商人蔡九许说，他干伪军也是生活所迫的。一次他那个连配合驻太平据点的日军“扫荡”大岭山，拾到我军步枪一支。另外，驻宝安公明圩据点的小股伪军来霄边，在塘下涌和涌头交界处与我军何维、黄金水遭遇。黄金水为掩护何维，牺牲在小山包下，敌人将其驳壳枪捡了去。我通过霄边商人蔡九许约好区连长，在距离他连部很近的小店里见面。区连长表示：他也是中国人，出于无奈当了这差事，希望我们谅解他。我即向他宣传我军宗旨及抗日救国主张，提出三个条件，一、我军被你们拾获的一支长枪和一支驳壳枪限时交回。二、供给情报。三、不能欺压乡民。他表示长枪即可交回，驳壳枪不在他那里，将设法寻找。至于情报，只要他知道的，一定向我们报告。不久长短枪都交回来了。后来因情况变化，我们中断了联系。

国民党第十二集团军谍报员吴华常住霄边村。他经常阅读进步书刊，接近我们。太平镇常有人与他来往联络，他本人也不时到常平圩国民党军驻地去，他所得的情报或日军动态，大都告诉我们。我们将其中重要的立即转到部队去。此外，我们还依靠基本群众，将来往日伪据点的所见所闻收集起来报告部队。

我们在这一带征收公粮的方法，初时是采取向大户借粮、借款写收据的方式。后来，我们深入调查，看每个村有多少亩田，然后与各村父老绅耆商定缴纳额数，由该村的父老绅耆共同署名，立据写明缴纳额数和缴纳日期，以每担谷子的时价合算款数上缴。我们的征粮范围，宝安这边从李松朗、罗田、燕村到塘下涌；东莞那边从涌头至太平，沿宝太线两侧的大小村庄20多个。所收粮款，暂寄放在可靠群众家里，待机送到部队去。后期的征粮工作，改由建立起来的抗日民主区政府征粮处进行。

镇平队纪事

由于我们经常要送款、物回部队，而且数目不小。三五个人夜间行动，路上又不安全，于是就向群众借枪护送。借了还，还了又借。天长日久，觉得只有自己有了武装，活动才能自如。就是到各村活动，也有建立武装的必要。根据上级的指示，我们开始有计划地发展人员，筹备枪支，组织武装队伍。起初只有三五个人，以后逐渐增加到十余人。枪有的是群众带来的，有的则是借的。为解决给养粮食，我们建立了税站，流动收税。这样不仅可自给，还可上缴。建队初期，我们的基本队员有：霄边的蔡德、蔡炳、蔡珍、蔡寿，怀德的邓培，乌沙的陈平、李锡洪，卢屋的卢炳、卢坤兄弟俩等。东莞大队命我为政治领导人。我把小队伍交给蔡德负责。自己还是到各村活动。后来，上级陆续派来骨干充实队伍，先后派来李茂、李敬培、陈平为小队长、班长和政治服务员。这时队伍比较正规化了。扩充队伍，必须有人有枪。我们得知上沙村伪县长孙绳武的家人藏有长短枪 20 多支，就想方设法劝其将枪支交了出来。不久，队伍很快就发展到四五十人，此时上级命我为政治指导员，又派来了军事特派员陈德和、政治特派员史明，以加强领导。

一天清早，驻太平的一个伪军携带一挺轻机枪穿过铁丝网到北栅村来投奔游击队，北栅村的基本群众陈道生把他送到我队。从此，我们有机枪了。大队部命名我队为镇平队，其意思是镇住太平的敌伪军。有一次，日军 100 多人从南头出发，沿宝太线向太平开进。我们得知后立即布置队伍：一在沙头、上沙与上角的山上伏击；二在北栅矮坡上打伏击。结果杀伤敌人多名，击毙一名指挥官。我队伤亡三人，取得了小胜。这一仗，使我队在群众中有了一定影响。最后人数发展到六七十人，在南栅沙角又收缴了一挺机枪。伪军麦浩部与日军同驻太平镇据点，仗着日军势力，常到各村勒索村民。为了保护群众利益，我们与麦浩部经常发生战斗。

镇平队是地地道道的宝太线人民的子弟兵，队伍在战斗中得到发展和锻炼，战斗力不断提高。无形中，我们成了内地的屏障，或者说是前哨，给日军、伪军以有力地扼制。

约在1945年7月，镇平队奉命上调编入了主力部队。我带一挺轻机枪留了下来，以区政府输出的一个常备中队为基础，配备镇平队留下的机枪以及各乡民兵，新成立了一个特派室（隶属“东纵”第一支队）。上级派来李云辉同志任军事特派员，我为政治特派员。我们继续坚持战斗在宝太线，直至日寇无条件投降。

1946年春，接到上级指示，令我出香港，三渡太平洋南返。

我们吉隆坡队转战在祖国抗日战场上6年零4个月，经受了严峻的考验和锻炼，为民族付出了重大的牺牲。这是祖国母亲哺育的结果，是我们华侨的光荣。我所知道的为祖国、为民族解放英勇献出生命的有：

陈现，又名陈迪、陈特，梅县人，吉隆坡队的副队长，入队前是吉隆坡半山巴邮政局邮差。家住在雪兰莪加影士毛月埠，家中还有年迈的母亲及年少的妹妹，靠割橡胶生活。1940年10月，我队转入东莞，他在连平乡大横村工作，后来被派去上、下山门工作。1941年5月25日，被日伪杀害。

罗一帆，梅县人，入队前是吉隆坡埠裁缝。1939年5月，我们抵惠阳坪山时，他被编入曾生大队，任后方办事处负责人。1941年在东莞牺牲。

陈剑雄，客家人，入队前是霹雳州某埠的学校教员。1942年在东莞、莞太线翟家村做民运工作，被日伪包围，在枪战中牺牲。

叶凤生，惠阳县人，长得矮小精干，行动敏捷，1939年5月编入曾生大队，在东莞活动时是短枪队队长。攻打篁村日伪据点时，他率领短枪队冲击敌重机枪火力点，不幸中弹牺牲。

卢洪基，入队前是吉隆坡埠屠场杀猪工人。为人戆直豪爽，1939年5月编入曾生大队。1940年3月撤出坪山时，在稔山战斗中牺牲。

战斗在滇缅公路上的南侨机工

唐仿寅*

南侨机工归国的历史使命

卢沟桥事变后，日本帝国主义者恃其国强兵精，一年之间，把我国的平、津、沪、宁等通都大邑、海江要地尽行占领，世界震动。我国人民及海外华侨，皆热爱祖国而心急如焚。有识之士，都服膺持久的全民抗战，必须集中全国人力物力，团结一致，以渡过难关，争取最后胜利。南洋归国华侨机工，是全民的一个组成部分，祖国在召唤他们，这就是 1939 年他们义无反顾而归国赴难的历史背景。

南洋归国华侨机工，总数共 3200 人，从 1939 年初夏起，分 9 批回国抗日。他们集中于滇缅公路抢运抗战所必需的重要物资——汽油、武器、机械、药品等，这便是他们的历史使命和归国目的。旧传为“赈灾”或“救济难民”而来，或以他们为“流离失所的乌合之众”，都非事实。他们是有组织、有目的的战斗者，是国之精英，较之披坚执锐、效命疆场的战士无分轩

---

* 本文系作者根据采访南侨机工口述资料整理而成。

轻。他们是屡败敌人封锁、扼困的运输线上的战斗者，把青春奉献于抗日事业，有的还献出了热血和生命。

艰苦繁难的抢运任务

由昆明经楚雄、下关、保山、潞西到畹町的滇缅公路，在中国境内全长958公里，是横贯云南迤西各县的主要交通干线。它与缅甸公路相邻接，是当时我国唯一的国际通道。从1939年起，急待由缅印运入的物资堆积如山，必须加速抢运。时机紧迫，事繁任重，国民政府交通部所属不少车队，集中于西南一隅以滇缅公路为枢纽的各交通线上，但远远不能适应需要。正是在这样的形势下，南洋华侨机工在侨领陈嘉庚、庄明理等的号召下，代表近千万南洋华侨的爱国赤忱，分批来到滇缅公路参加突击抢运。他们虽只有3200人，但都是驾驶业务、修车技术居上乘的行家里手。当时的滇缅公路上，共有17个大队组成的车队洪流，频繁地往返抢运。从中缅边界起，经畹町、遮放、芒市、龙陵，过怒江上的惠通桥到保山，转沙坝、瓦窑，越澜沧江上的功果桥到永平，再跨过漾濞江上的昌淦桥才到下关，经楚雄、禄丰到达昆明。再以昆明为中心，往黔、桂、川等省，往来不停地运输着物资和兵员。他们总是风雨兼程、夜以继日地奔忙着。有时，白天有敌机扰袭轰炸，只有夜行完成任务。白天来不及躲避的也有在炸弹下牺牲的。途中有几段单行道和险情道，必须严格遵守行车规程，一丝不苟，不容失误。各分站与总站之间和各车队之间，紧密联系，听从指挥调度。南侨机工是认真执行纪律和规章的模范。

在滇缅公路上，他们要过三关：一是瘴疟关，此关最难幸免，古来就有“要过瘴疠坝，先把老婆嫁”之说，所有的人都打过恶性摆子。二是雨水泥泞关，雨季跑草创公路，个个都深有痛苦经历。三是险路险情关。此路在建国后几经修筑，比初时好了不知多少。但当年险象，好多人至今仍记忆犹新。

这条公路是抢时间日夜赶工修筑成的，修路时就赔了不少生命。公路横跨怒江、澜沧江和漾濞江三条大江，及三江所收纳的千山万壑倾泻来的支流形成的纵横河谷，通过海拔近 3000 米的高山，如有名的天子庙坡、红岩和定西岭、级山坡和羊老哨等。修路的艰巨，开车的困难，是走过滇缅公路的人有目共睹的。汽车要穿越高山上的重峦叠嶂，由峰顶绕到江边平原，由谷底爬到山顶，渡涧越溪，在羊肠式“之”字形的路上弯来绕去，越过无数桥梁涵洞。公路多削坡劈岩而成，上有危悬欲坠的巨石，下是深邃难测的万丈箐沟。南侨机工车队凭娴熟技艺，不久便习惯了山中行车。但对险情险地则非常头疼，如由遮放东行之三台山，龙陵之象滚塘、南天门，惠通桥和松山，功果桥之麦庄丫口，永平县之铁丝窝等，由于地形特殊，弯道急促狭窄，常出事故甚至车毁人亡。英美盟军驾驶员经过危险地段，往往不敢开车，多请南侨机工代为驾驶。稍有疏忽，便会发生意外。公路侧边，至今尚有侨工或其他车队成员的坟冢存留。李晓光和 3 位老侨工此次西行去实地察看访问，还摄有照片。

滇缅公路在初开阶段，是列不上等级的土石路面。晴天像香炉灰，车轮过处，烟尘滚滚如长龙；雨天则污淖像墨盒，车过处泥泞四溅。雨天随时塌方，伤人毁路，护路队和司机要合力排除。陷轮打滑，坑子越滑越深，就得垫木头、草把，砍林抬石，事必躬亲。机工们在无法可想时，常常大喊“华侨统统有”这一句传统语言，进行号召和求援。当时，滇缅公路沿途城镇村庄，贴满“一滴汽油一滴血”的标语，号召机工们抢运并节约用油，而毛路和高山的耗油量是惊人的。由畹町到昆明，按规定需 7 日到达；但由昆明到贵阳，规定 4 日，却因路况好可缩短一半，2 日即达贵阳。一次，机工冯秉乾为缩短日程，还被关过禁闭，初时不明白，后来才知是为赶路引起节油私售的猜疑。南侨机工遵章守法，私售勾当往往出自油库或权势部门，但他们能忍辱负重，顾全大局，照规定完成抢运任务。

由于滇缅公路的作用巨大，当日军北进或南进战略未定，珍珠港事件尚未发生前，英美对待中日总是持中立态度，英国尤怕惹火烧身。日寇切盼封锁和切断滇缅公路，在东京以外交手段胁迫英政府签订《英日协定》，把滇缅公路关闭了 3 个月。英缅海关于 1940 年 7 月 17 日通知：从 7 月 18 日下午6时起封闭滇缅线。机工全部车队日以继夜拼命抢运，在限期前完成，不弃置一物于缅境。迨到10月18日，英缅迫于形势又开放滇缅公路时，机工们更是争分夺秒地加紧工作。

生活上遇到的困难，更是无法细述。如1939年冬，南宁失守，机工张子林奉命随车队立刻出发抢运，连生活用品和洗换衣服都未及带上，急如风火，不顾敌机轰炸威胁，忘我抢运。南宁热而贵阳冷，在运输中毫无觉察，到交卸时，遇上奇寒天气，冷得发抖，只好披着棉毛毯，在街上遇到如是穿着的机工尚有多人，引得路人惊奇发笑。又如在高黎贡山和大王山及各高山之巅，有时车坏修不好，困居于杳无人烟之地，干粮吃完只好挨着饿等车讨吃食。缺水渴极，或在陷车情况下，有时只好取泥浆澄清解渴，或将汽油桶盖上积蓄雨水煮沸食用。这类似乎微不足道平淡无奇的小事，在当时比比皆是。

1941年至1942年，敌机多次轰炸保山县城，房屋建筑被夷为平地，血肉横飞、断壁残垣，令人目不忍睹。南侨机工的一些车队也遭遇此悲绝人寰的灾难，有的机工不幸罹难，血洒保山。机工们有死于公路被炸，死于险道危崖，死于瘴疟战火的。但他们死而无怨，反而激发了同仇敌忾、复仇报国之情。

1942年3月，日寇占仰光，4月30日腊戍失守，5月3日又占我畹町，4日连陷遮放、龙陵而进踞腾冲，气焰张炽，有东犯下关、祥云之势，昆明震动。

当时南洋、缅甸及滇西逃来的难民塞途，霍乱流行，死于此疫者据说达3000余人，沿途哀鸿遍野。机工们运人运物的工作，仍是日夜进行。1942年5月4日我国被迫将怒江惠通桥炸毁。此桥原来是保山籍华侨梁金山于1935年捐资兴建的，修滇缅公路时，在原有基础上加宽加固。此桥被炸后，南侨机工便遭到裁撤厄运，滇缅运输总局以奉交通部指令为由，说“人浮于事”，南侨机工所有车队人员均作遣散处理，自谋出路。

初衷和遭遇

去时想到来时，失业时想到就职时，总觉得理想和现实难以一致。南侨机工云南省联谊会理事长杨宝华、副理事长邓文聪、王亚六和秘书长张子林都是这样认为的。

他们这 3200 名机工，主要来自新加坡、槟城（槟榔屿）、马来西亚、吉隆坡、印度尼西亚、泰国、缅甸各地。当时，他们都很年轻，热血满腔，为抗日救亡，不避赴汤蹈火、肝脑涂地，急国家民族之难而回归祖国。在侨领陈嘉庚等的号召和主持下，成立了南洋华侨难民筹赈总会。这是一个策略式的会名，因南洋诸国几乎都是英国殖民地，为了避免英政府的干预，故意不用刺激日本的字眼。英国政府慑于德国、日本的威势，在张伯伦的绥靖政策下，于 1938 年 9 月，搞了个《慕尼黑协定》，纵容纳粹德国，牺牲了捷克斯洛伐克，葬送了欧洲大陆，而英国几乎自取灭亡。在远东，英国怕丧失了殖民地利益，不容华侨公开抗日，以免陷入两面作战，其目的都在于驱使日、德进攻苏联，以至养痈遗患，甚至为虎作伥。故而，南洋华侨以筹赈难民为名，实际是与祖国同呼吸共命运，与日寇是不共戴天的。南侨机工，本身不是难民，也不是为了赈济难民而来，而是来担大任的。他们在响应号召归国之前，先得持有工厂或单位的鉴定式的函件，证明驾驶和修理的技艺水平，还得经过测验、考试，然后才批准归国。他们先集中于新加坡，然后分 9 批回国。每次出发时，陈嘉庚都亲临码头饯行欢送，敦嘱要“好好放眼看世界”，敦嘱要为祖国好好工作。待到胜利复员，他还要站得更高地欢迎大家，共享胜利的欢乐。每次欢送，都是人山人海，在大幅布标和彩旗纷舞中，锣鼓喧天，龙狮献舞，有欢歌，有口号，有祝愿叮咛……当然，他们也都体会到生离之苦。出发之前，机工都得过“家庭关”，父子夫妻兄弟姐妹之间，不知经历了多少斗争，赞同的、反对的、规劝的都有。以邓文聪为例，他现已 70 余岁，1939 年 5 月回国，其时 20 多岁，祖籍广东台山，其祖父 14 岁便到新加坡学徒，充佣为东家涮痰盂，扫地抹桌，供使唤做粗活，凭勤俭发了家。邓文聪幼年就跟二叔学会开车，1936 年领到驾驶证，与另一位华侨割橡胶的女工结婚，1939 年生一女孩，正在襁褓之中。他为了向祖国奉献，唯一的要求是请上级批准：不按规定剃头，否则妻子一定不准他登轮船回国。谁知他上船尚未起锚之际，妻子却在欢呼声中发现了他，便顿足狂呼，幸二叔开导劝解，提出负责保证，才算息了风波。不料竟成“一步一天涯，一别成终古”。女儿已 50 多岁，终未见生父一面，海山遥阻的两间心情，是会时常涌起波澜的。

南侨机工能加入集体的条件，首先是爱国原则的贯彻，要深明爱国大义，政治上可靠，绝不回国做不利于祖国的事，不为升官发财而回国；年龄必须是在 20 岁至 40 岁以内；要有驾驶和修车及机械装修等熟练技术。皆须经考试录取，免考的只限于在厂工作多年持有证明者。要懂简单的国语，只懂外语、粤语和闽语的不要。最后还有一个条件：人人都得请一家“铺保”，即拥有一定资产的商号或工厂作保证。以上条件，缺一不可。可见归国的初衷是如何的纯正严肃而赤诚。南侨机工们到达滇缅公路后，接受国民政府西南运输处（后改名为滇缅运输总局，并辖下关、保山、遮放、昆明 4 个总站）的领导建制和培训，大多被编为第 11、第 12、第 13、第 14 大队 4 个大队和华侨先锋运输第 1、第 2 两个大队，共 6 个大队；其余机工则混编于第 1、第 3、第 5、第 9、第 15 等 5 个大队中。其他长于修车的，则在芒市、下关、保山、昆明、贵阳、重庆等地分设大修厂任修理机工。出车上路采用集体开车办法，不准一两辆自由行动。5—7 辆车为一班，一车一个司机，班长无车，只掌握全班并替补病事假者。3 个班为一个分队，3 个分队为一个中队，4 个中队为一个大队（内有一个预备中队）。每个大队均有若干位车务、技佐、总务、会计、出纳、政训员等。每个大队共约有车 180 辆到 192 辆，200 人以上。全部是南侨机工的 6 个大队共有车 1152 辆，混编入其他 5 个大队的不在此数。

由此可见，南侨机工的思想、技术、组织纪律和物质条件都是不差的。但在惠通桥被炸后，他们却走上了失业道路。他们在 1941 年一年间抢运物资即达 13.2192 万吨，但却遭受颠沛流离之苦。遣散以后，报国无门，求归无路，国内故园、海外侨寓，都已沦丧于日军铁蹄之下。南侨失业机工无任何可资衣食住的条件，天地茫茫，无所归依。几位老侨工说，他们只好到远征军和盟军那里去求活路，到史迪威公路找开车修车工作，当装卸苦力和零活小工、杂役糊口，有的则在城镇街头和村口搞小修理，收入有限，苦不堪言。一直等到腾冲、龙陵经反攻收复后又获开车机遇的，也是经互为推荐凭技术才谋到的职业。现实既然如此无情地嘲弄他们，他们中的一些意志薄弱者、因激而偏者，在物质和精神的双重折磨下，缺点毛病也就随之产生和暴露。少数人染上赌博，吸上鸦片，或心烦酗酒，经常会发生吵闹打架事故。过去，他们和腾冲、下关、大理人，都能平易相处，和和好好，也曾因“华侨统统有”的偏激口号，和本地不良分子打过群架，后来甚至和第五军的连队持械用枪相斗，在昆明弄得满城风雨，但同情的多而反感的少。如今打吵规模不大，但却惹人厌恶。有因吸毒病倒街头露宿无依者，有职业的南侨机工虽然同情，但无力周济，即便见面时给点零钱，也无济于事，因为大家自顾不暇，有心无力。这些境况，孰令致之？几位老人认为是美中不足，但也不足惋惜；有的则认为罪在当时的政府和社会。有些不知情的局外人说，南侨机工归国月工资 30 余元，后来贬值，全靠外汇养活。靠外汇未尽真实，因失业而贫病交加，带来大量死亡，比炸惠通桥时死于江西者还多，估计各项死亡共约 1000 余人。

南侨机工及侨眷的贡献

以一年抢运十几万吨抗战物资支持抗日终获最后胜利，披荆斩棘于先，共同使滇缅公路成为国际康庄大道和滇省交通动脉之外，据几位老人回忆说，南侨机工回国，无异是一次爱国的大动员、大教育，它承前启后，把天涯赤子热爱祖国之情凝聚在一起，把祖祖辈辈说过的思乡爱国遗言和教导都作为教材大讲特讲。自从抗战军兴，全世界华侨尤其是南洋华侨，没有一人不关心，因为世世代代孤悬海外，吃够了被歧视、欺凌、虐待的苦头，故常把祖国视同亲娘，总盼望娘家能昌盛富强。曾不遗余力地支援祖国进步和革命，从支援孙中山辛亥革命开始，一直不断。他们说，即使做小媳妇，也得有个好娘家，硬靠山。他们望眼欲穿，喜见辛亥成功，却转眼又见袁世凯窃国；欣知护国胜利，但转眼又是军阀混战；北伐大革命捷报声中，忽有四一二事变。他们痛心疾首，真是“望断千帆都不是”。至日寇大举入侵，展开全民抗战，海外侨胞闻风鼓舞。他们牢记“天下兴亡，匹夫有责”的名言，富商巨贾，踊跃输将，如陈嘉庚、庄明理等捐献的人不少；毁家纾难，感人至深的也难于尽书，如粤侨叶秋莲女士，将缅甸 13 条街 35 所房屋连同私蓄贵重首饰一齐拍卖捐献，不要债券。仰光侨团，有的为买公债而变卖了会所，计有南安公会、温陵公会、安溪会馆、三山会馆等，所买的公债，最后都全部捐献。更可感的是许多工人和学生，他们做工读书，梦寐之间也未忘祖国，每有捐献机会，他们总是带头奔走呼号，宣传于街市商场。张子林有几个妹子，月月都捐，赤子童心，永不改变。李哲维籍隶汕头，她忆起南洋童稚生涯中的热爱祖国事迹说，父母给零食钱 3 分，她必须把两分投到捐献箱内，给 1 角必投献 8 分，数虽微而赤心全见。闽粤籍女华侨，自幼长于刺绣，她们把英产纺绸，裁作绣花小手绢义卖，其上绣有热爱国家民族的短语诗词，义买者乐于出钱，东西小而意义大，汇少成多。成年人见小学生义卖品，总是乐意超过几倍到几十倍掏钱。更感人者，是华侨社会的家庭主妇，每年“七七”纪念日，全家素食，不用荤腥鸡鸭鱼肉，又认真计算，把节约下来的分文都献给国家。由于学生常集会、宣传，竟惹恼所在国当局，封闭华文学校，而多数学生也就忿而不读外文学校。据国民政府侨务委员会不完全统计：1937—1945 年 9 个年头华侨捐款总数达国币 13 亿元以上，其使用价值是很高的。另据《解放日报》1941 年 6 月 1 日社论说：“抗战头 4 年华侨救国捐款而达 26 亿元，年平均数为 6.5 亿元。此数与国家实际支出军费逐年对比，所占比重为：1937 年（第一年）占 46.8%，1938 年占 91.3%（最高），1939 年占 40%，1940 年占 16.6%（最少）”其中就有这批南侨机工的捐款。他们回国后，月得工资不过 30 余元，从无异议。此外，华侨还有以手工制品、劳动服务、义演等方式为祖国捐献。另外，通过中国红十字会或直接汇给宋庆龄、廖承志先生收转抗日民主根据地的部分，尚未统计在内。据当年在筹赈会负责的张良民和在会各人记忆提供：专为南洋华侨机工捐送的汽车，由南洋运华的先后共计 500 辆之多，原捐赠的大、小救护车辆 1000 余辆，尚未计入。这样人车或先或后或一齐到达，人和生产工具结合在一起，何以还作为“遣散”，使其赤手空拳去自谋出路呢？

结局和现况

抗战胜利后，陈嘉庚十分关心这批南侨机工，几次正式向国民政府提出：南侨机工应是堂堂正正地复员回南洋各地。最后决定，可作资遣处理。南洋华侨总会也愿派船到广州来接机工返家。资遣条件主要是发给每人 200 元的美金折价款。此事如果立即就办，情况就会好些，但国民政府官僚有意延宕，一些人从中捞到油水。待折款发下时，法币大大贬值，故能成行者不过 1000 余人。且因内战爆发，使通货更形膨胀，政府的难民救济总署曾答应对未归机工作为难民发黄金资遣处理，结果仍变为折法币发给。当时，一因迫于生计散居各地，知者甚少；再因提起当年大家感慨欷嘘不已，仅昆明有 20 多人领到不管用的几个钱到广州再设法转回南洋。张子林等人则认为：我为国抗战而来，怎么成了“难民”呢？教我回到南洋如何抬头见人？

基于上述种种情况，南侨机工除已逝世、已返回的以外，多数已散留于滇、黔、川、桂、粤、闽各省之城镇和乡镇，居小城镇和乡村的多已安家立业，习惯于艰苦清寒生活。其中不少人参加了中共领导的革命斗争，如张子林是参加中共的地下斗争入了党的；邓文聪在昆明曾被收编培训技术，后又离昆明转赴保山，参加了中共领导的边纵 7 支队，先后任过鹤庆县修械所所长、下关电厂厂长等职务；其他还有以“六一三”名义参加边纵的，也有奔赴延安的。

重庆大轰炸

忆重庆大轰炸

张西洛*

五三、五四之惨状

1939年5月3日和5月4日，抗日战争期间的战时首都，山城重庆，那两天，好端端的一座城市，却到处是爆炸，到处是火光，到处是浓烟，到处是号哭……这时是抗日战争的第三年，国民党副总裁汪精卫叛国投敌已半年，国民党政府处于抗战与妥协的十字路口。为了对国民党政府施加军事压力，迫其妥协投降，日军对重庆进行了战略大轰炸，其中五三、五四是最残酷的两次。

日机早在1938年1月27日就首次轰炸了重庆，在广阳坝飞机场投下了两枚大约500磅的炸弹，所幸的只是在跑道旁炸了两个坑，未炸中机场设施和跑道，飞机仍能照常降落和起飞。以后日机对重庆还有过几次轰炸，但架次不多，投下的炸弹也小，看起来不过是骚扰骚扰而已。

1939年的五三、五四大轰炸，可就不一样了。5月3日的中午，我刚采访归来回到七星岗新民报社。喘息未定，就听见一长一短的警报声，预示日

---

* 作者时为《新民报》记者。

机来袭。我连饭也顾不上吃，赶紧收拾了一下，准备去金汤街的报社的防空洞内躲避。大约半小时，“呜——呜——呜——呜”一连串短促的紧急警报声响起来了，报社仅留下几个人看守，其余的都抓起一点自己的东西，急忙钻进了防空洞。

重庆位于长江与嘉陵江汇合点，呈西面高东面低的半岛形，是我国有名的所谓“山城”，其街街巷巷大都以岩、坡、坎、梯、堡、岭、岗、梁子等等为名，地势对挖凿防空洞来说倒是有利的。重庆的防空洞分三类。第一类是政府给市民挖的，工程粗糙，设施也差，洞内阴暗而又潮湿，洞顶时有水珠滴漏，除洞口可自然通风外，没有任何通风设备，只有煤油灯照明；第二类是银行家或资本家等阔人使用的，地势较好，进度较深，多在陡坡山岩旁凿成山洞，有的上面还覆盖钢板，并大都备有小型发电机供照明之用；第三类是官家的，以官家大小各有不同。以我到过的防空洞来说，则以重庆防空司令部的防空洞为最大、最好，电灯通明，有办公室，有通讯设备，有吃有喝。不论是公用的或私人的防空洞，都有两个以上的洞口，一是利于通风，二是一旦一个洞口被炸塌，还有另一个洞口可以出去。我作为新民报的一名记者，当时是专门采访防空的，因成天在外面工作，难得在固定点躲避空袭，故无论走到哪里，遇见空袭就到附近的防空洞躲避，不会受到阻拦。但一有预行警报，只要来得及，我总是跑到防空司令部的防空洞去，既可躲避空袭，又能获得新闻信息。因常去那里，我同重庆防空司令刘峙、副司令胡伯翰及负责空袭善后救济的国民党政府社会部部长谷正纲等人，混得都比较熟。此外，位于柴家巷的康心如公馆的防空洞，我也是常客。康心如是著名的银行家，为人开明，他家的防空洞设施非常好，洞顶还加盖有厚厚的钢板，即使日军的炸弹命中，也不会把防空洞炸塌。住在附近的电影戏剧界人士，到康公馆的防空洞避空袭的不在少数，康心如均热情接待。再有一个地方留给我的印象很深，那就是领事巷，即重庆开埠后一些国家的领事馆所在地。有次我来不及到别的防空洞，便走进了领事巷的英国领事馆，我同那里的人熟悉，被接待进去。那是一个花园式的建筑，有一大片绿茵茵的草坪，防空洞也修筑得很好。那时太平洋战争尚未爆发，英国领事以为日机不会对英国领事馆施加轰炸的，所以当发出空袭警报后，便命人把一面大的英国国旗作为标志，铺在草坪上。可是，那天日机轰炸目标之一是位于打枪坝的重庆自来水厂，水厂离领事巷很近，一枚炸弹不偏不倚地正好落在草坪上的那幅英国国旗上。空袭警报解除后，英国领事看见这一情景，气得脸色发白，大声骂道："野兽！野兽！"

5月3日午后，我们在报社防空洞内都听见了飞机的声音。先传来驱逐机的声音，是我们的空军起飞迎敌了。不久，隆隆的轰炸机声夹杂着炸弹的爆炸声，以及我们高射炮的轰击声响成一片。从爆炸声判断，日机投弹的地方离我们较远，防空洞内感受不到震动和威胁。这次日机轰炸的时间较长，时断时续一直延到黄昏，其间有人乘轰炸间歇出洞换换空气，胆子大一点的还跑回报社拿点吃的喝的回来。谢侠逊是盲人，凭着感觉下得一手好棋，人称"棋王"。他家住得离报社的防空洞很近，每次都来躲避空袭，防空洞内闲着无事，报社有的棋手不顾灯光暗淡借机向"棋王"学习弈棋。这也算是"寄沉痛于悠闲"罢了。

入夜前，敌机飞离了。我由于职业上的关系，午饭都没顾上吃，就跑出防空洞径直往被炸的现场去了。我从七星岗走到夫子池，远远看见烈焰冲天，浓烟滚滚。从都邮街往下走，过街楼、会仙桥、小梁子、小什字、朝天门等大约十几条街的前后左右，都已成为废墟。可奇怪的是，小什字附近的几座高楼：四川美丰银行、川盐银行、川康银行、重庆银行等，却都完好无损。

我在现场察看了一遍。因为是黑夜，到处是浓烟，遍地是瓦砾，哭啼声、呼救声连成一片。真是惨不忍睹，惨不忍闻。我访问了几位死者的家属和伤者本人，询问敌机投弹时的情况，便匆匆赶回报社，写了一条五三敌机狂轰滥炸的重要消息，以便第二天刊出告诉读者。

5月3日，日机轰炸的主要是重庆下半城的商业区，也有上下半城结合部的大梁子、后伺坡一带。第二天上午，我又到这一带继续进行采访。在后伺坡公园，我碰见了也在那里采访的大公报记者范长江。

后伺坡公园是当时重庆唯一的一座公园，建在从大梁子到商业场的山坡上。公园中种有各种花木，养了一些动物，有阅报室、网球场、儿童游戏场等设施，还有一个名叫“江天烟雨楼”的茶馆，和一个名叫“涨秋山馆”的餐馆。在公园的高处，可以眺望长江，江水湍急，波涛滚滚。江的对岸，山高坡陡，林木葱郁，青苍中露出点点白墙和红色屋顶，显得既雄伟而又妖媚。公园里平时游人甚多，可日机恰恰轰炸了这个供市民游览休憩的市内唯一的公园。我们这时看见，公园内陈尸遍地。这里是断腿，那里是断臂，血肉模糊，惨不忍睹。有一位妇女同她的丈夫带着两个孩子来游园，不料遇上空袭，躲避不及，丈夫被炸死，两个孩子都受了伤。这妇女边哭边叫道：“为什么日本鬼子不连我们母子一齐炸死呢？我们今后怎么活下去啊？”我们还看到了另一惨状：一个丈夫守候着重伤的妻子和被炸死的婴儿。

据在场的重庆空袭紧急救济联合办事处的工作人员说，昨晚已将一批遇难者的尸体运走，将一些重伤员送往收容场所；但是来不及运走的，仅仅在公园内就还有上百人。一座好生生的美丽的公园，现在到处是焦土废墟，断墙残壁，树木折断，有的还冒着余烟。

5 月 3 日的余烬未灭，第二天的下午，日机两架又再度侵入重庆上空。这一次日机把袭击的目标对准上半城，并在投炸弹之外，加投燃烧弹。从都邮街以上，夫子池、临江门、通远门、七星岗一带，都遭到了狂轰滥炸，遍地尘烟，到处火光。新民报社的前后左右，都中弹被毁，只有报社的办公楼房及底层的机器房幸免于难。

新民报社的负责人陈铭德、罗承烈、邓季惺、赵纯继等决定把一部分物资和印刷器材往郊外疏散。当时我尚年轻，又同防空司令部有工作上的联系，于是派我和另一位青年记者李廷瑛，加上几名印刷工人，负责疏散工作。我从防空司令部要来了两张汽车通行证，还借来两辆卡车，连夜把要疏散的东西运往化龙桥嘉陵江畔的一块空地上。那时候，只要能往郊区疏散的，都在迅速转移，如新华日报社迁往化龙桥，大公报、扫荡报和时事新报迁往李子坝。

五三、五四两天的大轰炸，给重庆造成了极大损失。据不完全统计，死亡 2000 余人，伤 3000 余人；被毁房屋 2000 余幢；仅都邮街一条街的商店，就有 15 家被焚毁；全市 37 家私营银行、钱庄有 14 家被炸，其他财产损失更是无法统计。

我遭遇的浩劫

1940 年初，我从莲花池新民报社的宿舍搬迁到五福街华盐商巷口一座新建的小楼居住，这是一个朋友修建准备出租的。我和新民报记者李廷瑛夫妇最先搬进去；随后，大公报记者范长江也住进来，并由他介绍，经济学家沈志远夫妇、国际问题专家罗芸圃也搬来住在一起，好不热闹。不过当时各人有各人的工作，除早晚见面交谈以外，只有星期天能聚在一起喝茶、谈天、议论时势。抗战期间人们的生活是很艰苦也很动荡的，一个人很难在一个住处长待。大约只半年时间，范长江就搬到枣子岚垭沈钧儒家去了，沈志远夫妇迁到柴家巷生活书店，罗芸圃也搬走了。谁能料到，他们迁走倒是他们的福气，而我继续住下来，却遭了一场浩劫。

1940 年 8 月 19 日，我在外面采访。下午，突然响起了空袭警报。我顺道进入防空司令部的防空洞躲避，并希望能得到空袭的信息。那地方原来是刘湘二十一军军部，在大梁子中段，离磁器街不远，是一个占地很大的机关。我进入防空洞立即得知敌机来势凶猛，大约有 100 架从湖北恩施方面飞来。不多会儿，重庆市区许多地方遭到惨炸，其中，有至圣宫、五福街、走马街、校场门一带。我一听，心里顿时凉了：我的住处正是在这一带，是不是被炸了呢？当时我还未成家，父母亲带着弟弟早已疏散到涪陵李渡镇我舅父家去了。我住处的东西不多，衣被也只一点点，倒没有什么可担心的，但毕竟那一带有我的住处，所以总不放心。重庆当局规定，警报未解除之前，人们不能上街，只有防空人员、消防队员、救护人员例外。我是新闻记者，又执有防空司令部发给的特别通行证，凭着这个，没等解除警报，冒着风险，我就急忙从大梁子跑回五福街。敌机还在天空上隆隆地盘旋，高射炮还朝着敌机开炮。我不顾这些，拼命地往住处奔跑。

五福街位于走马街与至圣宫之间（现名和平路），是一条两头稍高、中间略低的地带。待我跑到走马街时，只见五福街浓烟滚滚，烈火熊熊，房屋在火焰中噼噼啪啪的炸裂声和倒塌声，以及人们的惨叫声清晰可闻。一看这情景，我知道坏了，赶紧跑向华盐商巷我的住处。走到跟前，我傻了眼，院子门前中了一颗炸弹，引起大火。这时火焰虽已逐渐熄灭，但仍烟雾弥漫，我们的住房有一半已经倒塌。我不顾一切冲进院内，踏着瓦砾，爬上楼去。我的那间住房全部被烧，消防队员为灭火喷射的水还在四处横溢。

我对衣物的损失并不在意，但也有一些珍贵的东西值得在瓦砾和灰烬中寻觅。其中，有我 1939 年到西北战场采访用过的一本上海申报馆出版的中国大地图，每到一地我都去当时邮局或邮电所盖上当日的邮戳，以资纪念；有中共代表团和中共国民参政员周恩来、董必武、林祖涵（林伯渠）、陈绍禹（王明）、邓颖超、秦邦宪（博古）、吴玉章、王若飞等人为我写的题词；有我搜集的许多张名片，包括孔祥熙等人和当时红极一时的所谓“游击英雄”赵侗之母——赵洪文国在一张硬纸片上写的“名片”，共约 200 余张；有国民党元老张继给我写的一个条幅；有冯玉祥、李宗仁、傅作义赠送给我的题有我名字的半身照片。当然，还有一些书籍和笔记本……这一切都被毁坏了，有的被烧成灰烬，有的破损不堪，有的被水渍坏。我急得哭了起来，这是我抗战八年中损失最惨的一次。时隔不久，1940 年 10 月我在重庆结婚，当时只有被盖一床、衬衫一件、咔叽布中山服一套，除此别无所有。

大隧道惨案

1941 年我从新民报社转到中央日报社当记者。社长陈博生知道我是重庆人，对本地情况熟悉，就分配我在采访部担任地方新闻的记者，并负责采访防空方面的新闻。

1940 年以后，日军对重庆的轰炸次数逐渐减少。一方面是它企图“摧毁中国抗战意志”“迅速结束中国事变”的目的未能达到，改变了战略方针；另一方面是我国政府从苏联、美国购进一批飞机，增强了中国空军的作战能力。此外，日本空军受太平洋战争牵制，没有力量对中国内地采取大规模的空袭行动。据历史资料记载：1941 年日机空袭重庆 22 次；1942 年 2 次；1943 年 9 次；以后它就濒于失败，再无力量派飞机深入内地空袭重庆了。

但是，在 1941 年对重庆空袭时，日军采用了灭绝人性的飞机轮番出动，进行“疲劳轰炸”，酿成了 6 月 5 日震惊中外的“重庆大隧道惨案”。

抗战期间，重庆人口猛增，而能容纳市民躲避空袭的防空洞甚少。重庆防空司令部会同重庆市政府在人烟密集的市中区，修建了一条长约两公里、离地面约 10 米深的大隧道，供市民躲避空袭之用。预计建成后可容纳万余人，算是重庆最大的防空工程了。在大隧道的修建过程中，我曾前去采访，地点选择得并不错，在十八梯、石灰市和另一条街（我忘其名），各凿了一个较大的洞口，可并排进去三四人。每个洞口设有木栅门，平时上锁，有空袭时打开，让市民进入。进洞口后即沿石板阶梯下行，隧道宽、高均为 2 米左右，三个通道可以互相往来。隧道内两旁放有简单的木板长凳，可供市民坐下休息。墙上每隔一段，挂有油灯照明。整个工程比较粗糙，设备也极简陋，通风条件不好。

6 月 5 日傍晚，我在新街口中央日报社刚写完新闻稿，正准备回家吃晚饭，突然空袭警报响了。我赶紧带上笔记本等，到附近川盐银行的防空洞躲避。

晚 9 点钟左右，大批日机飞临重庆上空。我们在洞中都能听见隆隆的飞机声，同时也听见了炸弹的爆炸声。由于得不到准确的情报，只能凭感觉进行判断。日机不断地飞来又飞走，总有那么几架在进行骚扰破坏，到深夜解除警报时，空袭时间竟长达 10 小时以上。

6 月 6 日上午 8 点，我照例先到报社。采访部主任赵效沂告诉我说，昨天晚上大隧道发生了大惨案，死了不少人，要我立即去那里采访。我连走带跑到了石灰市街，远远就听见一片哭声，迎面而来的是抬着的、背着的一具具尸体。我快步走近大隧道的洞口。看见防护团的人正在清理现场。带有臭味的空气迎面扑来，街的两旁横躺竖卧着几十具男女老幼的尸体，有的人在尸堆中寻找自己的亲人，情景十分悲惨！

据防护团的负责人介绍：傍晚空袭警报发出以后，许多人都争先恐后涌进了大隧道躲避，隧道内挤满了人，空气不通畅，潮湿而郁闷，有人憋得不行顾不得挨不挨炸，拼命往洞外挤，希望走出隧道透透气。可是，洞口的木栅门上了锁，外面有人把守，空袭警报解除前，谁也不准出去，谁也不敢去开锁，结果有的人昏过去了，有的人还拼命往外挤。这样，通道口被堵塞，隧道内的空气更坏，更多的人昏倒地上，不少人因缺氧窒息而死。

深夜开始清理现场，由洞口开始从里往外搬运尸体，直到上午 8 点多我到达现场，3 个洞口仍在往外拉死尸。有的衣服撕得破碎，有的满脸泥泞已看不清面目，有的全身赤条条，有的皮肤变成了蓝黑色……可以想见，这些牺牲者都是极力挣扎，希望活命的。

重庆大隧道惨案是日本军国主义者欠下中国人民的一笔血债！

亲身经历重庆大轰炸

李景骞*

1938年12月8日，国民党副总裁汪精卫从重庆逃往河内，29日发表臭名昭著的“艳电”，公开投向日本人怀抱。日本人认为汪精卫投降后，会引起大后方人心的混乱，如果再轰炸重庆、施加压力，更会促使国民党主和派势力抬头，加速重庆政权的瓦解。遂有日军在日本天皇的命令下向重庆实施的战略性轰炸，目的是希望威慑作为战时首都的重庆，打击中国人民和政府的抗战意志。

就在1939年的5月3日、4日，日寇空军以突然袭击的战术连续轰炸重庆，制造了震惊中外的针对平民的血腥大屠杀——五三、五四大轰炸。

当时，从安徽安庆流亡出来的我们全家人都在重庆，这两天的轰炸，安乐洞街父母亲携我和诸弟妹居住的寓所，四叔婶居住的寓所，都被炸弹炸毁；三叔在中一路的住所全部被焚，所有财物付之一炬。所幸全家无一人受伤。我今年已经七十有六，回忆半个多世纪以前发生的这场人间浩劫，不仅至今心有余悸，而且一想起就激起我对日本军国主义的深仇大恨。下面就我的记忆所及略述当时我所亲历的惨景。

---

* 作者时为在校学生，全家从安徽流亡到重庆。

5 月 3 日那天上午，我因事到重庆的下半城找一位同学，正在和那位同学谈话，忽然空袭警报响了，遂匆匆谈完话，本想马上赶回安乐洞寓所，没想到很快紧急警报又拉响，敌机马上就要临空了，只能赶紧跑到附近中央公园（现人民公园）下面的防空洞里暂避。这个防空洞挖在一个石崖下面，相当牢固，但这时候里面人并不多，原因是敌机在前一段时间内空袭次数减少了，人们都有些麻痹，虽然拉了警报，但都以为敌机不一定会来，所以大家都意存观望，待在家里不愿跑防空洞。不料这一回日寇飞机真的扔下炸弹，所以死亡人数相当多。我们原来也都站在防空洞门口观望，当敌机临空，而且听到炸弹爆炸声轰隆不绝，这才躲进洞内。正在大家惊慌不定的时候，忽然从外面跑进一大群人，有的头破了，有的脚崴了，有的身上带着血，纷纷拥进防空洞。原来这些人都是待在家里，敌机投弹时房倒墙摧躲避不及而受伤的。此时敌机尚未离远，警报尚未解除，人们都惊魂未定，一时间洞内像死一样的寂静，这时候大家都觉得过一分钟就像过一年那样艰难，好不容易听到解除警报的响声，大家纷纷从防空洞走出。

这时我心里惦记着家里，不知我们的住处安乐洞那儿怎么样了，匆匆走出防空洞就想从十八梯走上去赶回家，谁知没走几步，就被宪兵拦住不准走；于是再折向另一方向，也是没有几步又被拦住不准走。一打听，原来是这一地区戒严。这一天被炸的有大梁子、左营街、苍坪街、都邮街、一牌坊、储奇门、太平门、商业场、神仙口、陕西路、西四街、朝天门、玛瑙溪等处。这恰好是以我所躲避的中央公园为中心，画一个很大的圆圈，将重庆市除通远门外全部市中心的精华所在都包括进去了。市中心 27 条主要街道有 19 条几乎被炸成废墟，大火蔓延，至夜不熄。当时为了防止有人趁火打劫，在消防救火之际，断绝交通，一直到傍晚才解除戒严，放人通行。这时我才能赶回安乐洞街的寓所，沿途到处是断垣残壁、焦土烟火、死尸枕藉，甚至树枝上也挂着断臂残肢，令人惨不忍睹！路上行人大都是神情恍惚，悲愤无言，我好像行走在幽冥之中。

到家时，天已黄昏，一片迷茫，远远地隐隐约约看见父亲伏在楼头窗口张望着，我大声喊了他一声，他才喃喃地说了一句：“儿子，你才回来呀！”

我们父子俩都泪流满面。原来家里知道我去的是市中区，之后听说那地方被炸了，而我又这么长时间不回家，都以为我多半已葬身火海了。一旦回来，家人相见，恍同隔世！

这一天的轰炸因为在市中区，我家住在通远门附近虽未被波及，但由于一天惊恐，精神紧缩，大家都是恍恍惚惚，如醉如痴，晚上草草地吃过晚饭，相对默然枯坐。忽然听到到处都是敲铜盆、破铁盘、旧脸盆的声音，一时弄不清又出了什么事，因为这时候人们都已是惊弓之鸟，突然听到这一片喧嚣，心里的感觉简直像大难临头似的，一打听，原来是这天月食，当地人认为是天狗吃月亮，所以如此敲打，用以惊吓天狗。回想当时，心慌意乱至于何极！这一天夜里我是辗转反侧，不能入睡，白天所见到的惨景，一直萦绕眼前。想起敌人的残暴，想起被害人民的凄惨，实在无法交睫。

5 月 4 日这天早上起来，余悸犹存，精神依然恍恍惚惚，母亲正在为我炒饭，我吃了饭要去上班。我们住的是上安乐洞街，地势较高，从门口可以眺望到下安乐洞街的一大片地区。母亲一面炒饭，一面喊着我的名字说："又拉警报了！"我说："哪里有这回事，我根本没听见警报声。"母亲叫我往下安乐洞街那边看，果然看见一大群人纷纷向防空洞的方向跑去。这时，我心里已经有些发毛了，但还是认为没有拉警报，可能这些人不是跑防空洞，后来才听说是因为警报器出毛病，所以一直没有拉警报。这时父亲下楼来叫我带着 3 个弟弟到三叔那里去暂避。因为那时三叔住在中一路，正好在一个山坡的下面，山坡上就是德国领事馆，那上面一直飘着一面卐字旗。我们以为日本和德国同是轴心国，这面旗子可能起一点安全作用。我带着弟弟（最小的弟弟才 3 岁，由我抱着）到三叔家，其时我的二姑父已经先我们到了那儿了。没过一会就听见嗡嗡的飞机声已经到了重庆上空，紧接着便听见炸弹的爆炸声连续不断。我们待的那间房子的天花板上的灰土纷纷落下，只见床上挂的帐子慢慢下坠。一时间屋子里尘雾弥漫，到处灰蒙蒙一片。二姑父的眼镜片不知何时掉了一片，他是深度近视，没有眼镜便什么也看不清，只得在地上尘土中到处摸索，大家都手足无措。这时我忽然看见外面火光闪耀，便大喊了一声："还不赶快往外跑！"这才提醒大家一齐往门外跑。我们一齐跑过马路，到街对面一家人家的门楼下停了下来，往对面一看，三叔的住所已经火光一片。这时我忽然惊觉我手上少了一件东西似的，原来我在跑出房间时，一直是把小弟抱在怀里的，只是在出大门时，为了招呼其他弟弟，暂时把他放在大门口站一会，当我们从大门口跑出来时，竟把他忘记了。我急忙再跑回去，跑到那大门口，他正在一只手擦眼泪，一边号哭着哩。等我把他抱起来，刚跑出大门，这大门上的一根横梁已经燃烧着火，掉了下来，把大门封住，再也进不去了。这一切都发生在俄顷之间，真可谓千钧一发，九死一生了。

当我抱着小弟再回到那家的门楼下时，三叔眼看他的全部财物即将付之一炬，几次要奔进火场，想抢救一点东西出来，经我一再阻止才没去，否则后果只能是身投火海，与身外之物同归于尽。此时三叔提出要赶快找一个栖身之处，要我们一齐先到观音岩大姑父家，这时我想到家中还有父亲、母亲和妹妹，不知道他们现在怎么样了，就叫弟弟们站在原地不要离开，自己急忙往家里跑。

这一路上住的绝大多数是贫民、苦力，住的房子都是竹木结构糊上泥土的棚户。沿途触目皆是颓壁残垣，尸横遍地，还有一些人被压在倒塌的墙柱之下尚未气绝，呻吟呼救，惨不忍闻！天地为愁，草木凄悲。我曾几次参与帮着从瓦砾堆中拉出好几个被压在土石中的人来，但我心里又惦记着父亲和母亲，我已经十几个小时没有见到他们了，大劫之余，此时尚不知生死存亡，3 个弟弟还丢在那家门楼下，又怕他们散失。此时无法两顾，真是心急如焚，只好横下一条心径直往家里跑，此时离家愈近，心里愈觉惊心，因为一路几乎没有看到一处完整的房屋了，走到家门口，看见房架子依然完好，心里略为安定，于是大声喊："伯伯，妈妈！"当我听到他们的应声，一颗悬着的心才落了下来，眼泪再也止不住夺眶而出了。走进家门，父亲和母亲带着妹妹在楼下许家，在敌机临空之际，他们是用几床棉被迭放在方桌上，大家俯伏在桌子下躲避。我们家是住在楼上，此时楼上的房顶已被飞来的一块直径约 30mm 的炸弹片砸穿，连天花板也塌下来了，这块弹片还把室内一张竹制木面的方桌也砸散了架，房子已经炸毁，当然已无法栖身。父亲让我陪着母亲带着弟妹们先到张家花园小姨母住所暂住，我当即搀着母亲往外走，此时母亲怀里还抱着妹妹，一走出家门，到处是瓦砾满地，断木纵横，母亲幼年曾经缠过足，虽已解放，但是这样坎坷的路，实在艰难，这时候与其说我是搀着母亲走，倒不如说我是挟着母亲在走。走到弟弟们所待的那家门楼，看到他们还站在那里等我，三叔他们已经先到大姑父那里去了。于是我们一行连同母亲怀里抱的妹妹大小共 6 人，迤逦跋涉向张家花园走去，一路上到处是瓦砾，到处是砖瓦木块，到处是枕藉的尸体，伤心惨目，如入人间地狱！

好不容易走到张家花园小姨母住处，把母亲送进室内，我就在大门口的石头门槛上坐下来想憩一会，刚一坐下来，不知不觉地就睡着了，可见当时疲乏到何等程度！母亲把我喊醒，让我再回去看看父亲，走到大姑父住处的窗子下面（他的房子窗户临街），喊了一声，见四婶正在到处找四叔，据她说她回到家时（四叔、四婶也住在上安乐洞街，住房就在我们住房的后墙那一边），看见隔壁那家的一个铜匠被炸死，自己家的房门锁被撬掉，四叔不在家里，到处找不到他。四婶边说边哭，她觉着四叔可能已遭不幸，这时看见从观音岩到黄家垭口一带的人行道旁，一排排地平放着被炸死的尸体，我就陪着她拿着电筒，一个挨一个一边照着，四婶一直喊着："国屏……国屏……"声音凄恻，令人不忍卒听。当时像我们这样找亲人的，沿途不知凡几。呼喊之声，此起彼伏，好似招魂一般。后来我又跑回家，找到父亲，又一同去找四叔，终于在安乐洞街左边的一座小山坡上找到了他。万万没有想到，以他那样的文弱书生竟然提出了两口大箱子和一支大藤网篮放在身边。人们常说，人到了紧急关头会使出身上所有的原动力，扛起他平时绝对扛不起来的东西，真是像奇迹一样！那时，在这个小山坡上到处都是无家可归的人，携儿带女，提箱背笼，凄凄惶惶地在那儿准备熬过这一宵。我们也就在这小山坡上神情索寞地坐了一夜。

经此大劫，人们都有隔世之感。

5 月 3 日中午 1 时 17 分，敌机两批各 18 架从湖南的沅陵经酉阳侵入重庆上空，沿长江北岸呼啸俯冲，向毫无防备的重庆市中心狂掷爆炸弹和燃烧弹。顿时人口稠密、商业繁荣的市中区陷入了冲天烈焰、滚滚浓烟中。

5 月 4 日这一天，敌机共 27 架空袭重庆市区，对都邮街、小梁子、夫子池、七星岗一带狂轰滥炸，使这一地区遭到彻底破坏，火头达 14 处，水电设施全遭破坏。

据统计，五三、五四两天，重庆市区房屋被毁 2000 多幢，市民死亡 2648 人，伤 3668 人。财产损失惨重，单是都邮街一带被焚毁的绸缎商店就有 15 家，损失布匹 16.7 万多匹，全市 37 家私营银行有 14 家毁于弹火，至于其他中下层人民的损失，就无法统计了。我们一家在这次大劫之中虽然损失了不少财物，三叔一家更是所有家当全部付之一炬，所幸人口平安，无一人伤损。为此，父亲每年此日，必在家中焚香静坐，默念《般若波罗蜜多心经》数十遍，以答神庥，并称此日为“家难日”，告诫家人，永志不忘，这是很有深意的。

我现在之所以不厌其烦地把这两天残酷轰炸中我家所遭受的劫难与惊恐写出来，也就是要告诉后世子孙：日本军国主义是何等凶残暴虐！我们这一辈人的前半生曾经生活在侵略者的欺凌之下，深深体会到今天的幸福生活得来不易，我们一定要热爱祖国，捍卫和平，绝不容许日本军国主义卷土重来！

日记中的重庆大轰炸

陈克文*

1939年5月3日　星期三　晴

晨间6时还未起床，已经红日满室。天气如此晴朗，大家心中早已有敌机恐将来袭的预感。中午下班的时候，在政院大门遇吴复年，彼即告以敌机已到万县的消息。回到寓所，午饭未完，果闻警报，大家躲到附近防空洞。约半小时后，敌机已到，隐闻轰炸声。不过两三分钟，便归沉寂。远望城里，但见黑烟数起，直冲霄汉，知城里已遭殃矣。静候许久，未闻解除警报。回到寓里约一小时后，往储奇门接之迈的轿夫三人狼狈回来，一人满身是血。据他们说，储奇门一带被炸甚惨，死伤满地。以时间测之，之迈尚未渡江，当无危险。

午后4时，仍未闻警报解除声。路上行人已往来如恒，想警报机已被毁。步行回政院，至6时许，院中忽接电话，谓敌机又来。众皆仓皇避入防空洞，但竟无事。唯经此虚惊，已半日不能办公。7时半，铸秋一同来寓晚

---

*　作者时任国民政府行政院参事。

饭。到寓，之迈仍未回，不知何故。之迈太太的堂妹黎小姐却经储奇门灾区到来，曾踏死尸而过，和三轿夫一样，死里逃生出来。

晚饭后晴空无云，月光皎洁。今日系旧历三月十四，月已团圆。送铸秋门外，忽见皎皎明月被黑气从下上掩，知是月食。从8时许起，黑色逐渐向上，至9时半而全蚀。全蚀的时候，并不是完全看不见月，不过光辉皎洁的明月已变为暗淡无光的黄色圆球，仍然挂在天空。自9时半至10时3刻，始终是一个暗淡无光的黄色圆球。远近居民看见月食，有些打鼓，有些打锣，有些打铁锅，打家具，放爆竹，闹做一团。大概是一种迷信，要救出月亮之意。这些微弱的杂声，一些没有效果。他们打得疲倦了，声音渐渐小了，黄色圆球的左边才渐渐露出一线的光辉来。蚀的时候是从下而上，恢复光辉的时候却从左而右。从始蚀到全蚀约一小时，全蚀后又一小时余，然后渐渐恢复光辉，完全复原也一小时左右。今天恰好敌机来袭，城里几处大火，死伤无数。今晚偏偏遇着月食，好迷信的市民不知又要生出什么神话来了。敌人用飞机炸弹来毁灭我们，我们却敲锣打鼓去救月食，这个比对实在太强烈了。

1939年5月4日　星期四　晴

昨夜听到好些人说城内被焚炸的惨状。今早没有回政院以前先入城，看看几个朋友。首先到大梁子，朱大姊她们虽没有事，但左右都落了炸弹，窗上的玻璃都破了，房子被剧烈的震动，差不多要倒下来。她们都很着急，要即迁到城外去。后来又到九道门，朴生和海外部许多朋友都安然无事。来往途中，经过许多被焚炸的地点，有些死尸还没收殓，灾民抱着婴儿在破瓦烂木堆中，一面哭泣一面扒找什么东西，惨状不能笔述。

回到院里，11时左右，忽又传有敌机来袭，大家奔到防空洞，一小时多幸没事。之迈一直到下午3时还没回来，大家很着急。派出去的勤务回来，知道他昨天敌机来过之后才到海棠溪车站，断没有遇险之理。但是为什么昨夜一夜不回来，今天又大半天不回来呢，只好向警察局和卫戍司令部请他们设法调查了。

下午 5 时左右，空袭警报忽然又来了。下午敌机不会来的观念又打破了。6 时左右，敌机闯入市空，防空洞内塞满了人，炸弹声，高射炮声，震动得很厉害。10 分钟后，出洞外一看，城里火光烛天，黑烟直冲霄汉。原来七星冈、通远门一带市区，又遭殃了。警报解除，急行回寓。入门便闻之迈的声音，为之大喜。握手问讯，喜极几至于大家落泪。唯市内一片火光，号哭之声震天，则又不能不相对太息，愤慨欲绝。嗟呼，此仇此恨，何时可雪耶。

1939 年 5 月 5 日　星期五　晴

大火一夜未熄，呼号的声音令人不忍安睡。方成眠，忽又被警报声惊起，急往躲避，幸敌机并未到来。7 时起来，前往国府参加五五纪念典礼。沿途但见避难同胞，络绎不绝，情状极惨。平常参加纪念典礼的最少二三百人，今不过百人左右，自是昨晚被敌轰炸，继以大火之影响所至（致）。礼堂中充满着悲愤空气。蒋总裁于纪念会里，特别提出昨晚本市被敌轰炸和大火的事，对于避难同胞流离失所，表示无限悲痛，对于政府防备工作之不周到，再三责备。说话沉痛愤慨，大家都感到十分的惶恐惭愧。总裁说："我在路上看见避难的同胞，流离失所，我真要马上下车子，让他们乘坐。我们现在要实时把一切公私车辆供给输送难民之用。我们要集中力量，来救济这些避难同胞。"此外他还指示了许多其他办法。散会后，大家实时分头办理。到了 12 时各机关的公私汽车都出动了：总裁的车子、孔院长的车子都派了出来。院里派出大小车子 5 辆，职员 10 人，到两路口一带，输送难民。老百姓真是太好了，平日的痛苦，不敢有什么埋怨的话。现在得到一些些的方便，便满口的感谢，都说"这真是好事呀！我们可以免费坐车"。其中还有些人不敢十分放心坐这些车子。他们都觉得穿着破烂污臭的衣服，抱着不值钱的家当，坐上漂亮的汽车是十分不相称的。经过再三的解释劝说，他们才愿意上车。

上午 8 时到国民政府。散会后回到院里，召集党部的负责人开会，讨论援助难民疏散的办法。许多必须发出的公文都发出了，又把汽车夫叫来，吩咐了许多话。这样到了下午 2 时左右，汽车都出动了，再跟他们到两路口，看看一般的情形。第一批输送难民的车子向西出发了，才跑回家吃午饭。一身的汗，饥腹雷鸣，但并不觉得什么疲劳。下午，据派出去的人员报告，情形很好，我们的车子，共输送了 150 余人。城里大火的结果，许多朋友都变了无家可归。蘅静一大早已经来到，之迈太太的妹妹是前天来的，下午郭斌嘉（佳）也来了。晚饭时还加上朱大姊朱露莎、叶蝉贞、黄山农，满桌子的人。大家都笑说，这里已经变成难民收容所。

晚饭后回到院里，听取各人的报告，并讨论明天的工作。忽又接到何总参谋长的通知，10 时在军事委员会开会。车子开到，已经 9 时半，正是蒋委员长训话的时候。他老人家不惮烦的，自己再三出席指示，这不只表示他对于这件事的重视，也表示他的做事方法。做领导的人能够多和执行的人接近，多给他们鼓励，事情的进行才能够切实敏捷。这是个人最近感觉得特别真切的。委员长的训话大概半小时。继着何做主席，讨论今后疏散和救济的工作。到会的人和一般的会场一样，缺乏训练，发言没有范围，缺乏真实的见解。一直到深夜 12 时半，才勉强结束了会议。所得的结果，可以说是无需一定开会的。

1939 年 5 月 6 日　星期六　晴

义务输送难胞的汽车，今早 7 时须出发。所以 6 时便起来，7 时回到院里，召集服务人员开了一度简短的会议。他们很热诚、很高兴地做这种工作。12 时他们都回来报告工作的情形。这时候警报又来了，躲到防空洞里一小时多，敌机未到。夜间才由防空司令部人员的报告，知道今天的防空情报不准确。今天的心情比较昨天弛缓了一些。下午 3 时午饭后，昼寝一小时，恢复了疲劳。

晚饭后，到院里听取服务人员的报告，跟着又到军委会参加会议。蒋总裁依旧出席训话。他对于这两天的救护疏散工作颇觉满意，但说到以前的准备工作，仍然很生气，厉声呵斥，频频说该砍头，该砍头。训话的要点：（1）市内拆火巷工作最紧要，要照原计划加紧进行。（2）马路上石料木料应由公务局克日迁移，不许再放，免碍交通，并应颁布规则限制。（3）灾区的清理须急将未倒下的柱子拆下。（4）疏散须即切实执行（说到这点，他很动气。他说：我已发命令几个月了，手令不下几千字，你们一个字未经实行，连计划也没有。这样中国不是快要亡了吗，大家都是亡国奴的性格，该砍头的，真可气！今后，应该一切事情规定日期程限，规定负责人员，如不能依期实行，非杀头不可。）（5）问这次烧毁炸毁多了少房子，已经三天了，警察局应该知道（局长徐中齐起来，只说有了报告，再三问究竟数目如何，瞠目不能答。）（6）公务员党员应该组织服务队。（7）问今天的警报怎样？（防空司令部的人员报告，今天警报情报不确，敌人并没有飞机来。问为什么？说监视哨工作人员待遇太低，能力太差，班长不过月支 20 元，并且 2 月份至今未发薪——防空工作还有这样的情形，真出人意料。总裁也为愕然，频嘱何应钦总参谋长立刻改善。我们吃警报不确的亏实在太多了，不知道今后可好些否。）

总裁走后，又讨论了许多救济和疏散的问题，情形比昨夜好些。散会时也已经深夜 1 时了。自来水断了两天，今天恢复了。

1939 年 5 月 14 日　星期日　阴有雨

重庆被大轰炸后，阿静还没有接到我们的信，很着急，打算回来。所以今早随乃光的车和振姊到南开去，之迈也顺便到歌乐山看他的太太。9 时半开车到南开后，把阿静和大元也装到车上，一同到歌乐山去。一路上看见许多避难的同胞在成渝路两旁盖些临时的茅草窝，姑且安身。许多工厂的器材，许多行政机关的东西，都散布在路的两旁。他们正在那里收拾安顿，建筑房舍，情形无疑是十分凄凉。可是大家都有一种咬定牙根，从困苦中建起未来伟大事业的精神。他们没有颓丧，没有失望，他们都在动手做，都在奋斗。敌人无论怎样的残暴，决没有方法可以消灭我们这种精神，更没有方法可以炸毁我们这种到处都散布存在的，不断生长的建国事业。

我们下山时已经是下午1时。之迈太太看见我们来很高兴，她的孩子还没有出世，据说便在这一礼拜之内了。振姊近来感觉不好过，顺便请李士伟大夫诊察，也断定了是有了喜。振姊很着急，以为在这时候有孕，是一件麻烦辛苦的事。前两年医生诊断振姊患的子宫后屈症，不能再受胎了，不知何以现在忽然又受孕起来，真有些不可解。

1939年5月25日　星期四　晴

10日多没有警报，大家渐渐大意起来。想不到下午6时余，忽然警报大鸣，躲到防空洞后约一小时余敌机才到。不知在何处投弹，响声不大，大概距离尚远。从6时余一直到9时余，警报才解除。效率会的调查员王式典从城里跑回来，手上受了弹片割伤，原来公园附近又遭了殃。

报上又发表汪先生到东京和平沼订约的消息，评论并且严厉斥骂，说他已经和警报时候放信号的汉奸一样。这是中央主持的报纸第一次公开斥骂的论评。这事如真，天下事真是有不能用常理推度的了。

读张君劢的《立国之道》末数章。

1939年5月26日　星期五　阴

晨间访乃光，市党部主任委员洪兰友适到，据说市党部已被敌机炸毁。11时和铸秋入城，从绣壁街至县庙街、陕西街、打铜街、小什字、小梁子一带巡视一周，均为昨日敌机轰炸目标，死尸尚多陈道旁，唯各处火势已熄。到经济部及《时事新报》社，慰问诸友人，循都邮街出城。昔日肩摩踵接之繁华地，大都变成砖堆瓦砾，荒凉满目，不可复识。此仇此恨，何时可报呢？晚间廷黻、彝鼎来寓晚饭。夜8时起卫戍司令部清查户口，断绝交通。诸人均不能回去，只好打麻雀牌。

1939 年 6 月 7 日　星期三　阴

天阴，大家心里以为敌机不会来。到了下午 6 时左右，想不到警报竟发了出来，幸而敌机到底不曾到市空。但警报将解除的时候，一幕惨剧又出来了，一架我们自己在天空警戒的驱逐机，突然从高空倒栽下来，堕落的地点便在国民政府后面的园子里，砸死勤务兵八九人，驾驶员跳伞逃命，大家都看着他安然落地，看他敬礼，还是不幸中之大幸。

晚饭后，蒋处长廷黻来寓闲谈，又提到驻俄大使杨杰强奸法国 16 岁女打字员和购买军火从中作弊的事。作弊的数目很大，总计大概在百万上下，消息都是一个和杨杰共事的外国人秘密报告出来的。这案件现在政府如何处置，还不知道。国家民族到了如此地步，代表国家的大员居然有这样没良心没廉耻的行径，真是可恨可羞。杨杰案之外，还有卸任驻美大使王正廷和美国某律师 100 万元的不明不白的案子，驻荷公使张歆海偷买军火运往西班牙的案子，都是最近外交人员舞弊的大案，我们一直谈了三四个小时才散去。

1939 年 6 月 9 日　星期五　晴

汪先生的和议主张到底弄到国府下令通缉了。他到上海和敌伪往来，已经证实。我们以往对他敬佩的人，到此除了痛心之外，还有何 [可] 说？不论从我们东方的传统思想来说，或者从西方的道德观念来说，他的行动似乎都找不到一点理论的根据。他的行动如果是可以有理论根据的话，则所谓是非善恶的标准是什么呢？现在还或许有人说，他们的行动是中央不留余地的过分的处分迫出来的。就算是事实，也不能认为他的行动是可以原谅的。

下午 6 时左右，警报又来了。黄昏中敌机闯进了市空，仍向以前轰炸过的市区投弹，结果我们损失并不大。敌机却给我们的高射炮打下了 3 架。

1939年6月11日　星期日　晴

上午9时和振姊随乃光的汽车到南开探视静女。和平时一样，到小馆子吃午饭才回去。

回到寓所，天气既热，又甚疲倦，躺在床上睡了一大觉，醒来已下午5时余。振姊忽来说，隔壁的消息，敌机快要来了。话没说完，警报已响，就近躲到马路旁边的防空洞里，离寓所约半里路远。一小时后，紧急警报来了，敌机闯入市空，枣子岚垭附近，在我们躲避的地方不远落了许多炸弹。洞里感觉到极大的空气压力，站立着的人差不到都倒下去，外面猛烈的爆炸声震耳欲聋，里面的惊呼声更令人意乱。振姊紧紧地抱着我，幸而一点损失没有。约10分钟，一场惊怖渐渐过去。又半小时后，警报解除。急到各处查看，原来防空洞前面约莫10丈左右落了两弹，幸没有死伤。回到寓里，厨房和楼上的屋顶都穿了一个大孔，满地的玻璃碎片、石灰、瓦片、木片，散了一地。大概是附近飞来的弹片或碎石的结果。回到行政院，江边的防空洞中了一弹，一个出口被土石封闭了，附近的一座大房子倒了，也幸而没有死伤。

朱大姊、露莎、叶小姐、庄小姐、唐小姐她们也和我们到了同一个防空洞。炸弹的声响已过，大家到洞外空地等候解除警报。朱大姊说，我们今天所有平时最接近的朋友都聚在一处，真是难得，假若不幸，这洞被炸崩陷，那真是共患难同生死了。今天真是一个很有意义可纪念的日子。

平群本来约我们到他寓里晚饭的。附近落了炸弹，只能吃面包、饼干和面条，饭竟吃不成功。廷黻、之迈、斌佳都到了，振姊没有去。大家见面，又是一番庆幸问讯的话。之迈却频频说“这生活过得真没意义”，我说“过了三年五年，战事平息，那时候你必觉得现在这生活是最有意义的”。

1939年6月30日　星期五　晴

午饭才完，忽闻空袭警报，和之迈、振姊同步行往政院防空洞，到半路振姊已疲不能行。到防空洞后约一小时，解除警报，敌机并没有来。连日中央社和路透社、海通社的消息都说，汪先生由上海到天津，和王克敏、梁鸿志之流往来接洽，报纸上也大书特书汪逆字样了。看来真令人生无限感慨。

1939 年 7 月 5 日　星期三　晴

文书科科长程明斋上星期二忽患泻甚剧，回家调治。今晨据来人报告，昨夜 11 时已逝世。院里同人得讯，皆为叹息。程任职多年，向以勤谨得力称，播迁来渝，竟至客死。年仅 58 岁，身后萧条，宜同人之寄予同情也。

晚饭后乃光来寓，谈彼最近在佛图关向训练团演讲地方行政问题，甚自得。蒋委员长亦出席听讲两小时云。天气热甚。乃光走后，浴罢与之迈、斌佳坐寓前小园乘凉。已 11 时左右，一轮皓月澈照大地，笑谓之迈，似应早睡，月光如此，难保敌机不来，早睡犹得一场休息，晚睡恐不及眠。话才说完，警报即呜呜大鸣，可谓巧极。急穿衣步行往行政院防空洞，振姊驮着大肚子，路上几乎走不动。没有轿子也没有车子，只好尽力地走，到得防空洞，几乎喘不上气来，幸而紧急警报还没有放。坐了一会，紧急警报来了，电灯全熄灭。又半小时左右，敌机飞行的声音，隐隐可闻。第一批过去了，第二第三批接着来，最后一批在不知什么地方丢了炸弹，洞里可以听闻爆炸的声音。

电话来了，敌机已经全走，扶着振姊回寓。路上的行人和汽车挤做一团，路中往城里一看，一派火光上冲霄汉，原来又是市区遭了殃。到得寓所已经是清晨 3 时左右了。这一次算是敌机第一次正式夜袭重庆。夜间探照灯不易使用，照不见敌机的行动。我们的高射炮全静默着，似乎毫无办法地让敌机肆虐。

太行根据地夏季反“扫荡”

战斗在邯长大道上

皮定钧[*]

经过抗日军民两年的艰苦缔造和苦心经营，以太行山为中心的晋冀鲁豫根据地，日益成为坚持敌后抗日斗争的一座堡垒；又由于太行山的地理位置有着特殊的重要意义，它不仅处在四省的接壤，而且头顶正太，脚踏陇海，左右可控平汉、同蒲两线，敌人越来越感到太行根据地威胁的严重，一直挖空心思除掉这个“心腹之患”。

1939 年 7 月初，日寇结束了对冀南的“扫荡”后，紧接着就集中 5 万多兵力，对太行山区发动了规模更大的“扫荡”。敌人先攻占了白晋线各城镇，割断我太行、太岳两区的联系，接着又企图打通邯（郸）长（治）大道，把太行区也割裂成太南、太北两块，然后实行所谓“分区清剿”，逐步压缩，由“点”“线”到“面”的占领，妄想把我军挤出太行，消灭太行山抗日革命根据地。

正在大敌当前的紧急关头，国民党顽固派却在全国范围内开始酝酿第一次反共高潮，在冀西、太南地区的朱怀冰、庞炳勋、孙殿英、侯如墉等国民党部队，破坏抗日政权，暗杀抗日干部，偷袭抗日武装，积极配合日寇，阴

---

* 作者时任八路军第 129 师特务团团长。

谋趁火打劫，把我们赶走，好进一步奴役和出卖太行人民。一时阴云四合，情势十分严重。正如刘伯承师长所说的，当时的处境是“前门拒虎，后门打狼”。

就在这敌顽夹击的严重情况下，为粉碎敌人的阴谋，保卫根据地，我率领129师特务团，奉刘伯承、邓小平首长的命令，在邯（郸）长（治）大道沿线的武安、涉县、黎城、潞城地区和当地人民群众一起，开展了广泛的群众性游击战，进行了艰苦的反“扫荡”斗争。

敌人“扫荡”的手段非常毒辣，为了断绝我军人力、物力的来源，前进一步就安一个据点，每安一个据点就四处对周围的居民实行残酷的政治迫害和军事镇压，加上灭绝人性的奸淫掳掠，沿路许多村庄都遭到惨绝人寰的血洗。敌人的残酷并没有吓倒人民，而是激起人民更大的仇恨，群众的怒火铸成一个坚强的决心，一定要把“扫荡”的日寇赶出去。这时，各县的八路军工作团（即当时的县委）不顾“扫荡”的危险，持续地进行了广泛的发动群众和组织群众的工作，把人民自发的斗争要求，提高到有组织的全民武装斗争的高度，正是人民群众这股强烈的斗争要求和自觉的斗争积极性，成为反“扫荡”斗争最雄厚的力量。

敌人的企图是想一鼓作气把邯（郸）长（治）线打通，我们则必须迟滞敌人前进，拉住敌人的后腿，争取时间，进一步组织群众，动员群众坚壁清野。要拉住敌人就必须进攻敌人，当时正是敌人最疯狂的时候，我军大部分主力部队已经转到外线，我们师部特务团又是刚由特务营扩编起来，兵力有限，老兵不多，装备也很差，正面阻击住敌人是不可能的，但是我们有群众，只要把群众深入发动起来，开展广泛的游击战，就可以利用游击战争所特有的主动性、灵活性，抓住一切空隙，进攻或袭扰分散、孤立的敌人。

7月12日，我们到达了涉县西北的岭后村，队伍还没有停稳，侦察排长飞奔来报告：“鬼子占了涉县以后，派了一支300多人的先头部队驻在漳河西岸的河南店。正好连天大雨，河水暴涨，主力在漳河彼岸全被断绝了。”这真是天怒人怨！好像洪水有意给我们送来了一股孤立的敌人。当时敌人正在疯狂，不把它的气焰打下去，不足以鼓士气，振民心。战机难得，不能轻易放过。我们立即决定，利用连绵不断的大雨和伸手不见五指的黑夜，由一营当晚夜袭河南店，恰巧这时有许多群众陆续从河南店逃出来，他们向部队诉说了敌人的残暴，进一步烧旺了指战员的杀敌怒火；他们提供的敌情更增加了我们克敌制胜的把握，群众还纷纷要求给部队带路。

夜战、偷袭，是我军游击战的拿手好戏。岭后到河南店是一溜下坡，部队连跑带滑，急速前进，大雨掩盖了部队运动的声音。我们神不知鬼不觉地来到河南店。1 连、3 连摸到敌人住的几个骡马大店的房顶上，2 连控制了西头土地庙敌人的岗哨，敌人根本没有想到我们会在大雨滂沱的夜里突然降临。骡马大店房顶上的手榴弹突然一一爆炸，好多日军还没有来得及醒来就上了西天。侥幸不死的，跌跌撞撞扑向土地庙，企图顽抗。可惜土地庙的一挺机枪已为 2 连掌握，正好吃了一顿炒豆子。还有些日军摸到河边，妄想涉水逃跑。但狂怒的漳河挡住了去路，真是上天无路、入地无门，又一批日军被卷进了汹涌的激流。对岸敌人主力虽然近在咫尺，却只能“隔河兴叹”，只是把所有的机关枪、大炮对着漳河乱放一阵。这一仗，给了西进的敌人迎头一捧！在胜利的鼓舞下，群众性的对敌斗争得到进一步开展，群众纷纷向部队表示：“你们放心干吧，要人咱们都上，要粮咱们不吃也得拿，打鬼子嘛，没二话！”武安、涉县的青壮年组成了游击小组配合我军积极打击敌人，我们又把缴来的枪支子弹送给他们，提高和扩大群众抗日武装。游击小组成了我军的重要助手和后备力量。敌人则自河南店遭受打击以后，不得不放慢了“扫荡”的步伐，变得格外小心谨慎起来。一般都是大部队行动，稳扎稳打、步步为营，这倒使我军不好下手。但是敌人既集中了兵力，就必然拉大了空隙。于是我们又广泛采用了“破击战”，找空子破坏敌人的交通和通讯联络。在涉县西面的龙虎村、鸡窝铺一带，都是以部队或游击小组为骨干，今天这里，明天那里，利用夜晚割电话线和破坏公路。白天是敌人的天下，夜晚是我们的天下，一到夜晚部队把据点里的敌人监视起来，男女老幼一起动手，把电线杆搞得一干二净，公路挖得一段一段。尽管敌人强迫群众在白天修复，但老百姓是白天修一尺，晚上破一丈，前边修，后边破。电话总也打不通，公路总不能通车。敌人的汽车总是几十辆、上百辆停在公路上，刚走不了几步就又得停下。

“破击战”并不仅仅是消极地破坏公路，而是又“破”又“击”，每次破坏公路以后，第二天就派少数兵力等机会伏击敌人的车队。仅在东阳关至玉石桥之间，就连续伏击四五次，打毁日军的汽车十几辆。

有一次，200 多日军护送 100 多辆汽车，由涉县开往黎城。从一出东阳关，就有游击小组的冷枪“照顾”了一路。起先敌人怕停下来更吃亏，就加快速度一个劲儿往前开，想闯过去。过了玉石桥是一条漫溜深沟，汽车刚拐弯，一个汉奸、一个日军就连被我神枪手撂倒。紧接着，领先的汽车又倒扣到陷阱里，后面的车刹不住，也翻了个四轮朝天。日军队长动了肝火，下命令向山上冲，可是冲到山上连个人影也没有。再冲向另一个山包，还是一无所有。日军气不过，就用机枪小炮漫无目的地乱扫一通。打得正热闹，公路上的汽车又把地雷折腾响了，烧起熊熊大火。其实这次漂亮的伏击战，我们只出动了 23 个侦察员和少数游击小组。等黎城的敌人闻讯赶来接应时，我们早已转移到东北角数百米的高山上休息谈笑半个多小时了。

“破击战”对敌人威胁很大，敌人为了维护交通线的顺畅，不得不把兵力分散，并增调大批伪军在武涉沿线增加了很多临时据点。敌人一分散，我们又集中了。我们抓住敌人立足未稳、不及设防的据点，又在夜间派部队或游击小组集中力量袭击据点，瞅准一个收拾一个，打得敌人一到夜晚就心惊肉跳，常常把炮火盲目打个通夜。敌人把夜晚当白天，把白天当夜晚，我们就反过来晚上睡足觉，白天出来揍它。每当正午敌人熟睡的时候，游击小组装成修路的、给敌人送东西的，把手榴弹装在篮子里，别在腰里，到了碉堡口填上几个，抓几支枪就走。

这样一来，敌人夜晚不敢睡，白天也不能睡了。又组织 50 人至 100 人的巡逻队，到处寻找游击小组。我们就改用“麻雀战”对付它的巡逻队，部队分成三五个人一伙，带领群众到处“捕食”。发现哪个巡逻队人数少，或是碰到掉队的、先遣的，就干掉几个，立刻转移。敌人往往被打倒了，还不知道子弹从哪儿飞来。等大部队上来，游击小组早就连影子也没有了。这一来，搞得日军昼也怕，夜也怕，有山不敢靠，见沟不敢越，是树林不敢进，仿佛到处都埋伏着游击小组，真是花摇草动也胆战心惊。群众则越干越起劲，青壮年更踊跃参加游击小组，游击小组越发展越多，到处群众自动组织起来打击敌人，谁都想搞几支枪编个游击小组找日军出出气。

从此以后，日军的巡逻队也不敢远离据点和交通线了，就是大批的车队，一遇复杂地形也不敢轻易通过，往往把所有的汽车停下来，派兵搜索后才敢先派一辆车试行一段，其他车再跟上来。汽车接力赛，也算日军一项愚蠢的“创造”吧！但是这种接力赛实在太费劲了。日军有大队人马驻在黎城，补给基地在邯郸，连马料都要靠长途运输，而他的汽车却只能顶一辆人力车来使用，运来的补给品根本不够黎城日军的人马消耗。敌人就拼命出来抢粮。我们早就预料到这一点。交通线两侧的人民群众早已实行了坚壁清野，而且不少群众在我军的帮助下干脆搬出村庄，离开了交通线。敌人既要抢粮，但是接受了巡逻队的教训，小兵力不敢出动，就又把各据点的兵力拼凑起来集中行动。我军就趁敌人把交通线上的兵力抽空了，组织部队和群众去扒据点。结果，抢粮的敌人抢不到一粒粮食，还撞入游击小组布下的天罗地网，赔上几十条命，而且在交通线上被烧掉不少碉堡。驼子摔跤，两头落空，敌人大队人马的抢粮计划失败了。

交通线是敌人的生命线，失去交通线，敌人就完全失去存在的可能，所以被迫撤回抢粮的兵力，又转移到维护交通线上，残暴成性的敌人为了控制交通线，不但贴近公路实行分区分段巡逻，而且为驱逐游击小组离开交通线，凡交通线两侧 100 米以内，树砍光，草割光，沟填平，还企图把沿线的村庄烧光，把邯长线变成一个鸟雀不停的恐怖地带。于是，一场新的更残酷的摧毁和反摧毁的斗争展开了。

日军接受了教训，把沿线散布的十几个人的小据点都收到大据点里，以一部分兵力守住“乌龟壳”，其余的组成三五十人不等的战斗队，四处不规则地乱扑我游击小组。当时青纱帐正旺，对我们的反摧毁斗争是一个有利的条件。开头两三天，游击小组化整为零，全部隐蔽起来，让敌人乱闯了几天，什么也没有发现。敌人以为我们真的怕他了，又渐渐麻痹起来。敌人一松懈，我们又开始活动了。黎城是晋东南富饶的一个县，城西北五六里，有一条大沙沟，人都叫它花果沟，沟上沟下两个大村庄，村名叫上、下桂花。这沙沟的梨子皮薄肉细，汁多味甜，远近出名，群众叫它“冰糖葫芦”。日军吃上瘾了，一出城就进这条沟，游击小组和群众都报告过这个情况，说是袭击日军的一个好机会。下桂花村东南有个17层大古塔，在塔顶极目远望，黎城敌人的一举一动都了如指掌。我们派侦察员先去塔上进一步查明敌情，晚上就派第4连去沙沟梨园伏击吃梨的日军。第二天上午9时左右，日军大摇大摆背着枪，对四周连看也不看，直着脖子径向花果沟奔来。一进梨园，照老规矩把枪一架，30多人各爬一棵树，像猴子摘桃一样，把梨丢了一地。这倒把4连难住了，“隔枝不打鸟”，敌人分得这样散，又在树上，怎样打法好呢？机灵的连长眉头一皱，决定先集中全连所有的火器，一齐向树上的日军扫去，夺取地下的枪支。连长瞅准时机，作了个手势，全连的火器一齐都大叫起来，一排的战士们如飞一样跑过去，抓起枪就走。树上的日军却像遇到风暴一样，连梨子带人噼里啪啦往下乱掉，这时连长又发了个紧急口令：“1排不动，2、3排追击。”战士们不顾一丈多高的崖头，一股劲就一齐扑了过去。

城里的日军听到枪越响越近，误以为我军攻城，就把守城的全部火器，对准这些“攻城的”日军猛扫了一顿。正当日军的难兄难弟们打得难分难解的时候，4连的英雄们已经背着缴获的枪，谈笑风生地在撤退的路上走了好远了。

上桂花是一次很富有戏剧性的伏击战斗，仗虽小，意义很大。桂花战斗使敌人再一次尝到我军游击战的苦头。自从敌人集中5万大军扑向邯长大道进行“扫荡”起，集中不行，分散也不行；据守不行，出击也不行。每当敌人集中了力量想打的时候，左扑右扑，疲于奔命，却找不到八路军的一个人影子。而在他意想不到的时候，八路军和游击小组却随时随地，神出鬼没，予以突然袭击。我们在毛主席军事思想的指导下，依靠着广大的人民群众，虽然装备差，技术低，但始终不受敌牵动，而使敌受我指挥；在整体上我们虽然处于劣势，但每个局部上我们又总处于优势。桂花战斗后，沿线其他地区也都抓空子，连续打了几次类似的伏击战。邯长线上的敌人受到很大震动，我军在反摧毁斗争中又争取了主动，进一步削弱和消耗了敌人。

尽管日军不甘心失败，但力不从心，伪军更是军心涣散。于是敌人进一步减少邯长线上的据点，力图把所有的据点搞得更强，兵力更集中。为了防止我军和游击小组，交通线两侧，不但见树就砍，而且遇到庄稼就割，就毁。当时正是秋收季节，粮食是抗日军民的命根子。所以保护秋收这一严重的斗争摆在面前，成为当时的中心斗争任务。日军带着汉奸、伪军到处搜寻，虽然我们立即动员群众藏了起来，但是庄稼藏不起来，敌人还能用火烧，用碾子压，以至用手拔青苗。最彻底的办法是要能捆住敌人的手脚，使他们不能乱动，不然就很难保住秋收。但是，消灭一股敌人容易，难题是怎样才能把所有的敌人拴在公路上和据点内呢？当时，为了更广泛地发动群众杀敌，我们派了团部的一名参谋去教游击小组和群众制造和使用地雷。是的，人民群众加地雷，这就是捆敌人的绝好绳索。于是，把师部发给我们的1400多地雷悉数发到各游击小组去，再加上发动群众大造土雷，就在全线开展了地雷战。

起初，为了保护树木和青苗，就在树旁、地头、大路小路上到处埋上地雷。为了使地雷战收到更好的杀敌效果，在准备的同时，故意以小兵力佯动，引诱敌人到各村子串，有计划地让日军疯狂了两天。最后一天夜里，各支队一齐出动，只准埋雷，不准惊动敌人，让日军安静地睡了一晚上。拂晓前，各处的地雷都已埋好，游击小组和埋雷的群众好奇地饭都不回去吃，专等天亮看日军“啃西瓜”。上午八九点，各据点的日军又带着伪军、汉奸出来锯树拔秋。由于我们放手让敌人疯狂了两天，这次日军大模大样走在前面，摆着皇军的威风。还没走多远，第一声“礼炮”就响了。紧接着，锯树树炸了，拔秋地炸了。敌人没想到八路军会在这样短的时间里，毫无动静地在这样多的地方埋上地雷，连个人影也没见就伤亡了一大堆，一时慌了手脚，仓皇收兵回去了。

地雷战不一定每次都能大量杀伤敌人，但对敌人的精神威胁实在是很大。敌人也想尽一切办法破坏我们的地雷战，除使用探雷器以外，还想出让伪军打先锋，赶着牲口压道等办法。但地雷战具有极大的群众性。这样广泛的全民性斗争，是敌人无论如何也破坏不了的。到后期，太行根据地几乎人人会制造和使用地雷。一块坚硬的石头，中间凿个坑，放上炸药加上雷管就是一个土雷。每次敌人来骚扰，群众在转移前总要顺手埋上或者拴上几个地雷。日军跑到村子里，开门门炸，拨窗窗炸，甚至锅碗瓢盆、桌椅板凳都拴着地雷。各种地雷有土有洋，有明有暗，有真有假，一切东西都贴上“免动尊手”的封条。日军只能远看，不敢靠前，不然一动就可能贴上一两条命。

经过一场费尽心机、日日夜夜的艰苦斗争，日军只得把自己拴在据点内和交通线上不敢出来了。保卫秋苗的斗争任务胜利地完成了。这不仅是军事上的胜利，而且深刻地教育了群众和军队。人民更坚定了这样的信心：要生存只有斗争，没有斗争就不能生存。部队也进一步认识到，群众的力量是伟大的，群众的智慧是不可战胜的。人民依靠军队，军队依靠人民。只要组织群众，武装群众，依靠群众，再嚣张的敌人也得低头。

地雷战胜利了！ 4个月来，我们根据毛主席关于游击战争的十六字诀，和敌人进行了不同阶段的反复斗争，不但不断地削弱和消耗了敌人，而且对敌人的精神士气给了很大的打击。邯长大道虽然还有敌人几十个据点，但都被孤立起来，谁也顾不了谁。我们又改变了斗争方法，趁热打铁，继续消耗和小量歼灭敌人。一方面把部队和游击小组的神枪手都组织起来，潜伏到据点跟前去打活靶。无论敌人出来换哨、打水、解手，只要一露头就是几发冷枪。打得日军无处存身。东西黄须村、霞庄一带的游击队员们，甚至利用敌人不敢露头的机会，把地雷埋到敌人的炮楼门口，炸死炸伤好几个日军。另一方面又以疑兵诱敌，大量消耗敌人的弹药。只要在据点外围或老远的山头上放上可疑的目标，哪怕是扎几个草人，敌人的机枪大炮就会响上几个钟头，甚至彻夜不停。

邯长线上整日整夜炮声隆隆，敌人已经开始奏他自己的哀乐了。我军反攻的条件逐渐成熟了。

正在这时，国民党反动派发动了第一次“反共高潮”，阎锡山在晋西北、晋东南发动了进攻山西新军、牺盟会和八路军的“十二月事变”。蒋介石的数万军队步步向我太行腹地逼进。

在虎狼并进的严重形势下，我军在党的领导下，以民族命运为重，团结全国人民在与国民党的反共高潮斗争的同时，继续坚持与日寇的艰苦斗争。师首长们认为，夺回邯长大道是关系太行根据地存亡的一着。经过几个月的斗争，夺回邯长大道的条件已经成熟。于是在 12 月 12 日发起了对邯长大道的全线出击。

在刘师长、邓政委的指挥下，各部队向沿线各据点进行了围攻袭击，经过 70 多次作战，使敌人遭受了惨重损失。接着 344 旅和我团南北夹击邯长大道中段，青纵 2 团和分区部队破袭东段，对沿线残敌作最后扫清。此时敌已粮弹皆缺，黎城之敌火急求救。邯郸又派大兵增援并送来粮弹，企图维持残局。但在我军积极打击下，增援无效，邯长线上的敌人不得不在 22 日开始全线总溃退。

当天我们在兄弟部队 699 团积极配合下，共同攻克了赵店镇。第二天又配合 344 旅攻下黎城。敌人仓皇逃命，我主力和游击队、自卫队连夜展开追击，赶得敌人溃不成军。辎重、枪械弹药以及从根据地掠夺的财物，沿途丢弃，累累皆是。23 日，我军又收复了停何铺、玉石桥两地。再往东就是东阳关，东阳关号称晋东南有名的第一关，两侧高山峭壁、峡谷中筑起此关，乃是邯长大道的咽喉，地势非常险要。敌人唯一的希望就是利用东阳关天险阻止我军追击，争取时间，掩护涉县敌人撤退和东运掠夺的物资。其实我军早已走了这一步棋。攻克黎城后，即以主力平行追击，由侧后迂回，经东西长坦绕到敌人前面，占领了关口。敌人来至关前再想改变计划已经来不及，只好硬着头皮和我们干。但是我军反攻的锐气正盛，又占了有利地形，经过一昼夜残酷的反复争夺，除少数敌人从西南方向绕关夺路逃窜外，大部被憋住歼灭在关里，物资也悉数丢下了。东阳关一战，敌人大势已去。25 日黎城境内全部敌人被肃清。我军人不歇脚、马不停蹄继续东追，再克响堂铺、河南店、涉县。26 日下午，涉县、武安间敌人十几个据点全部收复。

邯长大道夺回来了。太南、太北又紧紧地连在一起了。

邯长大道上的枪声刚刚冷落下来，国民党朱怀冰、侯如墉、庞炳勋等顽军又向我太行根据地发起大举进攻，企图以蚕食政策把我们挤出太行根据地。根据地的抗日军民本着“人不犯我，我不犯人；人若犯我，我必犯人”的原则，不顾疲劳、伤亡，连续作战，又粉碎了顽军的进攻。1940 年 4 月，把顽军全部驱出了太行山根据地。

日本侵略者和顽固派的梦想全部失败了！觉悟了的人民群众，在党的领导下，进一步树立了抗战必胜的信念。抗日锄奸的活动更加高涨。不管是日本帝国主义或国民党反动派，不管敌人采用残酷镇压或甜言蜜语，都不能压服和收买人心。人民政治警惕性和觉悟更加提高了，晋冀鲁豫抗日根据地更加强大、更加巩固了。

第一次长沙会战

记第一次长沙会战

贺执圭[*]

1938年11月底到12月初，蒋介石在南岳召开了一次军事会议。当时我任国民政府军事委员会办公厅高级参谋，被派在会议秘书处工作。在大会期间，蒋介石对抗战建国问题多所指示，我不止一次听他说："抗战转入第二期（武汉沦陷后）以后，国家的财力、物力和兵力较之第一期要困难多少倍。我们克服这个困难的办法，就是要从多方面节约财力、物力和兵力，不当用的钱不用，不当用的物资不用。"他特别强调，不当打的仗或者无把握的仗，不打。他说："各个战区不到有利时期和有利地带，尽可能与敌避免决战。因为抗战还需要一个较长的时间，将来还要建国；建国更需要财力、物力和兵力，三者缺一不可。这就是中央抗战建国的最高决策。"我当时还不曾意识到蒋介石这番"训示"的真正含义。

南岳会议之后，薛岳升任第九战区代司令长官，我被调充长官部军务处长。尔后，我和薛岳多次谈到抗战问题。我认为岳阳为湘北门户，特别是城陵矶为洞庭锁钥，常在敌手，则八百里洞庭成为敌寇纵横的世界，对本战区战局前途影响甚大。因此，不止一次地向薛岳建议相机收复岳阳、临湘。薛

* 作者时任国民政府军事委员会办公厅高级参谋。

岳回答说:“你这个意见是好的,但我们更应从全局着眼,你不是听过委员长的指示吗?抗战转入第二期,对日寇作战的最高指导原则是不到迫不得已时,尽可能避免决战。”我又问他为什么一定要这样,他解释说:“我们今天固然要抗战,今后更要准备建国。如在敌优我劣的形势下,勉强向敌求战,本钱弄光了。将来拿什么去剿共,拿什么去建国呢?”薛岳这番话充分说明,蒋介石集团始终执行“攘外必先安内”的政策。湘北几次战役就是在这种原则指导和影响下进行的。

1939 年 9 月,驻咸宁之日军第十一军司令官冈村宁次,由鄂中、鄂北分别抽调第三、第十三两个师团主力和独立炮、工兵各一连队,集中于临湘、岳阳两地,会同原在岳阳、通城的第六、第三十三两个师团,积极准备向湘北进犯。估计其总兵力约在 10 万人。

第九战区的兵力部署大致如下:

(一)赣西支战场由罗卓英之第十九集团军负责守备,并辖有萧之楚第二十六军、孙渡第五十八军、俞济时第七十四军、夏楚中第七十九军、刘多荃第四十九军等 6 个军,在赣江以西沿新喻、高安、奉新、靖安南北之线,向南昌及南浔路方面之敌采取持久防御的对策;与敌兵力约为五与一之比。

(二)湘北主战场以王陵基部第三十集团军辖韩全朴第七十二、夏首勋第七十八两个军,配备在渣津、修水幕阜山区,向赣北武宁方面之敌采取机动防御。

以杨森部第二十七集团军辖杨汉域第二十军及李玉堂之第十军(系临时配属),在平江以北南江桥、九岭一带地区,向鄂南通城方面之敌进行持久防御。

以关麟徵部第十五集团军,担任新墙河正面之防御;该部辖张耀明第五十二军、陈沛第三十七军、彭位仁第七十三军等 3 个军(临时配属指挥)。新墙河防线,右起杨林街,左抵洞庭湖东岸之九马嘴,由第五十二军扼守;湘阴以北至洞庭湖东岸之江防,由第三十七军守备;第七十三军控制在汨罗江地区,任第二道防线之守备。

(三)战区直辖部队为欧震第四军、李觉第七十军、张衡暂二军和新六军等 4 个军，控制长沙以北浏阳及粤汉路株洲以北三角地区，以备策应各个方面之作战。

（四）湘鄂赣边区游击总指挥樊崧甫辖 5 个挺进纵队（每纵队等于一个师，但装备较差），进出鄂南地区，担任敌后游击。

（五）洞庭湖西北岸，常德、澧县、南县、华容等县，分别由第二十集团军万福麟之五十三军、霍揆章之五十四军担任警备。

第九战区兵力，除第十九集团军在赣西，第二十集团军在洞庭湖西岸之 7 个军不计外，在湘北正面者尚有 11 个军，连同 5 个挺进纵队和直属炮、工兵，总人数约有 20 余万，超过敌人一倍多。

当发现敌人进攻新墙河时，薛岳在长沙长官部召集高级幕僚及直属炮、工兵指挥官开了一次作战会议。他首先指定参谋长吴逸志率领长官部大部人员撤往衡阳二塘（后转至耒阳），其余留在长沙指挥所的，除我外，计有参谋处副处长赵子立，高参曾举直，炮工兵指挥官王若卿、蔡时雨以及少数参谋人员。其次，在研究作战中，当时与会人员提出了三种对策：一、应按照原定方案作战，如新墙不守，应在汨罗江之线，利用既设阵地与敌决战；二、利用纵深地带逐次抗战，依战况的推移，再视情况而定；三、将敌诱至捞刀河以南，左翼依托湘江，右翼依托浏阳大山，在长沙外围与敌决战。薛岳在听了各方意见后，初尚踌躇，最后他说：“由于长、岳之间的交通我已彻底破坏，应该诱敌至长沙郊区，采取反包围与敌决战，但须先向委员长报告裁定后才能决定。”

各战场的具体战斗经过如下：

（一）赣西方面

敌一〇六师团主力，于 9 月 14 日由赣江西岸向高安蠢动，另以一〇一师团之一部约一联队，同时由南浔铁路西侧武宁方面向修水进扰。因敌系佯动，由第十九集团军罗卓英部、第三十集团军王陵基部，分别遏敌于高安、修水以东地区，相持至 10 月 6 日，敌即退回南昌及南浔铁路原地了。

（二）湘北方面

甲、新墙河北岸前哨战斗。

此战揭幕于9月18日。当天拂晓，集结岳阳方面之敌第六、第十三两师团，各以一个大队附炮兵一部，分向第五十二军赵公武、覃异之两师警戒阵地金龙山、斗篷山、雷公山、小乔岭、铜鼓山等地先行炮击2小时，8时许，步兵开始进犯。敌、我不断增援，相持至19日拂晓后，金龙山、斗篷山两处阵地因比较突出，工事全被敌炮轰毁，守兵赵公武部胡春华营自战斗开始即誓死坚守阵地，已与敌相持达三昼夜。在战斗中，除7个负重伤的士兵先后退出阵地外，其余自营长以下全部与阵地共存亡，无一生还。黄昏前，阵地陷入敌手。

20日晨，敌集中大部炮兵火力轰击雷公山、草鞋岭一带阵地，敌步兵亦各增至一个联队，更番猛犯，激战至22日黄昏。守备草鞋岭阵地的覃异之部史思华营已伤亡过半，覃异之以电话命令史："如无法支持，不得已时可向东靠。"史回答说："军人没有不得已的时候。"坚守不退，以身殉职。同日晚间，新墙河北岸警戒阵地全部被敌突破。第五十二军原在北岸之张汉初师，亦同时撤回新墙河南傅家桥地区，为军预备队；新墙河北岸战斗于是结束。

这次前哨战斗延续了5昼夜，敌人自此窜抵长沙城郊，费时亦不过7日，而且中间经过5道防线的阵地。这就说明，前哨战斗是认真激烈的，起了迟滞、消耗和挫伤敌人的作用；同时也说明下级官兵富有民族气节和爱国热情，能够杀身成仁，舍生取义。可惜他们的壮烈行动，在整个战役中没有取得应有的效果。

乙、新墙河战斗。

新墙河阵地，右起杨林街，中经筻口、新河镇，左抵荣家湾洞庭湖边。

22日，新墙北岸全部警戒阵地和前进阵地陷敌之后，关麟徵令第三十七军除留罗奇师守备营田外，悉调至前线协同第五十二军巩固新墙河南岸阵地。当晚，由于敌我调整态势，正面战斗暂趋沉寂。但集结临湘之敌第三师团之一部（约一个联队），于同日拂晓前密乘船只，协同敌洞庭湖舰队约千余人，在敌酋东藤少将指挥下，先以一部在鹿角、九马嘴两处分别强行登陆。

23 日午前，敌第六、第十三两师团沿新墙河岸发起全线总攻，并以主攻指向新河镇、荣家湾之间铁道正面。当天午后，荣家湾、新河镇、杨林街三处阵地同时被敌人突破。此时，窜入洞庭湖海陆混合之敌——洞庭支队，乘新墙河南岸第十五集团军崩溃之际，经荷叶湖窜入湘江之营田附近，在飞机掩护下，于 24 日拂晓分别在营田及其附近之新洲、白鱼圻等处强行登陆，与守备该地之第三十七军罗奇师发生战斗。守军虽得到第七十军一个团的支援，仍未能阻止登陆之敌向汨罗江以南发展。而关麟徵的第十五集团军主力在新墙南岸防线被击破后，一直向南溃退，一部竟退至株洲以南醴陵附近。此时，不仅经营一年以来誉为铜墙铁壁的所谓“伯陵防线”（薛岳号伯陵）在新墙河畔全部瓦解，而且长沙方面亦陷入风声鹤唳、草木皆兵之中。新墙河畔的战斗，就在这样的情况中结束了。

丙、幕阜山、九岭方面的战斗。

集结在通城、大沙坪地区担任助攻之敌第三十三师团，为着策应新墙河北敌主力第六、第十三师团之作战，于 9 月 21 日开始蠢动。先以一部向通城以东大围地方进行所谓“扫荡”，同时以主力向麦市、桃树港进攻；得手后，越过幕阜山天险之天岳关，迂回杨森部第二十七集团军在九岭方面阵地之右侧背。22 日，敌之一股竟窜至渣津附近；23 日，续向龙门厂、长寿街一带窜扰。其主力亦于同日窜到南江桥东南地区。杨森部第二十军及临时归其指挥之第十军，在南江桥、龙门厂等地稍事抵抗后，即向平江及其东南献钟、永和市一带山区退却。因此，平江于 25 日即陷敌手。这就是幕阜山、九岭方面战斗的概要经过。

第三十集团军王陵基部之第七十二、七十八两军，战斗力较杨森部之二十军更差；当 23 日敌三十三师团越过幕阜山脉时，即退入九岭山区。修水方面，一时成了真空地带。

丁、汨罗江防线的弃守。

汨罗江畔历来为兵家必争之地；自岳阳陷敌之后，更为湘北战场主要的防线，原由陈沛第三十七军担任守备。22 日，新墙河前线告紧，该军除罗奇一师守备营田江防外，梁仲江、李棠两师调新墙前线，支援第五十二军。

所遗汨罗江防务，战区改派第七十军接替。但该军当时尚在长沙以东永安市及浏阳附近地区，距汨罗江畔有 100 里左右之远。23 日午后，新墙河亘九岭全线先后被敌突破后，关麟徵集团军和杨森集团军除少数担任掩护及失去联络之小队，在敌人渡过新墙河时，就近退入汨罗江两岸一带山地之外；杨集团向浏阳南北山区；关集团及战区直辖之第四、暂二、新六（该军原驻株洲以南）等军，直向株洲以南渌水之线退却。原向汨罗接防之七十军，在风声鹤唳的情况下，亦于 24 日在向北前进中，转而南向醴陵方面撤退。因此，汨罗江两岸在 24 日完全成为真空地带。

敌 25 日侦知汨罗南岸之守军已向南退走，即分别由浯口、长乐、新市、汨罗渡江，调整部署后，于 26 日分三路向南追击：一路，由汨罗沿铁道正面；一路，由长乐沿长、岳古大道；一路，由平江沿长平公路及以南地区直下长沙。汨罗江防线，就此落于敌手。

当敌人突破新墙河防线进逼汨罗时，薛岳决定将其指挥所南撤，放弃长沙。当时我向薛岳建议："诱敌深入战法，不等于完全放弃要点抵抗。长沙是湖南省会，不可不守。"薛岳的回答大意是，目前的情况，新墙阵地既陷敌手，汨罗江南岸防线，由于敌水路方面的威胁，也无法稳定。如在长沙决战，现在关集团主力已受打击，王陵基所部不仅战斗力薄弱，并且还远在幕阜山区，第二十集团军尚缩在平江以东地方，赣西方面之罗集团计算不能及时赶上，只剩了第四军孤军驻入守长沙，仍然陷于被动，无补战局。为着争取主动，主宰战场，免再受制于敌，取得最后胜利，应撤到株洲以南醴陵、渌水之线。薛岳说的这些话，听来似乎有理，实际上他既缺乏作战的决心，又怕搞垮他的基本部队第四军。我为薛岳打算，在南撤途中，再一次向他提出确保长沙的建议，理由是长官兼长湘政，似应考虑以下两个问题：第一，我军远撤渌江，万一敌人窜驻长沙后，一时不再前进，旷日持久，再图恢复不易，岳阳即为前车之鉴，对战局及长官前途似均不利；第二，醴陵亘渌水一线，并无防御设施，万一敌人跟踪前来，我军喘息未定，而且此次一退数百里，各军在退却中伤亡逃散当不在少数，如再失利，势必引起中外哗然。为着争取主动，迫敌适可而止，应右翼依托浏阳大山，左翼紧靠湘江，在战略上形成反八字态势。并在捞刀河以北金井、福临铺之间留置有力之一部，给敌以不意之打击。如此行动，似比全部撤至渌江之线为妥。薛岳考虑之后，始下令撤往长沙、浏阳以南各军就地停止于株洲、浏阳之间，并令关麟徵集团军后卫之覃师、梁师各以一部设伏于福临铺附近山地，从事敌后活动。

戊、敌军窜抵长沙外围的情况。

25日，敌由汨罗分路向长沙进犯，26、27两日先后在福临铺、金井等地受到覃、梁两师一部伏兵的袭击，前进的速度减低了。但到28日上午，敌第六师团主力经白水窜抵捞刀河以北桥头铺附近地区；第十三师团同时窜到了上杉市；第三十三师团之门协联队，在29日上午亦窜抵永安市附近。截至29日，长沙城郊东北60里左右地区，悉陷于敌。

但是，敌自23日下午突破新墙河防线向南进犯，到29日主力到达长沙外围为止，为时已整整一星期；由于携带粮弹均已用尽，而后方补给由于长、岳交通破坏，全赖空投。同时，平江以东、汨罗以南，尚有未曾退去的我军小部队。因此，敌窜抵上杉市、永安市一带地区后，有所顾虑，停止前进。10月1日，敌第十一军司令官冈村宁次认为击溃我九战区野战军之目的已达，即下令开始北撤；4日越过汨罗，7日上午全部退回岳阳、临湘、通城等地原盘踞的老巢。

当敌于10月1日开始撤退的征候传来以后，薛岳初尚怀疑，既而得到确报，即令逗留长沙及已经退到株洲、浏阳、醴陵一带之关麟徵集团和战区直辖之各军，转向长沙外围推进，相机向北退之敌跟踪追击。2日上午，第十五集团军所属各军进出浏阳、永安市等地之线，战区直辖之第四军、暂二军进出黄花市、捞刀河南岸地区；3日晨，渡过捞刀河，分向平江、长乐、新市、汨罗之线“追击”前进；5日午后，进至汨罗南岸，6日渡过汨罗江。由于与敌相隔一日半行程，直至8日午始进抵新墙河南岸亘九岭之线，始终处于跟踪状态，并未发生接触。

其次，右翼平江以东的“追击”情况。敌第三十三师团为了掩护正面主力部队之撤退，在社港、献钟、嘉义、长寿、龙门厂等地节节进行掩护，防御第二十七集团军及第三十集团军的侧击。其侧卫曾先后在嘉义、长寿街、龙门厂与杨森部先头发生局部战斗，但仅限于小部队之接触，并未追及其主力部队。敌三十三师团亦于7日上午全部经南江桥、九岭退至通城、大沙坪一带。杨森部于8日下午进至九岭及杨林街以东之原来阵地。

左翼方面之敌，即洞庭支队，在一度进驻新市之冈村宁次于2日午后经汨罗、河夹塘乘浅水舰艇北窜后，原在营田登陆之敌亦仍从水路向岳阳撤走。第九战区即无水上部队，亦无法追击。

第一次湘北之战，敌人从9月23日黄昏前突破新墙河防线，28、29日之间，先后抵达长沙郊区，10月7日仍返回岳、临地区，历时10昼夜。包括新墙北岸之前哨线，则为18昼夜，至此遂告结束。

综上所述，这次湘北战役，除前哨战中确曾发生激烈战斗外，其余各个主阵地和各个大部队，不是闻风遁逃，便是一触即溃。所以如此，其主要原因在九战区长官部。因其既无抗战的决心，又有个人的种种打算，不得不虚张声势，摆出抵抗的架子。首脑机关的矛盾和部队之间的派系问题，具体反映在战场上就是上下不一致，相互不协同，张皇混乱，进退失机，予敌以可乘之机，造成部队的严重损失。在一退数百里的过程中，伤亡溃散的员兵，虽无法做出全盘精确的统计，但据我回忆所及，事后对各部队的补充，如关麟徵集团军共辖18个团即补充了6个团，彭位仁七十三军9个团补充了3个团，杨森第二十军只6个团即补充了2个团，王陵基两个军12个团补充了3个团。总之，参加战役只11个军共补充了40个团，损失之大可以概见。而所谓追击、侧击等，言追击，则始终与敌相隔一日行程；言侧击，则从未与敌人主力接触。在敌人是“全师而退”，而我军只不过是“送客出门”。但在战役过程中以及战役结束后，国民党官方如何应钦、白崇禧、陈诚等，分别在报刊大肆宣扬在新墙河南岸、汨罗江畔、福临铺附近、长沙外围等处如何血战，如何歼敌，如何侧击、追击、堵击，等等；说什么“薛长官神机妙算，诱敌深入，聚而歼之”，说是“长沙大捷”。

战后，我曾随薛岳前往湘北各地巡视一周。据我所知，单就上杉市、福临铺、麻林桥、青山市、栗桥、高桥、金井、长乐街、新市、汨罗、营田、长寿街、龙门厂、瓮江等处而言，被日寇烧光的市镇、村庄就有 270 多个，被惨杀的民众达 8000 多人，被强奸的妇女不计其数，其中包括 8 岁的女孩和 83 岁的老妪。又据湘阴、平江、岳阳、华容（岳阳限于新墙河以南，华容虽未经过战事，但由敌洞庭支队抢走的粮食不少）等县的报告，在此次日军进犯期间，除抢走了约 50 万担粮食外，在撤退时将运不走的粮食和未收割的晚稻都放火烧掉了。

回忆第一次长沙会战的各方面战斗

赵子立　王光伦*

战役经过概况

第一次长沙会战，于1939年9月中旬开始，经过约20多天的战斗即结束。日军先由赣中、高安方面开始攻击，继以一部由武宁、修水、铜鼓道向西南进攻，以一部由通城、白沙岭、长寿街道向西南进攻，以主力由新墙河正面向南进攻，重点保持于杨林街、长乐街、青山寺之线。当时赵子立系第九战区司令长官部参谋处副处长，王光伦系第六十军第一八三师营长，兹将我们所知道的各方面的战斗情况概述于后。

一、高安方面的战斗

高安方面的战斗，在日军方面是一个拉后腿的战斗，拉住罗卓英的后腿，不让他指挥的几个军参加长沙方面的决战。在我军是两个目的性不明的拼老命的战斗，牺牲不小，价值不大。

高安方面的配备：由锦江口至高邮市、锦江南岸一线，是第四十九军；

---

* 作者赵子立时任第九战区司令长官部参谋处副处长，王光伦时任第六十军第一八三师营长。

由高邮市至祥符观一线，是第一集团军的第五十八军，以新编第十师守备第一线，以新编第十一师控置于高安附近；由祥符观（不含）至故县一线，是第一集团军的第六十军，以第一八四师为右翼师，第一八三师为左翼师；第七十四军控置上高附近。

高安附近的地形一半是丘陵，一半是平地稻田。高安方面的阵地是相当坚固的，半永久野战工事，是据点式的；由点连成线，再连成面，各种火器的掩体都有掩盖，掩体前有铁丝网和鹿砦，阵地前和阵地内的火网编成严密，阵地后的反斜面上构有掩蔽部和草棚以利休息。

据各方情报，战斗开始前，南昌方面的日军并未增加，反有减少，仅剩约一师团稍强的兵力。但战斗开始后，日军却大张旗鼓，日间以步炮空联合进攻，夜间还以步工兵进行强袭。我军工事虽坚，经不起连日轰击，经几度激战后，日军终于攻陷了高邮市和杨庄（在祥符观的西北）；祥符观阵地，亦岌岌可危。因此，新编第十师师长刘正富，正法了守高邮市的一个营长。

第九战区司令长官部于战役开始后，根据武宁、通城、岳阳三方面日军的增加，而南昌方面的日军无增加的情况，估计南昌方面日军无力深入，更不可能由南昌打到长沙。罗卓英控制的第七十四军王耀武部，是第九战区最有战斗力的一个军，长官部想使用在长沙方面与日军作战。罗卓英不肯，战区才退而求其次，让罗卓英派有力部队支援修水方面的作战。罗卓英令高荫槐派部队支援修水方面作战，高荫槐部正打得不可开交，不肯派兵；罗卓英这才让第七十四军派部队支援修水方面的作战。

此次作战，罗卓英比之南昌战役是神气十足，大打高荫槐的官腔，一定要他收复高邮市和杨庄失去的阵地，逼得口吃的高荫槐结结巴巴地向他的两个军长孙渡、安恩溥说："我们要收复失去的阵地，不……然罗……总司令要惩办我们啦！"于是孙渡督促新十一师师长鲁道源收复高邮市；鲁道源亲率所部，猛攻高邮市数次，都为日军步炮空联合战斗所拒止。鲁道源在战场上立时正法了一个营长，撤了一个团长（名叫王筱丰），再度猛攻，伤亡很大，终于把高邮市收复了。安恩溥使用第一八三师，也把杨庄收复了；第一八四师又派部队增援新编第十师，才稳定了祥符观的阵地。

第一八三师正面上战斗亦甚激烈，日军猛攻骑马山（在故县东南）达一个多星期才停止。我军付出很大的代价，虽然保住了原阵地，但未能以第七十四军或更多的兵力，使用于最必要的方面打击日军，这与整个作战计划的精神是不协调的。

二、修水方面的战斗

武宁方面的日军在战斗开始前，虽略有增加，使用于进攻的兵力约在一个师团以上，沿修水两岸进攻。我澧溪方面守军，节节抵抗至铜鼓附近时，转为防御。日军想突破我军右翼，向北席卷，几经激战，终未得逞。尔后第三十集团军，依自己控制部队及第七十四军一部之参加，重点保持于右翼，向日军反攻，我军占有修水河谷两侧较高山地，日军占修水河谷及两侧较低山地，态势不利，被迫撤退。但我军也只能侧击，不能阻敌归路，敌遂退回原阵地。

三、长寿街方面的战斗

通城方面的日军约不足一师团的兵力，于攻击开始后，一面向南江桥我军阵地佯攻，一面绕幕阜山东侧经白沙岭、长寿街道急进。日军的这一行动，为第九战区司令长官部作战计划始料所不及，急令第二十七集团军的第二十军由西向东侧击此股日军，再令湘、鄂、赣边区游击总指挥樊崧甫以大湖山、九宫山方面的部队，向此股日军由南向北尾击和由东向西侧击。当时第二十军迅速变换正面转移兵力，向长寿街方面逐次加入战斗，侧击日军，迟滞了日军的行动。随后樊崧甫部陆续赶到，加入战斗，协同第二十军由东、西、北三面围攻日军，我军在外线居高临下，形势有利；日军陷入汨罗江上游河谷，到嘉义后不能续进；及至湘北日军主力于捞刀河北岸撤退时，嘉义、长寿街方面日军，亦同时撤退。

四、新墙河至捞刀河方面的战斗

岳阳方面的日军，该地区原有的以及新由别处以联队为单位调来的，约

15 个联队，炮兵和战车部队很多，由新墙河口至黄岸市的正面上，重点保持在左翼，并有空军的协力，向南岸我第五十二军阵地进攻，企图向西南将我军压迫于洞庭湖、新墙河的三角地区内予以歼灭。我第五十二军先在新墙河南岸抗拒敌人后，一面节节抵抗，一面向南引退，俟通过汨罗江后集结于高桥、路口畲以东地区。

汨罗江南岸阵地，由第三十七军、第七十九军守备，重点保持在右翼；日军攻击重点在左翼，仍企图向西南将我军压迫于洞庭湖与汨罗江的三角地区内予以歼灭。第三十七军、第七十九军一度在汨罗江南岸抗拒敌人后，一面节节抵抗，一面向路口畲、黄花以东地区引退。当日军渡过新墙河后，战区直辖军及炮兵向岳麓山、长沙及其东北地区前进，占领攻击准备阵地。参谋长吴逸志率领长官部去耒阳，薛岳带赵子立及少数幕僚人员在长沙组成一个指挥所。日军渡过汨罗江后，长官指挥所撤到渌口以南一个小车站附近的小学内。

日军撤退时，长官部让第十五集团军由平江、金井向西截击敌人，断敌归路，让直辖各军猛烈追击，务将日军歼于汨罗江南岸和洞庭湖东岸地区。但日军并不是由于战败撤退，所以我军的截击、追击并未收效。当日军撤退的夜间，赵子立梦中被薛岳叫醒了，薛耷拉着脸说："走！去接白崇禧去，白崇禧来啦。敌人进攻时，他不来，敌人退却时，他来了。我们几夜没有睡好觉了，刚睡好，他来找麻烦。"薛、赵到了车站，白的专车早到车站了（白当时是陆大教育长），薛和白寒暄了几句，就说："这次作战，兵力不够用，我能力也不成，仗打不好，这个责任，我负不了。请主任来亲自指挥吧"。白没说什么，一个劲用手摩挲他的光脑袋，还是王泽民圆了场，称赞了薛岳这次作战指挥卓越，并说："困难已经过去了，还需要解决的问题，健公（白）一定和中央商议解决。"薛不等列车开走就向白告辞，同赵一起下车回去了。白讨个没趣，就掉转车头回桂林去了。这次薛岳为啥这样对白呢？因为薛岳讨厌白崇禧在桂林乱发表关于湘北作战的谈话，怕白的谈话遮了他的功，所以给白难看。

会战后的宣传和检讨

一、扩大宣传

这个战役的结局是双方互有伤亡：在全战役中，我军所占的地形都比日军高些，因此日军火力虽强，伤亡也不少于我军；但我军也没有击破任何一个日军部队，日军也没有击破我军任何一个部队。薛岳说“日军分三路进攻长沙，我诱敌深入，于长沙附近予以痛击，敌伤亡惨重，向北溃逃”。重庆的广播则说“长沙大捷”。吴逸志让人编了一出现代京剧——《新战长沙》，戏中的“薛岳”头戴帅盔，身穿帅甲，前有马童，后有大纛，纛上大大地写了一个“薛”字，两厢的龙套，打着“精忠报国”的旗子（这四字是薛岳标榜的口号），俨然以“岳武穆”自居，“吴逸志”头戴纶巾，手持羽扇，身着八卦衣，俨然以诸葛亮自居。及至遭到外界的讥诮和内部的反对以后，薛岳、吴逸志二人互相推诿，薛说：“这都是吴参谋长搞的。”吴说：“这是得到长官同意的呀！”

由于宣传“长沙大捷”，搞得苏、美、英各国的新闻记者来访问长沙，找到赵子立。这些外国记者来时，重庆军令部第二厅处长纽先铭和一些中国的记者陪同。当报告会战经过的时候，室内挂起大幅的会战经过要图，日军伤亡数统计表。报告人参照重庆、桂林、长沙已发表的有关长沙会战的新闻，凑合起来把发生战斗的地方高安、铜鼓、长寿街、新墙河、汨罗江等地打得如何激烈，如何胜利说了一通。说完了，外国记者要看俘虏，报告人对他们说：“没有。”他们说：“你们打了这样大的胜仗，怎么没有俘虏？”赵子立无言以对，又说“没有”，于是惹得他们哄堂大笑。

二、有名无实的检讨会议

第一次长沙战役后，第九战区长官部曾在岳麓山做了个草棚式的大礼堂，召集长沙会议，来检讨长沙会战的得失，部队师长以上人员、长官部科长以上人员均参加。组织规模很大，但各部队各级司令部关于作战经过的报告，多是只说好的，不说坏的。甚至有拿着错误当“光荣”来说的。如第十九集团军，大肆宣扬高安方面的阵地争夺战。赵子立作整个战役经过的报告，更是说好不说坏。至于罗卓英指挥 4 个军，为日军一个多师团兵力的佯攻所牵制，不能参加主战场的决战；其实按理莫说抽出一个军，大胆时可抽出两个军参加长沙方面的决战。又如，洞庭湖方面，至日军进汨罗江时仍无情况，即可让第二十集团军抽出一部参加长沙附近的决战。长沙附近当时如能多投入两个军的兵力，就不会让日军顺利撤退，也或许能获得像第三次长沙战役那样一定的战果。

第一次长沙会战亲历记

罗文浪　邹继衍*

1939年秋末，侵占鄂南崇阳、通城与江西南昌之日寇，从湘北、赣北同时向我长沙发动大举进攻，国民党第九战区长官部，立即调集重兵分途迎击。这就是人所共知的抗日战争第一次长沙会战。当时罗文浪任第七十军（军长李觉）十九师五十五团三营少校营长，邹继衍任同一个军的一〇七师三一九团少校团附代理副团长，都亲身参与了这次会战的几个战役。现就我们当时在战斗中目睹耳闻的情况，回忆叙录如次。

战斗前敌我兵力部署形势

日本侵略军于1938年冬侵占武汉、1939年春继犯南昌以后，在湖北方面，先后进驻阳新、通山、通城及湖南岳阳等地；在江西方面，攻占南昌外围新建、奉新、靖安诸县；对我第九战区形成扇形包围。占据以上地区之敌军，据情报汇集所知，计有第三、六、九、三十三、三十四、一〇六等师

* 作者罗文浪时任第七十军第十九师第五十五团第三营营长，邹继衍时任第七十军第一〇七师第三一九团团附代理副团长。

团及一些特种部队，总兵力约 15 万人，统归华中派遣军总司令畑俊六直接指挥。

第九战区所辖作战地境，东起鄱阳湖与第三战区衔接，西抵沅水流域联结第六战区。针对敌军部署，我军即在其侵占地区的外围，凭借山脉、河川、湖泊，构筑野战工事，建立防线与之对峙。当时隶属九战区战斗序列的部队，计有：①部署在赣西北的守军。第一集团军卢汉所属的两个军；第十九集团军罗卓英所属的两个军与附属的 1 个师；驻修水一带的机动部队第三十集团军王陵基所属两个军。②部署在湖南境内的守军。第十五集团军关麟徵所属 3 个军，第二十集团军杨森所属两个军；直属战区的第四、九十九两个军；直属战区的机动部队第八、五十四、七十军及七十三军的 1 个师。两省合共 17 个军，加上特种部队，总兵力约为 40 万人。

会战中各阶段的战斗经过概况

1939 年 9 月中旬，日军从赣北、湘北同时向我长沙地区发动进攻，其主攻方向指向湘北，赣北作为助攻未曾深入。湘北战场的作战经过，分为三个阶段：

第一阶段，1939 年 9 月 18 日，日军以第六、一〇六师团为主力约 3 万余人的兵力，附以大量飞机，对我新墙河第一道防线开始发起进攻，其前锋约一个联队，即受到河防北岸草鞋岭前进阵地的坚强抵抗。当地守军五十二军一个加强营，利用优良地形和既设工事，奋起迎战，顽强阻击，坚持 3 个昼夜。军、师长多次令其相机撤回主阵地，但该营营长胡春华督率所部，死守阵地，坚不撤退。在这几天激战中，杀伤了大批敌军兵员，给予侵略者以迎头一棒。最后，营长以下全营官兵，绝大部分壮烈牺牲。

敌军夺占我前进阵地后，即向新墙河防线主阵地展开全面攻击，并集中优势兵力、火炮，在飞机掩护下，重点指向新墙河附近河段强攻。我正面守军五十二军张耀明部，虽曾进行了比较有力的阻击，但只打了一天。22 日上午，在敌强大攻势下，新墙、筻口河段被突破强渡成功。五十二军及从第二线调来增援尚未使用的三十七军六十师，即纷纷后撤并连续渡过汨罗江向长沙方面转进。右翼守军杨森的二十军，在敌进攻中，仅略事抵抗便退避右侧山地，旋向平江山区撤退。至此，敌即完全占领了新墙河第一道河防阵地。

第二阶段，日军在突破新墙河防线的同时即派出约一个旅团的精锐部队，沿黄沙街并分兵乘橡皮汽艇由洞庭湖水路向我第二道防线西翼要点营田突袭，经过与守军九十五师一个营的激烈战斗，于 23 日拂晓攻占营田。其主力亦迅速南进迫近汨罗江河防主阵地。

自新墙河第一道河防阵地失陷后，由于守军关麟徵、杨森两集团军分向长沙、平江方向后撤，原任战区总预备队的第七十军，21 日奉命接替三十七军担负汨罗江河防任务。该军即令所属第十九师为左地区队，一〇七师为右地区队，进行防守，准备迎击。从 23 日敌军发起进攻至 25 日撤离汨罗江河防阵地，全军坚持了 3 个昼夜，所属两个师，在防守、反攻、阻击中，各打了几次相当激烈的战斗。

第三阶段，敌于 26 日全部占据汨罗江防线后，九战区所有主力部队，有的退避侧翼平、浏，有的后撤株、醴以至衡山，战区长官部早已撤到衡阳二塘，薛岳设前进指挥所于株亭，连省政府亦远迁耒阳，仅留第四军守卫长沙城，该军主力置于河西岳麓山，只派一个师在浏阳河与近郊设防守卫，从汨罗江至长沙之间，几乎成了一片真空地带。因此，当敌军分两路于 28 日进抵长沙县属之上杉市与路口畲时，沿途未遇任何抵抗，敌亦未再向前逼进。

敌军在达成战略上和抢夺粮食的目的后，30 日自动仍分两股循来路撤回新墙河北岸原占据点。据说薛岳在株亭初得敌退情报，尚不相信，等到侦察确实下令反攻追击时，而所部主力，均已后撤远离长沙。虽严令昼夜兼程追赶，但追击的先头部队，尾随敌后至少也相隔一日的行程，始终未能与敌主力接触作战，只是远远地轰鸣枪炮“礼送”，一路跟着返回新墙河原设阵地，照常防守，从而结束了这场时近半月的会战。

第七十军参战纪实

1939 年 9 月 18 日，日寇向我湘北进犯，第七十军奉命作为战区总预备队，集结于平江浯口地区待命，军长李觉立即转令所属各部，从原驻地浏阳普迹和长沙东乡一带以急行军驰赴指定地点。由于当时战况的急剧变化，部队在行进途中，又奉命改为接替三十七军陈沛部守备的汨罗江河防任务。于是按照新命令根据防区远近与部队到达的实际情况，大致作了如下部署：

1. 以到达较早的第十九师为左地区队，防守归义以西，汨罗至营田一线。

2. 以稍后赶来的一〇七师为右地区队，防守东起新市街西含归义之线，左衔本军第十九师。

3. 军部率直属队随十九师行动，尔后位于汨罗西南 ×× 地。

（余略）

23 日零时开始，全军承担了保卫汨罗江第二道河防的重任。十九、一〇七师两个师经历的战斗是：

（一）第十九师的战斗经过

驰赴集结地　接受新任务

9 月 20 日，我十九师正在长沙东乡春华山一带整训，突奉军部紧急命令，限两日内赶到平江浯口附近集结待命，22 日全师到达指定地区，入夜汨水下游枪炮声已清晰可闻，说明前线战况紧急。晚 12 时，军部命令本师为汨罗江河防左地区守备队，指示迅速西开以一部支援营田方面九十五师的战斗。师决定按五十五、五十六、五十七团顺序，星夜赶赴指定地区。我统率的第三营，作为先头团的前卫，任务较重。沿途经大娘桥、小娘桥、三姐桥等地，于 23 日拂晓行抵白水车站。该处距火线尚有数十华里，已是一片混乱，乡公所无人负责。几经周折，始请得向导两人继续前进。当天上午到达佘家冲附近，团部及二、三两营因行军疲劳于午餐后先后抵达。接着本团奉令接替九十五师东塘冲东西之线防务，团命我营先接替第一线阵地，尔后再行调整。我即命所属各连疏散向东塘以南山地集结，然后亲去东塘小高地九十五师师部，了解情况，商谈接防事宜。

东塘冲争夺战

当天下午 2 时许，我在东塘冲左侧一座掩体内，见到三十七军九十五师师长罗奇，他介绍敌我情况时说：“日军是 22 日以橡皮艇载兵由洞庭湖向营田进攻的，艇上炮火及飞机配合轰击，阵地野战工事大部被毁，守军伤亡甚大，营长阵亡，营田于今晨陷落敌手。我师第一线守军已撤至营田以南，东塘冲以北一线，设防阻敌前进，另派补充团占领东塘冲一带高地作为第二线阵地，这个团是刚征来的新兵，无战斗力，只能担任警戒。适接关总司令电话指示，东塘冲二线防务，即交你部接替。”他除在军用地图上指明位置外，还要作战参谋到掩体外遥指起讫地区。我略询当面敌军作战特点及友军情况后，即回部和副营长带号目和传令兵先去阵地察看，当我等行至东塘山后一田垅时，敌机数架低飞侦察扫射，只好伏在田塍下暂时掩蔽。十几分钟后，突闻东塘高地枪声骤起，敌机低空盘旋投弹扫射，九十五师补充团守兵纷纷后撤，判断敌已突破东塘冲阵地。在这一紧急情况下，我即派传令兵回营速带部队前来支援，同时叫号目吹第三营跑步前进号令。各连在 10 分钟内即跑步赶到，当与副营长督率所部，分两路向进占东塘高地之敌反攻。敌军约一个中队正尾随溃兵追击，企图突入纵深，不防我营突然集中反击，一时攻势顿挫，被迫撤至山北一村庄内据屋顽抗。这时九十五师补充团全部溃退到高地以南，原阵地空无一兵一卒，无防可接，我便布置八、九两连守备阵地，第七连为预备队，设防固守。部署完毕，天已黄昏，随将战斗经过如实向团部报告。

黄昏以后，我们五十五团接替了九十五师全部防务，该师则由阵地翼侧撤到后方整补。团的兵力部署是：仍以占领东塘高地东西之线的我营为左翼，以第二营在右占领余家冲口；以第一营为预备队，准备迎击敌之夜袭与拂晓进攻。我巡视阵地一周后，因连日行军、作战奔跑深感疲倦，晚 9 时许即入睡。约 1 小时左右即为枪声惊醒，出门时，营指挥所与预备队住房，已遭到东塘高地机枪扫射，弹雨纷飞，又听不到看不见守军的还击，判断阵地已被突破，我和副营长率营预备队驰援，进到半山腰，碰见八连中尉排长荣某随同溃兵后撤。始悉敌军乘夜暗偷袭八连连部，连长易醉桃中弹阵亡，肉搏战被敌军刺死士兵 10 余名，高地陷于敌手。团长得悉东塘失陷，感到责任重大，亲率第一营赶来，拟使用反攻以恢复阵地。同时师长唐伯寅来电话严责，限令拂晓前恢复阵地，否则军法从事。当时我考虑敌占高地后并未继进，估计兵力不多，所以拒绝使用团预备队，亲率七连 4 个班向东塘高地突击，这时东塘高地以南山腹，有我八连上士班长谭天荣收集了被冲散的守兵 20 余名，潜伏以待援军。当看到营长亲自带队突击，谭首先率兵冲上山头投掷了数十颗手榴弹，我突击队亦乘势冲锋猛扑，一举将敌驱逐至北麓山下原村庄据守，拂晓前阵地完全恢复。阵地上敌遗尸两具，枪支证件均无，不能确知其部队番号。

东塘冲，这个在军用地图上也只有一个小点的弹丸之地，其地形位置却是非常重要的。它既为我军守备的要点，也是敌军前进必攻的主要通道。因此，在一昼夜之间，敌我反复争夺，阵地两易其手，双方伤亡均甚重大，战斗激烈程度可以概见。最可笑的是，我营恢复东塘阵地后，团部转报师部，不知为何传到长沙城，报社竟发出“十九师一举收复营田”的号外捷讯。

汨罗江左地区防守战

我十九师接受军部新部署，担任汨罗江河防左地区守备任务后，在支援九十五师作战的同时，按照战场实况，对本师兵力作了如下配备，即：命已经与敌接触作战之五十五团为左翼，占领东塘冲、佘家冲之线；以五十六团为右翼，占领归义以西亘汨罗及以西之线，右衔一〇七师，左接五十五团；两个团作为第一线守备部队。以五十七团为预备队，随师指挥所位于牌楼铺附近。

24 日上午 8 时，第十九师当面之敌，开始全面进攻，飞机投弹扫射，炮火猛烈轰击，步兵在机、炮掩护下，向左翼五十五团第二营集中突击。该营防守的佘家冲之线，前后地形开阔，无险可凭，临时构筑的工事，多被摧毁，守兵伤亡累累。激战至正午，阵地被敌中央突破，二营六连一部分退入我营阵地，但敌军并不向两翼席卷，竟循突破口楔入纵深，插到团直属部队与团预备队之间，将其分割，团长率直属部队靠拢我营，无线电台与第一营退向师部。敌军随即以密集部队尾追退兵，向牌楼铺师部所在地突进，当与本团第一营及师属工兵营、特务连展开激战。由于师指挥所并未构筑工事，遭敌突袭，呈现动摇，师长立命由五十七团调来一个营向敌军侧击，始将其凶锋暂时刹住。在敌攻入五十五团阵地的同时，师右翼五十六团亦为敌军突破，双方进入混战状态。

25日零时，第七十军奉战区命令向株洲转进，军即转令所属两个师，迅速摆脱敌人随军后撤。当时第十九师因与五十五团团部和第三营以及五十六团，均失去联系，乃一面派员分赴两团传达命令，师率直属部队、五十七团及五十五团一部分，随军部撤至株洲。第五十六团接到师部命令后，支持到25日黄昏后，始经白水、汨罗、麻林桥等地退抵株洲归建。至此，只有五十五团团部及我的第三营，因未接到撤退命令不敢擅离，仍在原阵地防守待命。

敌军在突破佘家冲防线后，继续深入推进，24日下午及25日上午，与我师属部队激烈混战，我们东塘阵地因偏居左翼，反而显得平静，但已形成孤立。当晚我建议团长放弃现阵地向右靠拢友军，8时许率领阵地所有部队，沿佘家冲方向搜索前进，遥闻远处有断续枪声，乃疾行约20华里，至一村庄，发现空坪有大洋马及辎重车，显为敌军占据。当即向之袭击，敌军猝不及防，仓皇奔窜，邻村敌军，向我猛烈还击，一时信号弹、曳光弹划破天空，因系深夜，敌我均不了解情况，只是互射未敢迫近。战斗约一小时，未见右翼动静，估计友军已撤，即令各连迅速甩脱敌人，于拂晓前集结所部返回东塘阵地，在当地隐蔽潜伏滞留了整个白天。入夜黄聚杰团长找我共商对策。经过反复研究分析，我们一致断定，我军已经全部后撤，敌军约一个师团，完全占领了汨罗江河防并继续推进，我们这支陷在敌后孤立的小部队，随时有被围歼的危险。当即决定乘夜突围，在军用地图上选定沿湘鄂铁路西侧的岳长古大道南撤，找了两个向导带路，沿途避开正面，寻找空隙，严密戒备，搜索前进，终于在27日拂晓前，经敌丛中突出重围。29日，部队到达株洲以南归还师的建制，旋奉令就地构筑工事。

（二）一〇七师的几次战斗

日军强攻　归义陷落

我一〇七师9月20日奉军部急令开赴平江浯口地区待命，即从浏阳普迹、张家店一带出发，途经永安、金井等地于23日正午赶到指定地点。旋遵照军部新的部署，命令三一九、三二〇两个团，担任汨罗江河防右地区第一线守备主力，第三二一团为预备队，师指挥所位于新市、归义后约10华里的董家塅。我们三一九团，经过3天急行军喘息未定，便匆忙进入新市、归义之间的沿河阵地。这时，防守新墙河前线的关麟徵、杨森两集团军主力部队，纷纷从汨罗江上游和我团正面抢渡，分向平江、长沙后撤，敌亦尾追迫近我河防，当饬一线守军加强戒备，准备迎战。当晚12时，忽接师长宋英仲电话命令："1.敌在突破新墙河防线的同时，另派一支精锐部队，分乘橡皮汽艇由洞庭湖向营田突袭，已于今晨攻占营田，原任守备的九十五师与接防的十九师，正在组织反攻混战，情况不明。2.本师三二〇团防守的左翼河段，亦于本日下午6时，被敌强攻突破，归义陷落，该团后撤。3.着三一九团立即撤出现阵地，转进至归义后侧××附近接受新任务。"我团遵令收拢部队连夜撤到指定地点，天明时，奉命拨第二营作为师的预备队，主力由团长周崑源率领进占归义东南端外围高地，担任掩护本师三二一团反攻归义。我团于上午10时进到归义东南端高地，占领阵地，构筑工事，完成了掩护反攻的准备工作。本师在这一昼夜的河防战中，除左翼三二〇团奋起迎击强攻之敌，进行了激烈的战斗，遭受了相当的伤亡外，我三一九团未曾与敌接触作战。

反攻归义　受挫后撤

归义位于汨罗江南岸中段，扼粤汉铁路与长岳古大道要冲，为敌我必争的一个战略点。这个要点是本师三二〇团负责防守的，当其初陷敌手时，如果全线能够稳住阵脚，由我们及时举行反攻夺回它，这是非常合理也是完全正确的。可当时的实际情况是，整个战局，已呈混乱，河防守军，大都撤出，使汨罗江成了一条到处可渡的真空防线。在这种大势已去的状况下，孤立地去进行一两处局部反攻，徒耗兵力，难于奏功，即使勉强收复也无法确保不再陷敌手。

担任反攻主力的是三二一团（团长李标）。反攻战斗是24日下午1时打响的，攻击一开始，就投入了两个营的兵力，把队伍摆成几路，大叫大喊地向归义市一窝蜂式的猛扑冲锋。由于敌设防未固及兵力不大，所以最初的一举冲击，尚能迫敌后撤，夺取了一些外围警戒阵地。但这些侵略军，毕竟训练有素，加以武器装备好，一当转入纵深街市巷战，便组成严密火网，充分发挥了他们的优势，从而使攻势完全受到顿挫。此后，三二一团虽使用预备队发动了几次突击，却未能指向重点，缺乏组织配合，不仅战斗毫无进展，而且伤亡累累。我们在后面高地目睹这种硬拼的打法，认为要吃大亏，曾两次派员去请李标来我团共商对策，而他只派团附邓某前来，要求我团派一个营归他们指挥作战。我们因只奉有以火力支援的掩护任务，就以派部队要有师部命令为词拒绝。李标在进攻已无效、后退怕受惩的困境中，据说曾拔出身佩手枪打穿自己的左腿，声称负伤了退出火线，接着全团部队也跟着一起垮下来。幸好敌未派队出击，在我团的火力掩护下，该团撤离阵地，才未遭受更大损失。

沙塘基后卫阻击战

三二一团反攻归义受挫撤出后，已近黄昏，我团仍在原掩护阵地据守候命行止。7 时许，师部派员送来军部紧急命令，周团长拆阅后，脸现惊慌之状，他把命令交我。我看到是军长李觉的直接手令，主要内容是:“1. 本军奉战区命令，决定于 25 日零时起，全部从现阵地撤退，续向株洲、醴陵转进。2. 着一〇七师三一九团为全军后卫团，当前应严密监视正面一线日军，掩护全军安全后撤；25 日拂晓后开始由现地南撤，并应节节阻击来追之敌，到 25 日下午 6 时解除后卫任务，尔后迅速摆脱敌人转进至醴北关王庙一带归建。(余略)”我看完手令后说，我们作为后卫团，要与敌保持接触达一昼夜之久，任务无疑是艰巨的。不过根据以往经验，日军夜间一般不出动作战，所以今夜掩护军的安全撤退尚有把握，估计明日整天，可能会有一场血战，必须认真考虑对付。周团长完全同意我的看法，随即摆出军用地图，对当面敌情和我处位置以及尔后撤退路线、经过仔细观察与反复研究，我们一致认为，离归义以南 40 余华里的沙塘基 (湘阴县属) 在一马平川的广阔田塅里，突然隆起一片陡峭的丘陵，紧靠后面白鹤洞大山可作依托。如果部队能尽快撤到此地，纵令敌军追来，足可和它周旋不致受困，是一个非常理想的阻击地带。按照以上的判断和看法，当即决定采取并执行如下处置：1. 入夜以后，只派一个连留置现阵地山垭口，严密监视敌军动态，其余部队撤至后面约 5 华里的村庄休息并与师部保持联系。待军、师主力撤后 2 小时，再将全部转移到归义以南 15 华里的武昌庙，等拂晓再撤。这样，既始终与敌保持接触，执行了监视敌人掩护全军安全的任务，又使部队逐步靠近沙塘基，便于尔后行动和战斗。2. 立即在电话中报请师部并得到准许，将本团原作为师预备队的第二营归还建制，连夜从师所在地先开沙塘基占领阵地，接应团的主力南撤。

25 日零时，全军主力开始后撤。凌晨 2 时，我们撤回监视部队，将全部带到武昌庙，做好准备工作已近拂晓，当即区分所部按次速向沙塘基转进，指示各营、连如遇空袭，即以班、排为单位分散，一面防空，一面利用山坡、田塍跃进，不得迟滞行动。果然，部队行出武昌庙不到 10 华里，敌机 10 余架便沿我退路低飞侦察，接着投弹和扫射，好在各部遵团指示疏散行进、未遭重大损失，只伤亡兵伕 3 人，炸掉了部分炊具行李，全部于 10 时 30 分陆续抵达沙塘基。我第二营早在该处占领阵地并构筑了简易工事，我们对该营张福群营长指出，敌军可能在 12 点左右追抵此间，如来进犯，即沉着应战坚决阻击，要支持到黄昏以后听命撤退，必要时团里及时派队增援。旋将所有部队安置于靠山麓一带村庄，令速造饭饱餐，准备迎战。

下午 12 时 30 分，我们正进午餐，忽闻前方枪声大作，紧跟着二营传令兵跑来报告，敌先头部队向我阵地发起进攻，我军正在阻击。周团长和我立即登上屋后高地用望远镜观察，看到进犯之敌约为一个大队，还有步、炮兵后续部队源源开来（估计为一个联队的兵力），十几分钟后就把骡马上驮载的小钢炮卸下发射，炮弹纷向阵地及纵深落下。此后，敌军不断向我二营右翼增加迂回侧攻，敌机也飞临上空助战。针对敌方攻势，即命第三营增援右翼顶住抗击，同时指挥隐蔽配置在后面山谷内的团属迫击炮连和预备队的 4 挺重机枪，集中对敌小钢炮阵地进行压制射击，以强大火力支援第一线。鏖战至下午 5 点多钟，由于我军占据绝对有利地势，所以尽管在敌陆空联合、步炮协同的一再强攻下，阵地始终屹立未动。又由于我们的重武器配置、掩蔽良好，发挥了火力优势，给予敌军以重创。我们亲眼看到，被毙伤的敌军兵员，不断从火线抬下用驮马和车辆源源后运。但是，我军阵地系临时构筑的简易工事，在敌机、大炮猛烈轰击下，也付出了重大的伤亡代价。四连中尉排长李云、八连少尉排长何振山中弹牺牲，全团被炸伤亡官兵将近 100 人，还被炸毁重机枪 1 挺。这时，天近黄昏，为了及时甩脱敌人，即令第一连连长周青云率领全连轻装，向敌来路后侧进行逆袭，同时命前线各部派出小部队配合反攻突击。敌因地势不利，后路空虚，便纷纷向武昌庙方向山地缩退。趁此时机，即令第一营占领阵后大山垭口，掩护二、三两营依次脱离战场，攀上大山进入白鹤洞。当晚 11 时许，全团到达白鹤洞腹地，派出各连指导员和司务长，找当地老乡各购买生红薯一两百斤，分给官兵充饥，并请了两名向导，连夜带部队翻越 40 多华里的山路，于 26 日黎明前下山抵达湘阴、长沙交界的铜盆庙。在当地只碰到友军七十七师柳际明部的少数警戒部队，据称师主力尚在离此 20 余里的地方待命。我们将敌情转告后，便昼夜兼程南撤，沿途再未看到任何设防部队。27 日下午 7 时，全团到达醴北油铺子一带归还师的建制。28 日晚，获知日军迫近长沙外围，我师亦奉命转进至醴陵渌江南岸西山一带，选择新阵地赶筑工事。10 月 3 日，忽又奉令停构工事，移驻醴陵东郊五里牌一带休整。10月 5 日，师部转发上级通知，宣称庆祝“湘北大捷”，从而结束会战。

所谓“湘北大捷”

关于抗日战争中第一次长沙会战，我们在上面记叙的亲历见闻，当然有所局限，很不全面，但也勾画出了一个大致的战况轮廓。从所记叙的实例中，谁都可以看出，整个会战，是一次受挫失利，打得极不像样的战役。这个客观存在的历史事实，是不能随意粉饰和改变的。

但是，会战结束后，第九战区当局在官方文件和报刊上，竟把这次会战大肆宣扬为“湘北大捷”，煞有介事地召开祝捷庆功大会，颁授勋奖。吹嘘在会战过程中，如何指挥部队坚强迎击，展开血战；如何运用“天炉战术”，诱敌深入，在福临铺地区，一举歼敌万余人等等，真是渲染得天花乱坠，喧嚣一时。仅此尚嫌不足，还编成一出“新战长沙”戏剧，交各剧团一再公演，广为传播，大造舆论。他们所宣扬的“湘北大捷”，究竟是些什么货色？他们所吹嘘的赫赫战绩，到底依据何来？我们作为当年的亲身参与者，有纠正历史事实的责任。

我们认为，在整个会战过程中的防御阶段，应该一分为二。有些地段和要点的守军，确实守得顽强，打了硬仗。如新墙河北岸草鞋岭前进阵地五十二军一个营，坚守血战三昼夜；营田守军九十五师一个营的奋起迎战；第十九师五十五团与敌争夺东塘冲反复拼杀；一〇七师三一九团在沙塘基的阻击激战等战斗，都给了敌军以重大的打击，也迟滞了敌军的进军速度，取得了一定战果，这是应予肯定的。这些地段的广大官兵，保卫国土、流血牺牲的爱国精神，更应受到人们的尊重。但从全局看，新墙河、汨罗江两道筑有坚固工事的河防阵地，部署着 10 万防守大军，不仅未能执行有效阻击，给予敌军以重创，相反的仅仅相持一个星期，即放弃两道河防，一退数百里。只突出个别部队的英勇奋战，掩盖全军的逃战退缩，这已经是掩耳盗铃、极不光彩的事实。而把局部的某些战果，竟渲染为全面战绩甚至美化为“湘北大捷”的组成部分，则完全成为颠倒黑白、篡改历史的恶行了。

是不是有福临铺设伏歼敌万余这个战役呢？据我们所见所知，这简直是一个毫无根据、随意编制出来的虚幻故事。第一，从敌我军队素质和武器装备看，要想歼敌万余，没有五六倍以上战斗力强的精锐部队，是绝对做不到的。而自汨罗江防线突破后，我军所有主力，均向侧后远撤，长沙以北 100 余华里地带，已无我军一兵一卒，试问这个仗是用什么军队打的？这一铁的事实，是任何花言巧语也不能自圆其说的。第二，敌军进抵上杉市、路口畬后，未再向前推进，随后又是主动撤回原侵略据点的，等到我军得到确报下令反攻追击时，敌军已远走了。双方主力根本没有接触，又怎能凭空创造出一个歼敌万人的奇迹呢？第三，会战结束后，罗文浪因胞兄在江西阵亡、曾请假回原籍长沙福临铺探望。据亲友相告，由湘北正面沿长平公路前进之日军，止于上杉市与路口畬，再未前进，停留两三天后，即各从来路撤走，国民党军队撤退时走得快，追击时来得迟，长沙东乡一带根本没有发生过大的战斗。事实证明，宣扬“湘北大捷”主要内容的歼敌万余的战役，是一个货真价实的骗局。

亲历修水三都追击战

王春杰*

1939年10月初，第一次长沙会战已近尾声。日寇在我军抵抗打击下，占领长沙的企图破产，分路向武汉、鄂南及赣北撤退。其一部约2000余人，已于头一天经修水向三都、武宁逃窜。第三十集团军王陵基部第七十八军新十六师第二旅奉命追击该敌。

当时我任二旅四团三营八连连长。我营为前卫，我连为尖兵，以急行军的速度日夜兼程，尾追敌人。因道路桥梁早被我方游击队彻底破坏，敌军炮兵辎重难以通行，沿途遗弃炊具粮食甚多，死马不时可见。

日寇残暴成性，沿途实行“三光”政策。其所过之处，断垣残壁，一片焦灼，许多地方还余烟袅袅；来不及逃走或无力逃走的老弱伤残，均死于其屠刀之下，无一幸免，仅修水、三都道上就发现尸体30余具。在离修水七八里处一间破屋里，积有10多具尸体，其中有中国军队后送的重伤员，有七八十岁的老人，有几个月的小孩，全是被刺刀捅死的。在一张门板上，一个伤兵的头和四肢，被马掌钉钉成一个“大”字；在一堆柴火上，一个中年妇女被剥得一丝不挂，下身塞着一根木棒，旁边躺着被摔死的婴儿……这

---

* 作者时任第七十八军新编第十六师第二旅第四团第三营第八连连长。

些都是我们的战友和乡亲呀！他们个个遍体鳞伤，血肉模糊，鲜血染红了整个地面，惨不忍睹，官兵见此惨状，无不悲愤填胸，泣不成声，誓为同胞复仇。

日寇惨绝人寰的暴行，激发了我们杀敌雪耻的意志，一种含着血泪的辛酸涌入了每个人的喉咙，行军路上个个心情沉重，鸦雀无声，虽然许多人脚上打着大泡小泡，但行军速度之快为历来所少见，两个多小时赶了已被严重破坏的40里山路。下午4时许，当接近三都时，发现四五百名日军正停留在修河南岸柑橘林中，许多人在抢着摘柑橘吃，黑压压的一大片，距我仅几百米。我判断是敌人的后卫部队，立即将连队展开，二排在右，三排在左，一排为预备队，隐蔽接敌。趁其尚未发现，我大喊一声："弟兄们，报仇的时候到了！"即向敌突然开火，步、机枪和迫击炮弹响声震耳欲聋。

敌人遭到突然袭击，哇啦哇啦大叫，乱作一团。先是就地卧倒，盲目还击；继而以机枪炮火为掩护，用一个中队反扑。我占领的是小丘陵和墓地群，隐蔽良好；敌占领的是岸边柑林平地，正暴露在我的火力之下，尽管日军发动了几次冲锋，均被我火力所击退。

敌人为了掩护其三都北岸的主力退却，在其轻重机枪、迫击炮、平射炮的强大火力掩护下，以两个中队兵力向我冲击。其一部突入我右翼墓地群，双方展开混战。我二排士兵凭借有利地形以密集手榴弹大量杀伤敌人；日军最怕大刀砍头尸骨不全（我连有半数步枪没有刺刀，每班均配有二三把大刀），四班长李正华挥刀便砍，一连砍倒两个，第三个回头便跑，李正华跳出墓地追赶，不料被敌机枪射中，连中数弹，当场牺牲。此时夜幕将临，天色渐暗，侵入墓地之敌已被击退，后继之敌亦被我火力所阻，我当即命预备队一排长罗彬率该排隐蔽绕至敌人左侧背发起反冲锋；敌人不明虚实，丢下来不及拖走的尸体全线溃退，在其北岸主力的强大火力掩护下，狼狈徒涉过河，乘夜向武宁方向退却。

这场战斗持续了约两小时。我方因地形之利，只阵亡士兵2名，负伤3名，一排长罗彬轻伤；敌方地形暴露，伤亡不下我8倍之多。我连官兵含恨猛打，为死去的同胞们出了一口恶气。

这场战斗，我能以少胜多，以劣势装备胜优势之敌，主要靠士气和勇敢。敌人的残暴，从反面直接教育了我们的官兵，他们亲历目睹，个个心中充满了悲痛和仇恨，因而舍生忘死，爆发为一股不可抗拒的力量。哀兵必胜，古今皆然。

这场战斗，也暴露了我军的一些弱点。最主要的除武器低劣以外，就是有些指挥官因循保守。我们的前卫主力，不仅行动迟缓，思想上又为“穷寇勿追”的教条所束缚，赶到后不是立即投入战斗，而是求稳怕败，在后方占领阵地，致失歼敌之良机，至今引为遗憾。

八路军雁宿崖和黄土岭歼灭战

敌后运动战的范例

聂荣臻*

1939年1月，根据中央指示，贺龙、关向应率领120师由晋西北来到冀中平原，帮助巩固冀中抗日根据地，并在当地扩大部队。这一年，我军多次集中兵力，对深入根据地比较孤立之敌给予歼灭性打击，先后取得了齐会、上下鹤山、上下细腰涧、大龙华、陈庄、高洪口等战斗的胜利。这些战斗，有的是晋察冀军区的部队打的，有的是120师的部队打的，也有的是两支兄弟部队共同打的。在敌后进行的有利条件下的运动战，有些战例是非常成功的。雁宿崖和黄土岭两次歼灭战，就是比较突出的例子。

1939年11月，晋察冀军区正在筹备成立两周年庆祝活动，贺龙、关向应和彭真都在军区机关。当时，日军妄图袭入我根据地腹心地区，据情报报告，500多名日军，由张家口进到涞源，可能向银坊、走马驿方向进犯。涞源到银坊是一片连绵险峻的大山，中间只有一条山路，是打伏击的好地方，我们当即决定，诱敌深入，以伏击手段歼灭它。11月3日清晨，日军一个大队和一个炮兵中队、一个机枪中队，果然被我3支队诱入雁宿崖伏击圈，我1团、2团、3团当即将敌严密包围。经过几小时激战，即将500多名日

* 作者时任八路军晋察冀军区司令员兼政治委员。

军歼灭，仅极少数漏网。

雁宿崖歼灭战后，敌第二混成旅团旅团长阿部规秀中将亲率日军1500多人，进行报复性“扫荡”，妄图消灭我军主力，挽回“皇军的体面”。针对这一情况，我军仍先以3支队诱敌东进。在黄土岭地区，我们集中了1、2、3、20、25团和炮兵连，占据有利地形待机歼敌。贺龙也令129师特务团从神南北上参战。

11月6日晚，阿部规秀率部进入黄土岭一线。当夜，我参战部队完成了对敌包围。7日，当敌主力进入我伏击圈时，我伏兵立即向敌展开猛烈攻击。黄土岭围攻战，以我军歼灭日军900多名，击毙其中将指挥官阿部规秀而告结束。击毙日军中将指挥官，自我国抗战以来还是第一次。敌人对此十分懊丧，日本《朝日新闻》连续三天的通栏标题都是《名将之花凋谢在太行山上》，说：“自从皇军成立以来，中将级将官的牺牲，是没有这样例子的。”

著名的国际主义战士白求恩大夫，在雁宿崖、黄土岭战斗之前，曾不顾指间刀伤，在为一名伤员动手术时受到感染。但他仍然参加了雁宿崖歼灭战和黄土岭围攻战，在炮火中为大量伤员做手术。病情发作后，他还在坚持，直到战斗结束，才被用担架送下了战场。过了不几天，也就是1939年的11月12日，他带着对中国人民的无限深情，离开了人间。

实践证明，基本的是游击战，但不放松有利条件下的运动战，这一战略方针是非常正确的。除了在游击区、接敌区开展广泛的游击战之外，在根据地内部必须适当掌握强有力的兵团作为机动力量，一旦敌人敢于孤军深入，即以优势兵力果敢地包围而歼灭之。晋察冀抗日根据地打了不少这样的仗。这些仗足以震撼敌人，使其小股兵力不敢轻易进犯。而它要组织大的“扫荡”，又非经过较长时间准备不可。这样，就大大增加了我根据地的稳定性，对于巩固根据地、有计划地进行根据地的各项建设，无疑是一个相当有利的条件。

日军“名将之花”命丧黄土岭亲历记

段志清*

我是陕西延长县人。1937 年抗日战争全面爆发后，我所在的部队被改编为晋察冀军区第 1 军分区第 2 团。1939 年秋季，日军调集数万兵力，对晋察冀边区进行疯狂大“扫荡”，妄图摧毁我抗日根据地，这时我在 2 团 2 营任代理营长。

1939 年 10 月，侵华日军独立混成第二旅团旅团长阿部规秀中将，命令日军一个先遣大队和伪军 1000 多人，进驻早就重兵把守的涞源县城，准备集中优势兵力对我 1 分区根据地实施大规模的“扫荡”。30 日清晨，天刚蒙蒙亮，日军便从涞源城出发，分别向插箭岭、银坊镇等地开进。其实，日军的这一突然行动，早在八路军的意料之中。因为涞源战略位置十分突出，如果我军控制了涞源，就可经察南出兵北上，直逼阿部规秀的老巢张家口。而日军则把涞源至张家口一线的据点，视为其插入我晋察冀军区的一把尖刀，他们企图用这把尖刀把我平西、察南、雁北抗日根据地割得七零八落。

日军的这次行动，与我军两个月前在涞源、明堡以北打的一次伏击战有关。因为这一战打断了敌人在该处的交通线，使他们不敢再走峪中的公路，

---

* 作者时任八路军晋察冀军区第一军分区第二团第二营代理营长。

只能从山梁上艰难爬行。对此，日军非常恼火，时刻都在盘算着如何对我军实施报复。

晋察冀军区聂荣臻司令员在获悉这一情报后，即令第1军分区司令员兼政委杨成武迅速集结3个团，在插箭岭至走马驿之间围歼日军。然而，狡猾的敌人进至插箭岭北10公里处时，却突然向东拐去。见敌情有了变化，杨成武司令员即令第2团东返，向雁宿崖地区开进，准备和第1团、3团一起合力围歼日伪军。

当时，我所在的第2团第2营的任务主要是在雁宿崖南面的山梁上阻击日伪军。战斗打响后，我见北面山梁上的敌人在飞机掩护下凭借有利地形向我军猛烈开火，压得我军抬不起头，便建议教导员在山梁上指挥部队还击，自己率领第7连、8连前出攻击北边山梁上的敌人。刚摸到敌阵地前，我就作了个“打”的手势，战士们拧开手榴弹，像雨点般投向敌群，炸得敌人血肉横飞。我让机枪掩护，自己带领战士趁势杀入敌群，和敌人展开了肉搏战。我们有的用大刀砍，有的用刺刀捅，敌人见状异常慌恐，吓得四处逃散。我边打边冲，在一个山梁的拐角处，突然冒出3个日军来，其中一个端着刺刀嚎叫着向我刺来，我敏捷地往右一躲，对方见没有刺着，又向右边刺来，我向左边一闪，右手乘机抓住对方的枪身，连开两枪，将这个日本兵送上了西天；另外两个日军，也被随后赶来的战士打死了。经过一天激战，雁宿崖一仗，我们营共歼灭日伪军270多人，缴获各类枪支200余支。

自从先遣队被八路军歼灭后，在张家口坐镇指挥的阿部规秀气得暴跳如雷。11月4日，他亲自率领1500多名精锐日军，分乘90辆汽车，直奔涞源城。

阿部规秀是日木军界享有盛誉的“名将之花”，是擅长运用“新战术”的山地战专家。他骄野成性，轻狂自负，对八路军总是不以为然。5日，阿部规秀率领日军气势汹汹地向雁宿崖扑来，此时，这里的八路军和群众早已转移，日军搜索了一天没有找到任何报复的目标。当天夜里，日军在雁宿崖下，把八路军已经收埋的一些敌尸，又一具具挖出来，抬到一起，架上柴火，浇上汽油，点火焚化，整个山谷中弥漫着敌尸的焦臭味。

第二天，阿部规秀率领日军进至银坊镇，见老百姓大都转移了，又急又恨的他便命部队放火焚烧民房，整个银坊镇顿时火光冲天、浓烟翻滚。

两次扑空后，仍不死心的阿部规秀率领日军于11月6日，由银坊镇向北进行搜索。始终尾随在敌后并监视敌行动的我八路军第2团，见日军前行不到5华里，突然向一条沟里钻去。团长唐子安便令我们第2营继续尾随跟踪。为了更有效地监视敌人，我让侦察组的同志，全身绑上茅草，分别在南北两面的山坡上尾追敌人，密切监视日军的动向。

阿部规秀率部走到山沟尽头停了一会儿，便爬上山坡沿着崎岖小道，直接向黄土岭奔去。我马上将日军的这一动向迅速向上级作了汇报。分区司令员兼政委杨成武认为：这是利用黄土岭一带有利地形伏击日军的难得机遇，便立即着手进行战斗部署。

黄土岭坐落在一个大山坳上，东面有一条七八里长的深沟，住在这里的十七八户人家，早已撤离。晚间，阿部规秀把指挥所设在村里。日军则在村北的山头上解下行装，搭起帐篷进行宿营。

分区所属部队接到命令后，乘着夜色对黄土岭的日军展开了围歼行动。第1团、25团在黄土岭东面的寨坨、煤斗店一带部署，卡住了敌东进的道路；第3团在黄土岭以南布防，控制了该地所有的制高点；第2团则在黄土岭西北设伏并堵死了敌人的退路；第120师特务团也被部署到第3团所在位置，随时准备投入战斗。就这样，在敌人毫无觉察的情况下，我军一夜之间便完成了对黄土岭日军的包围。

11月7日，天空飘着毛毛细雨，浓雾笼罩着群山，给人一种神秘莫测的紧张感。上午8时左右，日军整队出发，继续向东行进。走在队伍前面是几个骑着高头大马的敌人，后面则是打着太阳旗的步兵，他们肩上扛着带刺刀的三八枪，迈着大步，脚下发出“呱哧呱哧”的皮鞋声，一副趾高气扬的样子。

9时左右，日军进至下庄子后，发现东边山口上有八路军防守。阿部规秀立即令日军一个中队，迅速占领路旁高地，连续向山口发起攻击，但一次次都被防守在这里的第1团和第25团官兵打退了。见东面部队和日军交了火，埋伏在西南两面山上的第 2 团和第 3 团，立即组织所有枪械向日军猛烈扫射。

在强大火力的压制下，日军很快便退缩到了山沟里。阿部规秀见势不妙，慌忙指挥日军占领上庄子、下庄子两边的小山包，并拼命组织反击。

下午,3时整，我伏击部队全面发起攻击，第1团、25团从东面迎头杀出，第 2 团、3 团从西南北三面合击过来，把日军团团围在上庄子附近约 100 多米宽的山沟里。我军 100 多挺机枪从各个山头一齐向沟中扫射，分区炮兵部队也连续发射炮弹，整个山沟顿时被弹片、碎石和浓烟所覆盖。

战斗打响后，易县、涞源、满城、唐县等地的基干自卫队，也纷纷赶来参战。当地群众也给部队送水送饭，运送伤员。在地方武装和群众的大力支援下，我军士气高涨、愈战愈勇。

日军在阿部规秀指挥下，依仗其雄厚兵力和优良武器，反复向我寨坨阵地发起冲击，遭到强烈反击后，便开始掉头向西，妄图从黄土岭突围，逃回涞源。他们用两个大队的兵力对我第 2 营的防守阵地，接连不断地发起攻击。我发现数十名日军竟然冲上了第 5 连防守的山梁，立即带领第 7 连赶去支援。刚进入第 5 连阵地，我就大喊：“同志们，狠狠地打，要把敌人坚决打下去！”战士们一个个精神抖擞，不少同志从工事里跳出来，端着枪直接向日军进行猛烈扫射，打得敌人连滚带爬，纷纷溃退。

傍晚时分，日军又向第 2 营阵地发起冲击。他们摇晃着太阳旗，在强大火力的掩护下，像一群发疯的野兽咆哮着往上冲。我告诉大家：“为了节省子弹，等敌人靠近了再打。”战士们爬在战壕上，眼睛一眨不眨地盯着敌人。当敌人距离阵地只有 40 米时，“打！”随着我一声令下，顿时，机枪、步枪一齐向敌人猛烈扫射，手榴弹也在敌群中不断开花，冲在前面的几十个日军，纷纷倒在血泊里，后面的日军吓得狼狈逃窜。仅这一天，我们第 2 营打退了日军的 7 次冲锋。

当晚，我组织小分队不断对敌人进行骚扰。深夜，我又派第 5 连副连长带一个排，顺着一条沟摸下去侦察敌情，发现沟底有 10 多头牲口驮着弹药箱，便卸下了 20 多箱子弹往回扛。被日军发现后，副连长令一个班阻击敌人，其余人员扛着弹药往回跑。日军如惊弓之鸟，为了壮胆，机枪、小炮一直打到天明。

8 日上午，一阵炮声过后，敌人又派一个大队向我第 2 营阵地发起猛攻。日军指挥官举着明晃晃的战刀，嘴里“呀呀”地嚎叫着，命令日军往上冲。我指挥全营拼命往下打，敌人尸体越积越多，第 2 营的伤亡也在不断增加。这天，日军共向我第 2 营阵地发起了 6 次攻击，但第 2 营就像一颗钢钉牢牢地钉在阵地上。伤亡惨重的日军，此时才真正领受到八路军的厉害。

阿部规秀的指挥所，设在下庄子附近一个独立院落里。第 1 团团长陈正湘在观察时无意中发现，有两个挎战刀的日本军官和几个随员，正举着望远镜向 793 高地观望。陈团长料定其中必有日军的“大人物”，当即命令炮兵连迅速上山，想尽一切办法把独立院落摧毁。炮兵连长杨九祥带人上山，经过一番观察和目测，经验丰富的他胸有成竹地说：“直线距离约 800 米，在有效射程之内，打掉院子应该没有问题！”在杨连长的指挥下，随着一声巨响，4 发炮弹几乎在同一时间内全部命中目标，正在指手画脚的几名敌军官在爆炸声中应声倒地，连旁边那条狼狗也被炸裂了肚皮。事后得知，阿部中将就是在这次炮击中，右腹部和双腿数处负伤，因流血过多而毙命。

日军失去了指挥官，极度恐慌。翌日，便抬着阿部尸体，向黄土岭拼命突围，在我军的无情打击下，日军随着一次次的失败，反扑的气焰开始减弱，战法也乱了，最后不得不收缩兵力固守待援。入夜，日军兵力只剩下七八百人了。由于我军各部之间联系困难，不便乘夜攻击。杨成武司令员命令部队固守已有阵地，同时派出小分队袭扰、疲惫敌人，准备在拂晓发起总攻，全歼残敌。

9 日凌晨，突然飞来 5 架敌机，它们在黄土岭上空盘旋侦察了一圈后，投下 7 个降落伞，上面除了吊着弹药、干粮外，还有可能是派来指挥黄土岭残敌突围的人员。分析这些情况，我估计当天会有一场更激烈的战斗，要求各连补充弹药、抢修工事，充分做好战斗准备。然而，这天的枪声却出奇的稀疏，日军也没有组织任何冲击。到了下午，团长传达了杨成武司令员指示，原来情况发生急剧变化，日军已组织了 2 万多兵力，正分 5 路向黄土岭合击而来。为了避免部队伤亡，我军决定撤出阵地向唐河南岸转移。

黄土岭战斗，是晋察冀军区继雁宿崖歼灭战后的又一次重大胜利。这一仗共歼灭日军 900 多人，缴获满载军用品的骡马车 200 多辆，火炮 5 门及大量枪支弹药，更可喜的是击毙了日军阿部规秀中将（事后得知）。阿部规秀是当时日军侵华战争中在战场上丧命的第一个高级将领，也是八路军在华北战场上第一次击毙的日军中将指挥官，在中国人民抗战史上也是第一次。当时，日本《朝日新闻》以《名将之花凋谢在太行山上》的通栏标题，连续三天刊登悼念文章。这家报纸说："自从皇军成立以来，中将级将官的牺牲，是没有这样例子的。"阿部规秀的骨灰送回东京时，日本"帝都降半旗致哀"，"以高龄的柴大将为首，杉山大将、东防司令官稻叶中将、代理陆军大臣中村以下各位将领到车站持悼旗致哀"，可谓"哀荣"至极！

事后，党中央、八路军总部和全国各地的友军、抗日团体、著名人士，纷纷发来贺电。全国各地报纸也先后报道了黄土岭的战斗经过，刊登祝捷文章。就连一向诬蔑八路军"游而不击"的蒋介石，这回也给朱总司令发来电报，表示"杀敌英勇，殊堪奖慰"。

（周鹏整理）

白求恩逝世

回忆国际主义战士白求恩

杨成武*

世界反法西斯战争和中国抗日战争胜利50周年之际，怀念起国际主义战士白求恩。1939年11月12日，白求恩和我们永别，距今已有56年了。我的思绪不禁回到了和白求恩交往的岁月，那时他是晋察冀军区卫生顾问，在晋察冀边区抗日民主根据地为八路军伤病员服务，以高超的医术救死扶伤，并培养了大批医务干部。在指战员的心目中，他是起死回生的“观音菩萨”。他经常踏着硝烟，到战火纷飞的一分区来检查和指导医疗工作，跋山涉水到战地救护所视察和救治伤员。我一次又一次接待了他，有时还陪着他下部队，帮助他解决开展医疗工作的一些问题。他很幽默，我俩几乎无话不谈。我们谈工作、谈人生、谈中华民族的解放，心里充满着对美好未来的憧憬。

一分区的山山水水，留下了他的足迹，也是我们战斗友谊的见证。

他常说：“作为一名称职的医生，应具备像鹰一样的眼睛，对病看得准；有一个狮子般的胆，对工作大胆果断；有一双绣女似的手，做手术灵活轻巧；有一颗慈母般的心，无微不至地体贴和关心伤病员。”

---

* 作者时任八路军晋察冀军区第一军分区司令员兼政委。

为了了解手术是否做得成功，给伤病员第一次换药，他总是要亲自动手。

为了抢救失血过多的伤病员，施行急救手术前，他主动献血。

他认为：对抢救伤病员来说，时间就是生命，能抢救一名伤员，为伤员减少一分痛苦，就是医务工作者最大的乐趣。

他既是白衣使者、外科专家，又是共产党员、反法西斯战士，哪里有战斗、有伤员，他就出现在哪里。

他还对身边的医务工作者说："如果我们能自己救活一个战士，那就胜于打倒十个敌人。前方战士从不因为敌人轰炸而停止战斗，我们也不能因为敌人轰炸而停止手术。"

他毫不利己、专门利人，为中国人民解放事业，出生入死。1938 年秋季反"围攻"作战，阜平保卫战，东、西庄战斗，大龙华战斗；1939 年雨季反"扫荡"，雁宿崖、黄土岭战斗等一分区的许多重大战斗，他都参加了。

每当战斗激烈进行的时候，战地医院也紧张地进行着对伤员的急救和包扎。白求恩大夫出现在哪里，哪里的伤员就感到无比的温暖。

常常是手术没做完，敌人就冲上来了，我们通知他撤都来不及，只好派部队掩护他把手术做完。这位反法西斯战士、加拿大共产党员，长期地和我们并肩作战，以他对共产主义、人类解放事业的赤诚和精湛的医术，治愈了我们许多同志，他的献身精神，一直鼓舞着我们指战员勇往直前。

尤其是击毙日本"蒙疆国驻屯军"总司令兼独立混成第二旅团旅团长阿部规秀中将的黄土岭战斗前后，我和他最后的几次接触，给我留下了不可磨灭的记忆。

那是 1939 年秋，山野的颜色在变，山顶上的草木先黄，渐渐蔓延到山坡山脚，最后整座山都染上了秋色，显得暗淡了，宁静了。

在一分区坚持敌后抗战最艰难的岁月里，白求恩大夫带领着手术队从战地医院救治完雁宿崖战斗的伤员，又来求战了。

这天午夜，我刚刚拧暗油灯，想抓紧时间睡几个钟头，只听外面有人敲门，打开门看，分区卫生部长张杰站在门口，喜悦地说："司令员，白求恩大夫来啦！带着医疗队来的！”

“哦！”我又惊又喜，急忙奔出门，心想，“白求恩大夫来了，这可真是雪中送炭啊。”

当时，我们的医疗条件很差，仅有的一些药品还是从战斗中缴获来的，伤员们经常在没有麻药的情况下接受手术，奎宁、止血剂都是难得的宝贝，一支针剂往往就决定一位战士的生命。分区医院大手术不能做，重伤员只好连夜送往军区五台医院，因为伤重路远，常常在半路上，伤员就因为流血过多牺牲了。每当我望着民工用担架抬着伤员急步朝山中走去时，心中就像刀剜似的难受，不知道那些负重伤的战友能不能再回来。

白求恩大夫来了，将会为我们挽救多少伤员的生命啊！

黑暗中，一个高大身影跳下马，阔步走来。啊，是白求恩大夫。我急忙迎上去，握住他的手说：“您怎么到我们这里来了？”

说心里话，白求恩大夫在战斗前夕来到一分区，我又欢喜又担心。欢喜的是，他的医术精湛，许多伤员可以在他手下起死回生；担心的是，他在前方医院工作，那里往往也在敌人火炮射程之内，万一发生不测，这损失可就太大了。

白求恩大夫似乎看出了我的心思，说：“你们不要拿我当古董，我是来工作的，你们要拿我当一挺机关枪来使用。”

翻译翻着他的话，我却已经察觉到白求恩大夫身体不如以前了，神情疲惫，握手不像过去那样有力了，指间还裹着白纱布，看来是一处刀伤。

白求恩大夫声音却依然洪亮，说：“聂司令员派我来了。说你这里要打个大仗，是不是？”

“已经打了一个……”

“仗打得怎么样？”

我告诉他，11 月 3 日，当敌人进入雁宿崖地区后，我们全线发起战斗，很快就将十村宪吉大佐所率日军独立混成第二旅团第一大队和一个炮兵中队、一个机枪中队 600 多人，包围全歼。而我军伤亡很小，士气很高。针对敌人可能的报复，估计还要再打一仗。

“那么，我来对了。”他挥着手得意地说。

我笑道：“是你自己要求来的吧？”

“是我要求的，聂荣臻司令员批准了。”他点着头，显得很得意，接着又认真地补充说：“战士们在前方倒下，我们应该在前方救治他们。要是我们在后方医院等伤员，有些伤员就会死在路上。”

白求恩大夫身披土黄色粗布军袄，腰间扎一条宽皮带，下身却没有穿棉裤，只在单裤外面紧紧地扎着裹腿。脚上是山里人常穿的那种两三斤重的布鞋，鞋底足有半寸多厚，用麻线纳得十分细密，连小伙子也弯不动。初穿这种鞋的人，脚会磨出血来，可是白求恩大夫穿着它上马下马，噔噔走来，却显得步步精神。看他这装束，谁会相信他竟是英国皇家医学院的院士呢。

白求恩大夫进屋刚刚坐定，就开口用中文说：

“杨，我跟你要东西来了。”

“要什么，说吧。”

“500副夹板，1000副绷带，还有担架、拐杖……”他说了一大串名目。

“什么时候要？”

“明天中午12点！”他做了个手势，表示坚定不移。

我可真有些吃惊，那么多东西，一下子怎么拿得出来呀？不过，我还是应承了：“好吧，明日12点交给你东西！”

白求恩大夫笑了，立即站起身和我握手告别：“你我都忙，我走啦！”

送到院门口，他又叮嘱我一句：“12点。”

这下子，我也睡不成了，连忙找来卫生部长张杰和供给部长董永清，要他们想方设法在明日12点以前，把白求恩大夫要的东西赶制出来，以供医疗队使用。

第二天中午，白求恩大夫匆匆赶来，问我东西做好了没有。我带他去验收。当他看到所需要的医疗器具全部按他的要求准备好了时，高兴得连连点头：“好，好极了！我十分快活。让我把伤病员的感谢转赠给你，我亲爱的杨！”

验收完这批器具，我请他吃午饭，桌上最好的菜就是一盘炒鸡蛋，这就是当时我们唯一能弄到的美味佳肴了。

吃饭时，根据他的要求，我向他介绍了敌情和我们的部署：“眼下，驻张家口日军独立混成第二旅团所属各部，约 1500 多人，分乘 90 多辆卡车急驰涞源，企图寻我主力决战，进行报复性‘扫荡’。我拥有第 1、2、3、25、特务团，还有游击支队和分区直属炮兵部队，周围还有兄弟部队第 20、26、34 团在钳制敌人。我们准备大踏步后退，诱敌深入，在黄土岭地区打一个更大的歼灭战。”

“好啊！”他说，“我立即赶赴战地，安排抢救伤员的工作。”

吃罢饭，白求恩大夫率领医疗队，带着供给部和卫生部赶制的医疗器具出发了。

黄土岭上已传来了隆隆炮声，白求恩大夫带着手术队准备赶赴甘河净分区医院，刚要动身，忽然发现一个头部负伤的伤员患了颈部丹毒合并蜂窝组织炎，若不立即动手术，便有生命危险。

为了抢救这个伤员，他立即卸下绑在牲口上的手术器械，为这个伤员施行手术。经过抢救，这位伤员安全脱险了，而他自己手上的伤口却受到了这种病毒的感染。

到了甘河净分区医院，白求恩大夫发起了高烧，可他一声不吭，带着高烧、病痛，夜以继日地救治黄土岭战斗中下来的伤员，为重伤员动手术。

这时，我部队在黄土岭地区经过反复冲杀，已将敌人压缩在上庄子附近的山沟里。在围攻的过程中，发现黄土岭东那个叫教场的小村庄是敌人的指挥部，我炮兵集中炮火向它射击。敌酋阿部规秀这个被日军誉为“名将之花”的中将就在我们神勇的迫击炮兵的排炮下“花落瓣碎”了。他那绣着两颗金星的黄呢大衣和金把钢质指挥刀也都成了我们的战利品。

在胜利的喜悦中，我听说白求恩大夫连日高烧，病得不轻，还在战地医院抢救伤员，坚持为重伤员做手术，便将这一情况向聂荣臻司令员作了汇报。聂司令员要我动员他走，于是我几次派人通知他，赶紧回后方医院检查治疗，不要耽误。

可是白求恩大夫怎么也不肯离开自己的工作岗位。

这消息立刻传遍整个战地，白求恩大夫忘我的精神，感召着我们的指战员奋勇杀敌。

当我赶到甘河净分区医院时，白求恩大夫带着高烧还在为伤员做手术，我不禁对他产生了一种由衷的敬佩之情。我劝他早点到后方医院去检查治疗。

不料，他却说："不必了。我是医生，我知道我患的是脓毒败血症，能用的办法都用了，还是让我抓紧时间多抢救几个伤员吧。"

"不行！你必须离开这里！"

他做完手术，郑重地问："你这是建议，还是命令？"

我说："是命令！"

他说："我是奉聂司令员命令来的，不过，你是这里的战区司令官，我服从你的命令。"

这时，医务人员抬来一副担架，示意他躺下。他无可奈何地头一偏，肩一耸，拖着疲倦的身子，摇摇晃晃地躺了下去。

同志们给他盖了一条被子，我给他往上拉了拉，并告诉他："从11月3日至8日，我们6天中连续取得了雁宿崖歼灭战和黄土岭围攻战的胜利，共歼灭日军1500多人，击毙日蒙疆驻屯军阿部规秀中将，还缴获了一大批武器装备和军用物资。"

他点点头，露出了满意的微笑。

不料，白求恩大夫离开甘河净之后，由于病情恶化，11月12日在唐县和我们永别了。

噩耗传来，我心情异常悲痛，原想反"扫荡"胜利后，把白求恩大夫请到分区司令部来好好休息几日，再请他指导一下我们一分区的卫生工作，谁知竟不能了。他曾以他的卓越医术和无私无畏的共产主义精神，支持和激励着我们的指战员在黄土岭英勇杀敌。他献身于黄土岭战斗，他的名字和黄土岭战斗的胜利是紧密相连的。

深切怀念白求恩大夫

陈仕华*

一

我是1939年7月与白求恩大夫相识的，那时我任晋察冀军区后方医院医务科长。一天清晨，我正在休养一所的病房里为伤员们治伤换药，忽然接到军区卫生部的电话，通知说白求恩大夫要到我们休养一所来。消息一传开，休养所的同志们立刻欢跃起来。几个月以来，白求恩的名字和他的事迹，不断在同志们中间传着，但我们一直没有机会见到他的面。今天，白求恩大夫要来，谁能抑制欢快激动的心情呢？

休养所的指导员带领一部分同志，赶到村外去迎接白求恩大夫。不一会儿，只见一群人马来到休养所门前。白求恩大夫在指导员和翻译的陪同下，走在人马的前边。他通过翻译告诉我们：这次来花盆修养所（休养所在花盆村），主要是讲解“消毒十三步”的工作方法，另外重点地看看伤员的情况。我们向白求恩大夫简要地介绍了伤员的情况，并带领他察看了病房。

---

* 作者时任晋察冀军区后方医院医务科长。

下午，白求恩大夫向大家讲解了“消毒十三步”，并进行了现场演示。在讲演前，有的同志抬来了门板，有的同志挎着篮子，里面放着伤员刚换下来的纱布、绷带、棉花。同志们分别在沙地里、石头上坐下来，听白求恩大夫讲课。白求恩大夫说的“消毒十三步”实际上是消毒的程序问题，是消毒的“基本功”。他站在沙滩上，细致地把消毒的步骤：分类、洗、晒、叠、蒸……逐条讲给我们听。他说：“伤员们每天都要换下来大批的棉花、纱布、绷带，要是不管脏不脏，都堆起来一起洗，结果有的本来不太脏，反而被污染得更脏了。”根据他提出的消毒十三步程序，首先把棉花、纱布、绷带按照脏污的程度不同进行分类，把那些最脏的分为一类焚烧或深埋掉；把带脓血、比较干净的又分为一类，先用凉水搓洗，再用肥皂去污，然后再用清水漂洗几遍；至于那些不带脓血的绷带，洗起来就比较省事了。他一边讲述，一边亲自操作给我们看，他把篮子里的绷带、纱布、棉花倒在门板上面，分好类，才让我们去洗。晒的时候，为了避免风把纱布和绷带刮到地上弄脏，他把两根绳子拧成麻花形，将绷带和纱布夹在两根绳子之间。蒸的时候，要把纱布的毛边折在里面，这样就不会把纱布的毛絮粘在伤员的伤口上……

白求恩大夫讲课十分细致，态度严肃而认真。他把琐碎零星的工作系统化，用科学的态度进行具体的分析。而这一切的出发点，都是为了病人，为战士和群众着想。

当晚白求恩大夫便乘马离开花盆村，赶回军区卫生部去了。

二

10 月，军区批准白求恩大夫提出的成立军区卫生部巡视团的建议。军区卫生部决定要我参加巡视团的工作。接到通知，我心里多么高兴啊！我能够得到机会跟白求恩大夫一起工作，在他的身边学习，真是很大的荣幸。我当即把休养一所的工作做了交代，赶到卫生部驻地木兰村。

白求恩大夫这时不在军区卫生部。根据他拟的巡视计划，第一个目的地是于家寨三分区二所。我们决定直接到于家寨去同白求恩大夫会合。

两路人马会合后，叶部长即宣布正式成立军区卫生部巡视团。接着，巡视团各个成员进行分工。我的任务是检查药房，摸清各医疗单位的医疗设备器材装备，开出单子交给白求恩大夫，便于他给伤病员们开处方。当天，白求恩大夫就催着我赶快到药房去检查和统计药品。第二天上午，我把单子开给他，便随着他检查病房。我站在白求恩大夫身边，发现这位一向十分严肃的老大夫，在伤病员面前竟是那么亲切和热忱。对于伤病员的治疗处理，他是那么认真、细致，每看完一个伤病员，都要做详细的记录。他有一个大本子，专门记录病历，并且编了号码，很有条理，他告诉我们：一个科学工作者，必须认真对待第一手资料的记载。

我们的工作是很紧张的，有时每天要工作十几个小时。而白求恩大夫工作的时间比我们还要长。入夜，山村十分寂静。经过一天紧张的手术和治疗工作，我们都很疲倦，上炕睡觉了。白求恩大夫仍然坐在他的房间里，伏在老乡的小柜子上，就着昏暗跳动的烛光编写材料。在三分区二所的病人中，除了疟疾病人，还有不少患的是痢疾、肠炎和感冒。白求恩大夫深夜不眠，正是在研究怎样治疗这4种常见的疾病。白求恩大夫虽然晚上只休息五六个小时，但第二天上午，仍然像往常一样到病房为伤员们施行手术。下午，他把休养所的医护人员找到他住的院子里来，为大家讲述4种常见疾病的治疗方法。

巡视团一行10余骑离开于家寨，先后检查了三分区二团司令部卫生队、三分区休养一所、骑兵团、冀中军区后方卫生部、后方医院二所的卫生工作，于10月中旬到达贯头一分区司令部。杨成武司令员亲自接待了白求恩大夫和巡视团的同志们，介绍了一分区的战斗情况。白求恩大夫听说野蛮的日军在战场上施放毒气，表示了极大的愤慨。

晚上12点多钟，我们已经休息了，他忽然来到我的住处。原来白求恩大夫关怀着火线上的战士们，他知道我军没有防毒面具，便深夜不眠，告诉我们应该用纱布和石灰制作防毒面罩。杨司令员得知这个办法后很高兴，表示积极支持，说可以组织群众照这个办法帮部队做一批防毒面罩。夜深了，杨司令员才送白求恩大夫回去休息。

三

1939年10月底，日本侵略军又一次向我第一军分区进行大“扫荡”。

白求恩大夫得知摩天岭前线正在进行激烈的战斗，一批伤员就要送到分区后方医院来。于是他率领巡视团全部人马立即出发，赶到孙家庄。

孙家庄已临近火线，隆隆的炮声和清脆的机枪声震荡着耳膜。大路上不断有抬着伤员的担架下来。白求恩大夫翻身下马，领着我们跑出村外，来到一座山坡前。山坡下面的大路，是火线上的伤员往后方运送的必经之路。半山坡上有一座破庙，白求恩大夫决定在这里布置手术室，摆两张桌子当手术台。他连忙打开手术器械箱，穿上围裙，叫我们几个大夫到山坡下的大路上去，凡是火线上下来的伤员，一律拦住进行检查。伤势轻的，就给他们上药包扎，让担架员抬到甘河净后方医院第一所治疗。伤势重的，不管多少，全部送到庙里由他抢救。在他动过手术以后再送往后方医院休养一所。

战斗进行得很激烈，伤员们不断抬下来。白求恩大夫不停地为他们做手术，饭也顾不得吃，觉也顾不上睡。就在这次手术中，白求恩大夫不慎将左手中指刺伤。在完成初步疗伤后，他当即决定赶回甘河净，因为伤员都集中在那里进行治疗，有些经过他动过手术的重伤员，需要进行检查，或者要做第二次手术。

在赶回甘河净的途中，白求恩大夫虽然很累，但他的精神很好。休息时，我们坐在一个山坡上，他告诉我们说，巡视团的工作结束以后，他要回国一趟。我们问他，回国干什么？他说主要有两个目的：一是筹集一些经费、药品和器械；二是向各国人民揭露日本帝国主义的残暴罪行。后来我们才知道，白求恩深感我军缺乏医务人员，不能适应战争发展的需要；由于日寇和国民党顽固派联合起来对敌后根据地进行封锁，使我们的经费、医药器械也十分困难。他打算回国动员一些助手，筹集一些经费和医药器械，回来帮助我们开办医科学校，培养医务人才，更多地组织战地医疗队。白求恩大夫的建议得到延安党中央的同意。

四

我们到达甘河净后方医院第一所，当即投入了紧张的医疗工作。白求恩大夫每天要做一二十个手术，晚上还要摸黑到病房看望伤病员。连续忙了好几天，手术总算做完了。巡视团决定到完县史家庄后方医院去检查工作。

上午，我们忙着收拾东西，把医疗器械和行李捆在牲口驮子上。临出发前白求恩大夫还到病房去看了伤病员们。在病房他发现一名伤员发生了颈部丹毒与头部蜂窝组织炎并发症，要做紧急手术。

我知道，颈部丹毒和头部蜂窝组织炎毒性很大，不能耽搁时间，忙告诉甘河净后方医院第一所的同志们做手术准备。同时卸下牲口驮子，取出白求恩大夫的手术器械。

白求恩大夫站在手术台旁边，右手拿着手术刀，动作很快地进行手术。做完手术已是下午。他对手术感到很满意，嘱咐甘河净后方医院第一所的大夫注意观察这个伤员，然后通知我们吃完饭照原计划出发。就在这次手术时，白求恩大夫匆忙间未戴手套，结果伤口受到细菌感染。

由于连日劳累，长途奔波，白求恩大夫感冒了。第二天，他赶到完县史家庄后方医院，带病给伤员们检查和做手术。并且要叶部长和我到孟子岭去，给那里的伤员进行检查和医疗。

第二天，林大夫到孟子岭来报告叶部长说：白求恩大夫身体不好，左手中指的伤口已经发炎了，大家劝他休息，他不听。

我们当晚赶回史家庄，走进白求恩大夫的房间，见他正把左手的中指放在锰滤水里泡着。我们要给他治疗，他不让。我们劝他休息几天，他却提出要我们到曲阳县康家圩三分区三所去检查工作，完成巡视团的工作计划。我们没同意。那天晚上没有谈出结果来。第二天我们再去劝他，他坚持要我们继续巡视团的工作。叶部长把我留下来照顾他。

第二天，白求恩大夫的病情加重了。我采取了一切措施来抢救这位国际战友。不幸情况变化，敌人向我们驻地进攻，我们动员群众用担架抬着白求恩大夫转移。到黄石口村时，他的病情恶化了。我们只好住下来。白求恩大夫躺在老乡家的暖炕上，神志不清，体温升到39度多。我给他注射葡萄糖和强心剂。白求恩大夫清醒过来了。他说：“不要注射了，我已经不行了。”他知道自己的血液有毒，能够用的办法都用过，没办法挽救了。这时，他挣扎着下了炕，整理整理东西，伏在桌子上写遗书。我知道他在料理后事，心里很难过，劝他休息，他不肯。实在支持不住，他才在炕上躺一会儿。他要争取最后的时间把遗书写完。他念念不忘伤病员，关怀着那些曾经和他并肩工作的战友们，并且给聂司令员写道：“让我的千百倍的热忱送给你和其余千百万亲爱的同志。”

11月12日拂晓，伟大的国际主义战士白求恩同志与我们永别了！

桂南会战

第三十一军桂南抗战经过

覃戈鸣*

在桂南战役中，我任第三十一军军部参谋处作战课的少校课长，谨将我军对日作战的一些情况记述如次。

第十六集团军的情况及战役前对敌情的错误判断

1938年日军占领武汉、广州，后又占领海南岛和涠洲岛，封锁我广东南路、广州湾（湛江）、北海、钦州通往海外的国际交通。国民政府军事委员会委员长桂林行营（主任白崇禧、参谋长林蔚）指挥这一方面的对日作战。当时在广西还有一条通往越南（在法国统治下）的国际路线——由镇南关（友谊关）入口，经邕龙公路或左江水路到南宁，再经邕柳公路到柳州接湘桂铁路。

在广西和广东南路（日军窜陷宾阳前，才划为第四战区，张发奎任战区司令长官，在这以前是由桂林行营直接指挥的）只有新桂系的第十六集团军

* 作者时任第三十一军军部参谋处作战课课长。

（上将总司令夏威）的两个军：第三十一军和第四十六军。第四十六军的第一七五师是老部队，新十九师是新成立的部队。第三十一军是新桂系参加徐州会战打败仗后收拾残部回广西整补的部队。部队态势概要如下：

1. 第四十六军（中将军长何宣）军部驻南宁附近。新十九师（少将师长黄固）驻钦县、防城一带。第一七五师（少将师长冯璜）驻合浦、北海一带。第一七〇师（中将师长黎行恕）驻贵县附近。

2. 第三十一军（第十六集团军中将副总司令韦云淞兼军长）军部驻桂平附近。第一三一师（中将副军长贺维珍兼师长）驻桂平与平南之间地区。第一三五师（中将师长苏祖馨）驻大湟江口一带。第一八八师（少将师长魏镇）驻平南附近。

第四十六军是有作战任务的，担任防城、钦县、合浦、北海一带的海岸防御。保卫桂南重镇南宁的安全，掩护邕、龙路的国际交通线。第三十一军在整补中，还没有作战任务。广东南路还有地方武装部队，广州湾（湛江）、梅莱、电白一带的防务是由地方部队担任的，防城、钦县、合浦一带的地方部队是与第四十六军部队配合的。“民团”由南宁区民团指挥官梁瀚嵩指挥与第十六集团军配合。

第十六集团军如上的配备是遵照桂林行营指示决定的，桂林行营对于这方面的作战指导是以武断性的“敌情判断”为基础的。桂林行营认为日军如果窜犯广西，必以海南岛为基地，以柳州为目标，以主力从广州湾登陆窜经玉林、贵县、攻略柳州；至于窜犯南宁，不过以一部兵力作为助攻而已。针对这样的敌情判断，所以指示第十六集团军的 4 个师（第三十一军的三个师及第四十六军的第一七〇师）都摆在贵县、桂平、平南一带郁江、浔江北岸整训，就附近构筑工事准备拒止或迟滞敌窜犯柳州，争取时间调动在全县一带的第五军及抽调第七、第九战区若干兵力来转移攻势的。因此邕、钦路方面的兵力是很薄弱的，南宁基本上是空虚的，邕钦公路曾征调大量民工来进行破坏，但破坏不得要领，车辆仍可以绕过路旁而通过。

1939 年秋，军委会校阅组以杨劲支为主任到广西桂平校阅第三十一军的时候，指示军部参谋业务演习要根据这个军预定作战任务来作想定和进行演习的。在预习中，对于敌情判断，参谋人员中有两种意见：第一种是照桂林行营的判断，说了一番“理由”；第二种认为敌人的主攻方向和窜犯目标可能由钦县沿海登陆，沿邕、钦路进攻南宁。理由是：南宁是桂南重镇，占领了南宁就切断了通往越南的国际路线，现在敌人兵力不足，不会深入柳州，而进犯南宁邕钦路是捷径。到校阅讲评时，军令部派来校阅参谋业务的窦大有对于提出第二种意见的少校参谋彭伯鸿加以指责，说桂林行营的判断是对的，一个小参谋懂得什么！

11月间，军委会军令部和桂林行营的“敌情判断”更认为日军的兵力不足，不会再分兵窜犯广西。广西有白崇禧的“三自三寓政策”（“自卫、自给、自治，寓兵于团、寓将于学、寓征于募”），地方政治组织和民团武装很强，日军是不会来啃这根“硬骨头”的。这时第三十一军整补尚未完成，可是军委会校阅组评定整训成绩时竟列为“甲等”。其实，这是第三十一军对校阅组进行贿赂收买的结果。第三十一军军部把校阅组安排住在桂平最好的旅馆“金田酒店”里，餐餐盛宴招待，买了大批的广西特产沙田柚等，摆在他们的房里和厅里，让他们尽情地吃；临走时还送礼，把钞票放在桂平特产的西山茶叶内，说是“旅途上的用费”。校阅组回到重庆，就向白崇禧报告，说第三十一军整训成绩属“甲等”，以讨好白崇禧。实际上第三十一军军官中除了新补充没有作战经验的下级军官外，在士兵中大半对射击、刺杀、投弹和战斗教练都不得要领，有许多士兵连投手榴弹（实弹）都害怕。部队运输能力差，有的部队重机关枪、迫击炮没有驮马，运输兵还不到编制的一半，部队行动靠步兵挑担或抓民伕。

敌军沿邕钦路窜犯，南宁、高峰坳、昆仑关相继失守

11月初，第三十一军按照白崇禧的命令，由桂平、平南地区出发，拟经岑溪、罗定开往新兴、开平、阳江、阳春驻防。先行是第一八八师，其次是第一三一师，军部和第一三五师随后跟进。

11月中旬，当第一八八师到藤县向岑溪方向行进时，日第五师团等在

钦州龙门港登陆，主力沿邕钦路向南宁进犯。这时桂林行营主任白崇禧在重庆，参谋长林蔚电令第三十一军进转向灵山檀圩附近地区集结，准备侧击由邕钦路以东地区北进之敌。第三十一军命第一三五师由江口经桂平沿郁江北岸的公路向贵县急进。军部由桂平浔旺附近沿郁江南岸向贵县急进。命第一三一师、第一八八师也迅速向贵县地区前进。当第三十一军军部到达贵县附近的时候，我连夜到贵县附近的第十六集团军总部指挥所联络，得悉钦县、小董一带的新十九师和敌人接触后部队有的溃散了，日军正奔向南宁。第十六集团军总部已命令第四十六军的第一七〇师和第三十一军的第一三五师昼夜兼程开往南宁，为了先敌赶到南宁，还调集了一些汽车来接运部队。第十六集团军总部命令第三十一军军部及第一三一师、第一八八师到宾阳的芦圩附近待命。

敌军在钦州登陆以后，白崇禧由重庆飞回广西，并在迁江设指挥所。桂林行营于敌军在钦州登陆后，即急调第五军南来。当第三十一军军部到达芦圩，第五军的先头部队到南宁附近时，敌军已占领南宁。敌军陷南宁后，以约一个旅团的兵力向邕宾公路的八塘、昆仑关进犯，以约一个联队的兵力向邕武公路的高峰坳、香炉岭进犯。

第三十一军军部到达芦圩后，桂林行营指挥所即命令第十六集团军副总司令兼第三十一军军长韦云淞率幕僚乘汽车连夜经思陇、天马到武鸣指挥第一七〇师和第一三五师。跟随韦云淞的有参谋处长马展鸿、作战课长戈鸣（即笔者，我当时没有用姓“覃”）、情报课长陆鸿飞、无线电译员等，天刚亮时，到了武鸣。我们在城外明秀园找到第十六集团军总部原在这里的临时指挥所的人员，负责作战指挥策划的主要幕僚是高鹏，他将这方面指挥业务向我们作了交代，但没文件和可供参考的资料，只在地图上临时用红蓝铅笔画上高峰坳、香炉岭一带第一七〇师和第一三五师阵地位置，两个师师部所在地，两个师的作战地境线和敌军攻击重点指向小高峰的箭头。稍后，他们就坐汽车向后方跑了。

敌人向高峰坳、香炉岭攻击的兵力约一个联队，攻击重点指向小高峰、大高峰，步、炮、飞机协同争夺制高点。我小高峰阵地上的几个主要山头已丢了一半，还在我军手里的也发生了动摇。黎行恕叫喊顶不住了。苏祖馨认为高峰坳是守不住了，但还可支持一天。这天上午 8 时左右，当敌机在轰炸扫射武鸣城内外第一七〇师和第一三五师的辎重行李等部队时，白崇禧乘汽车来到明秀园，并和我们躲进园内的岩洞里，白和前方的两个师通了电话后，对我们指示道：“预先考虑高峰坳守不住时的退却部署，先拟好命令，到实在守不住时再用电话发出去。”空袭警报解除后，白又坐汽车赶回宾阳去了。

这天下午，小高峰阵地已经被敌军占领了，我大高峰阵地已经没有纵深，某点被击破就会全线崩溃了。入夜，敌军继续向大高峰坳及其左右各山头攻击，第一七〇、一三五师再也支撑不住了。我们用电话下达了退却命令。要部队向包桥圩附近撤退，在包桥附近重新建立防御阵地，以掩护昆仑关第五军部队的右侧背并等待本军第一三一、一八八师和军部直属部队到来。

韦云淞率指挥所的人员连夜离开了武鸣，第二天天明时到达包桥。我们要包桥乡的民团在覃村南端和覃剑村东南端的石山隘口警戒守卡，防止敌骑兵袭击，保证我前方部队的撤退。到下午，溃退下来的部队官兵零零星星地到达包桥，我们一面收容整理部队，一面指挥退下来的部队，占领覃村南端和覃剑村东南端的隘口。下午三四点钟，第一七〇师师长黎行恕、副师长韩练成来到包桥。黎行恕对韦云淞说：“请副总司令处分吧！”又说：“当我们带着部队撤退的时候，敌机老跟着轰炸扫射，后来我们离开部队另走，敌机才不追我们了。”韦云淞没责备他们，只叫他俩快去把溃退下来的部队收容整理，在包桥附近占领阵地。黎行恕走后，韦云淞说：“丢开部队自己跑，还算是师长吗？敌机当然就不追你啰！”黄昏前第一三五师师长苏祖馨亦带着少数部队退到覃剑村附近。

在这一天敌飞机并没有到包桥，敌地面部队也没有向腾翔以北追击。韦云淞却认为部队溃败丧失了战斗力，若敌军追击，我军要在包桥附近支持几个小时也是不可能的。因此，命令部队乘夜向大明山区退却，到镇圩、两江圩南方山地建立阵地从事整理。两三天后，侦知高峰坳、香炉岭的日军只有约一个大队，米花坪一带没有敌人。

邕宾路方面的日军向八塘、九塘节节进犯，敌军攻占昆仑关后停止北犯并转为守势。

第三十一军迂回攻击敌的后路

12月中旬，当第五军的主力在宾阳附近、第三十一军主力在芦圩附近集中完毕时，敌军以南宁为核心，以昆仑关、高峰坳为外围改为守势的情况已经判明，桂林行营决心以“收复南宁歼灭敌第五师团”为目的，采取“关门打狗”的战术，全面反攻。其部署概要如下：

在邕宾路和邕武路方面“打”，在邕钦路方面“关门”。

1．以邕宾路正面为主攻方面，以徐庭瑶指挥的第五军（有战车和十五榴重炮）等部队为主攻兵团，先打昆仑关，以后沿邕宾路进攻南宁。

2．以邕武路方面为助攻方面，第十六集团军的第一三五师及第一七〇师先攻击高峰坳和香炉岭，然后与邕宾路方面的主力兵团协同围攻南宁。

3．第三十一军（缺第一三五师）由芦圩经思陇、天马、锣圩渡右江经那桐、同正，在扶南附近渡左江出山圩、苏圩，大迂回运动到邕钦路西侧地区向邕钦北段吴圩、绵羊村、唐报等要点攻击，破坏邕钦路，截断敌的后方交通。

4．第四十六军（缺第一七〇师）由横县、灵山附近地区向邕钦路东侧进击，与第三十一军相策应，向邕钦路中段的那陈、大塘、小董等要点攻击，破坏邕钦路，截断敌后方交通。

第三十一军主力经过几天的连续行军到达同正县境时，得到情报和南宁区民团总指挥梁瀚嵩的电报，发现有敌军步骑炮工联合的一个纵队（附有装甲车、汽车约20辆），由吴圩沿邕龙公路经苏圩、山圩修路西窜，兵力有说约两三千的，有说一千余的。按照日军惯用的支队战术可以判断为以一个大队或一个联队主力为基干的诸兵种联合支队。我建议应迅即命令民团在扶南、山圩间和驮芦、东门街（绥渌）间严密放哨守卡封锁消息，第一三一师在驮芦、第一八八师在扶南各架一座浮桥迅即渡过左江集结。韦云淞最后同意了，并命令第一三一师在驮芦架设浮桥过江，第一八八师在扶南附近架设浮桥过江，军部及直属部队跟第一三一师之后过江。

第三十一军过了左江后，即向邕龙路线上的西长、东门街（绥渌）、山圩、苏圩推进。西窜的敌军已经越过西长、板利向明江西进中。判断该敌可能到龙州、凭祥、镇南关一带抢夺我由国外运来的军用物资的，并估计敌人会顺原来的路线回窜。据此，韦云淞当即命令第一三一师在西长附近占领口袋阵地，等待西窜的敌军回窜时予以包围歼灭；命令第一八八师向唐报、绵羊村、吴圩等邕钦路北段的敌据点攻击，要求确实占领并确保之。军部和直属部队经东门街（绥渌）附近越过邕龙公路进入上思西北方山地，背靠十万大山（避免在左江南岸背水）指挥部队作战。军部与师部距离 100 华里左右。

第一三一师在西长附近（模范村）邕龙公路上以两个团利用山地布置了口袋阵地，重点放在邕龙公路的北侧，预备队的一个团梯次在第一线团的右翼后，师部在西长东北方 40 华里的山地内。

第一八八师袭击邕钦路的战斗是以夜袭开始的，当天夜里占领了绵羊村，破坏了汽车路（但是那里的地形比较平坦，路外稍加修理就能通车，起不了大的阻碍作用）。对唐报敌据点，袭击部队在破坏敌的铁丝网突进后，受到敌军顽强抵抗。因为有几十个敌军向我侧翼运动，所以就撤退出来。这样，占领绵羊村的部队也因害怕受到敌军的夹击，向后撤退了。

12 月 20 日下午，首批回窜的日军有步骑炮兵五六百人，有汽车约 20 辆，还有装甲汽车掩护，到西长附近就被第一三一师的部队截击。敌军的车辆开到一座石山的后面隐蔽。敌军大队长（日军编制大队长是少佐级，而这个大队长只是大尉级，其姓名已忘）在两三小时之内下了 3 次攻击命令（后来缴其命令原稿簿得知），先从邕龙路北侧突围不逞；又向邕龙北方窜逃不遂；后又钻隙东窜，遇到第一三一师的预备队的堵截，最后才利用山地进行防御待援。第一三一师两个团（没有野山炮，也没有战斗防御炮）把敌军包围后，只用迫击炮、轻重机枪和步枪射击，不敢近战。第二天下午，敌几架飞机来支援，黄昏前猛烈轰炸扫射邕龙路西长附近的正面，掩护敌军的装甲汽车、骑兵和步兵突围。第一三一师的官兵只顾躲飞机，不注意地面敌军的行动，结果阵地被突破了，敌步、炮兵全部上汽车向东逃窜。

本来第三十一军在东门街（绥渌）控置有一个步兵营作为预备队的，而且曾命令这个营准备堵击企图夺路东窜的敌人。但该营的部队全部住在东门街内，晚上，全营被敌包围，该营也不敢向敌反击，结果使敌人毫无阻挡地窜过了东门。

当我们知道此一情况之后，即命令第一八八师在苏圩、山圩附近再度截击这批逃窜的敌军，可是第一八八师行动太缓慢，敌军坐着汽车又闯了过去（这批敌军在西长附近被毙伤三四百人）。

第一批敌军突围逃脱之后，我们又接到第二批回窜敌军五六百人（没有车辆）已通过北江回窜的情报。

白崇禧得知第一批回窜逃脱的敌军已增援到昆仑关，第二批回窜的敌军在途中时，即来电报给韦云淞。指责韦没有集中两师兵力围歼回窜之敌，是严重的错误，如再放过第二批回窜的敌军，影响主力兵团方面的战局，将受严惩。

这时，我们已经来不及集中两个师的兵力来围歼第二批回窜的敌人了。因为第二批回窜的敌军计程已经越过板利向西长东窜，距西长约25公里，而第一八八师的部队要由苏圩、山圩一带先敌赶到西长（约65公里），是办不到的。因此，我们命令第一三一师仍然在西长附近利用山地隘路的原阵地，等待截击围歼第二批回窜的敌人，同时命令第一八八师在山圩附近布置第二个口袋阵地，准备伏击围歼可能从西长附近突围东窜的敌人。

第二批回窜的敌人知道第一批回窜的部队在西长附近挨打的情况，他们预先侦察了第一三一师部队及地形道路等情况，利用夜暗沿山间小道钻隙通过了西长。直到第二天早上，第一三一师的部队才发觉，并报告了军部。军部命令第一八八师以主力在山圩附近予以伏击，命令第一三一师向山圩追击并协同第一八八师夹击围歼该敌。

这批敌军通过西长地区之后，一天之内赶到山圩附近。黄昏时，敌在山圩西面附近路旁休息，此处正是第一八八师的伏击阵地的一个高地下面。当敌人打开饭盒罐头要吃饭的时候，伏击部队突然以已经标定了的轻重机关枪、迫击炮集中火力猛烈射击。敌人有的叽里呱啦乱叫乱喊，倒的倒，滚的滚，爬的爬，跑的跑，有的发疯似的向我阵地猛扑。不一会儿，慌乱的敌军逐渐整理了态势，向我军一个营的阵地冲击。这时我军的一个团向敌两翼包围，第一八八师师长魏镇还命令另一个团向敌军的西北方运动，将敌军四面包围起来。因我军不敢近战，只在夜色中“射击”了几小时。包围圈内的敌军逐渐减少，有些官兵认为敌军被我消灭了。天明后，战场上已经看不到敌人，经侦察才发现敌军沿着一条干沟绕过一座石山逃出我包围圈窜向南宁方向。这次围歼只毙伤敌约200人，俘敌兵1名。这时，昆仑关已被我军攻克，这批日军虽赶不上增援昆仑关，但他们仍参加了以后邕宾路的作战。

三路会攻南宁的计划完全落空

1939 年 12 月 31 日邕宾路方面克复昆仑关以后，桂林行营企图于敌军增援未到达之前克复南宁，全歼敌第五师团。

邕宾路方面，日军退守八塘附近利用山地建立阵地。我第五军因攻击昆仑关时受到相当大的伤亡，故开到迁江附近整理，准备尔后对南宁附近敌阵地攻击。昆仑关的防务交给第九师。第六十六军的第一五九师和第一六〇师担任对八塘、七塘等阵地攻击（敌人的兵力不到一个旅团），另将新到的第四十三师也调到这一方面为控置部队，统归第三十七集团军总司令叶肇指挥。

邕武路方面，敌军约一个大队以主力占领高峰坳，一部占领香炉岭。我第十六集团军的第一三五师和第一七〇师担任对这方面敌人的攻击。

邕钦路（敌后方联络线）方面，由亭子圩经七婆坳、吴圩、绵羊村、唐报、那陈、大塘、小董、钦县到龙门港各要点，敌军以兵站守备部队为主构筑工事据守，另有若干机动部队（共二三千人，时有增减）在邕钦路靠南端的钦县小董和北端的亭子圩、狮子口各附近地区，全线成为“常山蛇阵”。我第三十一军向邕钦路北段那陈、唐报、吴圩、七婆坳各据点之敌攻击，第四十六军（第一七五师及新十九师）由邕钦路东边对邕钦路中段小董、大塘等据点之敌攻击。

1940 年春节前，邕宾路、邕武路方面的攻势实际上没有进展。邕钦路东、西两方面对敌方联络线攻击，一个据点也没有打下来。

第一三一师约一个团夜袭七婆坳（以一个营攻七婆坳的制高点，另一部迂回七婆坳后面）曾一度打到坳上的制高点与敌军进行争夺，到第二天，敌军在飞机协同下反击，我攻击部队被打下来了。这个师的另一部攻击吴圩，又因敌军增援部队迂回我攻击部队的右翼，部队怕被敌军反包围就撤退下来了。

第一八八师对那陈、唐报的敌据点夜袭，也没有成功。

第一三一师和第一八八师攻不下敌人的据点，就退到邕钦路西侧利用山地构筑阵地与敌对峙（第一线营的营部白天可以用望远镜看到敌据点和邕钦路上敌车辆和部队运动的情况），不时地在夜间派出小部队掩护工兵和民工去破坏邕钦路，在公路上埋地雷，摆三角钉，并埋伏小部队在路侧对敌往来车辆射击。因此敌军汽车队先派装甲汽车扫清道路上的障碍，然后在飞机掩护下运输。

敌军为了排除其后方交通线的威胁，就派出机动部队进行“扫荡”。敌军“扫荡”部队针对第三十一军各部队害怕侧背威胁的弱点（因为军部、师部经常离前线数十里，敌军迂回前线部队的侧翼前进，就威胁到军部和师部，军长、师长着了慌，就下命令要前线部队撤退下来掩护军部、师部了），每次都是由两翼外迂回向军部和师部作“钳形攻势”。其实敌军迂回部队的兵力并不大，左右两翼仅各约一个大队的兵力，有时一个大队也不到，是由各据点守备部队拼凑来的。有一次敌军由亭子圩方面派出不到 1000 人的步、骑、炮联合的支队经苏圩、山圩之间向上思北方、邕龙路南方的山地我左侧背进犯。另由小董、大塘一带拼凑不到 1000 人的一个支队向上思东方、邕钦路西方山地附近我右侧背进犯，正面仅派一些零星的部队佯攻。我第三十一军就一面派部队对敌军作逐次抵抗，一面向上思方面撤退。军部怕白天撤退受敌空袭，黄昏时才开始撤退，因此军部前方第一三一师师部就不能先撤退。下午，敌人正向第一三一师阵地攻击的时候，原先派出扶南与七婆坳之间地区去“游击”的一个团（团长周军毅）奉师长贺维珍电令归还建制，不预期地走到正在攻击该师的敌军背后，他们已经看到敌军支队的预备队在行动中。周军毅电告了军部和师部，军部参谋处主张命令周军毅即向敌的后背猛烈攻击。但师长贺维珍不同意，他电示周军毅迅速绕道到师部附近，由正面拒止敌军的进攻。贺维珍的“理由”是既害怕周军毅这个团孤立，被敌人反噬吃不消，又害怕自己正面阵地被敌突破或侧翼被迂回包围，手上的兵力不够应付。我当时觉得很奇怪，贺维珍是陆军大学毕业的，为什么这样没有“战术脑筋”？为什么白崇禧要这样的人当副军长兼师长（而且一年以后还升为军长）？后来才逐渐体会到贺维珍是深知白崇禧意旨的；表面上要装着积极抗战的姿态，实际上要保存实力，留下争权夺利的资本，怕作战损失得不到蒋介石的补充，甚至缩编或取消番号，自己的政治地位就受到影响了。

敌军“扫荡”邕钦路西侧迫使我第三十一军退到上思附近远离邕钦路后，又转去“扫荡”邕钦路东侧的第四十六军，也是用两翼迂回包围的“钳形战术”，迫使第四十六军和第一七五师、新十九师向灵山、横县地区撤退。

1940 年春节前，敌军援军赶到，因而对邕宾路正面的第六十六军转为攻势，把第三十七集团军的注意力吸引到邕宾路正面之后，拼凑约一个旅团迂回第三十七集团军的左翼经高田附近向宾阳窜犯。在昆仑关的第九师就仓皇向巷贤、亭亮溃退，并在亭亮一带被敌机轮番轰炸，受到惨重的伤亡，失去战斗力。同时第四十三师（在高田附近作第三十七集团军的预备队）也就后退了。叶肇就将第三十七集团军总部从宾阳撤到迁江。第六十六军也向大明山退却了。

从此以后，国民党的军队在桂南再也发动不起什么大的攻势了。日军直到窜占越南之后，才自动退出桂南。

桂南之战的回忆

巢　威*

桂南会战时期，我任第一七五师第五二四团团长，现将我所参加的和了解的各次战役情况回忆如下。

一、守备区之成立及对敌作战之准备

1．守备区成立及兵力部署

钦廉守备区是1937年11月下旬成立的，守备部队是第一七五师，以师长莫树杰兼任司令，副师长黄固兼任副司令。第一七五师辖4个步兵团，团的番号是第一〇四三、第一〇四五、第一〇四九、第一〇五〇团。该师是新成立之部队，完全未受过军事训练，开到钦廉后，一方面执行守备任务，一方面积极实施训练。第一七五师守备之范围，为合浦、灵山、钦县、防城4县。海岸线东起合浦闸利海湾，西至防城东兴镇，全长约200余公里。守备兵力之部署：司令部设在廉州城内；第一〇四九团负责北海及沿海，守备闸利、南康、福成、北海、党屋、西场、乌家之线；第一〇四六团负责钦、防

---

*　作者时任第十六集团军第四十六军第一七五师第五二四团团长。

沿海，守备犀牛脚、犁头咀、龙门、企沙、白龙尾、东兴之线；守备区主力部队，控置于武利、灵山附近。

2. **守备区国防工事的计划及构筑**

守备区作战防御计划，侧重在廉横公路（由北海经廉州至横县）和邕钦公路（由南宁至钦县）。这两条公路，都由海边直达广西境内，故守备区防御重点，侧重廉州、钦县。廉州方面防御工事计划：以闸利、南康、福成、党屋、西场、乌家为警戒线，各构筑警戒阵地工事；以北海为抵抗线，构筑一个加强营的防御工事；以廉州为收容线，构筑一个团的防御工事；以灵山新圩、桥子窝、绿云山之线为主阵地，构筑一个师的纵深配备防御工事。钦县方面防御工事计划：以犀牛脚、犁头咀、金鸡塘、龙门、企沙、白龙尾、东兴为警戒线，各构筑警戒阵地工事；以钦县、防城为抵抗线，各构筑一个团的防御工事；以小董附近之水溶塘为主阵地带，构筑一个师的纵深配备防御工事。为了策划守备区国防工事之设计建筑指导，成立了守备区国防工事委员会及小董分会，以莫树杰司令兼任守备区国防工事委员会主任委员，以巢威团长（即笔者）兼任小董分会主任委员，以所在地行政督察专员、县长及广西绥靖公署派来工兵专门人员等为委员。各线工事由守备部队配合地方团队和征调民工构筑之。各线都是构筑野战防御工事，主阵地带则配合25%钢筋混凝土作半永久工事，沿海警戒线上，设置伪装，有人、马、车辆、高射炮、重炮等，以作疑兵之用。国防工事费，由广东第七战区拨发国币 25 万元，各线工事于 1937 年 12 月下旬开始构筑，1938 年 7 月逐步完成。

3. **守备区地方抗战力量之形成**

钦廉守备区各线，为了增强地方抗日之力量，成立抗日自卫团，以各乡镇青年壮丁编成，乡镇成立大队，街保成立中队，乡镇长兼任大队长，街保长兼任中队长。武器弹药由各乡镇自行筹划。每周施以军事训练 16 小时。又为了唤起民众抗日之情绪，各县青年知识分子，纷纷起来组织抗日救亡团体，如宣传队、话剧队、救护队、慰问队等，分到各乡村做救亡工作。

4. **守备区破路计划及实施**

为了防止敌之机械化部队活动，对交通道路及桥梁实施破坏。守备区内凡接近海岸线150公里纵深以内，横直公路、大道和桥梁，全部实施破坏，以车、马不能行驶且修复困难为原则。该项破坏工作，由守备区司令拟定计划，交各县府实施，由守备区司令部和行政专员公署，共同派员督导和检查。破坏工程，由各县征调民工实施，重大之工程，由守备区工兵部队负责。全区破坏工程由1939年春季开始，征调了18万民工，经半年的时间，将守备区范围的公路、大道、桥梁全部破坏无遗，仅剩小道供人民交通之用。1939年1月起，守备区汽车运输断绝，内运之物资，则由人力、畜力驮载，极感不便。

二、新十九师和第四十六军之成立及守备区重新划分

1．新十九师和第四十六军成立的经过

1938年秋，新编十九师在钦县成立，由第一七五师拨步兵两个团为基干部队，另由广西团管区编成两个步兵团补足之。师辖3个步兵团和1个野战补充团，步兵团番号为第五十五、第五十六、第五十七团，师长则由第一七五师副师长黄固升任。第一七五师拨出两个步兵团给新十九师后，则由广西团管区编成1个步兵团，1个野补团补足之，同时，第一七五师团之番号也改为第五二三、第五二四、第五二五步兵团和1个野补团。

新十九师成立后，第四十六军相继在南宁成立。军辖3个师，即第一七〇师、第一七五师、新十九师。军长由广西绥靖公署参谋长夏威兼任，副军长何宣（后于1939年夏季，成立第十六集团军，夏威调任第十六集团军总司令，军长职则由何宣升任）。

2．守备区从新区分后兵力部署

钦廉守备区划为“廉灵”“钦防”两个守备区，兵力部署如下：以第一七五师为廉灵守备队，守备区域为合浦、灵山两县；以新十九师为钦防守备队，守备区域为钦县、防城两县；以第一七〇师为机动部队，在横县附近整训；军司令部位置于南宁。各师奉到命令后，分别调整驻地，交接防务。第一七五师廉灵守备区之兵力部署：以第五二四团为廉灵守备区沿海守

备队，负责闸利、南康、福成、北海、党屋、西场沿海之守备，以一营驻北海、一营驻南康，团主力则驻合浦廉州城。第五二三团位于伯劳圩整训，第五二五团、野补团位于灵山武利附近整训，师部位于武利。新十九师钦防守备区之兵力部署：第五十五团置于钦县，以一部守备犀牛脚、金鸡塘之海岸线；第五十六团置于防城，以一部守备龙门、白龙尾之海岸线；野补团置于那丽圩，以一部守备乌家海岸线；第五十七团在小董整训；师部位于小董。

3．各守备区作战计划

日军在湘北会战、随枣会战，迭遭惨败后，为挽回颓势，有向我钦廉进犯之企图。我为迎击来犯之敌，守备部队之作战计划大致如下：一、假设敌由北海登陆，北海守备队应积极抵抗，阻止敌人登陆，掩护北海市各机关团体与市民之撤退，并实施对北海市之破坏，任务完成后，即向廉州转进。驻守廉州之第五二四团，当敌人在北海登陆进行战斗时，应迅即将南康、福成之守军撤回廉州，以团主力占领廉州第二线阵地，并收容沿海转进之部队，使师主力有充分准备作战之时间，任务达成后，由侧方撤退至主阵地后面，为师预备队。第一七五师主力，应在主阵地带作坚强之抵抗，候军预备队之到来，协同该师将来犯之敌，压迫于海滨而歼灭之。二、假设敌人从钦防沿海登陆时，各沿海守备队应极力抵抗，不得已时向后撤退，钦县、防城之团，应即占领阵地，掩护各机关、团体、人民之撤退，收容海岸守备队之撤退归来，并使师主力有充分作战准备之时间。达成任务后，防城之第五十六团撤至贵台附近，继续抵抗；钦县第五十五团应撤回小董为师预备队；新十九师主力，应在水溶塘主阵地作坚强之抵抗，候军预备队之到来，协同将敌压迫于海滨而歼灭之。

4．北海市焦土抗战计划

第四十六军遵照桂林行营之指示，下达必要时破坏北海市之命令。如破坏实施不彻底，以违抗命令论罪。我作为廉灵守备区主力团的团长，奉命后即会同广东第八区行政专员邓世增、合浦县县长黄维玺，拟定北海市破坏计划：将北海市码头和坚固建筑物，派工兵部队先开好药室，将炸药分别装入室内，将汽油、火油分别屯置市内各街道民房内，交由各街保长看管；实施破坏时，由北海市镇长黄之炤和工兵排长负责；监督实施破坏者，则由北海市第五区区长刘瑞图和防军营长任之。破坏实施的时机听候团部命令。

三、北海保卫战

1939年11月14日，我陪同师部人员，点验我团驻北海之第二营的人员武器弹药。下午2时忽接到冠头岭监视哨的电话报告，于东方约1万米之海外，发现敌舰一大群，约40余艘，正向北海前进中。我接获报告后，随即下令停止点验，饬各部队速回防区准备作战，并派人将北海当面之情况，通告沿海守军准备作战，及搜索各方面之情况报告。随后，我率李营长、王副营长等飞奔至冠头岭哨所视察，果见东方1万米外海面有敌舰40余艘，分三线疏开向我前进；第一线敌舰12艘，以慢速航行，至距海岸约8000米，即停止前进。我当时判断，敌之企图必在北海登陆，其第一线舰队停止于岸边8000米，正是登陆作战之部署，下午5时左右，很可能展开向我攻势。于是我立即回到营指挥所，作如下之处置：一、命令北海守备队、第二营及北海自卫大队，迅即进入现设之阵地，作拒止敌人登陆之准备。二、下达北海市紧急疏散命令，限3小时疏散完毕，由北海第五区公所负责督促。三、以电话将北海当时的敌情及自己的处置，告知廉州本部蔡副团长，迅速按照本团预定作战计划，在廉州第二线准备作战，并由他将上述情况处置报告师长及通知钦县友军新十九师第五十五团。四、将北海情况及自己处置，以电话通知合浦第八区专员邓世增，请他迅即下达各城市及交通线上之紧急疏散命令，并请饬各乡自卫大队，实行放哨守卡，维护交通、通讯网及保护人民疏散之安全。我将上述各项处置完毕后，召集各营长、北海区长、镇长指示作战注意之事项。北海刘区长、黄镇长提出北海市在什么时机实施破坏？我指示他们等候命令。

下午4时，敌第一线舰队续进至距海岸约4000米处停止。4时30分，敌第一线舰队，放下汽艇20余只、橡皮艇四五十只满载敌兵，向我老虎头、南迈、冠头岭、地角、北海市海岸驶来。同时，由涠洲岛飞来敌机12架，协助敌海陆军作战。敌机向我沿海阵地，实行低飞扫射、投弹轰炸；敌第一线舰队，也开始向我沿海阵地炮击。激战约两小时，敌艇人员企图登陆，终不得逞。6 时 30 分有敌汽艇 1 只、橡皮艇 2 只，驶进我地角岸边，被我地角炮台旧炮 4 门，同时射击，将敌橡皮艇 2 只击沉、敌汽艇被我击伤而逃。敌舰遂以排炮向我地角射击，约 200 余发。我地角炮台全部被敌摧毁，炮手 8 名全部壮烈牺牲。当敌炮分别向我冠头岭、老虎头阵地作打击性的射击时，敌艇纷纷驶进海岸作登陆之攻击。我守军抱着与阵地共存亡之决心，奋勇阻击敌人，战斗异常激烈。我预备队均增加到第一线作战。在情况紧急之际，李营长、刘区长、黄镇长、工兵排长都认为时机紧迫，请求我下达破坏北海市的命令，希望从速达成任务后，好及早撤退。同时，武利秦副师长和合浦邓专员纷纷来电话询问战况，并指示不失时机实施北海之破坏。我当时认为，破坏容易建设难，北海市是经千数百年和无数血汗建设起来的，如果经我手彻底破坏了，将来不知几多人失掉生活依靠，造成的困难是难以设想的，我的臭名也会千百年留在北海人民的心中。湘北会战，长沙大火，枪毙了长沙警备司令，以平民愤。前车之鉴不得不引为警惕。我国四大城市先后沦陷，也未曾实施破坏，区区的北海市，敌虽占领，也起不了什么作用。经再三考虑，决定保留北海，不实施破坏。于是我将自己的意见告诉他们，刘区长等虽表示同意，又提出违抗命令谁人负责？我答复他们：“一切责任我承担，你们不要担心。”北海焦土抗战之计划，因此而放弃了。

敌我战至黄昏后，敌攻势顿减，成为对峙状态。敌艇在海面，弋来弋去，不敢驶进我海岸边。晚 9 时后，敌舰也停止了炮击，敌艇越来越少。我综合当日敌攻击态势，敌舰数十艘，仅使用第一线 12 艘作攻击，其余按兵不动，不似真心登陆北海，倘若敌舰队全部向我炮击，莫说一个北海，三个北海也被摧毁无遗；假如敌放下数百只汽艇，我海防线又长，空隙很多，到处可以登陆，何必仅在狭小面积上作登陆之攻击？以此判断，敌今天的攻势，不是主攻，而是佯攻，敌登陆企图不在北海，而在钦防方面。于是，当即将自己的敌情判断电话报告武利师部，并通知钦县新十九师第五十五团黄团长，请其通知防城第五十六团刘团长，注意沿海情况，严加戒备。随后奉武利秦副师长电话谕，同意我的敌情判断，要我速回廉州，准备尔后之作战。晚 10 时，我将我的敌情判断，告知李营长、刘区长、黄大队长，指示今后守备作战事宜，并饬沿海各部在阵地彻夜严加戒备。夜 11 时，我离开北海回廉州团部。

11 月 15 日凌晨 3 时，我回到廉州团部后，即接南宁何军长电话："奉桂林行营白主任电话谕，南京敌军广播称，日军已于 11 月 14 日下午在北海登陆成功，黄昏前已将北海完全占领，战事正向廉州推进中。究竟北海是否被敌占领，仰迅即查报。"何军长继问北海是否仍在我手中。我遂将今天在北海指挥作战亲见的一切情况，再向他作一次详细的报告。何军长遂指示："敌军广播，混淆视听，命你将北海作战情况，迅即由北海电台发出通电，并说明至发电时北海仍在我手中，以粉碎敌之造谣宣传。"我当即遵嘱发出了致全国的通电。

是日拂晓，我北海守军严阵以待，等候敌之攻击。清晨瞭望海面，敌舰队已无踪影，仅剩敌舰 3 艘，停泊于 6000 米外之海面，毫无动静。北海李营长将上项情况报告我。我指示说："今天当面之敌情，符合我昨天之判断，敌之企图必在钦防方面。我北海及沿海守备，仍需要严加戒备，不得疏忽，应速将被敌摧毁之工事，修补加强。受伤官兵速向后送，阵亡士兵妥为择地安葬。补充消耗弹药，准备尔后机动。协同刘区长调查北海之损失，安慰附近居民，并代表守备区向北海自卫大队致协助作战之谢意及慰问。"布置完毕，遂将北海的敌情向武利师部报告，并通知钦县友军及合浦专员公署。这次北海保卫战，我守军官兵，抱着献身为国之决心，虽在敌舰极优势之炮火压力下，仍能沉着应战，将来犯之敌击退，阻止其登陆，保卫北海不受敌侵。如我当时不加考虑，盲目执行破坏之命令，北海市今日，已不堪设想矣。

四、日军钦防登陆

日军以第五舰队主力和第四舰队之一部，协同第五师团之中村旅团和台湾军第五联队，并佐世保海军陆战队之一部，于 11 月 14 日在北海实行佯攻，在我北海守军坚强抵抗下，未达登陆骚扰之企图，当晚敌舰即窜到钦防方面实行登陆。

1. **防城方面**

11 月 15 日下午 1 时，敌舰 20 余艘，出现于防城、企沙海面，向我守军阵地施行炮击，同时放下敌艇百余只，满载敌兵，纷向我企沙海岸，进行强迫登陆之攻击。我企沙守军新十九师第五十六团第一营，占领沿海既设阵地，作坚强之抵抗。敌艇在舰队炮火掩护下，驶进靠海岸约 300 米之海滩，敌兵即弃艇涉水向我海岸攻击前进。激战约 2 小时，我沿海阵地，官兵伤亡颇重。海岸线长，守军薄弱，空隙太多。敌于空隙部位登陆成功，将我守军截为数段。我守军各自为战。至下午 5 时，敌全线登陆成功，我军被迫分散向后撤退。企沙遂陷敌手。

是日下午 4 时，敌舰队一部驶进龙门港，以海陆协同向我龙门作登陆攻击。我龙门守军新十九师第五十六团第二营四连进行抵抗。展开激烈战斗约 1 小时后，敌军登陆成功，我守军被迫后退。龙门遂于 5 时 40 分沦陷。17 日上午，在企沙登陆之敌，向我防城前进。我第五十六团主力，在防城占领阵地，拒止敌人。激战竟日，因敌我兵力悬殊，一部阵地已被敌突破。下午 3 时，敌另一部又由龙门方面窜来，对我防城守军取包围之态势。我第五十六团乃被迫于黄昏后放弃防城，向贵台方向撤退。防城遂于是日晚 9 时 30 分沦陷。

2. **钦县方面**

11 月 15 日下午犁头咀守军新十九师第五十五团第九连，闻防城企沙方面，有激战的炮声，该连长判断，敌人必在企沙登陆，即将情况用电话报告团部，请求增加部队前来守备。第五十五团黄团长竟答复说，这是敌对沿海进行骚扰，没有什么企图，饬该连注意防范而已。当时第五十五团在钦县，也不作作战之准备。下午 4 时，敌陆军在海军协助下，在犁头咀、金鸡塘登陆，同时敌机不断地在空中协助作战，我犁头咀守军，抵抗约 1 小时，不支，纷向钦县溃退。敌于 5 时 20 分占领犁头咀，续向钦县前进。金鸡塘我无守军，敌登陆未遇抵抗，分两股向钦县及黄屋屯前进。第五十五团毫无准备，闻得犁头咀有枪炮声时，打电话找第九连询问情况，电话线已被敌截断，无法联络，对犁头咀情况不明。金鸡塘原无守军，敌人登陆团部还不知道，迨敌进至钦易附近时，第五十五团主力才仓皇失措地进入阵地。下午8时敌向我钦县阵地攻击。战斗约1小时，我阵地被敌突破一部，被迫退至街道进行巷战。当时第五十五团之情况，异常混乱，毫无作战纪律，打的自打，跑的自跑，各级之掌握与联系完全失掉。黄团长在这种情况下，逼得率领一小部人员向东北方撤退。钦县于当晚11时陷于敌手。

敌先头部队占领钦县、黄屋屯、防城之线后，掩护其主力于16日由金鸡塘、企沙、龙门登陆。17日，敌分四路北进：一路由钦县向平民渡、牛岗、久隆、平吉、青塘窜扰，并在各点以兵驻守，掩护敌之翼侧，防备我合浦方面之侧击；一路由钦县、小董、长滩、南忠、长利北进；一路由黄屋屯经大寺、南晓、大塘、吴圩北进；一路由防城经贵台、苏圩北进。敌之前进总目标是指向南宁。

我新十九师师部，在小董接获敌人在企沙登陆、第五十六团转进、防城沦陷之报告后，第五十六团与师部之联络，即被敌截断。第五十六团被迫向上思方面转进。钦县之第五十五团在混乱状态下撤退，也不向师部报告，直向武鸣方向转进。因此新十九师师部对前方情况不甚明了。18日，新十九师令第五十七团在小董附近占领阵地，作拒止敌人之准备。下午，正面钦县之敌尚未到来，而侧后方均发现敌人，向小董进行包围攻击。激战至黄昏后，第五十七团被迫放弃阵地，突围向东北转进。日军钦防登陆。查此次钦防守备队，新十九师之对敌作战，损失颇大，师长黄固指挥无方被免职，第五十五团团长黄廷材作战不力，被撤职查办。

以上情况是我在第四十六军司令部参加军法审讯第五十五团黄团长时，听取黄团长的口供。其中还有军部参谋处长袁晋模对我所作的口述。

五、日军钦防登陆后，桂林行营对桂南作战之策划

日军11月15日在钦防登陆，分三路北进。当时驻在广西之部队，有第

十六集团军，辖第三十一、第四十六两个军。集团军总司令部驻贵县。第三十一军驻桂平、平南、藤县一带整补。第四十六军驻南宁，所属新十九师在钦防与敌作战，第一七五师在灵山、合浦任沿海守备，第一七〇师在贵县、武宣地区整训，龙州教导总队辖两个联队在龙州训练。

桂林行营接获日军钦防登陆之报告后，判断敌人必欲攻占南宁，进而侵扰柳州，威胁我西南大后方。行营为了保卫西南大后方，决心以广西现有之部队，阻止敌人北进，然后调集优势之兵力，进行反攻，将敌压迫于钦防海滨而歼灭之。行营当时之处置大要如下：一、令第三十一军（欠第一三五师）以急行军经玉林、兴业、城隍、寨圩、灵山前进，到达灵山后，协同第四十六军侧攻由邕钦路北进之敌，并令第三十一军部队扩大番号，团称为师，师称为军，虚张声势，以欺骗敌人。二、令第一三五师以汽车输送至南宁，负责南宁守备。三、令第一七〇师以急行军经贵县、横县、永淳、蒲庙向吴圩前进，并在吴圩占领阵地，阻止敌人北进。四、令第四十六军（欠第一七〇师）从速集结于那楼、旧州附近，协同第三十一军，侧攻由邕钦路北进之敌。五、令广西绥署之第一、三、四独立团合编为第二挺进纵队，速开至横县待命。六、令龙州教导总队和南宁区团队合编为第一挺进纵队，速开绥渌附近集结待命。各部队接到命令后，即刻开始行动。

行营除调遣广西境内所有部队，分头进行堵击侧击由邕钦路北进之敌外，并由各方面抽调 6 个军来桂进行反攻，所调集之后续部队集中情形如下：一、第五军奉命由湖南用火车输送至永福县，转向南宁集中待命，限 12 月 5 日前集中完毕。该军第二〇〇师先以一团至桂林下火车，用汽车输送至南宁；荣誉第一师于 22 日开始由长沙输送；新二十二师 21 日先后由渌口、衡山、衡阳等处用火车输送；各师及军之补充团于永福下车徒步前进外，其余均在桂林下车，徒步或用汽车输送前进。二、第三十六军奉命由鄂西开至宜山集中，其第五师由鄂西经常德、长沙，改乘火车到永福转宜山；第九十六师约于 8 日可到麻江附近，十四补训处先头于 1 日始由内江开拔，该部于 12 月 15 日可到达宜山集中。三、第九十九军所部第九十二师，第九十九师，第一一八师奉命于 10 月 10 日在柳州集中完毕。第三十一军（欠第一三五师）奉到命令后，即由桂平、平南经玉林、兴业、寨圩，于11月25日到达灵山，旋奉行营白主任电谕，南宁已于24日失守，该军另有任务，着速经横县、宾阳、马头集结于武鸣待命。该军得令后，即转向武鸣方向前进。

第一三五师奉命以汽车输送至南宁，当时因为运输工具缺乏，只征集了汽车10余辆，师部决定以第四〇五团（团长伍宗骏）由汽车先输送至南宁，负责南宁之守备，掩护师主力及友军向南宁前进；师部及各团以急行军向南宁前进。第四〇五团于11月23日先后到达南宁。

第一七〇师奉命后以急行军于23日赶到蒲庙附近，其先头部队野补团到达良庆，即与敌遭遇，展开战斗。黄昏后，野补团奉命撤回蒲庙。24日敌进犯蒲庙，与我第一七〇师展开激烈之战斗。战至下午，成为对峙状态。黄昏后，该师奉第十六集团军总司令部命令，命由伶俐渡河，转移至邕武路高峰隘，阻止敌人向武鸣窜扰。该师遂于黄昏后向高峰隘方面移动。

南宁沦陷后，第十六集团军总司令部奉行营命令转移到武鸣，负责该方面的指挥。

第五军奉令后，由桂林以第二〇〇师用汽车输送，因汽车不足，仅将第六〇〇团于24日下午运至邕宾路二塘。当晚南宁沦陷，25日晨，第六〇〇团在二塘附近与敌稍为接触，即向五塘转进。军主力于26日后陆续到达八塘附近，与敌展开战斗（即昆仑关战役）。

第四十六军奉命后，于22日由南宁出发，驰赴邕江南岸，协同第三十一军侧击由邕钦路北进之敌，24日到达南阳，25日正拟向那楼前进，忽奉行营白主任电谕，向东靠近第一七五师，以策安全。军遵令经平朗向新圩移动，28日到达新圩，旋奉行营电令："南宁失守后情况突变，第三十一军已改变任务，转使用于武鸣方面。第一七〇师刻已到达邕武路，堵击敌人向武鸣窜扰。第十六集团军总司令部，已向武鸣移动，负责该方面之作战指挥。第四十六军（欠第一七〇师）应竭力向敌后方袭击扰乱，以破坏敌之交通为唯一任务。"军部奉命后即在邕钦路东侧，积极地执行破路之任务。

六、南宁沦陷

南宁是广西旧省会，也是我国南部边隅重镇，人口 8 万余人，水陆交通便利，市面繁荣，是桂南军事必争之要地。日军钦防登陆，我守备队被击溃后，邕钦路上并无守军，敌人长驱北进，各路前进目标均指向南宁。敌机不断在南宁上空进行侦察和扫射轰炸。人民一日数惊，不堪其扰。政府虽未下达疏散命令，各机关和市民纷纷自动地将大部物资、重要公物、老弱妇孺向安全区疏散。

11 月 22 日敌先头部队，进至山圩、吴圩之线时，南宁呈紧急状态，各机关和市民，仓皇向右江方面疏散。23 日第一三五师第四〇五团乘汽车赶到南宁，该师主力徒步行军，尚在途中。第四〇五团到南宁后，以一营守备青山塔至津头村沿河之线，以一营守备由陈村亘西乡塘之线，另一营守备军医院亘洋关、尧头之河岸线，团指挥所及预备队在镇宁炮台附近。部署命令下达后，各营进入指定地点作阻止敌人渡河之作战准备。23 日下午，敌一部窜至良庆，与我第一七〇师补充团进行遭遇战。黄昏，我补充团撤回蒲庙。

24 日上午，敌进扰蒲庙，与我第一七〇师主力发生激烈之战斗。下午 3 时，狮子口、沙井圩均发现敌人向我南宁前进，敌机又不断地在南宁上空骚扰，情况异常紧急。第四〇五团伍宗骏团长不知如何应付，他奉命守备南宁之决心已动摇。下午 6 时，敌先头部队抵达亭子附近。该团长决心放弃南宁，向武鸣转进。部队正在集结时，忽然第二〇〇师第六〇〇团邵团长由二塘打来电话，说他的先头部队已由汽车运抵二塘，团主力尚在运输中，询问南宁方面情况。伍团长遂将当面的敌情通知，并希望邵部速开进南宁，接替防务。邵团长说他的任务是在二塘附近掩护师主力之集结，并没有守备南宁之任务。伍、邵两团长在电话中，互相推托责任，得不到解决，于是伍团长决心放弃南宁，在下午 7 时通知各机关后，即率部向四塘方面转进。第四〇五团撤走后，南宁市已无防守。下午 8 时，南宁民团指挥部、警察局、邕宁县府与市民纷纷经心圩、香炉岭向隆安方面撤退。敌人于晚 9 时由津头村渡江，未遇抵抗而占领南宁。敌一部窜至邕宾路之茅桥、二塘附近，与我第二〇〇师第六〇〇团发生小接触。第六〇〇团即向五塘方面撤退。南宁遂于24日晚，完全陷于敌手。首先进入南宁之敌，系三木、纳见等部约4个大队，3000余人。

第一三五师第四〇五团伍宗骏团长因违抗命令，擅自放弃南宁，被撤职查办，经桂林行营军法审讯，判处5年有期徒刑。南宁沦陷的经过，是伍宗骏刑满释放后，对我诉苦时之口述。

七、陆屋之战，击毙敌酋渡边大佐

我第一七五师第五二四团，自北海保卫战取得胜利后，奉上级指示，对沿海加紧戒备，并准备机动。敌在钦防登陆后，第一七五师奉命转移到邕钦路以东地区，执行袭击、破路之任务，第五二四团仍留在合浦北海沿海一带，担任守备。12月9日，我当时任第五二四团团长，奉到军长何宣电令，将沿海防务交自卫大队接替，速转移到旧州方面，为军总预备队。我奉命后即与广东第八区行政专员兼保安司令邓世增协商，请他派自卫大队接替沿海防务。邓专员认为，沿海防务重要，自卫大队装备不良，未经训练，恐难胜任，如被敌察觉，再来侵扰，难以应付。他请求我团仍留守沿海，并打电报给桂林行营白主任请求免调。我当时对他说：敌主力已进至高峰隘、昆仑关与我友军作战，北海重要性已失掉价值，敌人再不会由海上来侵扰北海了。又建议说：“如果自卫大队接替守备沿海，可仍使用我的番号。我送给自卫大队旧军服1000套，借给他们钢盔一部分、弹药一部分，以作充国军之用，保证敌人不敢再来进犯。”商妥后，于10日晚将北海、南康、福成、合浦各处防务，移交给自卫大队接替。11日，我率领本团以急行军经那河、那彭，于12日晚到达杨屋附近。

13日上午7时，我率队到达陆屋附近，闻得陆屋西北面有激烈之枪炮声，判断这是我军与敌人作战，为了明了情况，即饬通信兵架设电话。当与狮子岭军部取得联络后，我将合浦、北海及沿海一带防务交给自卫大队接替之情况向军长报告，请示我团的行动和任务。何军长说：“我新十九师此刻在上井方面与敌交锋。第一七五师则在新圩、黄洞附近与敌激战，师部在耙齿村。第二挺进纵队尚未到来。目前情况紧急，军特务营、工兵营均使用出去，我手中已无预备队。你速派兵一营，以最快之速度，赶来军部作预备队。目前第一七五师情况较紧，你可归还建制，向师长请示任务。”我奉到军长指示后，即派第三营以强行军速度，限 3 小时内赶到狮子岭军部，过时即以违抗命令论处。我随即以电话找耙齿村师长讲话，将沿海防务交替的情形及军长电示派第三营赴军部为预备队，我团归还建制等项报告，并询问情况，请示任务。师长遂详为指示如下：“小董之敌约 3000 余人，分二股向我进犯，一股千余步炮兵，经青塘至黄垌，刻正与我第五二五团激战中；另一股约 2000 余步骑炮兵，由青塘至新坪，刻与第五二三团激战中；野补团执行破坏任务，尚未撤回。目下第五二三团方面情况较为紧急，其阵地一部为敌攻占。着你团迅即派兵一营，增援新坪，归第五二三团黄团长指挥，其余部队在陆屋附近休整待命，并迅即架设专线通讯。”我奉师长命令后，即饬第二营于上午 8 时出发，增援新坪第五二三团，其余部队则在陆屋西端，休整待命。11 时，又奉师长电话命令：“据报敌一部兵力不详，由平吉窜抵广平，有向大埠前进包围我新坪第五二三团侧翼之模样，着你团所部（欠两营）火速先敌而占领大埠圩，掩护师之左翼安全，协同第五二三团作战。”我奉命后即率队向大埠挺进，下午 1 时到达大埠圩，刚占领阵地完毕，大埠西南端高地，已发现敌人活动，我即严阵以待。敌于下午 1 时 40 分开始向我攻击，激战约 2 小时后，攻势渐缓。我判断来攻之敌，兵力不大。为了迅速击溃当面之敌，以策应新坪第五二三团之作战，即派兵一连由左翼森林地带潜进，迂回敌侧后面夹击之。敌遭到不意之侧击后，惊慌失措，不抵抗而向西北溃退。当时我为慎重起见，不行追击，将包围部队撤回大埠圩。下午 5 时接新坪黄团长电话说：“贵团第二营增援到来后，即从事反攻，下午 2 时 20 分已将失去之阵地全部夺回，战局较为稳定。下午 3 时半，敌之增援部队到来，猛攻我左翼 215 高地。下午 5 时该高地被敌攻占，我第三营全部阵地受敌瞰制，以致我团作战困难，拟请你派兵一部由大埠向新坪东端 215 高地侧击，协助我团进行反攻。”我当即将大埠情况告诉他，并同意派部队侧击215高地，请他注意联络，并就近指挥。我答复黄团长后即派一加强连，向新坪行动。6时30分该连进至215高地东侧，当时第五二三团正在反攻215高地，我加强连出敌不意给予夹击。敌军不支，纷向西面溃下山去。215高地遂为我加强连占领。与黄团长取得联络时已是黄昏，敌也停止攻击。8时20分奉到师部电报命令如下：“一、敌情如你所知；二、军为避免过早与敌决战，使尔后作战容易计，决定与敌脱离，向后撤退；三、新十九师撤至旧州附近集结，以一部在黄屋附近向上井方面警戒；四、第一七五师主力撤至三隆附近集结。以有力之一部在陆屋、石孔角之线占领阵地，续行抵抗；五、各部于黄昏后开始行动，军部于黄昏后向龙山转进。”我师遵照军之命令即向三隆转进。第五二五团迅即脱离敌人，移至三隆以西地区集结。第五二三团转进至石孔角占领阵地，续行抵抗。配属第五二三团之第五二四团部队，即到陆屋归还建制。我第五二四团后撤至陆屋占领阵地，作续行抵抗之准备。第五二三团也到达耙齿村附近，并与我团在电话中取得联络。

14日凌晨4时，忽闻耙齿村附近，有激烈之枪炮声，我当以电话询问第五二三团，黄团长说：“我部由新坪阵地撤退下来，在凌晨2时以后陆续到达耙齿村附近，因为天色黑暗，侦察地形不便，部队又因连日作战，疲劳过度，只对新坪方向警戒，而疏忽了黄洞方面。不意敌由黄洞方面窜来，突向我第一营袭击，占领了第一营露营地点，并续向团指挥所进攻。现我直属队正与敌激战中。目前我团情况紧急，已调第二营前来反攻。团指挥所在此，受敌威胁颇大，准备向东北方向移动。”电话至此而中断，耙齿村方面枪炮声更加剧烈。我认为电话中断，必是第五二三团指挥所转移位置，即派联络军官通知黄团长，希望他无论在什么情况下，极力坚持到拂晓，我将以全力支援。5时30分，接到第五二三团罗副团长电话说：“我团遭敌不意之袭击，损失颇大。第一营部队，已向北溃散。调第二营进行反攻，黑夜行动很慢。在第二营未到来前，敌已追近团指挥所。我被迫而向东北移动。敌步步进迫，各部队已呈混乱，难以继续抵抗。我团决心向三隆转进，特通告你团，仍希望你团同时转进。”我拟请黄团长说话。罗副团长说：“黄团长已率直属队向三隆去了。”一声再会，电话中止。

第五二三团因为疏忽，遭受敌之袭击，部队混乱而向三隆转进。我认为本团不能随他们行动。我决心要在陆屋与敌作一次殊死的战斗，显一显身手，当即变更部署，下达命令：以第一营（欠第三连）为右一线营，展开于陆屋西北端；以王副营长达汗率第三连、第五连、重机一排为左一线营，展开于陆屋西南端，候命向耙齿村攻击前进；以第二营（欠第五连）为预备队，着李营长率兵一连占领陆屋南端既设阵地，并向大埠、新坪方面警戒；以一连控置于陆屋西端（团指挥所在陆屋西端）以便衣队活动于陆屋通大埠、通新坪之大道上，搜索该方面敌情具报，并相机进出大埠、新坪搜索情报。命令下达后，各部队遵命展开于指定地点。拂晓，我发现敌在耙齿村及以北高地休息，即令第一线营向敌攻击前进。我官兵均以献身殉国之精神，奋勇直前，猛打猛冲。敌被我压迫，步步后退。我右一线营遂于上午 9 时，攻击耙齿村以北高地，并出炽盛之火力，支援左一线营。我左一线营攻击耙齿村，异常猛烈。9 时 40 分耙齿村之敌，施放毒瓦斯，企图阻止我前进。我官兵见敌施放毒气，各自带上防毒面具，急步跃进，通过毒气地带，继续向敌进攻。毒气不能阻止我军前进，这是出敌意外的，敌被迫向耙齿村以西森林地带撤退。我于 10 时 30 分占领耙齿村后，即令第一线停止攻击，并在耙齿村及以北高地一带，构筑工事，准备尔后之作战，同时接到大埠、新坪我便衣队之电话报告：“大埠附近无敌踪。据土民称，昨午被我击溃之敌，约 100 余人，昨晚已向平吉牛岗回窜。新坪之敌，昨晚已向黄洞方面遁去，现新坪方面亦无敌踪。”我得报后，随令便衣队在大埠、新坪一带活动，继续搜索平吉、牛岗、专塘、黄洞方面敌情。据此，我放下被敌包围之顾虑，认为当面之敌，仍在耙齿村以西森林地带徘徊，似有待援反攻之模样，决心乘敌援未到前，先解决当面之敌，并请求师长增援两营兵力，候敌主力到来决战。于是，派传骑军官，送报告至三隆师部。报告内容：“一、10 时 10 分我已攻占耙齿村及以北高地，敌撤至耙齿村以西森林一带，与我对峙中，似有待援反攻之模样；二、9 时我便衣队进出大埠、新坪，该方面均无敌踪。据土民称，大埠方面之敌，昨晚已向牛岗、平吉回窜，新坪之敌，昨晚已向黄洞方面遁去。判断新坪窜黄洞之敌，必增援石孔角方面，我决心在敌增援队未到来之前，先解决当面之敌，请即增援一二营兵力。如是，虽敌主力部队到来，不难击而破之。”报告去后，接到师部复令，其要旨如下：“报告悉，第五二三团部队陆续到达三隆。你团向耙齿村攻击，似乎过早，尤须注意大埠、新坪之敌行动，以免陷于包围，慎之慎之。”11 时 50 分，我令第一线营续向当面之敌攻击前进，团指挥所及预备队均推进耙齿村及以北高地。我第一线部队，进至森林附近，与敌展开激烈之战斗，官兵攻击精神旺盛，奋勇冲杀。敌在村缘，顽强抵抗。激战至 12 时 30 分，我左一线营，已攻进林缘，在森林内与敌激战；我右一线营攻至林缘附近时，敌又施放毒气，我官兵沉着地戴上防毒面具，冲过毒气地带，继续攻击前进，在森林内与敌进行肉搏。敌势不支，纷纷向林外溃退。下午 1 时 40 分，我第一线部队，完全占领森林。敌被迫退至石孔角东端高地继续抵抗。我即饬第一线营停止攻击，就地休息，整理补充及用午膳，准备尔后之作战。当时我思想上认为，如果不是军部抽调我一营去作预备队，我有整三个营之兵力，当面之敌早为我解决，现我仅有两营兵力，使用相当困难，师部至今尚未派增援部队到来，颇感苦闷。下午 2 时半奉到师部命令：“三次报告均悉，你团现已攻占耙齿村及以北高地，应即停止攻击敌人。我军各部均于昨晚脱离敌人，向后撤退。你团突出作战，态势与我不利。着你团停止攻击，就地固守，毋须增援。”对此命令，我认为错过大好时机，如增加兵力到来，当面之敌早解决矣，战机难逢，如不及时捕捉，积极行动，殊为可惜，便再次申述理由，请求增援，并希望在黄昏前赶来，以达歼敌之大功。报告限 1 小时到达，着传骑飞送。下午 3 时，敌向我森林阵地进行反攻，展开剧烈之战斗。我判断敌主力部队已到来，决战在即，即将指挥所及预备队推进至森林内，亲到第一线指挥作战。敌山炮 8 门，不断向我森林地带轰击；敌机 6 架，不断地在空中扫射及轰炸；敌步兵在敌机和炮兵掩护下，向我阵地猛攻。我官兵战斗意志坚强，沉着应战，将进攻之敌，迭次击退。战至 5 时 10 分，敌攻势较戢。森林多处被敌机投掷烧夷弹，因而起火，为我预备队扑灭。我为击退当面之敌，进占森林以西高地，减少敌炮兵之威胁；并集中全团迫击炮，于森林之西北端向敌进行歼灭性之射击；同时令预备队李营长率兵二连，由右翼迂回侧攻敌之高地；更饬正面各营向敌反扑。经 1 小时多之剧烈反攻，我迂回攻击队已攻占敌之高地。我第一营营长熊仲武，身先士卒，率队冲锋，攻到无名林边，不幸中弹，为国牺牲。当面之敌，被我压迫纷向后撤。我于 7 时完全占领了森林西端高地及无名林。敌又由张屋岭向我无名林及高地之线反攻。我官兵继续反扑，将敌击退，遂成为对峙状态。我饬卫生队将受伤官兵后送，阵亡士兵暂时就地掩埋，饬输送连将弹药送第一线，并饬各官兵速补足弹药及用膳，准备继续战斗。9 时，奉到师部加急命令："师为避免过早与敌决战，着你团于黄昏后，脱离战场，迅即向石门转进，到达石门速占领阵地，续行抵抗，拒止敌人东进。"奉到这个命令，我认为良机一失再失，目前态势我尚处于主动，惜乎兵力不足，否则前途大有可为。无奈避免与敌过早决战，是军作战指导方针，遂令第二营李营长率兵二连占领耙齿村及以北高地，掩护团之撤退。该掩护队俟第一线部队完全撤退后，着向陆屋石门转进。令蔡副团长率直属队先行撤退并饬大埠、新坪我之便衣队，速撤回陆屋河东岸接受新任务。各部队遵命即刻行动。蔡副团长率领直属部队及各部小行李，先行撤退，至陆屋河东岸，占领阵地，收容后撤部队，并派兵在徒涉场引导撤退部队涉水过河。第一线营各以小队在原阵地掩护，大部队于 11 时开始行动，撤至耙齿村即整理部队，再从陆屋向石门转进。便衣队在陆屋河东岸，监视石孔角敌人之行动。我部队撤退敌未发觉。第一线之掩护小部队及耙齿村之掩护部队，均安全撤过陆屋河，向石门转进。

15 日上午 3 时，我团转进部队，先后到达石门。我即令第二营（欠第五连）在石门南端高地附近占领阵地，构筑工事以作拒止敌人之准备，其余各部就地露营休息，并将情况向师部报告。上午 8 时，便衣队由陆屋送来的报告称"上午 3 时石孔角方面，有稀疏的轻机枪声，又有火光多起，我进至耙齿村侦察，发现敌人似有退却之模样。我一部拟推进石孔角方面，进行活动"等语。我接报告后，判断敌人昨日与我作战损失惨重，今日必回窜小董，如以部队向黄洞、青塘方面截击，必获全胜。于是，即将所得情况及建议速派队截击敌人，向师部报告。上午 9 时奉师部命令，着我团即开到吕家坪集结待命，并以一部向陆屋、石孔角方面警戒。我遵命向吕家坪移动，并令便衣向青塘、黄洞方面搜索敌情。下午 5 时便衣队报告：青塘、黄洞方面均无敌踪，据土民称，敌人今晨已向青塘、小董回窜。敌此次回窜狼狈不堪，以驮马载运死尸很多，伤兵人数更众等语。我当即将所得敌情报告师长。

17 日奉到军部通报："此次由小董东犯之敌，系敌酉渡边联队，该敌在陆屋遭我巢团堵击，伤亡惨重。敌酉渡边联队长，亦被我击毙，正在小董开会追悼。"下午 8 时又奉军长何宣电话说："你们在陆屋打得好，打得痛快，不但将敌击退，还把敌酉渡边联队长击毙了。刚才白主任打来电话说，昨晚敌南京电台广播称：日军在邕钦路以东地区进行扫荡，在陆屋遭遇劲敌，战斗力之坚韧、炮火之猛烈，为桂南作战以来之未所见等语。白主任勉励说，这是本军的光荣战绩，应该继续发扬之。这是贵团之光荣战绩，应转饬各官兵共勉之。"

抗日战争中的桂南会战

黄炳钿[*]

抗日战争时期，陆军第一七五师在南宁编配成立，师长莫树杰，师辖第五二三旅旅长黄琪，旅辖第一〇四三团团长黄廷材、第一〇四五团团长巢威；第五二五旅旅长刘建常，旅辖第一〇四九团团长黄炳钿（即笔者）、第一〇五〇团团长姚槐。全师调赴广东廉州和钦州地区，担任沿海警戒。师长莫树杰兼任广东钦廉守备司令，以第五二三旅分别驻防钦州及防城，第五二五旅驻防廉州，第一〇四九团驻防北海，担任沿海警戒，并在冠头岭至地角海岸，构筑半永久的国防工事。年来北海海面，常有敌舰游弋，出没无定，我军没有海岸重炮进行袭击，任其自由活动。还有敌机飞来上空侦察，任意投弹。我方国防空虚，根本没有制海及制空的能力。到了 1938 年，增编新编第十九师，该师（师长黄固）担任钦州及防城的守备，第一七五师仍担任廉州及北海的防务，统归南宁第十六集团军总司令夏威指挥。同时把旅部撤销，第一七五师直辖第五二三团，团长黄法睿；第五二四团，团长巢威；第五二五团，团长是我；补充团，团长谢庆南。计 4 个团，每团步兵 3 营，每营步兵 3 连，重机关枪 1 连，全团共有官兵 2800 余人。当时除担任

* 作者时任第十六集团军第四十六军第一七五师第五二五团团长。

构筑防御工事外，还拆毁廉州城墙，破坏公路及拆毁附近的碉楼，作抗战的准备。1939 年冬间，第一七五师师长莫树杰调升第八十四军军长，前赴安徽前线接任。遗缺以冯璜接充师长，仍驻廉州和灵山一带地区。

1939 年 11 月 15 日，日军第五师团由钦州的龙门港登陆，向钦州和小董并沿邕钦公路前进，直逼南宁。当时新编第十九师的部队，分布沿海地区，主力仍在钦州和小董之间，可是新编第十九师驻在钦州的两营兵力，甫经交战，即被日军击溃。陆继炎团长率领全团在大垌附近的十六曲阵地防守，据险抗敌，在地形方面，本属有利。唯该团官兵素质低劣，贪生畏死，战斗不到两小时，就被日军击溃，且退向左侧山区躲避，放开正面，以致日军疯狂直扑小董圩，把新编第十九师师部击散。师长黄固临阵退缩，只身逃脱，师部的行李辎重，武器弹药，完全被日军抢去，损失最重。黄固放弃职守，防务废弛，临事慌张，一败涂地，遂致日军横行，直扑南宁。使南宁商民群众事前未及疏散，所有一切物资，惨被日军抢劫净尽。

第一七五师接得日军登陆，占领钦州，新编第十九师战败的警耗，当即星夜向陆屋前进。我率第五二五团到达陆屋之后，日间被敌机袭击，战备行军，受到很大威胁。第二日黄昏时候，先到青坪圩附近，不料人民逃避一空，给养无米，带路无人。按地图方向，乘夜向小董的日军袭击，偷过警戒线后，冲入小董圩内，击毙日军守卫哨兵多名，与敌展开巷战。不料小董外线的日军纷纷夹击，枪炮齐鸣，激战至次日凌晨 4 时，仍不能把小董之敌击退，旋即收队到牛岗附近。次晚复袭击大垌圩，又与日军激战一场，也不得手。未几日军有一个旅团，由钦州出发，向平吉及陆屋进犯，其侧卫部队约 200 余人，在牛岗附近空地架枪休息。我第五连向前搜索敌情，突遇这个良好目标，乘敌不察，急行奇袭。当场击毙日军 20 余人，击毙敌驮马数匹，夺获日造六五步枪 10 余支，驮载多具，在驮载包裹中夺获黄呢大衣 3 件、军毡衣服等物；又在遗尸中检获日兵随带的日本小旗、军用钞票和出征相片、许多神符鬼像。我接得这个情报，即亲率全团进击平吉，猝遇日军数千人，向陆屋方面前进，当即向敌侧击，一鼓作气，举行猛冲直撞，把日军拦腰冲断，展开肉搏斗争。时有日军一部被追缩入村落，闭门与我对抗。敌机 3 架盘旋上空，低飞助战，但因我团接敌甚近，敌机不敢投弹，又不敢开机枪扫射，只是更番盘旋威胁，此去彼来。但我团官兵亲眼看敌机的红日符号，又见敌飞行员伸头下视，不知纸老虎的面目，心理上受到很大的威胁，因而停滞不前，冲锋顿挫，形成对峙状态。少顷日军得敌机的协助，在混乱中整理集结。其先头部队把第五二三团击退，以一部向我左侧包围，猖狂反扑，左后枪声大作。我第五二五团事前不明第五二三团部署，发生激战的时候，又不能与第五二三团取得联络，各自为战，战况不明。第五二三团陷于孤立无援，不得不放弃围攻平吉，撤至北端附近高地。此时日军主力向陆屋追击前进，枪声由近及远，且已占领青坪圩，截断我团退路。到了黄昏，情况更加沉寂，只得绕道撤回旧州；复向陆屋进击，支援第五二四团的抗敌。

日军自击溃新编第十九师，占领小董以后，主力已向南宁推进。我第四十六军军长何宣，也由广西前来指挥作战。我第一七五师为策应南宁友军作战，遂向邕钦公路侧击，阻止日军增援。以第五二四团进击镇南圩，向小董警戒，阻止日军向陆屋和灵山侵扰；以第五二三团担任大塘地区的狙击；以我团（第五二五团）进出小董附近的那扁及新城地方，向日军袭击。时值日军已占南宁，邕钦公路上常有日军辎重车辆往来，日军还扼守桥梁、要隘。我团先占领铜鼓岭阵地，一面袭击敌人，一面进行破路，连战 7 昼夜，击毁敌汽车数辆。后来日军 3000 余人由南宁方面下来，协同小董上来的敌人 2000 余人，上下夹击，向铜鼓岭猛扑，并纵火焚烧山林，敌机不断飞来轰炸，展开肉搏战。结果我五二五团兵疲力竭，伤亡 300 余人，铜鼓岭失陷，撤至附近村落休整。过了两日，日军第五师团约六七千人，由小董向陆屋前进，第五二四团在镇南圩与敌接触，战斗颇烈。我五二五团驰来支援，由那香进出，向敌侧后攻击，把敌人后路完全截断；第五二三团在我团的左翼，向敌侧攻，协助第五二四团的正面；独立团在第五二三团左后策应。新编第十九师残部在四合坳口，担任向敌侧攻，把敌四面包围之任务。第五二三团一举攻占敌侧的村落，夺获驮马 10 余匹和行李辎重。此时日军拼命挣扎，由第五二三团和独立团的间隙山谷突围，退路指向那香。不料师部被此敌袭击，师直属部队无力抵抗，被敌击散。我接到第三营营长邓尧的报告，当即令该营调换方向，向那香严密警戒，继与第五二三团团长黄法睿商量反击路线，并亲率第一、第二两营，向那香退败的敌人进行追击。连夜追了 20 余里，击毙敌人数十名。在日军遗尸中，均斩断左手拇指，内有大尉 1 名，身上穿有防护衣，是用长方形的小钢片叠成的，还夺获驮马数匹，捡获日本小旗 10 余面以及迷信物品。

是役就地形方面和作战部署方面，我军已占有利态势，两师部队及时向敌包围，本可把敌人歼灭，打一个胜仗。唯军部远离战场，以电话作指挥联络，未能因应战况的变化。且新编第十九师原是惊弓之鸟，在副师长秦镇指挥之下，仍是畏缩不前。第一七五师师部被敌击散之后，前线没有高级将领统一指挥，徘徊观望，各自为战，团与团、新编第十九师与第一七五师也不能协同一致进攻，而至功败垂成。

鏖战南宁、四塘

王仲儒*

1939年我从中央军校第四分校第十六期毕业后，就被分配到陆军第五军第二〇〇师第五九九团充任重机枪第三连少尉排长。10月下旬，师长戴安澜召开全师军官动员大会，作了“誓死抗击入侵之敌，坚决消灭敌人号称王牌军的关东军中村正雄旅团”的报告。接着张止戈参谋长宣布了南下南宁作战的命令，同时命第五九九团率先出发。会后，戴师长又召集全师黄埔同学开会，要求发扬黄埔精神，树正气，立雄风，不消灭入侵之敌决不罢休。

命令下达全军启动。第五九九团柳树人团长作了战斗部署，我营是前卫，八连为尖兵，分乘30余辆十轮大卡车，浩浩荡荡从湖南直向广西前进。傍晚，车队抵达柳州市，市民们手执标语旗，高呼“欢迎中央军，誓死保卫大西南”等口号，夹道欢迎我们。同时还在沿街的商店门口摆设酒席，团长命令我们入席，市政人员热情招待。随后我们直赴南宁市。当车队过宾阳、越昆仑、过七塘后，只见成群结队的老百姓，携儿带女，肩挑背驮，前挤后拥，争相逃难在狭谷公路上。

午夜，尖兵连抢先进入南宁市，立刻飞奔南门，我排占领了发电厂北埠

* 作者时任第五军第二〇〇师第五九九团重机枪第三连排长。

高地，赶筑掩体。翌日拂晓，薄雾迷漫，我正在和尖兵连夏连长商量配置火力网，忽然接阵前哨兵报告："江岸发现敌踪，日军已强渡邕江。"我们预计一场恶战即将拉开，于是急忙选择火力点，布置伪装，严阵以待。不久，数十名敌散兵进入我火力网。不等夏连长的信号弹着地，我排八班、九班两挺重机枪便发出了怒吼，八连轻机枪亦配合扫射，打得来犯之敌措手不及，纷纷倒地毙命，幸存者抱头鼠窜。我们清扫战场，缴获敌武器一批。

晨光初露，日军飞机5架掠空而至，向我阵地低空扫射；接着日炮兵以平射炮、迫击炮，齐向我阵地轰击；日军步兵在炮火掩护下，开始了第二次进攻。我排和八连其他官兵严阵以待，静候日军进入我火力网时加以全歼。正在此时，我阵地左侧突然轻重机枪齐鸣，我团第一营正和迂回之敌遭遇，我排和八连即将被包围。团长命令我们立即撤至四塘一带布防，扼守公路，掩护全团北进。一个多小时的急行军，我们来到四塘南侧高地占领阵地，重组兵力，构筑工事，进行伪装。南宁方向正在枪战，日军正绕南宁东北方向向四塘急进，我师第六〇〇团正在阻击。出于战略上的需要，第五九九团奉命撤离南宁向武鸣挺进。中午时分，四塘已成突出阵地，我排和八连尚在抢修掩体和战壕，就遭到了敌机的轮番轰炸，接着大批敌人沿公路两侧高地向我猛扑。我排八班、九班两挺重机枪封锁公路，阻击敌人；七班重机枪进行对空射击，迫使敌机不敢俯冲扫射。八连轻机枪也投入了战斗。轻重机枪联合作战，收到了很好的效果。可是，却引来了敌机的狂轰滥炸和敌地面平射炮、迫击炮的攻击。在八连一阵手榴弹投掷以后，即将进入白刃战之时，八班重机枪突然哑寂。我急速匍匐至该阵地，只见7名机枪手均被敌机炸中，断肢残腿，血肉模糊，全部殉国，重机枪亦被炸毁。这时敌人的炮弹又连续在九班阵地爆炸。全排战士伤亡骤增，我急速调来七班重机枪，意图阻击来犯之敌。

此时，全团已安全通过四塘，我排和部队失去联系，欲退无路。此刻又有10余名日军侵入我七班阵地前的死角。我心急如焚，投出手榴弹后，手持木壳枪一跃而起，欲与敌人决一死战。想不到中士熊遂重、通信兵陈其保等5人，手持上了刺刀的步枪，先我冲向敌群。熊遂重一气劈杀敌人5名。

数分钟后死角中已无动静，我奔向前去，只见 5 名勇士和 14 名日军均倒卧在血泊之中。熊遂重尚在翻滚，我急扑上前抱起他，只见他的腹部已被敌人刺刀划开，内脏正在外溢。这种悲壮的场面，直到 50 余年后的今天，我仍历历在目。

夜幕降临后，枪炮声渐渐沉寂。我爬遍阵地，寻找幸存者，发现全排仅剩下 7 人，且伤痕累累。我们在夜幕中，把能摸到的战友尸体草草掩盖后，凭一个指北针和一张被血模糊的军事地图，径直向北爬山越岭。经三塘，过腾翔，由双桥至武鸣，将近 50 公里的行程，而且要通过敌我双方拉锯的战场。我们只有避开公路，专走小路，一连 5 个白天躲宿在野树林和南竹丛中，6 个夜晚艰苦的滚爬，重伤员还需轻伤员来背负，50 公里的路程，我们连三分之二都没有走完，7 个人最后全部昏倒在双桥以南的田野里。等我们在师部医务所醒来的时候，参谋长张止戈对我说："是友邻第九十八团的战友们救了你们。"不久，师部把我送到了柳州后方医院治疗，在医院里取出了嵌在我右脚里的子弹头。伤愈后，我重返军营。

昆仑关战役

昆仑关攻坚战亲历记

郑洞国　郑庭笈*

1939年冬，国民党第五军奉命协同友军对侵犯南宁的敌军作战，担负昆仑关攻坚战的主攻部队。郑洞国当时任第五军中将副军长兼荣誉第一师师长；郑庭笈任该师第三团上校团长，亲身参加了这场攻坚战战斗。现将作战经过，就回忆所及，作如下的叙述，供编抗日战争史料的参考。

一

第五军是抗日战争时期新成立的第一个机械化部队，直辖第二〇〇师、荣誉第一师、新编第二十二师。军直属队有两个步兵补充团、两个战车团、装甲车搜索团、重炮兵团、汽车兵团、工兵团、辎重兵团，并有苏联顾问团帮助教育训练，军长杜聿明。第二〇〇师师长戴安澜，该师是杜聿明从装甲兵团扩编的，是该军基本部队；荣誉第一师师长郑洞国兼，该师是从抗日战争中伤愈的官兵编成的，因此，加上“荣誉”二字，官兵勇敢善战，经过训练后，士气更加旺盛；新编第二十二师师长邱清泉，该师是由新兵成立的部

* 作者郑洞国时任第五军副军长兼荣誉第一师师长，郑庭笈时任该师第三团团长。

队。军部及军直属团队和第二〇〇师在广西全州；新编第二十二师在湖南东安；荣誉第一师在湖南零陵地区整训。重庆军事委员会校阅全国各军教练训练，第五军被评为全国第一。1939 年秋季第五军在广西界首举行大规模各兵种联合攻、防、追演习，历时一月之久，更打下了第五军的战斗基础。

二

当时抗日战争形势：1938 年 10 月国民政府由武汉搬到重庆后，敌军占领武汉，切断粤汉、平汉南北铁路和公路交通线。并占领了广州，控制华南沿海海岸线，对外联络线亦被切断。仅广西与越南海防的国际交通线还保持畅通。重庆统帅部根据敌军在南海地区军队调动频繁，判断敌人有切断我华南国际交通线，实行封锁政策，直接威胁重庆，达到其以军事上配合、政治上“逼和”的企图。遂命第五军在界首演习完毕后，各回原防，进行战备，待命行动。

不久，荣誉第一师奉调从零陵开往衡山，准备参加长沙大会战。

三

1939 年 11 月 15 日，敌军在我国南海北部湾钦州龙门港登陆，进占钦州、防城，沿邕钦公路北犯，于 11 月 24 日侵占南宁。据报这次侵占南宁之敌，有两个半师团，其番号是第五师团、第十八师团和台湾旅团。

第五军奉命派第二〇〇师第六〇〇团，由广西全州用汽车输送向南宁前进，阻击敌军北犯，掩护我军主力集中。11 月 25 日，该团在团长邵一之的指挥下，到达南宁城郊二塘，与敌遭遇，展开了血战。敌军在飞机和优势的炮火掩护下，对我第六〇〇团进行猛击。我军沉着应战，一次又一次把敌人击退，阵地失而复得，得而复失。进入夜晚，战场双方进入停战状态。26 日拂晓，敌人向第六〇〇团阵地迂回，包围我军，切断退路。邵团长命令各营坚守阵地，他亲自指挥步兵第一连，向敌迂回部队反击。这时邵团长身中两弹，继续指挥部队，向敌猛击，击退敌人迂回部队，完成战斗任务。敌我双方正处于激烈的肉搏战中，邵团长坚持指挥作战，不肯退下战场，不幸又中第三颗子弹，壮烈殉国。副团长文模、团附吴其陞和全团官兵知悉团长牺牲了，悲愤异常，士气更加高昂，誓为团长报仇，继续顽强战斗，打退敌迂回包围部队，并夺回团长遗体。这时副团长文模负伤，团附吴其陞亦牺牲，由第一营营长吴大伟代团长职务，利用夜间逐步撤回思陇附近归还建制。敌人跟后前进，12 月 4 日进占昆仑关地区。

据第六〇〇团在战场上获得的文件表明，与该团激战的敌军是第五师团第二十一旅团的第二十一和第四十二联队。

四

1939 年 11 月 24 日敌侵占南宁，25 日在二塘同我第二〇〇师第六〇〇团激战后，12 月 4 日进占昆仑关，第五军各师从衡山、东安、全州向迁江、宾阳、清水河和红水河间之邹圩、石陵圩地区待命。各师集中完毕后，12 月 10 日军长杜聿明在迁江附近召开团长以上的军事会议，我们参加了那一天的会议。会场设在一个地洞里，周围树林茂盛，容易防空。会场里用横布挂上一张桂南五万分之一军用地图，图上用红蓝纸标示敌我态势。会场里非常严肃紧张。人员到齐后，宣布开会，军长杜聿明讲话，他介绍了当前敌我的形势：

据我方情报探悉，这次侵犯桂南进占南宁的敌军兵力共有两个半师团，即第五师团、第十八师团和台湾旅团。第五师团有第九旅团，辖第十一、第四十一联队；第二十一旅团，辖第二十一、第四十二联队。每联队有官兵 3000 余人。大家都知道敌人称第五师团为“钢军”，因是台儿庄战役板垣征四郎旧部，在侵华战争中参加过南口、山西忻口、太原、台儿庄等战役。在开辟华南战场前，经过两个月山地作战训练，官兵多系日本山口县人，秉性彪悍，长期受武士道训练，侵华战争两年多，战斗攻守经验丰富，成为这次进犯部队的主力。敌人攻占南宁的战略企图是：

第一，切断我西南交通，首先是越桂公路，威胁越滇铁路；

第二，侵占广西，威慑云南、贵州，扰乱我抗战大后方，给重庆致命的打击，力求达到以军事上手段配合其政治上“逼和”的战略目的；

第三，威胁英、法，使它感觉越南、缅甸危险，屈服于日本。并对重庆实行国际交通上封锁，以进一步巩固和加强日本在亚洲的地位。

接着介绍了昆仑关的形势，他指出：敌人在邕武路占领高峰隘南地区，在邕宾路占领昆仑关至九塘间高地，日夜修筑工事。昆仑关是西南国际交通上控制着邕宾公路的扼要雄关，它的四周，丛峦万壑，绵亘相偎，由公路进入了这个地区，不但是迂回曲折，而且正覆压在公路的中腰，其地势的险要，实可比食道的咽喉，所谓“一夫当关，万夫莫敌”的古战场，是兵家必争之地。它是南宁外围的重要据点，敌人以重兵扼守，还在昆仑关北的仙女山、老毛岭、同兴堡、四四一、六五三、六〇〇、罗塘南、界首等高地，赶筑据点式的堡垒工事，外围有数道铁丝网和鹿砦等障碍物，构成拱卫昆仑关的坚固防线。并以轻重武器编成火网，各阵地以火力互相支援。日军阵地伪装非常好，阵地和枪口都不容易发现。敌兵在掩体里休息，高山上观察不到目标。同时，附有炮兵、机械化部队来加强防守。这次同我第六〇〇团在二塘激战的敌人，就是第五师团的第二十一旅团之第二十一、第四十二联队。缴获敌人的作战部署图，获悉第五师团司令部及第九旅团两个联队在南宁，第二十一旅团两个联队守昆仑关、九塘、八塘至南宁之线。杜聿明讲到友军位置和本军作战部署时说，我最高统帅部集中4个集团军的兵力来同敌人决战。蔡廷锴第二十六集团军，指挥第六十四军在敌后邕钦公路游击，负破坏公路、桥梁，阻击敌增援部队及后方输送粮、弹补给的任务。夏威第十六集团军，指挥第三十一军、第四十六军；叶肇第三十七集团军指挥第六十六军，担任邕武路高峰隘南的对敌攻击。徐庭瑶第三十八集团军指挥第五军担任邕宾路上对昆仑关攻坚战的主攻任务。

接着杜聿明谈第五军作战部署：本军采取战略上迂回、战术上包围，“关门打虎”的方针。其部署如下：1.荣誉第一师、第二〇〇师为正面主攻部队，以公路为界，公路线上属第二〇〇师。军重炮兵团、战车兵团、装甲兵搜索团、工兵团，协助主攻部队作战，按战况需要由军部指挥，按命令行动，以完成战斗任务；2. 新编第二十二师为军右翼迂回支队，由原地出发，越过昆仑关，选小路进占五塘、六塘，切断南宁至昆仑关之间公路、桥梁交通要道，堵击敌增援部队北上；3. 第二〇〇师副师长彭璧生指挥两个补充团编为军左翼迂回支队。由原地出发，经过岭圩、甘棠、长安圩，向八塘大迂回，进占七塘、八塘，策应正面主攻部队对昆仑关的攻击；4. 汽车兵团、辎重兵团归兵站指挥担任后方粮、弹补给及伤病人员向后方输送；5. 通信联络以有、无线电为主，传骑为辅；6. 军指挥所设在第一线部队的后方，跟随第一线部队行动；7. 攻击时间为 12 月 17 日拂晓。

最后杜聿明说，这次战争胜负，关系到抗日战争的前途，也关系到新军创建军的前途，是国家民族存亡的关键。第五军是抗日战争中新建立的第一个机械化部队，我相信全军将士一定能勇敢善战，胜利的完成这次攻坚战斗任务，一定要抱“不成功必成仁”的决心，歼灭日军，收复失地，以慰革命先烈在天之灵。会上，大家一致举手宣誓一定完成这次攻坚任务。宣布散会已进入黄昏，各乘车返回各部队。12 月 12 日各部队接战斗任务后，按指定的路线利用夜行军进入攻击准备位置。

五

第五军军部前方指挥所，设在正面主攻部队第二〇〇师和荣一师分界线的公路边一个高山的地洞里，山顶地势很高，瞭望前方方便。山顶和山洞里都架设有线电话构成通信网。山顶上架设炮兵用的远程观测镜，对前方阵地、地形、敌我的行动，看得清清楚楚。杜聿明日日夜夜在山顶观测镜和电话机旁，观察前方战况，并同各部队长通话，交换战况。同重炮兵团团长朱茂真通话，要其对前方敌阵地进行测量，规定各目标的距离；又同战车兵团长胡献群通话，要该团选测战车攻击准备位置，同步兵协同各种记号。敌机不时在指挥所上空盘旋，对公路后方车辆进行扫射和轰炸。杜聿明规定公路上哨兵站岗，有警报时，用红旗指挥车辆进行掩遮。因此，空袭时车辆没损失。敌炮弹亦纷纷落在指挥所附近，在他身边爆炸，但他极为镇定，从容指挥战斗。

12月17日凌晨，我军重炮兵团和师的山炮兵营，集中炮兵的火力向昆仑关及周围阵地进行炮击。双方进行炮战，在我远射程的重炮火力压迫下，敌炮兵中断向我射击。随即我第一线攻击部队第二〇〇师、荣誉第一师发动攻击，在战车和我轻重武器的火力掩护下，向敌阵地运动。敌机在我军阵地上空盘旋，企图空袭我步兵，但遭到我军高射炮火猛烈射击，致使敌机不敢低飞，待我步兵接近敌阵地后，敌机再不敢在阵地前扫射和投弹，仅在我后方交通补给线上狂轰滥炸。荣誉第一师官兵久经战阵，作战机智勇敢，该师第一团在团长吴啸亚亲自指挥下，先把仙女山敌人击退，占领了仙女山，当晚利用夜袭占领了老毛岭、万福村、四四一高地。第二〇〇师第五九八团在团长高吉人的指挥下，攻占六五三、六〇〇高地。该师第五九九团在团长柳树人的指挥下，在战车掩护下沿公路长驱直入，占领了昆仑关。荣誉第一师第二团在团长汪波指挥下，占领了罗塘高地。19日午后，敌大批飞机出动掩护反攻，昆仑关口被敌人夺去。我军占领各据点，反复争夺战，得而复失，失而复得。我新编第二十二师右翼迂回支队，占领了五塘、六塘。五塘又被敌反攻夺去，我军坚守六塘，阻敌增援，收效很大。我彭璧生左翼迂回支队，亦将七塘、八塘占领，切断敌退路。增援八塘的敌人，在八塘附近被我军包围，打了一昼夜，敌死伤极众，残部攀山越岭，向南逃窜，汽车几十辆被我军炮火烧成了灰。我右翼支队占领六塘后，日军台湾旅团由南宁向五塘增援，反攻六塘。师长邱清泉命令刘建章团死守六塘，邓军林团、熊笑三团将主力埋伏公路两侧高地，仅留小部队于五塘至六塘之间，引敌深入，且战且退。当日下午4时，熊笑三团一部与敌援军激战。入晚敌坦克车、装甲车向六塘街道推进，邱清泉亲率主力向敌反击，命令工兵部队破坏公路和桥梁。战斗很激烈，敌坦克车被我军战车防御炮击中2辆，邱师各团四处猛击，敌军大乱，纷纷向公路南侧高地溃逃，敌遗弃卡车、坦克车、装甲车，多被我军炮火打毁。这时，杜聿明为加紧在战术上围歼昆仑关敌人，命令荣誉第一师派一个加强步兵团从右翼包围九塘。郑洞国得命令后，立刻派该师第三团在郑庭笈指挥下，利用夜行军从右翼高地袭击九塘敌阵地，该团占领九塘西侧高地。

下午 4 时左右，郑庭笈用望远镜观察九塘敌阵地，发现九塘公路边的大草坪里有敌军官集合讲话，遂命令第一营在高地上占领阵地，命令迫击炮连、重机关枪连，集中炮火向敌猛击。瞬间，迫击炮打中了目标，敌军军官纷纷向九塘逃窜。收复昆仑关后，在缴获日军的日记有记载："第二十一旅团长中村正雄少将在九塘被中国军队炮火击毙"（现东京军事博物馆还陈列中村正雄的遗像）。随后，昆仑关第二次被我军收复，但不久被敌军在关口四周的炮火侧击，我军伤亡很大，又被敌军夺去。

杜聿明研究两得两失的原因，是敌人在关口的两侧高地有坚固的堡垒式工事，配备轻重武器，组成交叉火网，互相支援，兼地形优势，可以保护着关口的安全，以火网来封锁我军对关口的进攻。如果不首先消灭敌人在昆仑关四周的高山据点，光是攻占关口，是无法立足的。因此，杜聿明在电话上同各师师长研究，变更原来作战方针，采用要塞式攻击法，将各据点分配给第一线各师团负责。同时攻击，逐次攻克，缩小包围圈，同吃饭一样，一口一口地吃。要军部参谋长黄翔下达命令将新编第二十二师主力调为主攻部队的总预备队，留少数兵力在五、六塘扰乱敌后方；荣誉第一师第三团负担主攻据点的战斗任务。

这时，敌人最困难的是饮水和弹药、粮食、医药补给，不得不用飞机输送，有些投入我军的阵地里。第二〇〇师、荣誉第一师调整攻击部署：12 月 25 日荣誉第一师第二团在团长汪波的指挥下，再次攻克罗塘南高地。这时师长郑洞国正在第二团指挥所，将攻克罗塘南高地的战况向杜聿明汇报，杜当时对汪团传令嘉奖。郑洞国命令第二团继续向老毛岭、四四一高地进攻，在四四一高地进行了反复争夺，最后将敌人全部歼灭。第二团的伤亡很大，但阵地在我军稳固地控制之中，从而给昆仑关守敌致命的打击，唯敌仍坚持固守中。这时，敌机在我上空盘旋，在阵地上不敢扫射和轰炸，因敌我在近战对峙中。敌炮兵在我重炮压制下，也不敢向我阵地炮击。第二〇〇师第五九八团在高吉人的指挥下，两次攻克同兴堡敌据点阵地；第六〇〇团在刘步峰指挥下，攻克六〇〇高地。该师伤亡很大。

界首高地位于昆仑关北，是保关口的敌坚固据点，是属第二〇〇师战斗境内的，因该师担负不了对界首攻坚任务，杜聿明命令郑洞国派该师第三团归戴安澜指挥，于28日晚对界首攻击。敌机在上空盘旋，该团士气旺盛，对界首攻击，攻上去，在敌火力侧射下，伤亡很大；该团又组织爆破手，用手榴弹从敌据点枪口里投入，多次都失败。入夜12时，敌我正在对峙中，该团9个步兵连，有7个连长伤亡，郑庭笈身边的司号长李钧也中弹阵亡。杜聿明要郑庭笈不顾重大的牺牲代价，一定要攻克界首阵地，利用夜间调整部署，选突击队，编成突击组，于29日早晨，军部重炮兵开始对界首阵地猛击，炮弹均命中阵地上，这时各突击队分别向界首阵地匍匐前进。在3小时的激战中，界首阵地被我军攻克，这时杜聿明通令全军对第三团传令嘉奖。昆仑关各据点均被我主攻部队各师占领，界首阵地移交新编第二十二师派兵接替，第三团归还建制。以上是1939年12月30日新编第二十二师邓军林团第三次收复了昆仑关的作战经过。

六

第五军在战斗中共击毙敌第五师团第二十一旅团长中村正雄少将，第四十二联队长坂田元一，二十一联队长三木吉之助、副队长生田滕一，第一大队长杵平作，第二大队长宫本得，第三大队长森本宫等军官；班长以上军官85%以上被击毙，士兵有4000余人死亡（这是日本战后公布在昆仑关同中国第五军作战死亡的数字），生俘士兵102人，缴获战马79匹、山炮10门、野炮12门、战防炮10门、轻机枪102挺、重机枪80挺、步枪2000余支，其他军用品和弹药等堆积如山。这是第五军在柳州、桂林、全州开展览会公布的数目，各师未上缴的数目尚未在内。

关于昆仑关战役的回忆

黄　翔[*]

从 1938 年 8 月开始，日本海军从长江吴淞口经福州厦门到汕头附近之间，对我国实行了海上封锁。到 9 月 5 日该封锁区域扩大到全中国的海岸。敌人的海上封锁对于中国的战争物资及生活必需品、农产品、畜产品、矿产品的运输，有很大的扼制作用。敌人为了进一步切断我国唯一的国际补给路线（由越南至广西的公路线），于 1939 年 10 月命令第二十一军与海军（第五军为基干）协同作战，派第五师团台湾混成旅团从 11 月 15 日在钦州（南宁东南以北 110 公里）附近登陆，于同月 24 日攻下了南宁。另派第五师团的一部开往龙州。另以一部从南宁经五塘、六塘的公路直取昆仑关，并占领昆仑关附近一带高地，构筑工事以图固守，从而达到彻底切断我国国际补给路线的目的。

我军为了恢复国际补给路线，乘敌人兵力分散，增援部队未到达之前，以第五军为主力，从 1939 年 12 月开始，向昆仑关之敌进行反攻。当时，第五军杜聿明军长正在桂林行营开会，副军长郑洞国是兼职不在军部。所以一切重要事情的决定，只能由我负责。

---

* 作者时任第五军参谋长。

指派第二〇〇师第六〇〇团为先遣部队

第五军辖第二〇〇师、荣誉第一师、新编第二十二师，计3个师。第二〇〇师有3个团，3个团的番号是：五九八团（团长高吉人）、五九九团（团长柳树人）、六〇〇团（团长邵一之）。我为了争取时间，就独断地指派了第二〇〇师的第六〇〇团先行输送。当然事先也通过电话取得了戴安澜师长的同意。我为什么一定要指派第六〇〇团呢？因为第六〇〇团的团长邵一之比较精干，而先遣部队的作战是一个序战，序战的成败将影响全军的士气。第六〇〇团全团都是由汽车输送到前线的。它的任务是增援南宁方面的友军，但是没想到南宁方面的友军被敌人击退了。敌军占领了南宁，并继续向昆仑关方面前进。第六〇〇团在南宁东北的二塘附近与拥有步、炮、空部队之优势的敌人发生遭遇战。第六〇〇团仓促应战，在没有炮兵和空军支援的情况下，奋战两昼夜，官兵伤亡甚重，邵一之团长数次受伤，不幸阵亡。直到现在我回想起来，对邵一之团长的牺牲还感到非常的痛惜。

建议反攻昆仑关

敌人占领昆仑关之后，桂林行营方面深恐敌人继续北进，命令我第五军在迁江附近清水河和红水河北岸占领阵地，构筑工事，防御敌人进攻。敌人在占领昆仑关的十多天中，一直在不断地构筑工事，看来尚无北进的企图。昆仑关山峦重叠，只有一条狭长的隘路。根据这时的敌情和地形，杜聿明军长和我商议，向桂林行营及重庆方面军令部提出反攻昆仑关的建议。

到12月8日桂林行营迁江指挥所发来电令，命令第五军收复昆仑关，进驻八塘，作进一步收复南宁的准备。这天夜晚，杜聿明军长还在桂林行营迁江指挥所。我接到桂林行营的命令后，为了争取时间，同时避免敌人空军的扰乱，立即用电话向我军的第二十二师、荣誉第一师传达命令要旨。接电话的，第二十二师方面是廖耀湘副师长；荣一师方面是参谋长舒适存。电话命令的要旨是，首先说明了本军的主要任务，第二是争取在拂晓前渡过清水河和红水河。这两条河冬天水很少，可以徒步通过。

在收复昆仑关的战役中，我们第五军首先着眼的是切断敌人在昆仑关和南宁间的后方联络线，同时对于昆仑关敌人阵地做好攻坚的准备。攻击计划的拟订，首先是由军长、副军长、各师长及参谋长共同商讨决定，再由我亲自起草。

攻击的兵力部署大要是：①荣一师于 18 日拂晓前 4 时准备完毕，担任正面之攻击，攻击目标为东挹岭、金龙山、昆仑关及枯桃岭等敌人主要据点。②第二十二师从右侧山地于 17 日拂晓前追出五塘、六塘各村落，切断昆仑关之后方公路，阻止敌人之增援和补给。③第二〇〇师为总预备队（二塘战斗后需要休整），在思陇东北地区集结休整并随时准备参加战斗。④另以新兵训练处（第一、二补充团）为左侧支队，占领果发岭附近，掩护军之左侧，并相机向八塘出击。⑤军炮团及重炮第一营（15 公分口径榴弹炮）17 日前在思陇、马岭占领阵地，以主火力直接支援荣一师之攻击。⑥军部在南天村，并于南天村东侧等地设置军前进指挥所（其余从略）。

苏联空军参战

收复昆仑关的战斗打响后，第五军的攻击进展迟缓，伤亡甚重，特别是敌人的增援部队突破了五塘、六塘的封锁线，不断地向昆仑关方向增援，给我军的进攻带来困难。这时，行营方面通知我军，苏联空军要参加战斗，要我们把对空联络呼号布置起来。

大概是 12 月 25 日前后的一天，早晨 4 点钟左右，我看到有 9 架苏联飞机由北向南经过我军的上空，直向南宁方向飞去。飞行的高度大约是在 1500 米到 2000 米之间。估计是因为敌我两方的战线距离很近，直接支援第一线的战斗有困难，这些苏联飞机就向南宁方面轰炸敌人后方的增援部队和其他设施去了。至于战果如何，我们始终没有得到通报。但是苏联空军的这一行动对我军的士气，具有相当的鼓舞作用。

在第五军攻击昆仑关的整个战役期间，苏联方面还派了一个上尉联络参谋住在南天村军指挥所。他的任务主要是了解敌情和我军攻击的进展情况。我看到他画了一张昆仑关附近的地形图，每天和军参谋处第一科联系，将我方和敌方的部队进展及所在的位置，都标在地图上。这件事也说明苏联对于中国军队的抗日战争是有一定帮助的。

日本进步人士鹿地亘先生在我军前沿阵地对敌广播

在我军和敌人对峙期间（具体日期记不清了），一天日本进步人士鹿地亘先生带了几个助手，由我军参谋处第一科科长戴戎光（戴懂日文）带领，于晚间到我军第一线，大概是在六塘高地的前沿，用大喇叭对敌人广播。听说开始广播时，敌人用机关枪集中火力向他射击，但是他还是不断地喊话。后来，敌人的机枪停止了射击，似乎也在听他的广播。从这件事来看，我们的抗日战争不仅得到了其他友邦的支援，就是日本人民，特别是日本共产党也是和我们站在一起，反对日本军国主义者发动侵华战争的。

重炮营（15 公分口径榴弹炮）的作用

在昆仑关战役开始时，第五军就配置了炮十团第一营。第一营营长姜继斌是我黄埔军校第七期的同学。攻击开始时，我直接和他通电话。有一次他们的炮弹快打完了，姜营长就打电话给我，要求赶快补充炮弹。按一般的情况，应该由炮兵营直接派车辆到军部来领取。我为了争取时间，就直接指示军械处汪启超，赶快由军部派车辆将炮弹运到该营的阵地上。姜营长对此特别赞赏。

这里还要说明一点，有些文史资料上说，当时所配置的重炮营是第十四团的第一营，据我记忆不是这样的。原重炮第十团第一营营长姜继斌尚健在，现住在美国，还可以进一步了解。但不管是哪个第一营，在昆仑关战役中重炮营是发挥了很大威力的，对敌人据点工事的破坏，对敌人的杀伤，都起了决定性的作用。有一次我们得到一敌兵的日记本，其中说到，他进入阵地以来，天天受到如桶大的炮弹的射击，他们藏在工事里面不敢出来，他们的伤亡很大。当然除重炮营外，还有军指挥部的炮兵团以及各师的炮兵营、炮兵连。总之，在反攻昆仑关的战役中，我们在炮兵火力方面完全压住了昆仑关的敌人，对步兵的攻击起了很大的支援作用。我们虽然得不到空军的掩护，但最后还是一个据点一个据点地把敌人全部消灭，完全占领了昆仑关。

对本战役的小结

我军对昆仑关的攻击是从 1939 年 12 月 18 日开始的，经过两周的激烈战斗，于 1940 年元旦完全占领了昆仑关。我作为这个战役的亲历者，对本战役有以下几点看法，这是从我个人的角度看的，未必全面确当。

1．全军士气高昂，具有必胜信念

第五军于 1938 年秋编组成立，它的装备在全国军队中是最先进的，有机械化部队之称。这次参战是自成立以来参加的第一次战斗，战果如何关系到本军的声誉和前途。再有从数量对比上，敌人是处于劣势的。所以大家都有战必胜、攻必克的决心和信心。第二〇〇师第六〇〇团的序战虽然没有打好，但对于全军的士气并没有多大的影响。

昆仑关的敌人凭借附近的高地，构筑了相当坚固的工事，顽强死守。我们首先由荣一师发起攻击，以后又有第二〇〇师增加上去协同攻击，最后又将第二十二师调到昆仑关正面继续攻击。这 3 个师两周来轮番攻击，伤亡都是很大的。每一个单位和连队对每一个据点的攻击，都是经过反复冲锋得而复失数次，最后将敌人完全歼灭了才占领阵地的。例如荣一师第二团对于罗塘高地的最后攻击，就是采取纵深配备，向敌人阵地轮番冲锋，与敌人进行白刃战，最后全部歼灭敌人，才完全占领罗塘高地的。

大概是昆仑关占领后的第二天，也就是 1 月 2 日，我怀着兴奋的心情，专程到罗塘高地去察看。亲眼看到罗塘高地的前沿，即我方的前沿，有一块高约 1.5 米、宽约 3 米的大石头，附近还有一些弹坑，那上面被鲜血染红了一大片。这都是我军将士在攻击中遭到敌人侧面的火力袭击时流的鲜血。这给我留下的印象极深，我常常想应该在这块大石头上刻几个字，来纪念我军这些阵亡的将士，让他们的英名永垂青史。

邓军林率领的第二十二师第六十五团是最后向昆仑关攻击的。据他说，他团攻击时，敌人在周围高地均被我军占领的情况下，仍然固守顽抗。他团于 1939 年 12 月 31 日反复向敌人冲锋，并和敌人进行了白刃战。官兵伤亡很大，有的连队干部伤亡殆尽，只剩下十几个士兵。以后在炮兵的支援下，再次发起冲锋，才最终攻克昆仑关。这也说明在昆仑关战役中，我军官兵自始至终都是非常英勇顽强不怕牺牲的。

2．攻击计划比较正确

在攻击计划中，我们特别着眼于切断昆仑关到南宁之间敌人的后方联络线，尽力阻止其增援。我军开始攻击昆仑关时，敌第二十一旅团就以有力的一部由南宁经五塘、六塘向昆仑关方面驰援。在五塘、六塘附近被我第二十二师的部队侧击，死伤很多。第二十一旅团长中村正雄就是在七塘附近被我截击部队击毙的。敌人增援部队虽然有一部分突破了封锁线，进入昆仑关附近，但因为是逐次增加兵力，多被我优势炮火歼灭。敌人的炮兵弹药殆尽，不得不将火炮埋在地下。那时他们的饮水、食品也都极度缺乏，完全靠空投补给。敌人虽然固守顽抗，但是由于增援部队不能及时到达，弹药缺乏，最后终未逃脱全军覆灭的命运。

3．昆仑关战役胜利的深远影响

抗战开始以来，在各战场也曾有几次局部胜利的战役，如台儿庄战役以及八路军的平型关战役。这些战役都属于遭遇性的，而昆仑关战役则完全属于阵地攻击性的战役，也可以说是攻坚性的战役。取得这个战役的胜利是很不容易的，所以本战役的胜利对全国各战场各方面的影响都是很深远的。

它证明了敌人不是不可战胜的。这对于全军全国士气的鼓舞是相当大的。昆仑关战役结束后不久，我奉命到重庆参加参谋长会议。会议期间，特别受到了当时的蒋介石委员长的接见。同时，我还受到陆军大学的特别邀请，到学校作了一次战役经过的报告。抗战前，陆军大学在南京时期，我曾经在那里担任日俄战史教官。这次对于昆仑关战役的经过，我还是按讲战史的方法讲的，所以受到了同学们的热烈欢迎。由于这个报告很有亲切感、真实感，大家听起来也是很受鼓舞的。

大概是 1 月 8 日左右，第五军奉命将防务交第三十六军接替，尔后全部撤离战场，到滨阳以北地区补充整训。

（王桂玲整理）

夺取昆仑关六五三高地

汪顷波*

1939 年冬，第五军第二○○师在长沙易子河一线肃清日军残余，其时我任第二○○师工兵营排长。我师正在打扫战场时，突然接到命令，限期赶到广西南宁附近，迎击由北部湾钦州登陆进犯南宁的日军。

第六○○团为师的先遣部队，在团长邵一之指挥下，于 11 月 24 日，赶到桂南昆仑关附近二塘时，即与日军遭遇，并展开激战。当时作战阵势是：广西部队第一三五师和第一七○师打两侧，第六○○团打正面。日军气势汹汹，首先攻击正面的第六○○团受阻后，就转攻两侧的第一三五师和第一七○师。该两师未通知第六○○团，便仓皇撤退了。日军遂于 26 日拂晓，对第六○○团实施迂回包围。团长邵一之迅即命令各营抢占有利地形，与敌展开激战，固守阵地，等候援军。终因众寡悬殊，我军伤亡惨重。团长邵一之在指挥中身中数弹，壮烈殉国，副团长文模负重伤，团附吴其陞亦牺牲。遂由第一营营长代理团长，继续指挥部队，坚守原阵地。不久，我后续部队到达，解了第六○○团之围。12 月 4 日，日军进占昆仑关。在这批敌人中，就有双手沾满中国人民鲜血的板垣第五师团。

---

* 作者时任第五军第二○○师工兵营排长。

在昆仑关前，屹立着一个 653 高地，为该关天然屏障，拿不下这个高地，也就休想攻破昆仑关。因此，第二○○师师长戴安澜（安徽无为人，黄埔军校第三期毕业）把这个重要任务交给抗战期间屡立战功、擢升为少将的第五九八团团长高吉人。我所在的师工兵营一个排，配合这个团攻占该高地。第一次强攻未成，高吉人团长被记死刑一次，并限令第二天晚上攻占该高地，否则两罪俱罚。

第二天晚上，高吉人团长带领全团官兵在山后凹地开誓师大会，我排也奉令参加，他说："昨晚我团没有完成作战任务，我受到处罚，罪有应得，但今晚我们全团官兵，一定要全力以赴，务求必胜。我们宁可马革裹尸，死在沙场上，也决不死于国家军法制裁之下。"高团长的话，慷慨激昂，声泪俱下，人人为之动容。大家下定决心，誓与日军决一死战。

我工兵排在伸手不见五指的夜晚，首先摸到敌人阵地前沿铁丝网附近，遭到敌人密集子弹的射击，当场牺牲几人，其余的人迅速利用死角或铁丝网前原先牺牲的战友的尸体做屏障，方得坚持下来。我排士兵利用敌弹射击的间隙，抱着炸药包，匍匐到各指定的冲锋口，等候步兵冲上来时炸毁铁丝网，为其开辟冲锋通道。

在时隐时现的炮火中，可以看到山下步兵，正在各连、排长的率领下，利用地形地物向上爬。可是，刚爬到半山腰，就被狡猾的敌人用手榴弹炸死，尸体滚下山去。如此反复，前仆后继，我方死伤不少士兵。团长高吉人最后决定全面开花，集体朝前冲，打乱敌人的射击目标。

在我们工兵炸毁铁丝网的同时，冲锋号吹响了。等候冲锋的步兵们，一蹬而起，勇往直前，通过铁丝网的缺口，与敌人展开肉搏战，终于消灭了山上所有的日军，占领了 653 高地，为下步攻占昆仑关创造了有利条件。

第一次粤北战役

抗战时期的第一次粤北战役

卜汉池*

第一次粤北大战时期，我任第十二集团军第六十三军第一五四师第四六〇旅旅长，参加了作战，了解这一战役的经过，只因时间过久，诸多遗忘。兹凭我的回忆和有关参加过此役的同事相互校对，然后写成这篇战役史料，至其中所述人物对与不对，有待将来编史者作为鉴别，合并说明。

一、战前双方态势

日军侵占广州之后，于1939年12月粤北大战前占据三水、顺德、新会、中山、东莞、增城各县和虎门、深圳、石龙等地区。其外围在三水、军田、神岗、福和墟、增城之线。我军固守清远、源潭、佛冈县、从化牛背脊、地派之线与敌对峙。

在广州失陷之前，军委会已把广东划为第四战区，委何应钦兼司令长官，余汉谋为副司令长官兼第十二集团军总司令。当时司令长官部尚未成立，只是一个名称。自广州失去之后，改委张发奎为战区司令长官，余汉谋

* 作者时任第十二集团军第六十三军第一五四师第四六〇旅旅长。

依然照旧，司令长官部设立在曲江。

但在粤北战役前，钦州湾敌军登陆向广西进犯，张发奎随带战区长官部一部分人员往广西柳州设立指挥机构，指挥其他部队包括由广东调去第六十六军（两个师）应战，不在广东了，粤北战事是由余汉谋负责（张发奎调广西是1940年1月间事。因当时北粤属第十二集团军防地，故战事由第四战区副司令长官兼第十二集团军总司令余汉谋负责——编者）。

广州失陷后，军事当局即调第六十四军（所属第一五五师、第一五六师）、第六十六军和第一八七师返回广东，以及新编一个暂二军加强防御力量。在粤北战役爆发前，广东已有12个师（第六十六军除外）又2个独立旅之众。其兵团部署大概如下（这是战区司令长官部的兵团部署）：

一、以第三十五集团军总司令邓龙光所属第六十四军（军长陈公侠，所属第一五五师、第一五六师）和暂编第二军（军长邹洪，所属暂七师、暂八师）在西江三水以上至四会县之线占领阵地，防止敌军向西侵犯。

二、以独九旅在惠州地区与在石龙、樟木头之敌对峙；以独二十旅在潮州方面与占领潮汕方面之敌对峙。

三、以第十二集团军主力占领清远、滘江、佛冈、水头、从化、牛背脊、吕田、龙门、地派阵地，即是以第六十三军占领清远城至滘江口之线；第六十二军占领源潭至佛冈之线；第一八六师占领牛背脊附近及以西山地之线；第一五一师占领吕田、铁扇、关门一带山地至地派之线之阵地；构筑持久工事，拒止敌人北进。

四、总预备队第六十五军（军长缪培南，所属第一五八师、第一八七师）位置在翁源新江墟附近和睦江马坝墟附近，军部在乌石墟附近（在曲江之南约80华里）。

当时第四战区司令长官部设在曲江，第三十五集团军总部设在德庆，第十二集团军总部设在翁源三华，第六十五军为总预备队位置应在何处则成了问题。在张发奎方面以总预备队属于战区作为战略预备使用，应该位置在曲江附近；而余汉谋方面，以主阵地在粤北一带，应该控制总预备队接近第一线阵地，即是位置在翁源新江墟附近和青塘墟（在官渡之南约10余华里）

附近一带地区为宜。张、余争持不下，结果请示蒋介石解决，决定第一五八师位置翁源新江墟附近、第一八七师位置马坝（在曲江之南约 70 华里）附近。由此可见国民党军队里互相争夺兵权的表现。

二、作战经过概要

1939 年 12 月中旬，日寇向粤北发动第一次大规模的进攻，以攻占韶关为目标，其总兵力计原在广州和其外围的两个师团，另由日本新调来一个近卫师团，合共3个师团约6万余人，以一部由增城向龙门、新丰、翁源进犯；另以一部由军田向银盏坳、源潭进犯；其主力（近卫师团）由神冈、太平场沿翁从公路向良口、牛背脊、吕田方面进犯。企图击破我军主力，进占我华南抗战的曲江交通重镇。

但在 1939 年 12 月中旬（忘记日子）敌军先在三水方面有所佯动，似有进犯西江肇庆的模样，战区应第三十五集团军的请求增援，过早使用总预备队，使第一五八师由新江墟经清远向四会西江方面驰援去了。该师到达四会县时，西江尚无敌情，而军田方面之敌已向银盏坳地区进犯。我第一五二师、第一五七师归前敌总指挥缪培南指挥，先后轮流进出银盏坳方面与敌对战多日（总指挥部设在三八墟南官庄之北的官路唇）。此时第一五八师又奉命返回粤北，到清远城时，又接守清远城附近阵地的任务，因该师连日行军过度疲劳，奉命暂守清远城附近阵地借作休息。

第六十三军部（军长张瑞贵）在 12 月上旬已奉命由北江西岸鸡春坝移驻翁从公路蒲昌附近一个村庄（忘记地名），指挥第一八六师、第一五一师。

第一五三师在 12 月中旬初由清远附近调到水头墟、上四九墟（均属佛冈县）附近，为第十二集团军的预备队。

第一五四师俟第一五八师由四会返回清远时，即将清远城附近阵地防守任务交第一五八师接守，随即渡过北江东岸接守滘江口及滘江以北迤东之线之阵地。

银盏坳序战

12月中旬开始，我第一五二师、第一五七师先后在银盏坳方面与敌作战多日，至20日这两个师奉命调回上四九墟和佛同两地休整。此时上级又命令第六十五军军长缪培南率领该军和第一五四师第九二〇团向银盏坳之敌攻击前进。其部署大概是这样：

（一）以第一八七师由滘江口沿铁路向银盏坳方面之敌攻击前进。

（二）以第一五八师由清远渡过北江东岸向敌之侧翼攻击银盏坳车站，截断敌之后路。

（三）以第九二〇团由清远城附近渡过北江东岸协助第一五八师攻击迎嘴车站之敌。

其作战经过如下：

（一）第一八七师（师长孔可权）在银盏坳之北伯公坳一带山地与敌作战，颇为剧烈，但未能将敌击退。

（二）第一五八师（师长林廷华）由清远渡过北江东岸即向银盏坳之敌攻击，打了一次胜仗。曾经一度攻占银盏坳车站和以南三兜松地方。但因第一八七师未能击退正面之敌，致使第一五八师陷于孤军作战危险之境，坚持两三天不得已退回北江西岸。

（三）第九二〇团（团长何宝松）由清远城渡过北江东岸即向迎嘴车站之敌攻击前进，仅有一部到达迎嘴稍与敌接触，被逼退回北江西岸去了。

粤北山地阻击战

在银盏坳、伯公坳方面未能击退敌人之时，而敌军主力向我牛背脊至地派主阵地方面接近进攻的时刻，第六十五军部和第一八七师不得已逐渐退回滘江北岸固守阵地。第一五八师和第九二〇团也退过北江西岸以后再渡过东岸归制。该方面之敌暂不向我滘江阵地进迫了。粤汉铁路的源潭、银盏坳方面本不是敌之主攻，日军为了吸引我军的兵力于铁路方面来，以利主力方面的进攻，于是首先在铁路方面发动攻势，正如上述的战斗经过。而战区总预备队又过早使用于铁路方面，以致敌军得以沿翁从公路如入无人之境。

由增城向龙门、新丰、翁源等县进犯之敌，通过龙门之北已无公路可通，也无我军正规军队与敌作战，只是地方团队稍为抵抗而已。

第一五四师（师长梁世骥）原属第六十三军战斗序列，最后由清远渡过北江东岸接守滘江北岸以及迤东之线之阵地，此时已是分割使用了。师部驻鸡颈坑，第四六二旅（旅长蒋武）驻上、下岳一带。第四六〇旅（旅长卜汉池）驻滘江口附近。12 月 19 日下午 8 时师部接到第十二集团总部电令说敌军主力集结在太平场、神岗、从化街口、温泉一带，有沿翁从公路向我良口、牛背脊、吕田阵地大举进攻的模样，要该师星夜开往梅坑占领第二线阵地准备作战。所有滘江附近阵地就近交由第一八七师接守，于 20 日交接完毕。

12 月 22 日下午 3 时第一五四师开始行动，除第四六二旅在上、下岳等候全师集中行动外，第四六〇旅经滘江北岸东进，于是夜 6 时到达上、下岳附近。师部和直属连队（包括炮兵连）则由鸡颈坑经罗家营山坳东进，至 23 日下午 2 时才通过这个山坳崎岖之路。

23 日上午 9 时第四六〇旅接到第四六二旅转来前敌总指挥电话命令："第一五四师师长梁世骥迅速率领全师星夜开往梅坑占领第二线阵地，万勿再延"。第四六〇旅接到这个命令，转派传令兵送往罗家营出口处附近交给师部。而师部接到命令就马不停蹄赶上前来，于下午 6 时左右才到上、下岳附近接近本师作战部队。但师部官兵由 22 日至 23 日下午 6 时未经睡眠，已是疲劳到极点了。

24 日固守良口、牛背脊阵地的第一八六师受到优势之敌攻击，不经剧烈战斗，就失掉了阵地，除该师张泽深旅逐次抵抗退至沙田墟，于 26 日下午接第六十二军军长黄涛电话归他指挥外，师部（师长赵一肩）和曾潜英旅向大后方坝子墟（接近江西虔南县边界）溃退。该师原是第六十三军战斗序列，退出阵地之后，应该打个电话向军部报告请示，当时粤北阵地之后纵深地带架设有电话线网，并有许多中继所设立，有通信兵看守。如果没有通信工具，亦可到中继所接线讲话。唯其不是这样做，一直溃退到坝子墟才停止。

同日，第一五四师由上、下岳附近向东行进，于下午 5 时到一个田洞很多村落（忘记地名，约距上、下岳60华里左右）宿营。当时相隔一个大山之东南方面的钟洞地方有我军张泽深旅与敌对战，炮声隆隆，清晰可闻。

25日，第一五四师继续向东行进，在中途看见第一八六师零星部队向北溃退。同日第一五一师受到优势之敌攻击，不经剧烈战斗，丢失了地派、铁扇关门、小杉、吕田地区之阵地。

26日，第一五三师奉第十二集团军总部命令开往梅坑占领第二线阵地，在牛背脊、吕田未被敌军攻破前，已行动在途中。

同日第一五四师继续东进，在中途看见第一五一师零星部队向北溃散，于战事结束后在周陂（在三华之南约三四华里）集合整训。

同日在黄昏前，第一五四师到达遥田墟、沙田墟一带宿营。知道敌之一部约1000多人于本日早晨经沙田墟，在该墟吃完早餐后向上、下河洞去了。

同日下午第一五四师在行军中即将到达遥田墟附近，尚未进入宿营地时，该师接第六十三军张瑞贵军长电话命令（此时电话相通，是由第四六〇旅长卜汉池于中途就有线路临时通电话先行联络），该师归还军的战斗序列使用。敌军已经越过沙田、画眉堂、梅坑之线向上下河洞、蒲昌北进中。该师以一部向上、下河洞，主力向蒲昌附近靠近军部截击沿公路北进之敌。当晚师部亦下达了命令给各旅团（第九二〇团作为一部，向上、下河洞单独行动），准备明晨（27日）拂晓后实行。

27日拂晓后，第一五四师本应实施昨夜下达的命令，准备行动。唯在准备当中，师部忽与三华总部有线电话联络起，奉到总部参谋长张达的电话命令："着该师星夜赶回官渡沿翁江河北岸布防"。梁世骥师长以奉上级命令为重，是否赶到官渡布防不加考虑，也无报告张瑞贵军长知道，即率全师由沙田墟、遥田墟附近向黄牛头墟、青塘方面去了。但在准备出发的时候，适值第一五三师亦以奉命由上四九墟、水头墟开往梅坑占领第二线阵地，中途知道敌军已越过梅坑、画眉堂以上，无法完成任务，乃决心斜出上、下河洞方面拦腰截击北进之敌，在石马附近（接近上、下河洞）与敌军连战三天三夜。当第一五三师与敌军接触时，第一五四师与第一五三师相距甚近，激战枪声清晰可闻。若果实行军部命令于上下河洞、蒲昌附近方面协同第一五三师对敌作战，必可获得很大的战果（战事结束后，以第一五三师全师官兵作战有功，获得上级奖赏国币1万元）。可惜，因执行第十二集团军总部参谋长张达电话命令，失去机会。

27日黄昏前后，第一五四师到达黄牛头墟（约距青塘不到20华里）时，全师已在黄牛头墟附近宿营。第一五一师梁彩林团长在吕田方面战败，率领残余部队后退，于是日下午经黄牛头墟进入青塘时，时近黄昏，见有敌马数百匹，即时缩回黄牛头墟，对第一五四师梁世骥师长说："我到青塘附近亲眼看见敌军数百匹马，料必敌之主力军已到"云。梁世骥师长听到梁彩林团长这一敌情报告后，忘记了赶回官渡布防之任务，采取持重稳健避免牺牲太大，即于当日黄昏后命令全师星夜开动经鱼子湾向西南方向而去。但在向鱼子湾行动前，第四六二旅第九二三团团长曾肇基曾经面向梁世骥报告3次说："本师任务不是向鱼子湾而去，请师长再三考虑。"而梁世骥以决心已经下定，无须考虑，径直开动去了。战事结束后，上级把梁调职。当其离职之前一天曾召集全师连长以上的军官会餐，在会餐开始前曾对部下说："在黄牛头墟那晚决定行动时，曾肇基团长曾经三次入我房间对我说：'师长，本师任务不是向鱼子湾而去，请再三考虑。'我悔不该不听曾肇基之言，以致铸成大错。"言时声泪俱下。

良口、牛背脊之战

26日上午第六十二军接到三华第十二集团军总部一个电报命令，要第六十二军就佛冈阵地北撤回上太、下太东西线一带山地之阵地（因无地图忘记详细地名），即是由鸡颈坑（在北江河边）沿罗家营以北之线一带山地占领阵地，再行抵抗敌人。黄涛军长认为退守阵地，不能解决问题。因此即用有线电话接到三华第十二集团总部找到余汉谋讲话。在讲话当中，当然将前方情况和退守上、下太第二个阵地不能解决问题的理由报告，同时建议两个主张：第一个主张，即是敌军倾巢来攻，广州必定空虚，我率第六十二军直攻广州，这是上策。第二个主张，我率本军由佛冈水头墟附近向牛背脊、良口敌之据点攻击，截断敌之后路，俟攻击奏效后，再向吕田方面席卷而上，对沿翁源从化公路突入梅坑以上敌军后尾部队而攻击之，使敌之后方联络线完全陷于断绝，这是中策。当时余汉谋听了这些主张，一时无法答复，只嘱黄涛暂时保持电话5分钟（此时电话不易通话），俟其与王俊副总司令、张达参谋长商量之后，再作决定。5分钟后余汉谋已作出决定，对黄涛说："进攻广州是攻据点，不容易的事。纵然攻入，亦不易守。不如就近攻击牛背脊、良口敌之后方联络据点较为稳当。就照你（指黄涛）第二个主张行动可也。"余汉谋答复这个决定之后，即偕王俊离开三华去曲江了。黄涛得到余汉谋决定之后，立刻下定决心，策定以下部署开始行动：

一、立即用电话调张泽深旅由沙田墟转回，经潭下向牛背脊前进与第一五七师保持联络，掩护军之左侧。

二、以第一五二师立即开始行动向良口附近之敌攻击前进。

三、以第一五七师立即开始行动经耀洞于明（27）日拂晓向牛背脊之敌攻击而占领之。

四、军部由佛冈石脚下立即行动，今晚到佛冈，明（27）日下午到财福岭（约距牛背脊15华里）。

27日，第六十二军作战经过概述如下：

一、第一五二师于是日拂晓前就在良口流溪河西岸附近一带山地占领制高点瞰制良口，测定距离，用步兵炮、机关枪猛烈射击，已使良口敌人龟缩掩蔽部内不敢活动。

二、第一五七师于是日拂晓前经箭竹附近遇着敌之警戒部队，立即把它扫清，一直尾追攻入了牛背脊敌之据点。敌初尚欲顽强抵抗，经我第一五七师猛攻，敌人伤亡不少，力有不支，纷向吕田和良口两方向而逃。我第一五七师很快就占领了牛背脊，俘虏敌兵2名，山炮2门、汽车数十辆和粮弹不计其数。

三、张泽深旅于是日下午进出牛背脊东北财福岭之东地方（忘记地名），对吕田方面之敌警戒，有与敌人接触胶着该处相对峙，达成掩护军之左侧任务。

28日，第一五七师依然占领牛背脊据点和附近一带山地。第一五二师由良口附近撤回财福岭集中，准备再向吕田方面之敌攻击前进。至与我张泽深旅对峙之敌，已于是日拂晓前向吕田方面退去，我张旅仍然在该处对吕田方面警戒中。同日，前敌总指挥兼第六十五军长缪培南率领第一五八师和第一八七师由滃江附近移到牛屎粪村（在牛背脊西北约距四五十华里）附近一带。黄涛已与缪培南联络起电话，报告了将攻占牛背脊的情况，并接受总指挥的指挥了。此时缪培南以第六十二军已攻占牛背脊，情势大有改变，因而决定集中兵力向青塘北窜之敌采取攻势，决一胜负。这个决定，是由缪培南征求各师长和师长以上的意见，决定改变第六十二军原来的计划。因此第六十二军于是夜把第一五二师、第一五七师和张旅撤回接近牛屎粪村附近准备向青塘前进。

同日，第一五四师在鱼子湾西偏南地方（忘记地名，约距鱼子湾数十华里），适逢前敌总指挥派出与各军师联络的高参张光前（是第十二集团军总部的高参，派在前敌总指挥部服务）于中途，始知前敌总指挥缪培南已由滃江移驻牛屎粪村，集中各军、师部队向敌攻击。第一五四师得到张光前联络之后，就向牛屎粪村方面移动，于 29 日到达牛屎粪村附近。那时第一五四师始知第六十二军攻占牛背脊的胜利消息。

29 日，前敌总指挥在牛屎粪村掌握有第六十五军（两个师）、第六十二军（两个师）又一个旅和第一五四师合共有 5 个师又 1 个旅之众，决定于明（30）日拂晓分 3 个纵队向青塘攻击前进，其部署如下：

（一）以第六十二军（包括张旅）为右纵队在东面的小路北进（现因无地图无法指明路线，只是靠近翁从公路方面）。

（二）以第六十五军（包括总指挥部）为中央纵队在中央路线北进。

（三）以第一五四师为左纵队在左的路线北进。

在 29 日黄昏前，各军、师已接到总指挥的命令准备好了。但军委会由湖南派来广东的援军第五十四军（3 个师）到达何处，总指挥部并无所知。

第五十四军军长陈烈率领该军由湖南乘火车到达曲江之后，步行于 29 日上午在翁源县新江墟附近尖兵连与敌遭遇战，敌军无心恋战，即沿翁从公路向后退却。第五十四军的前卫以本队尚未到达，不加猛追，仅追击至青塘与我军北进部队会合而停止，致敌军从容退去。

第一五三师于27日在石马附近（靠近下河洞）与敌连战三天，伤亡不少，力有不支，乃于第三日（29日）奉第六十三军命令（该师原属第六十三军战斗序列）乘夜脱离敌人，转移于上河洞、蒲昌之间靠近军部（当时军部已离开原驻地移入山地），目的掩护军部归军指挥。于30日晨到岗尾头（接近蒲昌公路边）附近又与敌军遭遇，激战一天一夜。因第四五九旅旅长黄志鸿、营长孟德佳受伤和下级军官与士兵伤亡不少，以致战斗力减弱下来，只在岗尾头一带山地与敌对峙。俟至1940年1月1日拂晓，始知敌军昨夜向南退却，即是向梅坑、牛背脊退去。第一五三师就将部队转移于对南退之敌沿翁从公路而追击之。

我军转入追击

30日前敌总指挥所指挥之部队并不知道敌军的退却，各部队当然依照命令向青塘前进，迄至1月1日各个纵队到达距青塘约20华里地方准备对青塘之敌攻击时，始知敌军早已向梅坑、牛背脊退去。斯时前敌总指挥即命各纵队沿原路向后转，向吕田、牛背脊方面截击南退之敌。

1月2日和3日的情况大概如下：

（一）由银盏坳、源潭进侵清远城、冬瓜铺之敌和由增城进侵龙门、新丰之敌，先后向广州和增城方面退却。

（二）2日下午梧翁从公路之敌，已经退过从化街口以南地区固守神岗、福和墟之线据点。沿铁路南退之敌固守军田附近之线据点。由新丰南退之敌固守增城、中新墟原有据点了。

2日和3日我军各部队先后追至吕田、牛背脊、良口、温泉附近一带，已知敌军固守原有阵线据点，而前敌总指挥即命各部队停止追击，恢复固守我军原有阵地，其部署概述如下：

（一）第六十五军固守源潭至佛冈之线原有阵地。

（二）第六十三军（第一五三师、第一五四师）固守牛背脊、铁扇关门至地派之线原有阵地。

（三）第六十二军在青塘、黄牛头地区为总预备队。

（四）第一五一师在周陂集中整训。

（五）第一八六师张泽深旅调驻鱼子湾休整外，该师师长赵一肩率领残余部队溃退坝子墟附近，在战事结束后被撤职，另由第十二集团军总部委李卓元接充，重新整理。

（六）第五十四军军长陈烈率领该军到达青塘翁源大坑口一带，休息数天后奉命北返湖南省。

综上所述，在银盏坳方面序战开始，第六十二军的第一五二师和第一五七师先后进出该方面与敌对战多日，然后更换第六十五军继续在该方面与敌作战，伤亡不少，依然不能将敌击退。在敌军吸引我兵力于铁路方面之后，即以其主力向我牛背脊、地派方面进攻，而我第一八六师和第一五一师受到优势之敌攻击，不经剧烈战斗，就失去了牛背脊、地派、吕田之阵地。敌军沿翁从公路侵入我纵深地带，直至翁源新江墟和由铁路方面之敌深入到冬瓜铺（在大坑口之南一个站）。由于我第六十二军黄涛军长决心坚定，行动勇敢，采取以攻为守的办法，于27日对敌军后方联络线之据点牛背脊攻击而占领之，使敌之联络线中断，大为震惊。同日，我第一五三师在石马地方截击敌人，对战三天之久，使敌不无顾虑之处。最后由湖南来粤的援军第五十四军于29日赶到翁源县新江墟附近，只是尖兵连的遭遇战，敌军无心恋战，即沿翁从公路向南猛退。此次粤北大战反败为胜的关键，完全由于上面三部分军队和黄涛的决心采取攻势有以致之，并非敌军自动放弃战果而退却。

三、作战检讨

粤北大战转败为胜，但未能尽量发挥作用，将敌歼灭于粤北山地，其主要错误如下：

第一个是过早使用总预备队的过错：上面已经说明，在此从略。

第二个是第一五四师行动迟缓以致失去时机占领梅坑阵地的过错：第一五四师于19日晚8时已接到第十二集团军总部命令星夜开往梅坑占领第二线阵地，为什么迟到22日下午才开动呢，确实莫名其妙。我当时充任该师四六〇旅长，于20日上午8时接到师部参谋处长陈腾辉电话通知准备，才知道师要星夜开往梅坑占领阵地的重要性。当时银盏坳方面发起战事多日，在粤北阵地的部队都做好作战行动的准备，而且广东部队各师都是步兵师，随时可以行动。我接陈腾辉电话通知时，即刻询问本（20）日是否开动，据回答本日不开动了。至是夜7时我再电话询问陈腾辉明（21）日是否开动，据回答明日可能有命令发下。俟至21日夜接到师部的命令着第四六二旅在上、下岳等候集中行动，第四六〇旅于22日下午开动向上、下岳前进，师部于22日下午3时开动经罗家营山坳转向上、下岳前进。我接命令之后，知道罗家营山坳十分崎岖，而且破坏彻底，当即将罗家营山坳不能行军的实情用电话告知陈腾辉转告师长，请由鸡颈坑（师部驻地）经牛皮塘（第四六〇旅部驻地）、滘江口转向东行进，并谓源潭、银盏坳方面现虽有我第六十五军部队与敌作战，但我暂时控制本旅第九一九团于滘江口附近，准备师部通过滘江口之后跟进。这个建议未见采纳，第四六〇旅于22日下午五六时到达上、下岳附近。而师部通过罗家营到达上、下岳已是23日下午6时，迟到两天了。倘若积极争取时间于20日或21日开动，总可于24日在牛背脊、吕田未失之前赶到占领梅坑的阵地达成任务。就算22日开动，如果不经罗家营山坳浪费一天时间，当可提前一天，于25日到达沙田墟宿营。至26日晨敌军千余人经沙田墟时，必遭第一五四师迎头痛击。但终因上述原因，以致失去时机。

第三个是多头指挥。第一五四师在沙田墟、遥田墟附近，已经接受第六十三军的命令，第十二集团军总部参谋长张达如果要该师使用于官渡沿河布防，应该考虑是否能够赶到，并应该通过军部商量才能使用，因为前方情况，军部知道较为确实。倘若该师不抽去而实行了军部的命令，必能协同第一五三师在石马和上、下河洞方面截击敌人取得较大的胜利。

第四个是第一五四师于27日黄昏时到达黄牛头墟得知敌马数百匹在青塘，放弃了攻击敌人侧后弱点的大好机会。第一五四师即是奉命回官渡沿河布防的任务，对青塘敌人不论先头骑兵部队也好，或者敌之主力部队抑或辎重驼马也好，由黄牛头墟向青塘攻击，正是对敌之侧后弱点，为我攻击方面有利的大好机会。并且有一师之众，力量不少，总可独当一面而战。战而胜之，或可解决这场战役；战而不胜，也可达成对官渡布防的任务。因为27日第一五三师已在石马、下河洞附近与敌激战三天，料想进到青塘之敌，必定骑兵部队无疑。如果以一师之众而对付敌骑，易如反掌。唯其不是这样做，竟放弃攻击敌人侧后弱点的大好机会而避入山区，造成这个大错过，深为可惜。

第五个是前敌总指挥缪培南不命令所掌握的部队5个师（第一五三师在岗尾头截击敌人除外）又1个旅就近进出敌之后方联络线据点牛背脊、吕田、梅坑攻击敌人，奏效后席卷而上，而偏命令由小路远去青塘方面扑空，致敌军安然退去。

粤北战役结束后，余汉谋曾大肆渲染，说是大捷。在广州沦陷时余汉谋所受的记过处分被取消了。原属第四战区管辖的广东广西，被划分为四、七两个战区，升余汉谋为第七战区司令长官（仍兼第十二集团军总司令）而拥有了广东地盘，与被调到广西（包括钦廉4县）的第四战区司令长官张发奎相颉颃，但属于第七战区的第三十五集团军总司令邓龙光与张接近，与余貌合神离。省政府主席李汉魂与余不合作。余对省政无权过问，对邓也只好敬而远之，调他在西江至南路一带。这种情况正是蒋介石利用广东人互相牵制的手法造成的。

这次粤北战役，第六十二军军长黄涛以作战有功，受到记大功一次的奖励，该军和第一八六师张泽深旅与第一五三师全体官兵亦各有奖赏。但其他功过赏罚不够严明之处甚多，兹举例证明于后：

（一）第六十三军所属3个师长彭智芳、梁世骥、赵一肩一律撤换，单独军长张瑞贵安然无恙，这已令人莫名其妙。

（二）尤其第一五三师全师官兵作战有功，奖赏该师官兵国币1万元，而该师师长彭智芳个人被撤职，调为第七战区长官部中将参议，而以在石马作战之前逃避大后方的该师副师长欧鸿升充师长，更属离奇至极。

（三）第一八六师长赵一肩在牛背脊失去阵地，直退到坝子墟，被撤去师长调为总部参议，固属应得之罪，从轻处理。但与欧鸿同时逃避大后方，一升一降，两相比较，何止天渊之别，又将如何解释呢。

（四）第一五四师畏敌避战，在广东军界中皆受到谴责，人所共知。唯战事结束后，同时发表该师师长梁世骥调为第六十三军中将副军长，另以第十二集团军总部少将高级参谋张浩东升充。梁以不愿到第六十三军部与张瑞贵为伍，最后由余汉谋以梁仍带副军长之职到第十二集团军总部服务。对梁名虽撤职，实则调升为副军长，更令人莫名其妙。

从上面这些事实来看，国民党军队功过赏罚，多不严明，混乱至极。

回忆粤北第一次战役

李友庄*

抗日战争时期从广东战区来说，第一次粤北战役是规模最大、时间最长、战斗最激烈的一次战役。当时笔者任第十二集团军第六十二军第一五七师第九四〇团团长，曾参加了这场战役。尤其在西线方面（即粤汉铁路方面），攻击伯公坳（大地名青龙岗）；在东线方面（即翁从公路方面），最后攻击牛背脊。这两场战斗，我团均先后担任正面主攻的重要任务。结果前者惨遭失败，后者幸获小胜。本文所述，着重回忆这两场战斗前后的概况，也涉及当时所知的参战部队的一些情况。

战斗前敌我态势

1938年10月，日本侵略军攻陷广州后，广东余汉谋部队退守粤北山地一带，双方休整布防，其间虽有好几次的小接触，但从未有过战略上的交锋。直至1939年12月中旬，敌人才开始第一次大规模的进攻。在此之前，日本南支派遣军第一〇四师团、第五师团、板田旅团等主力集结广州和市郊

* 作者时任第十二集团军第六十二军第一五七师第九四〇团团长。

一带，其外围据点分布在增城福和、从化神岗、花县两龙、军田、三水芦苞之线。

广东部队第十二集团军固守清远源潭、佛冈、从化牛背脊、地派之线。作战方针与战斗序列概略如下：

固守粤北既设防的阵地，继续“挖土抗战”，彻底破坏道路；采取内线作战，部队机动使用，以粉碎敌人进攻。

右地区：第六十二军军长黄涛，辖第一五二师（师长陈章）、第一五七师（师长练惕生）。守备清远、潖江、佛冈至水头之线。

左地区：第六十三军军长张瑞贵，辖第一五三师（师长彭智芳）、第一五四师（师长梁世骥）、第一八六师（师长赵一肩），守备良口、牛背脊、吕田、地派之线。

总预备队：第六十五军军长缪培南，辖第一五八师（师长林廷华）、第一八七师（师长孔可权）。位置于曲江乌石、马坝、翁源、新江一带。

战役开始前夕，广东部队的高级将领不知彼己，只知争揽兵权，互相猜忌，实在贻误戎机。如：1939 年 11 月间，第四战区代司令长官张发奎命令第十二集团军第六十五军开赴兴宁，归第九集团军总司令吴奇伟指挥。第六十五军在出发途中，日军调动频繁，粤北局势紧张起来，第六十五军是粤北总预备队，余汉谋不能不向张发奎交涉，急调第六十五军归制。此事的经过始末，当时军界人士都说，这是“老四军”（笔者注：张发奎、吴奇伟、缪培南都属以张为首的“老四军”，与余汉谋派素极相左）阴谋削弱余汉谋的实力来壮大自己。又 12 月初旬，日军向西江三水方面略作佯攻，第三十五集团军总司令邓龙光（也属老四军派）尚未与敌接触，即向第四战区请求增兵，副司令长官余汉谋（张发奎当时已赴广西）为了缓和两派的暗斗，乃以总预备队第一五八师连夜兼程，向四会西江方面增援，殊不知该师到达四会，西江安靖如常（当时有人说，邓龙光夸大敌情，揾余汉谋的笨）。就在此时，敌人已向粤北大举进攻，第六十二军在银盏坳地区激战多日，颇受损失。迨第一五八师远道归来参战，但以疲惫之师，始胜而后败，可为殷鉴。

作战概况

1939年12月中旬，日军北犯部队沿粤汉铁路先向我右地区攻击，银盏坳第一五二师首当其冲，激战甚烈，相持近旬。该师阵亡营长吴麒以下官兵多人，受伤也不少。第十二集团前敌总指挥缪培南乃命令第一五七师接防，调下第一五二师休整。接着敌人来势更凶，首以飞机大炮轰炸防御工事，继以步兵猛烈的火力进迫，致使第一五七师、第一五八师、第一八七师等部先后在银盏坳、伯公坳、青龙岗、槎岈、源潭等地与敌反复进行争夺战，但这些重要据点，得而复失。经过10余天的激战，第六十二军伤亡最大，奉命调回佛岗上四九墟休整。

与此同时，敌之主力（近卫师团）发动向我左地区良口、牛背脊等地进犯，守军第一八六师稍接触即弃阵溃逃（师长赵一肩率曾潜英旅及师直属队直逃至江西边境坝子墟。但张泽深旅靠拢第六十二军归黄涛军长指挥）。由于良口、牛背脊一失，敌即长驱北进，直捣沙田、枚坑等地，整个粤北部队已形成被敌大包围态势。

另一路敌军由增城向龙门、新丰、翁源进犯。守军第一五三师在上下河洞附近的某地与敌发生遭遇战，旅长黄忠鸿受伤，打了两天，彼此脱离而去。

12月26日，第六十二军军长黄涛向余汉谋请准出击牛背脊、良口之敌，经过27日、28日两昼夜激战，占领了牛背脊，把敌联络线拦腰截断，敌慌乱退窜。29日进抵翁源新江之敌，又遇湖南赶到增援的第五十四军碰头一打，这样敌人的南北两面都出现其始料所不及的挨打局势，不得不分向广州回窜，唯第十二集团军前敌总指挥部昧于情况，未能把握时机挥军跟踪追击，致使敌人安然逸去，至为可惜！

以上是我当时亲知亲闻的一般情况。兹就我团亲历伯公坳、牛背脊两场战斗经过缕述如下：

一、伯公坳之战

12月间，当第一五二师在银盏坳与敌对战时，我团驻清远属汤塘附近（团部在岐🗴龙村）。一天，忽接我旅旅长陈见田电话命令：银盏坳战况吃紧，着我团利用夜行军（防敌机侦察和轰炸）先行出发，到银盏坳附近暂归陈章师长指挥，俟我师到达后归制。我到达联系好之后，驻在东坑、水牛潭。两天后，后续部队（指师、旅、团各部）也陆续到了。此时敌人已进占银盏坳与源潭中间地区的伯公坳、青龙岗等地。旅部还未找好宿营地，即由旅长亲给我来电话说：上级命令我旅迅速夺回伯公坳、青龙岗的阵地，你第九四〇团即向伯公坳之敌攻击而占领之；第九四一团在你团之右攻击青龙岗而占领之。当时我们对敌情、地形、友军状况等均欠明了，即需出发（事后，陈章师长和我私人谈话说，因当时适值陈诚代表蒋介石到曲江视察粤北战况，黄涛军长为了自我逞功，急求表现，故立足未定，马上出击云。此说确否，有待参证）。

我团于当日下午从水牛潭出发，一开始行动，即被敌机数架跟踪侦察、监视，继而沿途受到轰炸，伤亡士兵多名，迟滞了行程。过了水牛潭山坳，敌人的炮火稀疏地开始射击了。我召集所属各营长和有关的连长，面授展开战斗的任务：以第一营在左，第二营在右，为第一线。第三营及团直属队为预备队，归营长陈超明指挥，在中央后跟进。我在第一线后行进，务尽全力，以夺取伯公坳为目标。我同时严肃地对他们说明，上级一定要我们拿下伯公坳，我们立功机会到了！必须有进无退，达成任务。迨黄昏过后，我第一线部队很快进到敌阵前缘，但上大当了！已深入至敌预设的火网之内了。此时双方展开激烈战斗，枪炮声彻夜不停（右邻部队，我旅第九四一团攻击青龙岗，战况同样激烈），上下纵横的电话通讯均已中断，派人联系也不回来。午夜，形成了各自为战的状态。敌武器既较我优越得多，又占领峰峦重叠的有利地形，而我第一线官兵，冒险犯难，不怕牺牲，勇往直前，表现可歌可泣的事迹颇多。如：机枪第二连连长陈剑甫（新会县人）为了掩护部队冲锋，亲自当机枪射手，对敌猛烈扫射，身受重伤，不肯后退一步，直至流尽最后一滴血，光荣牺牲。一位班长（姓名忘了）踏着血迹跑上去说："我要为连长报仇！"话音刚落，又中弹阵亡了。接着再上来接机枪手的都先后遭到同样的命运，最后这一班人中只剩一人生还。足见当时战况的激烈以及我们士气的旺盛。

次日凌晨两三点钟，枪炮声忽然停下来了。但前方情况如何，无从获悉。此时我心中无数，只好带着预备队逐步推进，期与第一线取得联系，作最后的决战。那时天黑伸手不见掌。我跟着特务连的先头排行进，行抵一个山冈底下的小村庄，先头排排长回报，前面山上人声嘈杂，地下有电话线，究是敌人还是自己人？不清楚。我着速即再探，瞬间敌炮向我轰击，继而机步枪也从前方和左右两侧山岗向我射来，我队伍一时惊慌走避，状甚狼狈！我判断敌人断不敢黑夜出击，乃立即命令队伍就地潜伏，严阵以待。并考虑到如孤注一掷，盲目往前冲去，在三面受敌之下，势必全部覆灭（因无后援）。我决心乘拂晓前向右后转进数里，占领阵地，收容第一线残余官兵。结果收容到第一、二两营官兵约百余人。据回来的官兵称敌人炮火太厉害，我们亏在没有重炮，第一营长连士英、营附倪伟英都是中炮弹阵亡的。第二营长郭惠良几乎中炮弹，去向不明（经 10 多天后他回佛冈归队，因军长黄涛庇护他，致未受罪）。是役该两营的人员武器，损失了约四分之三，当时自己不禁流下热泪！方寸已乱，徘徊不知所向。适旅长陈见田前来视察，他着我将队伍撤至右后某村集结待命。回来后，我寝食不安！深感官兵牺牲如此之大，是前所未有的，对上对下都很难交代！再三思之，因而亲拟电文向师长练惕生、军长黄涛请罪，大意是说：伯公坳之役，我团既未达成任务，且损失奇重，我指挥无方，恳请严加惩处。

过两天，我团奉命开回佛冈附近集中（此时全军奉令休整，已集中于佛冈上四九墟等处）。军长黄涛召见我，想不到还对我慰勉有加，并说：“大仗快要来了，须好好准备，你团还有把握再打吗？”我说：“我团虽然跌了一大跤，但大家有一股报仇雪耻的雄心，军长可以放心把我团放到任何艰苦的地方上去。”谈至此，我遂返团里做好一切准备，迎接新的战斗任务。

二、牛背脊之战

牛背脊位于从化县城之北约 40 公里，是翁从公路线上的一个圩镇。山地连绵，峰峦重叠，流溪河环绕于东南北三面，当中有个村名叫军营村，可知历来是军事上一个要隘（解放后此地已建设为流溪河大型水电站，乡民迁居，地形大变）。我军自广州失陷，退守粤北防线，牛背脊也被划为主阵地。但在12月下旬，负责固守该地的第一八六师遭到优势之敌进攻（此时北犯之敌为主力军近卫师团），稍接触即轻易放弃牛背脊，向北远逃，致使敌人如入无人之境，直追沙田、梅坑等处，对粤北部队形成大包围之势。此时，余汉谋电令正由铁路方面回到佛冈，集结休整的第六十二军，放弃佛冈撤至上太、下太东西线一带山地（具体地名忘了），占领阵地防守拒敌。黄涛军长不同意这样行动，向余汉谋建议：一、敌倾巢来犯，要我曲江，我率第六十二军要广州，这是上策；二、我率第六十二军即向牛背脊、良口拦腰截击敌之后路，得手后转而尾击北上之敌，使敌首尾难顾，以攻为守，这是中策。最后余汉谋答复黄涛以远攻广州不易，着采取第二个办法，马上打牛背脊、良口把敌拦腰截成两段，造成敌的交通联络与补给运输均受阻绝，以期扭转战局。黄涛遵照这个指示布置行动：以第一五二师向良口之敌攻击前进；第一五七师于12月26日由佛冈出发，翌日拂晓向牛背脊之敌攻击而占领之。下面就谈我团进击牛背脊的经过。

如上所述，我团是在攻打伯公坳惨败之余，接受这次新的进攻任务的。此时全团人枪只有600余（5个步兵连，1个重机枪连，1个迫击炮连，1个特务连）。正在出发途次耀洞的地方，忽接师部转来余汉谋总司令的代电：“一五七师四七一旅旅长陈见田调该师副师长，遗缺由该旅九四〇团李友庄为代理旅长。”此时我团正在担任前卫团的任务，就要接触开火，紧急发出这个命令，不过是对我的一种笼络手段。因此，我淡然处之，以待后办，暂且不谈。

12月26日晚上，我第一五七师部署向牛背脊之敌攻击，第四六九旅为右纵队，第四七一旅为左纵队（主攻点在左），利用夜行军，务于明（27）日拂晓前开始向牛背脊攻击。我团为第四七一旅的前卫，以第三营（营长陈超明）为前锋，经耀洞、箭竹向牛背脊搜索前进。27日约3时左右，我先头部队搜索至箭竹山坳（距离牛背脊约20多里），遭敌前哨部队猛烈射击，战约

20 分钟，敌向牛背脊退走，我部一直跟踪追击。天刚亮，我们占领了在牛背脊之北约数里的牛屎坳，一部进出白鹅潭村，这样就进入了攻击准备位置。

27 日上午 6 时，我部署迫击炮、重机关枪，集中火力掩护第三营攻击前进。同时派特务连的一排迅速抢占牛背脊西北端一个最高峰——尖峰山，警戒和掩护我左侧的安全（下面另述该排的战况与结果）。原来驻扎在牛背脊街内的是敌的后勤兵站和仓库，其东西北三面的高地都有敌的据点，工事坚固。每个据点的敌兵，虽不过一百数十名，但有犀利的枪炮。双方激战至下午 1 时，我九连勇敢的排长胡邦雄、班长张三首先带队冲入牛背脊圩，后续部队也跟着冲锋前进。我团一面切实占领圩内各要点，一面派第一营代营长刘振率兵两连（由第一、二营伯公坳残部合编为两连），专攻牛背脊西端山岗之敌。此时敌我成了胶着状态，第三营掳获了十几担猪肉和一些罐头食品回来，余无所得，是夜双方打打停停、停停打打。我方伤亡官兵约 200 名（第三营营长陈超明当时也被其部下误作阵亡上报，其实这个无耻之徒贪生怕死，在战乱中乘隙远逃，半年后被证实在湖南）。毙敌亦不少，烧毁敌满载辎重的运输车 10 余辆。

现在谈特务连派占尖峰山制高点的一排的情况（当年勇敢机智的排长何铁南，年仅 20 多岁，罗定县人，现尚健在，本文他也提供亲身经历）：下午 4 时该排奉到命令马上出发，从捷径快跑了两个多钟头，登占了这个高山。当晚敌人将附近四山草木全部烧光，该排士兵利用石岩躲避，未遭烧死。是晨敌人以为尖峰山的我军官兵不存在了，敌官兵 10 多人带着军犬，大摇大摆地爬到近防界线上，该排长亲当轻机射手向敌猛烈扫射，毙敌 5 名，其余都压了下去。第二拨的敌人二三十个，又继续来攻，该排又以集中猛烈的火力把敌人压得不能抬头。有几个敌人拼命仰攀着，给我们的手榴弹收拾了。后来成百敌人出现在对面山头以钢炮机枪密集向我射击，掩护一部分敌人再来强攻，我伤亡甚大，该排于是转移左侧山头再战，坚持了两昼夜（饿了一天），牵制和拖住了敌人，使我容易攻克牛背脊。结果该排士兵 39 人壮烈牺牲，排长只带着 7 人生还。真是英勇可嘉，可歌可泣！

回过头来谈，27 日午夜 12 时，旅部派参谋陈定海找到我，说：“旅长指示，叫你从速增派队伍将牛背脊东西两侧山头的敌人彻底消灭。”我说：“我手上已无部队可派，九四一团还留在后头做什么？此时不使用，等到敌人援兵来时更麻烦了。”陈参谋回去向旅长汇报，旅长决定先派第九四一团的一个营，过流溪河，增加我团右翼助战。此时敌约二三百人仍困守两个山头据点。迨 28 日拂晓，第九四一团全部到了牛背脊。同时，敌以飞机掩护，分向吕田、良口退却。28 日 10 时我团遵照旅部命令，将牛背脊防务移交第九四一团后，即集中于白鹅潭村休整待命。是夜 12 时，忽接上级命令：第六十二军全部向牛屎坳方向转移，准备向青塘之敌攻击前进（此是前敌总指挥缪培南集中各军兵力总攻青塘的新部署）。而牛背脊之战就从此结束（右纵队第四六九旅仅到达离牛背脊约 15 华里的鲜水坑即停止前进）。可是，我们连夜兼程也未追上青塘之敌，而敌人已安全向梅坑、吕田方向南逃，我军白白送行而已。接着各回原防，就这样结束了第一次粤北战役（只知第九三八团虏获山炮 1 门）。

战后其他情况

1. 1940 年 1 月中旬，我团奉命回到佛冈县前所村驻扎，从事休整补训。春节前夕，领到上级的犒赏费官兵每人 2 元（总部 1 元，军、师部各 5 角）。我团共领到此项犒赏款 1200 多元，可知战后全团人数只剩下 600 多名；记得战前全团出发人数是 1800 多人，足见两场战斗损失官兵人数在三分之二左右。据战后清理战场掩埋遗尸的估计，大部分是阵亡，少数是逃散失踪的。

2. 春节过后几天，军部一位参谋（姓梁的同乡好友）电话密告我，总部来了通令，真想不到你也被撤职了！准备好交代算了。几天之后，师部派参谋处长陈英杰带着通令和接替我团长职务的黄熊川（黄涛军长的胞弟）到来，集合全团官兵举行布达式，原来通令给我的罪名是“临阵畏葸应予撤职”。但陈处长当众传达时忌讳这句话，只说：“奉总司令命令，李

××另调别职，遗缺由黄××接替……”可知我的受罪罢官，不过是“莫须有”三个字而已！因此，我悻悻而去，回到家乡，惴惴不安，乃写信向余汉谋申诉，大意是说：“伯公坳的惨败，上级事前计划不周，急急要我打盲仗，战斗失利又无支援，结果罪责归我一人，其何以服众？牛背脊之战，我率残余官兵不过数百，一举而先攻入牛背脊，纵不言功，何罪之有？很明显，第六十二军要清一色的客家派，安插自家人。……乞有以明察。”未几，接余汉谋来电：着我到曲江见他，另有任用等语。这是我始料所不及的。迨抵曲江见余后，他开口就说：“你很少受过挫折。你的事，我明白了！不必再谈了！你暂在绥署当上校参议，俟部队有相当缺出，优先派用……”未几，调充第二十三补训处副处长。越数月，又调充第一五二师的团长。这些问题反映了国民党的部队派系互相倾轧，功过赏罚不明的现象。

3. 在我未被撤职前某日，第一五七师部召开作战检讨会时，我的发言揭露上级的缺点颇多：如说伯公坳的惨败，败于“盲打无援”四字。上级无周到计划、只图幸胜。不灵活使用兵力，坐使前线进退两难，师旅部指挥位置距离太远，移动也不通知，开火后几乎完全失却联络、补给等等，希望今后纠正。但忠言逆耳，师长练惕生对此极为不满。我被撤职命令发出后第二天，师部军械处长谢松龄对我说：“你素有涵养，为什么这次检讨会发言火气那么大，没有含蓄。老练（指师长练惕生）在会后拍案大骂你骄横，我们就知事不妙，你今天受屈，祸从口出啊！”这是客观对我的看法。

4. 第十二集团军对此次参战人员功过不分、赏罚不明的其他现象有如下述：

①第六十二军第一五二师先后在银盏坳、良口之战，都打得不错。但军长黄涛对总部给第六十二军的犒赏费不发给第一五二师，说该师主力未渡过良口河，第一五二师师长陈章不服（说良口之敌已退，该师完成了任务），向余汉谋申诉，并请将第一五二师调离第六十二军。得余批准，犒赏费照发，并将该师拨归第六十三军，事始寝息。

②第六十三军的 3 个师长彭智芳、梁世骥、赵一肩均予撤调，唯该军军长张瑞贵的宝座安然，且能保升其自己的亲信欧鸿（原第一五三师副师长，该师在上、下河洞附近遇敌作战之前，他就远逃后方了）接替第一五三师师长。此事殊令人不解。

③第一八六师师长赵一肩，轻易丢失牛背脊，退缩至接近江西边境。只是原级调总部参议了事。

粤北之战时的第一五四师政工总队

李　门*

抗战时期，由于国共两党合作，推动了国民党部队中的文化艺术活动，为抗战获得胜利做出一定的贡献。中共广东省委得到中央同意，在广州撤退时，派了爱国青年 800 人（很多是广东抗先队员，其中有党员 120 人），参加了国民党部队中以余汉谋为首的地方实力派的第十二集团军，组成了政工总队，在该集团军展开新型的政治工作，提高士兵素质，以利于坚持抗战。在这近千人的庞大队伍中，有"锋社""艺协""兰白"三大剧社的成员，这三大剧社原来都是隶属于广东省民众动员委员会的战时工作队，锋社、艺协早就接受了中共的直接领导，兰白则在战地和艺协合作，在党的统一战线方针指导下开展工作。

我就是锋社的成员。锋社原在四会县一带流动，得到中共西江特委的指示，接受了第一五四师政工人员黄谷柳通过动委会的邀请，参加了该师的工作，归属师政工总队。

第一五四师的政工队最多，除了后来派去的香泉水结业的同志外，还有专做民运工作的徐清源队。此外，该师第九二二团有文化人于逢、易巩、陈

* 作者时为第十二集团军第六十三军第一五四师政工总队"锋社"成员。

炳熙、钟美等，政训室主任是黄谷柳，可说是人才济济，力量雄厚。团长吴履逊曾留学日本，与日共有往来，还娶了一位贤淑的日本夫人。返国后，在第十九路军任职，1932 年一·二八淞沪战役时，守在闸北的第十九路军，就是由吴履逊团长向日军打出第一发炮弹。他是一个开明的爱国将领，对政工队员很和气，一点官架子都没有。

锋社同志在第一五四师分开 3 个点开展工作：一部分在师部，由梁绮(我队地下党负责人)率领；一部分在第九二〇团，一部分在第九一九团。第九二〇团长何宝松，是一个思想进步的军人，和我们很要好。为了整饬军纪，他曾经公开讲话，号召学习《反对自由主义》，这让我们觉得很惊奇，对他特别信赖。我被派到第九一九团，团长工作方法简单化，带有军阀作风，当时士兵营养不好，多患夜盲，而且出现逃兵现象。那位团长就集合全团，不问情由，下令枪毙逃兵。我们觉得不是味儿，向梁绮反映，梁绮向师部提出废除肉刑体罚及改善士兵伙食的建议，好些意见都被师长采纳了。

政工总队的同志(包括各个政工队)都在中共地下党的领导下进行工作，他们和国民党同人合作得很好。我们的工作是协助政训室对士兵上政治课，讲授日本侵华史，教士兵唱救亡歌曲，上识字课等。此外，就是组织军民合作站(防止日军进犯，还要破坏公路)，举办民众夜校，建立战时伤兵转运站。三大剧社的同志更多的是从事戏剧工作，以振奋士气，鼓舞抗战热忱。

在文化艺术活动方面，值得一提的就是我们编了不少油印小报。黄谷柳编过《耕耘》，后来调到第六十三军军部时又编印了《小壁报》。《小壁报》的内容颇丰富，有粤曲说唱，有时事述评，有战地专访……我曾应黄谷柳之约，用故事形式写过反法西斯时事连载，并加上插图，颇受读者欢迎。这份小报，编者意思是供给各师、团张贴和选稿翻印，以解决下面组稿困难的。我们还编过《前线艺术》《轻骑队》(何芷主编)。我在第六十三军大刀队工作过，曾在《轻骑队》发过一篇专访，内容是反映大刀队队员在一次出击中壮烈牺牲的情况。这种大刀队有点义和团的遗风，他们崇尚“神打”，自称刀枪不入，其实用肉体和敌人的枪炮对峙，本身自然吃亏，因此难免有所牺牲。但他们的爱国精神是令人钦佩的。后来这种大刀队被逐渐改造过来，迷信色彩减少了。至 1944 年末，我们进入东江纵队时，有的还是靠大刀队秘密护送的。他们中有中共地下党员，曾替东江纵队暗自输送弹药，做了不少好事。总之，当年的工作和斗争情景，是很复杂和富有浪漫主义色彩的。

话又说回来，当年第十二集团军刊行的油印小报很多，各个政工队还张贴了《墙头大家唱》，使士兵们能够抄下来学唱。美术家刘仑是第一五四师的，他创作了很多有名的木刻，还在墟镇绘了不少壁画，我们帮他涂色，宣传效果很好。政工队员们也参与对日的军事斗争。我们到了第一五四师不久，就发生了日军进犯从化街口之役，我军英勇迎击，互有伤亡。我们在米埗设了伤兵转运站，李昭在那里工作，她年纪还小，工作很重，但她毕竟在艰苦的工作上顶过来了。她面对士兵们的伤亡，对日军的侵犯十分愤慨，写了散文《英灵的祭品》，发表在《耕耘》上，这篇短文可以说是用血和泪写成的。

当第一五四师全面出击的时候，我们都上了前线。行军紧张，伙食又差。怕暴露目标，晚上不敢举火，吃饭时只趁天空闪电，夹一箸干芋茎丝。歌唱小演员李惠莲 11 岁就随军，也背着行军包袱跟我们一道走，一起过着战斗的生活。她后来就读福建音专，继而在苏南工作，解放后在解放军艺术学院任教，可惜多年前因病逝世了。

这里着重谈一谈粤北两次大捷时有关的文艺活动。

1939 年年底第一次粤北战役前，我队由第一五四师政治部主任李育培（现年 80 岁，侨居美国）率领，黄谷柳同行，到各地巡回演出。途中，得知日军从广州来犯，拟进攻曲江。我们离开部队，只有李育培、黄谷柳及他们的勤务兵带有短枪，敌情又不清楚，一时颇为狼狈。我们硬着头皮，在转进方向强行军。李和黄身为正副领队，表现镇定，带着武器率先前行，沿途打听消息。那时公路已经破坏，一坑一洼，一上一下，煞是难走。全队同志不分昼夜，快速前进。有一个晚上，天黑如墨，听见前头有马嘶之声，夹杂一些火光，好像敌人已经迂回先到了。我们屏息静听，仔细思量，猜测是否有变。领队和我们商量了一下，认为未必是敌人窜到，仍然沉默地向前探索，待行近时，才晓得是老百姓乘夜收拾东西，我们才把心放下来。第二天一早又继续行军，沿途看见散散落落的士兵和群众，他们可能是在战场上打散了撤下来的。走了不少时候，天渐渐黑了，突然看到一个戴着钢盔的我军士兵在路旁持枪放哨，神态很是严肃。至此，我们松了一口气，知道到了安全地带，于是在一间小店投宿，睡前还美美地吃了一顿炒斋粉。

当我们进入江西境内的时候，适逢1939年的除夕，我们召开晚会，声援粤北抗敌，并迎接新年。在晚会进行当中，黄谷柳兴奋地宣读一份电报，说是粤北之役，我军获得了大胜利！这消息的确来得突然，不管怎样，大家的高兴是不言而喻的。原来这次来犯的有日本南支派遣军第三师团、第五师团、第一〇四师团和海军陆战队坂田旅团，兵力可真不少。第十二集团军急速应战，所辖第六十二、六十三、六十五军和独九旅、独二十旅都在不同位置出动了，当然隶属第六十三军的我一五四师也提枪上阵，后来从湖南还来了援军，我方兵力也是相当强大的。战斗不断发生，敌人很快深入，但估计不到四处都有我军，甚至敌后还有我方的部队，日寇开始动摇了。决战的一天正是12月31日：敌主力向良口、牛背脊（第一五四师师部原驻地）攻击，遭我还击，在丹竹坑展开了激烈的战斗。政工总队的同志表现很好，特别是共产党员，他们和官兵们共同奋战，有的充当传令兵和进行宣传鼓动工作，起了激励士气的巨大作用。各条战线都打开了，湖南增援部队到了翁源新江狙击顽敌，第一五七师攻占了牛背脊，截断了敌人。敌人想不到遇到这样多方面的抵抗，于是败下阵来，我军用枪声代替爆竹，歼灭了大量敌人，取得了最后的胜利，迎接1940年的元旦。在祝捷和迎新晚会上，我们朗诵，我们歌唱，感谢浴血抗敌的官兵。翌日，全队就回师牛背脊，接受新的任务了。

到原驻地后，我们分组出发到良口、牛背脊等地打扫战场，主要是掩埋尸体。我分配在牛背脊小组，那里的伏尸真多呀，身首异处，断臂残肢，满地皆是，臭气熏天。在数不尽的伏尸中，我们发现日本人的尸体极少，大多数是日军拉来替他们运输的民夫。在撤退时，他们竟尽数把民夫枪杀了，以免妨碍他们退走。看，这就是日寇的残暴行径！至于被打死的日军，他们能运走的就运走，不能运走的就地焚化，用这个方法来“抚慰军心”。

在牛背脊的小山岗上，当局为牺牲的我军将士竖立了纪念碑，我们参加了纪念碑的祭奠典礼。我队还集体创作了多幕剧《北粤丰碑》（何芷执笔），为粤北之战记下重要的一页。该剧描写军民合作、战胜日寇的故事：一个营长牺牲了，他的妻子在纪念大会上登台控诉敌人暴行，发誓要为丈夫及死难同胞复仇。我饰演营长，老庄饰演营长妻，台上台下，群情激愤，演出效果很好，师长梁世骥也深为赞许。

1940 年 2 月，我队赴曲江（广东省战时省会）参加第十二集团军举办的粤北大捷展览会，第十二集团军政治特派员室政治大队（即艺协、兰白）也来到了。我们分别在中山公园演出。他们演出了《胜利大反攻》和以反汉奸为主题的《陈列室》；我队则演出了从章泯、尤兢等的长剧《我们的故乡》改编的《五羊城》，演出效果不错。2 月 28 日，召开了全省戏剧工作者座谈会，讨论当前广东剧运问题，并寻求推进抗战戏剧的方法。锋社、艺协、兰白以及在省会（曲江）的剧人聚会，十分高兴，这是广州撤退以后剧人们的第一次盛会。不久，我队就调到第六十三军军部，成为军部的艺术宣传团体，称第六十三军政工队。军政治部主任是李育培，宣传科长是黄谷柳。我队队长是李悲而，队附萧芳，地下党负责人是何澄宇。

第二次粤北之战发生在 1940 年五六月间，敌人又扑良口，妄图陷我曲江，打通粤汉线。敌第三十八师团等从广州从化线进犯。6 月 2 日的战斗打响了，第一五四师投入战斗，战斗相当激烈。敌人受不住我军各方面的夹击，从吕田、牛背脊溃退下来，在鸡笼岗附近展开了一场血的争夺战。大约 700 多日军步骑，要占领猪牯岭，掩护退却部队。守住猪牯岭的我军不足 100 人，兵器又不占优势，但凭借高地和杀敌精神，却使敌人无法攻上，不可一世的敌第三十八师团终于狼狈奔逃，其他战线日军也相继崩溃，他们的阴谋又一次宣告破产。

第二次粤北战役告捷后，第十二集团军政治特派员李煦寰亲自率领特派员室政治大队到第六十三军来慰问。前来慰问的还有文化界知名人士黄药眠、杨晦、钟敬文、梁永泰等，真是盛情可感。两支演剧队伍开了一个联欢座谈会，由我主持，李煦寰也参加了。这次政治大队没有演戏，他们向李煦寰建议，要改组为艺术宣传大队。政治大队回曲江后，陈卓猷、阮琪、乔毅等提出成立艺大的方案，得到批准，以陈卓猷为队长，卓文彬为队副；地下党支书是阮琪，支委蔡碧青和游波。蔡碧青是一个优秀的青年戏剧工作者，他是广东省文化界抗敌协会的发起人之一，为人忠耿勤恳，堪称青年剧人的表率，可惜因病缺药，不幸在战地早逝。后来我在曲江广东剧协工作时，在《建国日报》上发表了一篇悼念他的文章。

第六十三军政工队住在新丰小溪，经常到各师、团巡回演出。在军部，和各师的政工总队建立了通讯网，互相沟通信息，交流工作经验。在小溪办了民众乐园，并经常为老百姓举办民众夜校。第十二集团军艺术宣传大队成立后也经常到下面巡回演出，他们的活动范围更大了。

经过粤北二次大捷，我们创作了大合唱《良口烽烟曲》，由何芷（荷子）写词，黄友棣作曲。歌词描写两次粤北战斗，感情昂扬激越，内容丰富，全曲有开场曲和 7 个乐章，即《良口颂》《魔爪揉碎了村庄的和平》《破路歌》《粤北的铜锣响了》《石榴花顶上的石榴花》《血战鸡笼岗》《怒吼吧珠江》。歌曲的高潮在《血战鸡笼岗》，人马声，枪炮声，血和火的迸发，动人肺腑，震人心灵，确是一曲感人的战斗之歌！

第二次粤北战役后，我队在良口、鸡笼岗前线巡回演出，反映很好。第七战区政治大队成立后，我队曾赴桂林访问，演唱了《良口烽烟曲》，广西元老、国民党左派、广西参议长李任仁先生出席了演唱会，对我们鼓励很大。后来由广东省艺专把《良口烽烟曲》编辑成小册子，第六十三军政治部刊出，发了单行本，封面有刘仑的木刻，李育培为这本书写序，对何芷的词作了热情的评价。至今中山图书馆还有保存。

关于在国民党部队中的戏剧活动，我曾在 1942 年三卷六期的《新建设》杂志上发表过一篇题为《三年来广东军队戏剧的检阅》的文章，论述这方面工作的得失。应该说，从 1939 年到 1941 年这段时间里，广东国民党部队的演剧活动是相当蓬勃的。不止三大剧社的同人投入这个工作，政工总队下面的同志，也在各师部组成了规模不同的各种艺宣队，在各团也较经常地上演各种抗战剧目。著名的剧目有《凤凰城》《麒麟寨》《冲出重围》《国家至上》

《魔窟》《歼灭》《飞将军》《放下你的鞭子》《张家店》《最后一计》《三江好》和自己创作的《李连长》(作者黄谷柳)。歌咏方面，演唱最多的是《义勇军进行曲》《全国总动员》《太行山上》《大刀进行曲》《救国军歌》《救亡进行曲》《团结起来》《打走日本鬼》等。我队还由叶林指挥演出过《黄河大合唱》，官兵们都为激昂的歌声和合唱队的整齐与严肃阵容所感动。我们还从广东省艺专著名舞蹈家吴晓邦那里学来了一些舞蹈节目，公演时也受到士兵们的欢迎；第十二集团军艺术宣传大队在陈卓猷指导下，开始作史坦尼斯拉夫斯基演剧体系的研究，他们的表演艺术不断有所提高。这些情况都说明我地下党领导的正确和国民党军官的热心合作、竭诚襄助，使部队文艺活动出现一种喜人的景象。我在《新建设》上的文章于回顾三年来的活动时，指出自从战时工作队同人入伍后，艺术工作虽有成绩，但主观力量还薄弱，加以工作分散，任务繁多，戏剧演出只是零敲碎打，各团队联系不够，缺少计划，有点各自为政的现象。这个时候，广东戏剧协会没有起过什么作用，这是第一时期。

从 1940 年 2 月起，在省会（曲江）由广东剧协召开了全省戏剧工作者座谈会，一面肯定成绩，一面检讨缺点，使各团队靠得较紧，工作显得较有起色。而能收到切实效果的，则以第十二集团军艺术宣传大队出发各部队从事士兵戏剧组训工作，出版《士兵戏剧通讯》；第六十三军政工队抽调各团政工队的文艺骨干举办轮回艺训班及在士兵群中举行实验演出(包括士兵剧、农民剧、工人剧、小市民剧等)，对广大士兵的欣赏口味进行研究为发端。这可以列入第二时期。

第三时期不足一年，以各部队的弟兄演剧队的建立为标志。我们以为真正士兵剧运的形成，应是戏剧放在士兵群的掌握之中。这个工作才刚刚开始，可痛惜的是 1941 年皖南事变，政治形势逆转，我们这种憧憬就被彻底打碎了，弟兄演剧队就逐步彻底消亡了。

皖南事变后，我队和第十二集团军艺术宣传大队同时被调回曲江，不许再在前线活动。我们组成了第七战区政治大队(简称“七政大”，后称艺宣大队)，灵活运用策略，争取第七战区政治部内开明人士的支持，专门从事戏剧演出，这倒给了我们一个提高艺术的学习机会。这时候，有些同志不能不离开，我和第十二集团军艺术宣传大队的游波却奉命和两个原艺术团队的大部分同志坚持下来，我和游波负责地下党的工作。这个时期，我们演出了《忠王李秀成》《天国春秋》《蜕变》《虎符》《大明英烈传》《草木皆兵》《朱门怨》《金玉满堂》《祖国在呼唤》等名剧，为坚持抗战发出了有力的呼声。我们赴桂林时，曾向广西艺术馆学习，除了观摩欧阳予倩先生排练《忠王李秀成》外，还邀请了田汉、欧阳予倩两位前辈为我们讲授了关于抗战戏剧的前途等问题，这对处在沉闷空气中的我们是一个极大的鼓舞。

由于剧团的集中，广东剧协恢复了活跃的姿态，赵如琳是常务委员理事，我是剧团联席会议秘书。抗敌演剧七队也是穿军装的，他们和“七政大”同住墨江会馆，彼此往来密切，互相帮助，相濡以沫，艺术上也互相借鉴，是一对难兄难弟。两个团队都是广东剧协的骨干，在复杂的环境中，对于团结广大戏剧工作者，开展统战工作，坚持抗日斗争，推进广东剧协活动做了好些工作。中国剧协为了保障编剧者的生活和权益，曾倡议剧团要执行剧本上演税制度，广东剧协积极响应，“七政大”率先躬行。统战工作方面，广东剧协几次举办戏剧节，剧人的情绪很高涨。

最后一件大事是从 1944 年 2 月起，想方设法组织了有抗敌演剧七队、“七政大”、省艺专实验剧团、中山大学剧团、中国艺联剧团参加的在桂林举行的西南戏剧展览及西南戏剧工作者大会。大会还有戏剧资料展览，各团队都送了有关资料参加。记得由“七政大”送出的资料，说明这个由锋社、艺协、兰白组成的团体从广州失陷后转入农村和军队进行宣传抗战，共演过多幕剧 175 场，独幕剧 504 场，方式灵活多样，为抗战流出了辛勤的汗水。

西南剧展后，“七政大”大部分同志在党的号召下，转入东江纵队，继续为高举抗战戏剧的旗帜而斗争！

包头战役

忆包头抗日战役

董其武*

傅作义将军是驰名中外的抗日名将。绥西三战役是傅部抗战中较著名的三次战役，即：1939 年 12 月中旬至翌年 1 月的包头战役；1940 年 1 月下旬至 2 月的绥西战役；同年 3 月至 4 月的五原战役。其时我任第三十五军第一〇一师师长，这里回忆的是首次战役即包头战役。

一

包头战役的胜利，是傅作义将军详细研究当时国内外形势、敌我情况，运用适当的战略战术取得的，是“未战而庙算，先胜”，“先胜而后求战”，运筹于帷幄，制敌于先机的胜利。

当时世界形势：1939 年 9 月初，德军侵入波兰，英法对德宣战，第二次世界大战全面爆发；美国宣布对欧战保持“中立”，暗中则伙同英国欲搞“东方慕尼黑”，以牺牲中国对日本妥协。而日本阿部内阁也宣布“日本帝国致力‘中国事变’的解决，而不介入欧战”。

---

* 作者时任第三十五军第一〇一师师长。

敌我间形势：一、经过两年多的战争，欧战又起，敌已感兵力不足。在华中进犯长沙，华南占领南宁，在战争全局开始形成战略相持的局面。敌人企图暂时执行保点守线，搜刮物资，以战养战的策略；二、敌人两年来侵略的矛头所指，自以为是，所向无敌，渐起了骄傲轻敌情绪，以为我们无力也不敢对他们反击；三、由于日本对美、英欲搞“东方慕尼黑”存有幻想，国内又引起南进北进的争吵，对侵略中国的战略策略一时有些犹豫莫定；四、更为重要的是，我八路军于1938年冬在大青山建立起抗日根据地；9月间在晋冀边区灵寿、阜平一带围歼敌第八混成旅团水原（少将）部后，接着在晋察冀抗日根据地又粉碎敌人的“北岳区大扫荡”，击溃敌独立混成第二旅团与第一一〇师团各一部，伪蒙疆区驻屯军司令官兼独立混成第二旅团长阿部规秀中将亦被击毙，迫使敌在华北各线据点采取保守之势，一时不敢有所行动；五、绥西当面之敌，以小岛吉藏中将为首的骑兵集团司令部驻包头，所属有独立第二混成旅团迁村部和骑炮步联队熊川长致部等。另有驻萨拉齐县的片桐茂骑兵第一旅团，驻固阳的小原一明骑兵第十三联队和驻安北的小林一男骑兵第十四联队。此外还有驻乌拉山前后的伪蒙军约5个师。从外表上看，敌人可谓大军压境，咄咄逼人，但实际上他们的士兵不知为何打仗、为谁打仗，潜伏着厌战的暗流；敌军官则骄傲狂妄，认为我无力攻击他们，另一面为了保点守线，又不敢轻举妄动。

傅作义将军一刻也没忘记把握时机，主动杀敌。我们听到他常说的一句平凡而力重万钧的话是：“我只有一个心眼，就是打日本！”傅将军积其多年抗日斗争的丰富经验，形成抗击日本的指导思想：一、在一定条件下，可以把战略防御转变为战役战术的进攻；二、在一定条件下，可以把整个战线的内线作战变为一个地区、一个局部的外线作战；三、避免阵地战，运用运动战，机动灵活，在敌人运动中狙击歼敌；四、对敌之据点，以强袭之准备，作奇袭之行动，袭入据点，予以歼灭性打击。根据他对形势的分析判断，得出的结论是：寻求适当的时间地点，采取适合的战略战术，主动攻击敌人，歼灭敌人的一部或数部，给敌以重大打击，不仅是必要的，而且是可能的。

对于傅将军善于充分发挥主观能动性、时刻注意加强自己的战斗力，不失时机地打击敌人的指导思想，我深有体会。

1939年初，傅将军率部由山西回到绥西河套地区，在五原成立第八战区副司令长官部后，便立刻整顿军队，将第三十五军补充为3个师，自兼军长。3个师为第一〇一师（我任师长），辖三〇一团（团长王建业）、三〇二团（团长郭景云）、三〇三团（团长王赞臣）；新编第三十一师（孙兰峰任师长），辖九十一团（团长刘景新）、九十二团（团长郁传义）、九十三团（团长安春山）；新编第三十二师（袁庆荣任师长），辖九十四团（团长杨新钊）、九十五团（团长张世珍）、九十六团（团长黄纯烈）。另有军直属的刘春方骑兵团、刘振蘅炮兵团，以及由国民兵改编的游击军两个旅，共6个团。这是主力部队。此外，属第八战区副长官部序列、归傅将军指挥的部队还有：中央军门炳岳的骑兵第六军（只有门兼师长的骑兵第七师一个师），原属晋绥军的徐子珍五临警备旅，属宁夏马鸿宾的第三十五师（师长马腾蛟）和骑兵旅（旅长马彦），以及由反正部队改编的一些游杂部队。

部队整顿刚刚就绪，就积极开展训练部队、整顿地方、加强战时动员等等一系列的活动。这种种活动，主要是利用抗战建国讨论会进行的。

1939年6月至8月间，抗战建国讨论会在百川堡（今临河县新华镇）召开，傅将军亲自主持，军队排级以上、地方乡级以上的干部全部轮流参加。讨论会首先完成的一项带有根本性的任务是：经过大会报告，小组反复讨论，最后由傅将军总结，树立起抗战必胜的信心，加强建国必成的信念，全军上下树立起一个奋斗的总目标。

军事方面：傅将军对军事训练一向要求极严，极为重视，并有其独到之处。这次训练，在原有的军训团训练的基础上，扩大讨论范围，加强训练内容，通过反复研讨，实施演习和讲评总结，结合以往对日作战的经验，针对日军的战略战术及其长短条件，从实际出发，制订了一套对日伪军作战的新战法，如：机动灵活地在运动中歼击敌人，奇袭、夜袭、围城打援，退出来打进去，掏心战术，软顶硬打，正顶侧打，甩开各路专打一路，等等。这种训练内容和战法的制订，为尔后历次战胜日伪创造了坚实有效的条件。

战时动员及地方行政方面：傅将军不但长于治军，而且善于为政。几年来，他在同八路军合作抗日中，懂得了非动员民众，全民抗战是难以取得胜利的。他整顿军队后第二件大事就是仿照中共在晋西北建立动员委员会的办法，在抗战建国会时就筹组了绥远省战地动员委员会。它是战时动员兼办地方行政工作的机构，分省、县、区、乡四级。通过这个机构，主要做了如下种种战备工作：

一、利用各种形式，如戏剧、歌咏、报纸、集会讲演等，做广泛深入的抗日动员宣传。

二、与各地驻军政工人员配合进行民众组训工作，如组织空室清野演习，宣传军民合作，组编担架队、救护伤兵医疗队、支前运输队等。

三、在全河套地区广泛掀起生产运动，傅将军一向极端关怀和扶持民众生产，尤其是战时的粮食生产，在春天给河套农民发放种子，令各驻军积极协助扩大春耕，秋天积极帮助秋收。那时，我第一〇一师驻在五原一带，我常督促部队大量投入人力、物力，春天修疏渠道，协助农民春耕，秋天帮助农民收割打粮。此外，我们军队自己也开垦荒地，种粮种菜，养猪养鸡，入套的第一年，我们就争取到一个好收成。

二

包头战役，是变战略防御为战术进攻，利用日军骄傲轻敌，疏忽无备，我出敌不意，突然以强袭之准备，对敌进行奇袭的成功的战例。

在我军整军经武，生聚教训，积极备战，相机攻敌的同时，通过各种方式和渠道，对当面安北、固阳、乌拉山前后，包头、归绥、大同以至张家口的敌军情况基本掌握，诸如上述地区敌军之配备、装备、作战意图，官兵战斗意志、情绪等等，并密切注视其变化。

1939 年 9 月末，敌进攻长沙，11 月末又侵占南宁，南线形势吃紧。重庆军事当局为牵制北线敌人调兵南下，命令傅将军出兵袭击乌拉山后大佘太一带之敌。傅将军认为袭击该地区之敌起不到牵制华北敌军的作用，只有进攻敌军重点防守的据点包头，方能收此功效。同时。傅将军已清楚掌握了包头的敌情，必须趁此有利机会予敌以沉重打击，乃不计牺牲，自请加重任务，决然进击包头。傅将军的决心下定之后，乃召集团长以上指挥官，详细地分析了敌我情况，听取各部队长的意见，补充修订自己的腹案，制定了进击包头的战略战术方针和各项具体措施。

为了制造种种假象，迷惑欺骗敌人，在行动之前，傅将军特命令我第一〇一师以及北起狼山南麓经乌梁素海至西山嘴一线与敌对峙之各部队，大举构筑防御工事，日夜锹镐并举，人喧马叫，使敌认为我在冰冻封河之际，赶筑防御工事，只图加强防守，绝无进攻之意。另外，让话剧团、京剧团，前往接近前方的五原等城镇，以慰劳军民、庆祝新年的名义，大张鼓乐，白天锣鼓喧天，夜间灯火通明，造成歌舞升平、毫无军事行动之假象。同时，在这些假象的掩盖下，一方面积极发动民众，做种种支援前线、保卫家乡、共同杀敌的准备；另一方面，傅将军令将大批粮秣弹药埋藏在黄河以南一带的沙窝里和乌加河北岸、狼山南麓之间。因为傅将军事前已估计到我攻包头后，敌人很可能向绥西反扑，事前埋藏下大量粮秣弹药，如果敌来攻我，我即可从容应付。正是傅将军走了这一步棋，才能有后来的五原大捷。这是后话。

12 月中旬，总部参谋长下达了命令，我军各部行军序列和作战任务大致是：门炳岳的骑兵第七师，沿黄河南岸运动，进至平绥铁路萨拉齐至归绥一带，破坏铁路，并相机占领萨拉齐县城，以阻击增援包头之敌。孙兰峰的新编第三十一师附五临警备旅于霖瑞团及一个山炮营为主攻部队，在新编第三十二师掩护下，沿乌拉山南麓的包五公路，向包头隐蔽前进，至昆都仑召之线，超越新编第三十二师急进，奔袭包头城。袁庆荣的新编第三十二师附山炮一个营，出发时为前卫，掩护攻城部队。我的第一〇一师为总预备队，沿前山红柳滩隐蔽前进，以一部监视固阳、安北回援包头之敌，发现后进行阻击，就地歼灭。后山有王子修新编第六旅各部，袭扰日伪军，阻击向包头增援之敌。宁夏第三十五师在乌镇一带守备后套。各部均于 12 月 15 日开始行动，沿途严密封锁消息，昼宿夜行，务于 20 日前到达指定地点。

我攻城的先头部队孙兰峰师所属第九十一、九十二、九十三 3 个团及五临警备旅于霖瑞团、炮二十五团，以急行军速度，于 19 日凌晨到达指定位置—包头以北黄草洼附近。这时，傅将军得知门炳岳部于 18 日已进抵萨拉齐县以东地带，破坏了萨拉齐至归绥之间的铁路并与遭遇的伪军一部发生激战。傅将军为争取贯彻预定的作战意图，于是当机立断，紧急命令攻城部队指挥官孙兰峰率新编第三十一师及马逢辰旅、于霖瑞团，快速前进，提前于 19 日夜开始攻城。孙即命刘景新的第九十一团及于霖瑞团为主攻部队，由包头北城墙东西两侧分别登城，安春山的第九十三团，向包头城东进展，阻击东来增援之敌，掩护攻城。

安春山的第九十三团在进抵包头西北城门时，看到守敌丝毫未发觉，碉堡工事有的无人把守，有的敌人在熟睡，安认为机不可失，立即组织突击队登城。时近冬至，塞北气温已降至零下 30 度左右，一弯下弦月，几点寒星，我军战士，冒着呼啸的北风，在微弱的星光下，越过冰冻的城壕，架设云梯，争先爬城。城上只有几名伪蒙哨兵，发现我军登城，竟与我军搭话：“你们是中国军队吗？中国人不打中国人。”并告以城上无日兵守备。第九十三团 1 个营由伪蒙军哨兵引路，迅速全歼守西北门的日兵，打开城门，于霖瑞团冲进城内。在沉睡中的日军，突闻枪炮声，仓促应战。我进城部队有的直指日本侵略军驻包头司令部，有的与敌小股阻拦部队进行巷战，一时枪炮和喊杀之声，响彻夜空。我军士气高昂，人人争先恐后，战斗异常激烈，在分割围歼中敌军有的被消灭，有的被压缩至敌司令部所在地——绥西屯垦督办公署大院内。

可惜的是我军后续部队未能大量攻进城内，驻在城内的日伪军，有日军两个联队、伪蒙军 1 个师，还有宪兵队、守备队等小部队，得以集结兵力，负隅顽抗，并出动坦克，以强大火力，阻截我军。我各部战士，英勇奋战，前仆后继，逐室逐巷，浴血争夺；包头爱国居民纷纷送茶饭，指引道路。大部敌人均退至敌司令部大院内，城区大部分为我占领。

当我军攻进城内后，傅将军亲临黄草洼新编第三十一师攻城指挥部，了解突进城内部队的战斗进展情况。并告以东西两方面都有援敌出现，指示孙兰峰师长在必要时，要变“攻城打援”为“守城打援”，要求尽快调整和加强入城部队，扩大战果，同时要注视东西两方面增援之敌，务以有力部队消灭之。当时命人通知新编第三十二师和第一〇一师火速前进增援。

当我师第三〇二团进至昆都仑召时，与固阳援敌之一部、伪蒙军于振瀛1个团遭遇，第三〇二团居高临下，迅速将敌歼灭，俘敌团长于振瀛以下近300人。

21日拂晓前，我师进至包头西北10余里之毛鬼神窑子村时，与大佘太和固阳开来的援敌相遇，即占领有利地形，予以阻击，猛烈攻打，歼其大部，一部窜至西北门附近，遭我宋海潮所率炮兵伏击，全部予以歼灭。

我师在前进中，虽然全歼两处增援之敌，但也迟滞我向城边靠拢的速度。当我师抵达城边时，黄草洼已为敌攻占，孙兰峰的攻城指挥部撤至北山脚下，敌我双方在黄草洼展开争夺战，该地硝烟弥漫，成为一片火海，我师部立即投入战斗，并与各部切实取得联络。此际新编第三十二师亦到达附近，彼此配合，展开攻击。黄草洼战斗，双方损失均为重大。

21日晚，傅作义将军知敌增援部队自归绥、大同和张家口等地陆续开来，看到我攻城及打援各部，已取得战果，认为奇袭包头、牵制华北日本侵略的目的已经达到，如继续恋战，敌众我寡，敌强我弱，恐遭惨重损失，乃即下令转移。首先指示掩护攻城部队出城，再命新编第三十一、三十二师、马逢辰旅、徐子珍旅及其他部队按预定计划，沿包五南北两条大道，向五原转进。令我师为后卫。当敌发觉时，我主力部队已西行多时。敌军以大量的战车、汽车尾追。我第一〇一师作为后卫部队，采取游击战术，利用大路两旁的丘陵、沙窝、红柳滩和芨芨草丛等有利地形，处处阻击。敌汽车队尾追不及，又沿途挨打，不敢深入，自行撤回。我军主力于24日晨已陆续到达中滩，并分散向五原一带转进。我后卫部队，完成阻击任务后，亦沿乌拉山南麓西撤。

包头战役经三天四夜鏖战，至此告一段落。战斗中毙敌联队长小林一男大佐和小原一明大佐以下军官20余人，歼灭日伪军3000余名，击毁汽车100余辆、坦克3辆，炸毁军火库1座，缴获各种武器、军需品甚夥，俘伪团长1名及伪军数百名。更主要的是这次战役，我军吸引住晋北、察南及华北大部日本侵略军，不能南下。在战略上看，包头战役的战果是巨大的。这次战役也锻炼了我军官兵。诸如爬城巷战，攻城打援，机动灵活，动作敏捷，在实战中取得不少有益的经验。特别是进城部队，严格军纪，秋毫无犯，与老百姓亲如一家，受到包头居民热情欢迎，积极支援，居民们送水送饭，送子弹，抬伤兵，主动领路，指引敌人驻地，对我军提供了有力的帮助。这次战役也使归绥、包头父老兄弟知道我们没忘记收复失地，并且有力量打击入侵敌军，从而激励了他们的爱国热情。这应该说是战果中的重要内容之一。

这里补叙一下关于包头战役的两项重要情况：

一、我在日本防卫厅战史室著的《中国事变陆军作战史》（中华书局译稿）上读到的关于包头战役的记载。包头敌酋小岛吉藏为推卸他疏忽备战的罪责，谎说他事先已知道我将攻袭包头。特于 12 月 19 日一早亲自送出一支讨伐队迎击我军。小岛回到城里时，却发现他的司令部北面已发生战斗。说我军是化装成老百姓，趁他的讨伐队出城后混进城里去的。这恰恰证明，我确实是在敌人丝毫不曾察觉的情况下，袭入包头的。

二、当我军完成任务主动撤离时，敌即集结了近万人的步骑炮混合追击部队，但却迟迟未敢迅即追击，只是尾随在我军后面，用零星小部队向我袭扰，而大部队跟了一段路程后，就转头撤回去了。这说明我之奇袭确实打得敌人惊魂丧胆，对我产生畏惧之心。说来还算敌人有运气，原来，当我撤退时，傅将军除命我师担负后卫任务外，另命令几支部队在追兵必经之路两侧布置了口袋阵地以聚歼运动中的追敌。如果敌人不是畏惧而退，而是猛追过来，无疑必将遭受更大的失败。

包头战役亲历记

安春山　宋海潮*

在抗日战争中，傅作义部队驻守绥西，于1939年12月至1940年3月曾进行过包头、绥西、五原3个战役。当时宋海潮任新编第三十一师参谋处长与第一〇一师第三〇三团团长；安春山任新编第三十一师第九十三团团长，均参加过这3个战役。兹将参加包头战役的亲身阅历和见闻忆述如下，希望参与此役者，给以补充和修正。

1939年冬，最高当局为了扭转抗日战场上的被动局面，发动一次冬季攻势，曾令第八战区副司令长官傅作义部配合湘北战役，攻击大佘太以北的高台梁地区，牵制敌人。那里是荒山秃岭，人烟稀少的地方（大佘太、高台梁均在今乌拉特前旗境内），仅仅有敌我游击部队互相来往。当时的大佘太（伪安北县政府所在地）仅有驻守日军百余人。傅作义认为攻击这个目标，对敌无关痛痒，不可能将敌人的主力拉过来，起不到配合湘北战场的作用。因此他从战略上考虑，决意把攻击重点改选在日军华北重要据点之一的包头。

---

* 作者安春山时任第三十五军新编第三十一师第九十三团团长，宋海潮时任第三十五军新编第三十一师参谋处长、第一〇一师第三〇三团团长。

敌我军分布情况

1．敌伪军：日本侵略军在伪蒙疆地区，驻约一个集团的兵力，集团司令部驻张家口，部队分驻察南、晋北、归绥、包头等地区。另有伪蒙古军李守信部的骑兵约 9 个师，分驻伪蒙疆各地区。当时驻包头的日酋为小岛司令，司令部设在包头绥西屯垦督办公署院内，辖有 3 个联队，约 1 万余人，主力驻包头，其余分驻固阳、安北、萨拉齐等地。驻包头的还有日军宪兵队、特务队、守备队等，分驻西脑包、东河头等营盘内。伪蒙古军骑兵第一师驻西营盘、鸡儿坪及西北关，伪蒙古军炮兵团驻东营盘，地方伪警备队分驻包头城内各据点。由于包头是日军必守的重点，城内外筑有水泥钢筋碉堡群为骨干的坚固工事，工事外挖有宽深各 4 米的外壕，壕外设有通电流的铁丝网，连接城内外各个据点。

2．傅作义部队：当时第三十五军由傅兼军长，军部驻五原。第一〇一师师长董其武驻扒子补隆（今乌拉特前旗新安镇），所属第三〇一团团长王建业、第三〇三团团长王赞臣均驻扒子补隆。第三〇二团团长郭景云驻西山嘴（今乌拉特前旗政府所在地）。新编第三十一师师长孙兰峰驻五原，所属第九十一团团长刘景新驻坤原乡（今五原县境内），第九十二团团长郁传义驻董头圪旦（今五原县境内），第九十三团团长安春山驻安北葛舍（今乌拉特前旗境内）。新编第三十二师师长袁庆荣驻良忱乡（今临河县境内），所属第九十四团团长杨新钊驻良忱乡，第九十五团团长张世珍驻新公中（今五原县境内），第九十六团团长黄纯烈驻百川堡（今临河县新华镇）。

军事委员会配属傅作义指挥的部队：骑兵第六军军长门炳岳兼骑兵第七师师长，驻邓村店，所属骑兵第十九团团长赵太，骑兵第二十团团长张绍成，骑兵第二十一团团长胡逢泰，分驻安北东南马七渡口及前山（乌拉特山南麓，包头到西山嘴之间）一带。宁夏马鸿宾军马腾蛟步兵师和马彦骑兵旅，分驻五原东北乌镇、乌不浪口一带。五临警备旅旅长徐子珍辖第一团团长于霖瑞，第二团团长贾晏如，分驻五原、临河。傅作义指挥的还有绥远游击军司令马秉仁，辖第一旅旅长马逢辰，第二旅旅长由马秉仁自兼，每旅相当 1 个团。另配有炮兵 1 个团，团长刘振蘅。此外尚有未整训的部队，新编骑兵第三师井得泉部，新编骑兵第四师石玉山部，新编第五旅安华亭部，新编第六旅王子修部等，分驻后套各地。东北挺进军马占山部驻伊克昭盟哈拉寨，新编第三师白海风部驻伊克昭盟桃力民。以上合计兵力约 3 万人。

攻击包头的准备工作

傅作义决心进攻包头后，对敌我情况进行了客观的实事求是的分析，在正确判断的基础上，提出作战方针。当时的形势是：敌强我弱，敌寡我众，敌人坚守，我攻坚，攻坚尚非我长。在此情况下，必须采用出敌不意，攻敌不备，以奇袭战术，作强攻的准备。为此便采取了以下措施：

①将第八战区副长官部从五原移驻陕坝；

②令各部队在各自驻防地构筑防御工事——特别是在安北乌梁素海内打冰窟；

③在敌人进攻后套必经道路上，预施破坏和构筑战车壕、陷阱。处处显示积极准备防守，毫无进攻意图，借以迷惑敌人。

此外考虑到攻击包头后，有可能把敌人引诱出来，进攻后套。为了准备和敌人作机动游击战，又令兵站分别在狼山山内、沙漠里密藏一定的弹药、枪械、粮食和药品等，各县地方政府督率人民练习空室清野；加强对包头伪蒙军进行策反工作，争取相机反正，以及加强对华北，特别是对伪蒙疆地区敌军情况的侦察等。

攻击包头的部署

1939 年 12 月中旬，准备工作完成后，傅作义下达作战命令，其要旨如下：

①我军将以奇袭的战略、战术，强攻包头。在行进途中，准备打遭遇战的战斗部署，向包头之敌攻击前进。预计 12 月 20 日在包头进行攻城会战。

②令骑兵第六军门炳岳部骑兵第七师，由马七渡口渡过黄河，经由伊盟地区，于12月20日前，进到萨拉齐与归绥（即今呼和浩特市）之间，彻底破坏平绥铁路，游击牵制敌人，阻止敌人向包头增援。并派高级参谋苗玉田随该军行动。

③令新编第三十一师附五临警备旅于霖瑞团，及山炮一营为左纵队，沿包五北公路向包头前进。

④新编第三十二师附山炮一营为右纵队，沿包五南大路向包头前进，并与左纵队取得联系。

⑤第一〇一师附山炮一营，为后续纵队，跟左纵队前进。

⑥令游击军马逢辰旅长率兵4个团（每团相当1个营），于夜间秘密由前山驻地向包头以北山地（乌特拉山）潜伏。如包头之敌外出，与我军在包头以西会战时，该旅即乘隙进占包头。

⑦令新编第六旅王子修部，向包头到大佘太公路之间的后口子（乌特拉山的一个山口）前进，到达后占领阵地，以阻止大佘太的日军向包头增援之敌，并歼灭之。

⑧令马鸿宾军的马腾蛟师、马彦骑兵旅，沿乌镇及乌梁素海至西山嘴之线布防，守备后套地区。

各部队奉命后的行动

①骑兵第六军由马七渡口渡过黄河，经二圪旦湾、柴登召等地，到萨拉齐南再渡黄河，进到萨归之间，于12月17日夜，在东、西老藏营子破坏了归、包铁路，并将村内伪军捕捉歼灭，构筑阵地。18日同二十四顷地（土默特右旗境内）的日军激战一日。入夜后，为了牵制归绥敌人，不让其增援包头，东转七八十华里接近归绥地区。19日遇满载日军的汽车30余辆。激战一日，入夜后绕到萨拉齐正南，向萨拉齐佯攻，以牵制敌人向包头增援。但到20日正当我军进攻包头城激烈战斗时，该军却由原路撤回后套，仅留一个团驻萳荄滩（包头以西），遂使敌有早向包头增援的机会。

②第三十五军各师和其他部队，于12月15日夜从西山嘴和扒子补隆地区开始行动，到了18日下午，傅作义派参谋主任王兴和作战参谋靳书科二人向新编第三十一师传达指令，大意是：着该师附于霖瑞团及炮兵团为攻城部队。马逢辰旅亦归该师指挥。孙师长为攻城指挥官，刘振蘅为副指挥官。于12月20日夜开始攻城。攻城时，应由北面主攻，东面助攻，并阻止增援之敌。各部队进城以后，要逐次攻击前进，推墙破壁，穿越庭院，歼灭敌人。该师奉令后，继续前进，19日晨，师前卫部队第九十三团到达昆都仑召、四排地（包头以西），奉令宿营，即严密封锁消息，对来往行人一律禁止通行，并研究攻城的具体措施。

19日白天，包头的敌人未出城，奇袭包头有了可能。当晚8时许，副长官部又派二人送来紧急命令，将攻击时间改为19日夜间开始。孙兰峰指挥官当即向各部队下达攻城命令，概要如下：

攻城部队为本师附警备旅于霖瑞团，及炮兵团全部，均于今夜2时（19日夜，20日2时）开始攻城，进攻后要一气呵成，将全部敌人歼灭，占领包头。

第九十一团及于霖瑞团，为主攻部队，由北墙爬城，第九十一团靠东，于霖瑞团靠西，分别攻击前进。第九十三团附炮兵一连，由东城攻击，并准备阻止东来增援之敌，掩护攻城部队左翼安全。炮兵团由副指挥官刘振蘅指挥，在黄草洼附近占领阵地，于拂晓前向东、北城墙及城内敌人各据点完成射击准备。第九十二团为预备队，位置于三和号附近，对固阳及东来敌人严加戒备。攻城部队统限于今夜2时以前，到达攻击准备位置。

新编第三十一师司令部设于黄草洼，由师通信连向各团构成通信网。

攻城部队的战斗经过

各部队奉命后即于19日前半夜以急行军向包头奔袭。其行军序列，仍以第九十三团为前卫。在该团经过毛鬼神窑子时，距敌仅15里。团长安春山令本队炮兵卸架拉进，缩短行军长径，改为夜间攻城的战斗队形前进。并令先头部队停止前进，但由于率领先头部队的副团长冯梓未听清传令兵的口头传达，仍继续前进，致与团长失去联络，一直进到包头城的东北角才停止。但该团在攻城前曾有规定，“如果中途部队失了联络，仍各奔目标前进。”

安春山团长率领的部队进到包头城西北角高地附近时，有包头敌人乘坦克 5 辆，汽车 10 余辆，由包头西门出城开向西北门方向而来。我部队即在凹道两侧高地伏卧不动，敌车经过时，虽开灯照射，亦未发现，约一刻钟即向西北门开去。我部队乘敌人车灯照射时，却看清了西北门外的地形、工事设备。敌人车前边走，我部队后边跟，继续向西北门前进。在西北门的关厢，敌人曾设有坚固的工事阵地，钢筋水泥碉堡和铁丝网等，但敌人未进入阵地，也无人据守碉堡。时正在拂晓前，大部敌军正在熟睡，安春山团长当即决定变更攻击东城的计划，而改由西北城攻击，一方面令该团一部占领西北关的阵地，另一方面令炮兵占领西北门外的伏击阵地，准备掩护我军攻城，并令临时编成的“火力队”“突击队”通过一丈多宽的外壕，向城墙架上云梯。当时城上的守兵是伪蒙军的两个蒙古兵，他们发觉以后，用汉语说：“你们是中国军队吧？我们也是中国人，中国人不打中国人，请从这里上，这里好上。”我官兵就顺着云梯，顺利地爬上城墙。首先登城的是第九十三团第一营第一连连长姚德增，跟着第一营邢绍俭营长率领该营全部登城，安春山也随着登城，即向投诚的两个蒙族守兵询问西北门上的敌情，他们说：“白天是我们骑兵和日军共守城门，刚才我上岗的时候，开来日军几十人，正在城门附近架枪休息。我在前边领着，你们在后边跟上，敌人问口令我答复，到达后你们就冲锋。”我军到达城内附近后就将守门的日军数十人，用手掷弹和刺刀消灭了，遂即占领了西北门。接着我第九十三团第二连又把城内的丰备仓也占领了。这个仓库是日军的弹药、器材库，很重要。我后续部队五临警备旅于霖瑞团第九十一团第一营两个连和崔新建、令狐理部也均由西北门陆续进城，分别向城内攻击目标前进。

我军突入城内以后，城内日军从睡梦中惊醒，仓皇失措，晕头转向。这时如果攻城部队同时猛攻，一气呵成，包头的全城即可一举占领。可惜攻城部队不仅进城迟缓，而且未能密切配合，致攻击有早有晚。当时首先进城的仅安春山所带的一个营，冯梓所带的先头部队两个营，不但和团长失去联络，且在到达城东北角后，先为大退水壕所阻挡，后为敌人东来的增援部队所牵制，始终未能进入城内。后继部队第九十一团和于霖瑞团虽然进了城，但第九十一团团长刘景新在北关没有进城，减低了强攻的指挥效能。于霖瑞团又系临时指挥部队，和第三十五军没有协同作战经验，配合不够密切，这就使敌人能有机会得以进入街道碉堡，以火力封锁，阻击我军前进，在城内形成对峙状态。12 月 20 日上午，孙兰峰师长为了统一指挥部队攻城，令副师长王雷震到城内设攻城指挥所，指挥城内部队进行战斗。但王与刘景新没有进城，只应安春山的要求，令第九十二团第三营进城归安指挥。在这时我进城的部队，受安团长指挥的有第九十三团第一营，第九十一团第一营崔新建、令狐理两个连，第九十二团第三营。有的据点我军打进去，又被打出来，我们又打进去，彼此拉锯；有的据点我虽牺牲重大，仍不顾一切，继续猛攻，终于将敌人压缩到城内前街以南地区。我军已控制城内西北及全城大部分地区，居高临下，敌人曾多次冲锋和坦克掩护进攻，均被我军击退。但敌军仍拼力死战，坚不退缩。

打援部队的战斗经过和继续攻城情况

在攻包头城时，孙兰峰师长曾令师属骑兵游击团刘占魁部，于 20 日早晨开到包固公路某村占领阵地，防止固阳敌人向包头增援。并令游击军马逢辰旅速到黄草洼待命。20 日下午由固阳向包头增援的敌人果然来了，把刘占魁部击退后，进到三和号附近，我第九十二团和游击军马逢辰旅即予阻击，战斗甚为激烈。这时傅作义亲率参谋长鲁英麟及幕僚人员，到达黄草洼新编第三十一师师部，查询战斗情况，并指示说："我军占领包头城内大部地区，应保持战果。现敌既从固阳增援，我军应将围城打援，改为守城打援，以消灭当前增援的敌人。办法是：先用炮兵集中射击，继以骑兵冲袭，再以步兵扫荡。我回指挥部命令后续部队迅速前进，支援你师攻城。"孙奉命后，一方面集中步、骑、炮火力，打击由固阳开来增援的敌人，另一方面重新调整攻城部队，指定攻击目标并令副师长王雷震加强前线指挥。通过彻夜激烈战斗，从固阳向包头增援之敌，已被我消灭殆尽；剩下的少数敌人，于次晨（21 日）乘汽车冲到西北门外，又被我第九十三团附属的炮兵连和占领西北关的第九十一团部队伏击，以手掷弹将汽车炸毁，残余的日军齐集西北门外的城壕内，适值新编第二十一师师部参谋处长宋海潮率炮兵进城，遇见后即将其全部消灭。

傅作义所派的攻城后续部队第一〇一师前进到毛鬼神窑子时，又与由固阳、大佘太增援的另一股敌人发生遭遇战，以致不能及时开上去。在我攻城时，原驻大佘太之敌奉调开往包头增援，行经后口子时，被我新编第三十二师鲁乐山营发现，但鲁营认为敌寡我众逃不了，便派人劝令缴械，结果遭到拒绝，反给敌人以逃走的机会。

我第一〇一师第三〇二团行经昆都仑召时，遇见伪蒙军于振瀛团即将其包围缴械，于本人亦被俘。

我军与敌人增援部队的作战和转进

12 月 21 日下午敌人由张家口、大同增调大批部队，增援包头。上空以 6 架飞机轮番轰炸扫射，地面集中炮火射击，掩护步兵攻击前进，先由城东将第九十三团副团长冯梓所率的两营部队攻破后，即直向黄草洼新编第三十一师师部攻击。当时黄草洼的守备部队，仅有第九十四团卢怀义营，多系新兵，战斗力不强，在敌人步、炮、空集中猛烈攻击下，即行撤退，师部只得随着撤退到北山根某村。在撤退时，炮兵司令刘振蘅因事前只考虑胜利，不考虑失败，将炮集中配备于黄草洼以东的绝地上，以致撤退时来不及开道，丢失几门山炮，受到不应有的损失。敌人占据黄草洼后，又集中炮火掩护步兵攻击西北关。这时我第九十一团孙英年连及机枪连，在西北关占有敌人已设的阵地，以轻重机关枪集中射击，给敌人以严重打击，使敌人伤亡惨重，未能前进。接着后续部队新编第三十二师亦到达黄草洼附近向敌反攻。但敌人增援的大部队继续到来，以步、炮、空联合轮番轰炸扫射，火力极为炽烈，我军损失重大，师部参谋王晓鹏阵亡，第九十六团两个连长阵亡，营长受伤，攻击顿挫。接着我第一〇一师部队赶到，继续攻击，一直战到夜晚。

这时，傅作义看到敌人增援的大部队已经开来，认为再恋战下去，必遭更大的损失，便下达转进命令。其概要如下："我军攻入包头，敌人的主力已被拉过来，配合湘北战役的任务，已经完成。为了避不利，找有利，我军各部应即于本日夜（21 日夜）向中滩地区转进。"在转进时，攻进包头城内的官兵中有些人坚持不愿撤退。有的痛哭流涕地说："我们不忍丢掉老乡，不忍丢掉兄弟们的尸体。"部队长只得解释说："现在出城是要攻击城外敌人，不是不回来了。"官兵们信以为真，才随着撤出，有的把自己的背包（皮大衣、衬衣等）寄存老乡家中，准备回来再取。在转进到昆都仑河时，天已近午，敌沿包五公路追击，但损失不大，全部于 12 月 24 日到达中滩。

在我军撤出包头后，包头城内娘娘庙里仍有 7 位无名英雄继续战斗。因大军撤退时，他们班长奉命到城外出击，遂未通知他们出城。他们发觉大部队撤退后，已处于不能出城的境地，便决心与敌人拼命到底。12 月 22 日敌人包围娘娘庙，7 位英雄沉着射击，打死很多敌人，一直战斗到弹尽粮绝，集体自杀，才结束战斗。

此次战役中，敌伪军死伤 3000 余人，其中有日军联队长 2 名，击毁敌人汽车 100 余辆，掳获武器弹药很多。我也伤亡 2000 余人，丢失山炮几门。

日本侵略军侵占包头以后，人民备受欺凌，男女出进城门，都要向守城日军鞠躬行礼，有时还得脱裤子受检查。特别是日特、警察更任意横行，想拿什么就拿什么，没有人敢说个"不"字。有的还私设公堂，非刑吊打，勒索讹诈。这一次他们看见我军进入包头，真是喜出望外，热烈欢迎。有的给官兵做饭，有的帮助我军办理需要的各种东西，有些壮年男女自动地为我军抬伤兵、运子弹、开墙壁、指路线。尤其是我军撤出包头时，有些伤兵未能撤出，都藏匿在市民家里，伤愈后也陆续回了部队。

其　他

回忆在上海租界殉国的父亲郁华

郁　风*

想到父亲呢，真是如同隔世的隔世。1939 年 11 月 23 日，他在上海被日本占领军和汉奸政权设在租界极司菲尔路（今万航渡路）的特务机关派人暗杀，至今已整 50 年了。

父亲是抗日战争中第一个在上海殉国的法官，作为他的女儿我应该撰文介绍。但子女总是很难全面客观公正地理解父亲。每一代人都带着与生俱来的一直随着他生长的整个时代社会赋予他的有色眼镜，在生活距离中越是亲近，越是会通过有色眼镜放大一点不及其余。譬如我 20 岁左右时，只看到他对我的革命“自由”的限制，心目中把他放在阻碍社会前进的位置上，而从来不理会他在 20 岁时已经和梁启超等革新派站在一起争他的和社会的自由，也不理会他 50 岁的当时站在复杂斗争的焦点和前沿所处的位置和所起的作用。直到我于上海沦陷后，自以为不顾生死参加抗战离家而去，父亲留在孤岛却巍然以身殉难。当时对我的打击不仅是失去父亲的悲痛，而更使我愧悔不已的是自己没有真正理解父亲。

我是在北京出生的，那是在父亲带了三叔和母亲第二次去日本考察司法

---

*　作者系时任江苏高等法院第二分院刑庭庭长郁华之女。

回国以后，他在大理院当推事并兼在朝阳、法政等大学教书。他第一次去日本是考取杭州府官费留学，在此之前是府道试第一名的秀才。父亲能够当上一名知识分子是全靠不识字的祖母。祖父和曾祖父都是私塾执教的，两代都早死，留下两代寡妇，本不可能供孩子读书了，可祖母坚持要孩子读书，宁愿劳苦为人洗衣缝补。

30 年代初，父亲调上海任江苏高等法院第二分院刑庭庭长，他以月薪积蓄在富阳鹳山造了松筠别墅给祖母养老并给二叔养吾医生当诊所。抗日战争开始那年冬天，杭州富阳沦陷，祖母固执，死也不肯跟二叔离家逃难。她说：我还有一个儿子是法官，一个儿子是作家，日本人来了还该向我下拜呢。日寇真的来了，就占据了松筠别墅，命令祖母侍候炊饭，她不肯，带了炒米逃匿鹳山后面树丛中，竟冻饿而死。父亲过了很久才知道，悲痛不堪，直到他殉难前的两年中，家人在他面前不敢提起祖母。

他对祖母的感情远远超过一般的孝心，他认为自己生根立命的知识、信念和为人处世的准绳，这一切都是来源于祖母的坚持让他读书。

父亲在日本留学的青年时代正在酝酿辛亥革命，他曾是激进的革命派，经常著文作诗在报刊抨击腐败的清政府。民国初年再度赴日考察回来，当上一名小京官，对参与政治已无能为力，便寄情于山川文物，把中国历代知识分子的精华所尚——最崇高的气节操守当做个人修养品性的追求。这其实是多数中国知识分子所推崇的，只不过有或多或少、或真或假、或装饰在口头或贯彻于行动的区别而已。对于父亲来说，除此之外还有一条，就是对他所学和事业的执著，形成不可动摇的职业道德和信念尊严，以法治国。到了今天的远距离才看出，这就是父亲一生借以安身立命的两条主线。

因此，他的一切行为思想都可以从这两条线得到解释。

如 1931 年九一八事变，他正在沈阳任最高法院东北分院刑庭庭长，日军占领了沈阳，军部通知法院指定要郁华留下“有要职委派”，他立即星夜只身逃到皇姑屯，藏在农民家里，换装逃回北平。那时母亲和我们孩子们并未去沈阳。

他每日去法院办公兼在大学讲课，数十年如一日，还要挑灯写作《刑法总则》和《判例》(未曾出版)。每周日家中常有画家诗人雅集，我记得的有汤定之、贺履之等，余绍宋也有唱和往来，后来到上海参加了柳亚子先生倡立的南社。

然而现实常和他的主线冲突，不可能没有矛盾。

如三叔达夫是比他小 12 岁的幼弟，3 岁时祖父死去，16 岁时父亲带他去日本，肩负着教养责任，一面严格要求他学技能入了医科，一面又禁不住爱他的才华，教他作诗，带他结交日本汉诗家如森槐南、服部担风等。可父亲先回国，三叔便自己攻读文学，终于写出《沉沦》那样的小说，以至于一度闹得兄弟反目。后来到 1927 年达夫在上海又发生了与王映霞结婚的事，父亲又为弟弟犯了重婚罪而恼火，后来由于法律规定这种罪是“告诉乃论”，而原在富阳老家的三婶却宁愿接受赡养的保证而不去“告诉”，矛盾才解决。

又如 30 年代中我在上海瞒着家里参加一些左翼活动：去浦东女工夜校教文化讲时事，与陈波儿等组建青年妇女俱乐部，参加业余剧社演出话剧等等，每天很晚回家，母亲父亲盘问多了我不免顶撞，常常惹得父亲大怒。

当时正是柔石等五作家被处决以后，中共领导的地下活动常遭破坏，书店、电影厂被搜查，白色恐怖笼罩上海。在中国地界以外的租界也有南京政府派遣的特务通过租界捕房捉人。父亲当时所在的高等法院第二分院正是受理租界上发生的案件，而涉及政治的案件都由他主持的刑庭处理。因此在他表面上对我严厉训斥的后面，必然隐藏着他想象有朝一日父女对簿公庭的恐惧。

在我的印象中，父亲到上海这时期变老了，沉默了，有时发脾气，不像在北平时和我们说笑了。对于他的公事从来不在家里谈论。他的两条信念与现实政治之间的矛盾显然尖锐化了。

幸运的是我没有和他对簿公庭，但确有被他当做朋友的人曾作为他的阶下囚而面对他的审讯，那就是田汉和阳翰笙。1942 年我随夏衍、司徒慧敏、蔡楚生、金仲华等10余人一同从日军占领下的香港撤退到桂林，许多文化人先后都到了桂林，田汉先生也经常见面，他对我不止一次的说过他和阳翰老在上海租界被捕后那戏剧性的场面。原来是1932年至1933年间他和阳翰老经常到赫德路（今常德路）三叔家里，经常遇到父亲，一起吃饭打麻将聊天。当时父亲刚调上海，我们全家还在北平。田汉说1935年他和阳翰笙等被捕后开庭时，他一看上面坐着的竟是达夫的大哥，他便放心了。说罢哈哈大笑。究竟如何具体发落他没说清楚，后来他们虽被解往南京，他说对父亲还是感激不尽。

1933年廖承志在上海租界被捕，也是由他审讯办案，他不知使用什么法律条文没有准许特务机关“引渡”，终于在宋庆龄、何香凝的力争营救下获释。事后何先生手绘《春兰秋菊图》赠给父亲。1954年在北京我陪同母亲去看望何先生，她补题了两行字：“1933年承志入狱其时得到曼陀先生帮忙特赠此画纪念”。

在那个时代，父亲周围所有那个社会层次的人几乎不会有人赞成共产党，父亲站在以法治国的立场尤其反对暴力革命“杀人放火”，从他对我的训斥和谈论都是如此。但是为什么他又能同情田汉、廖承志呢？这就是上一代知识分子思想所反映出来的复杂性。

1933年我们全家迁往上海，就住在离虹口公园不远的公园坊。父亲常带我们散步到内山书店，我在那里第一次见到鲁迅先生，父亲和他及内山先生总是用日语谈话，我听不懂。可以想见他从三叔达夫的关系认识了左翼文艺界的一些人，他们显然不像“杀人放火”那么可怕，而且无论是谈国事，谈论中国和日本的文化，父亲和他们之间还是有着共同语言的。

以他的资历学识地位，应该早已是国民党员，并当上法院院长等更大的官，但他最厌恶“党棍”，拒绝和他们来往。他已看出当时政府中的贪污腐败，十分痛恨。甚至他所奉为神圣的法律尊严法治精神也被中统军统等特务制度所破坏，对外又屈辱于日本军国主义的欺压，实在为国家前途忧虑、气愤，灰心已极。

直到西安事变之后，局面急转直下，终于全面抗战开始，父亲明显地振奋起来。“八一三”后战争打到上海，我更忙于青年妇女俱乐部，在“妇救”领导下组织群众支援前线慰问伤兵难民等实际工作。父亲再也不干涉了，他从各方打听十九路军的消息、北方的消息，向我们宣告，甚至还鼓励母亲也和我们一起募捐和缝制伤兵衣服。家庭之间的气氛也变得融洽了，是抗战的同仇敌忾使得许多外在的内在的矛盾都统一起来，表现在父亲心里，他解决了长期以来困扰他的信念与现实之间的矛盾、法律与正义的矛盾，形势不但容许而且需要他站定他的岗位为最高的民族利益贡献一切。

就在上海沦陷前夕，先施公司遭敌人的飞机轰炸，母亲正在那里为伤兵购置纱布受了伤。我是在医院里和母亲含泪告别，离开了已经沦陷的上海乘船到香港转广州的。父亲却是坚定地嘱我放心大胆去工作，不要想家。我绝没想到从此再也见不到父亲了，而他是否已下决心意识到这可能是和女儿最后的诀别呢？

上海沦陷，南市闸北等中国地界的政府机构全都撤退转移，唯独租界上的法院仍执行中国政府的职权，然而却是在敌人势力的包围中。在这种极特殊的情况下，他本可以有多种选择。每当权势转移，总有跳梁君子活跃，巴不得谋他的位子，他满可以调到别处后方的法院，照样当他的庭长；也可以什么都不当，回到他所钟爱的家乡，他自己的松筠别墅。“但求故壑能娱老”、“自摊书卷教儿童”本来是他常常在打算的理想归宿。而且后来母亲告诉我，过去他拒绝过无数次贿赂，心安理得无所谓，可到了上海孤岛形势越来越恶劣时，拒绝一次利诱就得罪一帮人，就增加几分危险，何况还遭到更大的威胁。那时汉奸与黑社会在租界搞暗杀十分猖獗，沪江大学校长刘湛恩先生被刺，凶手捕获后由父亲审理，他不顾有人暗中警告，开庭时当堂痛斥并判以死刑（据刘湛恩之子刘光华叙述他亲眼所见）。许多朋友劝告他不能再干了，不如急流勇退，而他却偏偏铁了心不走，也许祖母死得惨烈更坚定了他的选择。他说，“多难安容我辈闲”，“越是国家民族在危急中，我越不能辞其职，当做我应该做的”（见他的诗和答友人信）。

他在上海孤岛敌人汉奸的包围中苦战了两年，终于在收到多次恐吓信和附着的子弹后，于 1939 年 11 月 23 日早上出门上班时，真的被早有预谋的歹徒结束了生命，刽子手登上极司菲尔路（今万航渡路）76号特务机关的车扬长而去。

父亲当天穿的那件血衣后来就埋葬在富春江边的鹳山上。他坦然地做了一切他所能做的，也达到了他所追求的个人情操的高度完成。

抗日模范村——南高而

张书孝*

南高而村位居泰山北麓，北距济南约 30 公里。它南依泰安，西邻长清，东、北与柳埠、仲宫两镇相连，是三县的接壤地带。抗日战争期间隶属泰历县（今隶属济南市历城区）。这里峰峦重叠，沟壑纵横，地势险要，交通阻塞。但它是济南通往泰安和徂徕山革命根据地的重要门户，因而也是我军和日伪必争之地。

抗战期间，中国共产党在此开展了各种抗日活动，积极组织动员广大人民群众支援和参加抗战，为抗日战争的胜利做出了贡献。1945 年南高而村被中共鲁中区党委命名为“抗日模范村”。笔者通过进村采访，收集整理了几则发生在“抗日模范村”的动人事迹，以褒扬先烈和前辈们的爱国主义精神，更期能以史鉴今、以史育人。

人人奋起　全民抗战

1939 年 8 月，泰山地区按照鲁中区党委“开辟历城、打通济南”的指

* 本文系作者根据采访村民口述资料整理而成。

示，派赵亦安等人来历城的南部山区开辟抗日根据地。赵亦安起初以卖茶叶为名，赶集串乡，四处叫卖，暗中宣传抗日救国之道，动员群众组织起来抗击日本侵略者。后来又办起大成永杂货铺，以此为掩护，联络本地的热血青年和觉悟群众加入党的组织。到 1940 年秋，南高而村就有陈秀文、杨玉庆、王志武、焦延椿、傅振河等 5 人加入共产党，并建立起由焦延椿为书记的村党支部。在上级党组织和村支部的领导下，党员充分发挥模范带头作用，积极分子纷纷响应，南高而村各种形式的抗日活动搞得是轰轰烈烈、热火朝天。

首先组织起来的是农民夜校，一面帮助农民学认字和学知识，一面宣传抗日救国的政策主张，教育群众誓死不当亡国奴，动员群众组织起来参加抗击日本侵略者的斗争。以后，随着形势的发展和抗战任务的需要，先后又组织成立了宣传队、儿童剧团、减租减息工作队、开荒队、支前救护队、妇女救国会、青年抗日先锋队、破袭队、地雷爆破组和武装民兵队等，这些组织在抗战期间都发挥了重要作用。

抗战期间，南高而这个仅有 200 余户的山村，就有 300 多人参加了八路军和县大队、区中队、独立营、自卫团等抗日武装，有 25 人以身殉国，“全家八路”“一门双英”“一门三抗”的就有 30 多户。焦延椿、傅振河两家都是爷儿三个参加革命；马庆禄兄弟三人、郭秀鑫兄弟二人都先后参军；陈兴军把两个儿子、一个姑娘先后送到了部队；还有 20 多名十几岁的孩子也离开亲人参加了抗日活动。

当时的南高而村，真是“有人出人，有钱出钱，有力出力，有粮出粮，有枪出枪”。党群关系似鱼水，军民情谊比海深。因此这里很快成为泰历县委、卧龙区委和县大队、区中队进行革命活动和打击日寇的抗日根据地。

组建民兵打敌寇保家乡

1943 年春，南高而村党支部根据上级“一手拿镐、一手拿枪”的指示，在开荒队的基础上秘密组建了武装游击小组，开始只有傅佃会、傅永亮、陈安顺、傅振法 4 人，后来又增加了黄恩太、傅佃元等。时间不长，正式成立了武装民兵队，第一任队长是黄恩太和傅振法，指导员是黄安民。最初的武器是老百姓捐献的土枪、抬杆、大刀片和花枪头，还有自己动手制造的“镢把子”“单打一”等，最好的一支要数傅队长使用的“湖北造”了。

民兵组织起来后，便担负起站岗放哨、盘查坏人、保卫村庄的任务，有时也找准时机，主动打击敌人。有一次，几个汉奸从西山上下来，路过南高而，被民兵们围困在南沙沟里，缴了他们的械。还有一次，一个便衣特务来南高而探听消息，被民兵发现后捉住，收缴了那家伙的两把盒子枪。民兵队长傅振法是个神枪手。一次发现有个特务跑到西山上去了，他立即追到西山下，喊话叫特务下来投降，那家伙不听，傅振法便一枪把他的头打开了花。

南高而村民兵用地雷打击敌人在那时也是比较出名的。江延青等 4 名民兵到莱芜参加了泰山军分区举办的“造地雷、埋地雷”培训班，回来后，自己动手，制造出“踩雷”“绊雷”“吊雷”100 多颗，埋设在村外路口上，吓得敌人不敢贸然来犯。

南高而村的民兵越战越勇，经常配合独立营和区中队狙击敌人的“扫荡”和骚扰，参加拔除敌伪据点的战斗。他们的战斗业绩受到中共泰历县委的表扬，并奖给步枪 12 支。到 1944 年，南高而村的民兵已有 30 多条长枪、2 把盒子枪（包括从敌人手中夺来的），具有了一定的战斗力。

内线秘传情报粉碎两次“扫荡”

南高而村抗日活动的深入发展，引起了敌伪的特别注意，驻守在仲宫据点的日军和伪区公所的伪军整日惶恐不安。济南的敌伪机关首脑也深感“南大门”不安宁，对其具有严重威胁，于是在 1943 年春、夏，先后两次调集日伪军对南高而进行“扫荡”，企图破坏中共党组织，消灭抗日武装。

第一次“扫荡”，县委组织民兵和群众事先在进村的道路上和村内主要街道上埋了地雷。日伪军正在行进途中，一个先行打探的特务向日本队长报告，说村里已作了准备，有民兵埋伏，还埋了很多地雷，并误伤了一个农民等。日本队长听说后，立即下令停止前进，朝南高而村探望了一会儿，又向周围山上看了一圈，命令几个伪军朝村子里乱放了一阵枪，便缩回仲宫据点去了。

第二次“扫荡”，几个日伪军在高而村的关帝庙前架起机枪，其他的端着枪分散开趴在地上，呈包围队形，叽里呱啦地叫嚷让共产党员、八路军出去缴枪。村里对此次“扫荡”也有所准备，村支部和民兵队早已组织群众进行隐蔽和转移，县、区委机关也已转移，埋伏下来的少数人则充分做好了伏击准备。正当敌人猖狂叫嚣时，潜伏在村中一破院落中的黄恩太瞄准日军的机枪手打了两枪，把机枪手打伤。日军队长一见机枪手被击中，心想村中必定早有准备，设有埋伏，赶紧下令撤退，仓皇而逃。

日伪军的两次“扫荡”都没得逞的重要原因，是我们事前已经得到了情报。情报是从敌人内部传出来的。伪自卫团长刘允广是被争取过来的内线人物，他早将日伪军外出“扫荡”的时间、地点、人数等情况告知在仲宫小学任校长的王一东，再经过罗家园的文立显、尹家店的赵明义把情报送到南高而村，由南高而村再送往泰山军分区。那时送情报多是晚上，到了村子里从不叫门，也不喊人，以向院子里扔石子为暗号。抗战期间很多敌特情报和往来信件，都是通过这条交通线传递的。

拔除日伪据点

日伪军的两次“扫荡”都没有得逞，心中恼火。1943 年 5 月，日伪军决定在高而镇设据点、修炮楼，抓了很多民工。民工们故意消极怠工，砌墙的拿着锤子，照着一块石头敲打半天，也不往墙上搬；和灰的不是没水，就是没沙。那时在民工中就传有“磨洋工、磨洋工，拉屎尿尿半点钟”的顺口溜。由于民工们鼓意浪费工料、拖延工期，直到 6 月下旬，炮楼才修建完工。日军派了一个 10 余人的小队和 100 来人的伪军中队驻守在这里。

自安上据点，日伪军的胆子大起来，时常到南高而及周围几个村庄进行骚扰和破坏，要粮要物，奸淫妇女，无恶不作，群众愤恨至极。当时，区委书记陈杰住在南高而村，始终没有停止领导人民开展对敌斗争。一天，陈杰得到情报，日军小队要在夜间回仲宫镇开会，高而据点里只留伪军驻守。他和村党支部决定抓住有利时机，拔除这个据点。7 月 27 日夜间，在陈杰的指挥下，区武工队、自卫团和民兵们，分别在据点周围埋伏好，准备战斗。这时，傅永亮又从出泉沟领来了县独立营和军分区的一个连，县委书记董林汉也参加了这次战斗。夜间 12 点，预定进攻的时间到了，据点里的内线点起火，烧着了炮楼。只见陈杰右臂一挥，盒子枪打响，战士们的手榴弹一齐朝据点投放，霎时间，火光冲天，机枪、步枪齐鸣。我军民大呼“缴枪不杀”“中国人不打中国人”等口号。大约持续了半小时，伪军除两个逃跑外，其余全部投降。缴获匣枪 3 把、大枪 100 余支，还有一批子弹。这个建成不过月余的炮楼便这样被拔除了。

黄承芳冒险救亲人

1943 年 8 月初的一天清晨，仲宫据点的日军偷袭了南高而村，十几名日军端着枪冲进了区委书记陈杰的住处——邢海然的家里。当时，陈杰刚起床，手持盒子枪藏在西门后边，准备和敌人拼杀。几个日军在院子里抓住了通讯员邱登文，说他是土八路，连踢带打叫骂着要把他带走。正在危急时刻，妇救会长黄承芳（邢海然的妻子）毅然抱着两岁的儿子冲到众人面前，指着邱登文对日本兵说：“他是俺男人，怎么成了土八路？”说着把孩子递到了小邱的怀里，并灵机一动说：“八路是来过，俺看见就住在东南角的大庙里了。”

这寥寥几句话，使邱登文如梦初醒，他赶紧说：“孩子他妈说的对，八路就住在大庙那里，清晨我到庄外拾粪还见到他们呢！要不，我领着你们去找。”边说边把孩子递给黄承芳，意思是要领着日军出去。日军见此情景，半信半疑，把刺刀对准黄承芳的胸膛，威胁道：“八路军到底在哪里？如果胡说八道，就先捅了你！”黄承芳分辩说：“我亲眼看到八路军到大庙里去的，如果不是真的，我怎敢让俺男人领你们去？”邱登文紧接着说：“皇军，赶紧去吧，要不八路军就跑了。”这时，日军走到邱登文面前，把刀架在他的脖子上，咬牙切齿地说：“八路军要不在大庙里，我就挖出你的心肝来。”邱登文装着诚惶诚恐地说：“中国人不会撒谎，到大庙里一看就明白了。”日军这才跟着邱登文朝村外的大庙方向去了。

邱登文是区委通讯员，经常在这一带活动，非常熟悉这里地形和一草一木。他领着日军走街串巷，三转两转，趁日本兵紧张戒备、东张西望的时候，瞅准机会把敌人甩掉，翻墙越屋，奔向西山的根据地去了。

敌人被引开后，陈杰也转危为安了。黄承芳机智勇敢，冒险掩护抗日亲人的事迹在南部山区广为传颂，成为佳话。

儿童剧团高歌“胜利先声”

为了进一步加强抗日宣传，鼓舞群众参加抗战斗争，中共泰历县委、卧龙区委和南高而村党支部决定组建以小学教师焦延荣为团长，能歌善舞的女同志井慎卿做导演的南高而儿童剧团。剧团于 1942 年 4 月宣告成立。成员多数是在校的学生，有 20 余人。

剧团刚成立之时，条件非常艰苦。剧本靠自己编选，服装、道具、乐器靠大家凑，经费几乎一文没有，日伪军常来破坏骚扰，稍不注意便会造成重大牺牲和损失。当时，为了掩人耳目，剧团先排演一些提倡文明、反对迷信的“灰色节目”，诸如反对妇女缠足、提倡男女平等，还有取材于“西门豹治邺”的《河伯神娶媳妇》等说唱节目。因演的都是眼前事，说的都是庄户话，很受群众欢迎，又因政治色彩不浓厚，也得到了伪镇公所的认可，剧团不但有了“合法”地位，甚至争取到了一部分经费，立住了脚。

1943 年秋，高而镇日伪炮楼被拔掉，剧团的节目由灰变红，公开排演宣传抗日、动员群众参军参战的节目。有小歌剧《归队》《兄妹开荒》《夫妻识字》以及大鼓、快书、双簧、拉洋片等小型曲艺节目。节目来源主要靠县委宣传部，也有的是自编自演的。这样的公开演出，观众越来越多，剧团的影响也更大了。

随着剧团影响的扩大，演员队伍也有了补充和扩大，先后吸收了 10 多人加入剧团。1943 年冬，县委将剧团调至泰山后麻塔村进行为时两个月的培训，县委书记、宣传部长等经常和演员们在一起共同生活，亲自指导剧团排练节目，有时夜间带领剧团一块转移。在这两个月的时间里，剧团又新排了话剧《反摩擦》、歌剧《开展大生产》及《欢迎舞》《劳动舞》等节目。

1944 年 5 月 21 日，泰历县参议会在核桃园村召开大会，建立了泰历县抗日民主政府，亓伟志当选县长。焦延荣因剧团成绩显著也被选为县参议员。会议期间，剧团连续演出两个晚上，观众竟达一万多人。

儿童剧团成绩优秀，团长焦延荣的事迹更令人敬佩。他是历城乡村师范第一期毕业的热血青年，有胆有识有才华，更具有强烈的爱国之心、报国之志。为创办儿童剧团做了大量工作，深受群众的喜爱和敬重。1944 年冬的一天，焦延荣不幸落入了化装偷袭的敌人手中。敌人用尽酷刑折磨他，他毫不屈服；敌人用高官厚禄诱骗他，他也不动心。穷凶极恶的敌人把他带到万德火车站，绑在木桩上，惨无人道地让狼狗活活咬死了。焦延荣的英勇悲壮之举，可歌可泣。

南高而儿童剧团在近 4 年的时间里，对于广泛发动群众团结抗战、宣传党的抗日民主政策发挥了一定作用，受到各界人士的热烈欢迎，也受到上级领导的关怀和表彰。1945 年夏天，泰历县政府将一面绣有“胜利先声”的大红锦旗授予南高而儿童剧团，充分肯定了儿童剧团所取得的辉煌成就。

张一仓设计杀叛徒

1942 年 7 月，中共泰历县委派南高而村党支部委员张一仓打入敌人内部，担任高而镇的伪镇长，便于以合法身份开展抗日斗争。这个镇公所共有 8 人，其中有 4 人是中共党员。因此，这个伪镇政权实际上已经掌握在我们手中。

张一仓出身于富裕家庭，毕业于历城乡村师范学校，在社会上和群众中有较大的影响。自接受任务担任伪镇长以来，为了迷惑敌人，他整天打扮得像个阔少，言谈举止，派头十足。不仅在其管辖区域内的24个村庄里可以说一不二，就是到仲宫的伪区公所里，伪区长等人也都敬他三分。

雷子敬是泰山军区派往卧龙区一带负责征兵工作的募兵队长，不料他离开部队到高而镇后，大吃大喝违法乱纪，并且与辛庄的安清道义会的头头刘玉泉勾结起来欺压群众。中共泰历县委根据其所作所为和人民群众的强烈反应，决定要逮捕他。这家伙听到消息心中惶恐，不思悔改，竟一头扎进驻万德火车站的日军的怀抱，成了叛徒。不久，他又到仲宫镇干了宪兵队，公然领着日伪军、特务搜捕抗日干部和战士，并且袭击了县委设在出泉沟的地下联络点。他还多次到南高而等村庄敲诈勒索钱财，群众对其恨之入骨。中共泰历县委指令张一仑设法惩除这个叛徒。

一天早上，张一仑突然被传唤到仲宫伪区公所去，是有汉奸怀疑张一仑，又抓不着把柄，便挑拨日本宪兵队长调查张一仑与八路军的关系。张一仑乘机对日本宪兵队长“表忠心”说：“我对皇军非常忠诚，说实在话，我勾结过八路军的干部，他就是雷子敬。因为不勾结他不行，他手里有枪，是共产党的征兵队长，不知道他为啥跑到皇军这里来了。”当时，日军宪兵队长并不知道张一仑是共产党，但是知道他是个有影响的镇长；也知道雷子敬干过八路军，并不十分信任他，因而把张一仑放回南高而，却对雷子敬起了疑心。

张一仑见一时还是除不了这个叛徒，又生一计。他联络了周围十几个伪乡、镇长联名给仲宫伪区公所和日本宪兵队写信，告发雷子敬是假装投诚皇军，实则是为搜集情报，向共产党和八路军通风报信；还告发他专门欺压伪乡、镇长，使他们无法为皇军效劳等；又列举雷子敬两次带领日军到高而、出泉沟抓捕共产党人都扑空的事实，来说明雷子敬制造假情报，欺骗皇军（实际上是我军得到情报后及时进行了转移）。日本宪兵队长和伪区长信以为真，不几天，就把雷子敬处决了。这个叛党投敌的民族败类落此可耻下场，实乃罪有应得，群众无不拍手称快。

回忆天津抗日回民支队

房玉岭*

我出生在河北省霸县（今霸州市）两间房村一个回族贫农家庭里。父母信奉伊斯兰教，8岁时由父母送清真寺念书。到15岁那年，正是九一八事变后的第二年，国内政治混乱，内忧外患，民不聊生。我家因贫困无法生活，父母带着我背井离乡，沿途乞讨来到天津北郊天穆村一带，后经人介绍到调合头给地主马家放羊，以养家糊口。卢沟桥事变后不久，天津地区被日军占领，全家只得离开天穆村又回到霸县老家，准备寻找出路，那时我已经20岁了。转年，我抱着不当亡国奴的思想，进入八路军回民抗日学校（即冀中军区第10军分区干部学校）学习。第10军分区司令员朱占魁兼任校长，马维州任副校长。半年以后，学校改编为第10军分区游击第2团，马维州任团长，我在警卫连1班任班长。这年10月，我们活动在大清河以北至津京铁路沿线打击日伪军。

1939年初，马本斋领导的冀中军区回民支队成立，我团奉上级指示，转移到大清河以南，成为回民支队的第3大队。马维州担任了第3大队长，我任第3大队警卫排排长。

---

* 作者时任八路军冀中军区回民支队第三大队警卫排长等职。

1940年，日本侵略军对回民支队发动了大规模的进攻。杜林镇一役是那年旧历年三十晚上发生的。我们打下杜林以后准备打沧县，这时日伪军追了上来，我们便撤回到南韩村，却被国民党鹿钟麟部包围，马维州不战退走。以后马维州叛变了革命，投降了日军，使部队遭受了损失。回民支队不得不转移到深山整训。我和文安县五区区委书记干一等同志留在文安县地方工作，继续组织抗日武装，成立回民小队，马奇山任队长，我任副队长，干一任政委，刘宝伦任指导员。

经过两年活动，到1942年底，回民小队扩大了武装，改编为第10军分区回民大队，上级派赵文龙同志任大队长，张积茂任第1中队长，马奇山任第2中队长，我负责部队后勤供应工作。

这时期，抗日战争达到空前残酷的程度，一次战斗中回民大队被日军、汉奸包围了，马奇山贪生怕死，叛变投敌，使部队受到更大损失。大队长赵文龙调回冀中，任永清县县大队长，我由分区回到文安县8区工作。

在文安县8区区政委马志新同志的领导下，又重新组织回民武装，号召广大回民踊跃报名参加抗日救国的队伍，使仅剩十几人的回民小队发展到了300多人。我们这个队伍后来经过整编，改为第9军分区回民支队，由马志新同志担任队长兼政委，我任侦察排长。

1945年初，我们在政委马志新的领导下，经常活动在任丘、文安、静海、武清等地，与敌周旋，寻找战机，歼灭敌人。同年6月麦收季节，奉上级指示我带一个小队20多人去天津，和城工部地下军司令员马玉槐联系执行新任务。马玉槐是原冀中回建会主任。这时，干一同志也受城工部派遣在天津北郊区工作。

我们20多人步行到离天津西站50公里的苑家口桥。此桥坐落在大清河上，是通往天津的要冲，上至新镇、下至胜芳必经此路。苑家口桥由两股伪军把守，伪军柴恩波部守在桥的南头，桥的北头驻着伪军黄喜标部，这两部分伪军驻扎在大清河沿岸共4000多人。黄喜标是霸县黄庄人，是我冀中抗日游击军第5路军司令黄久征的侄子，所以与我方发生一些联系。

由于敌人有严密封锁，给我们过桥到达天津带来很大困难。为了迅速完成上级党交给我们的任务，在敌强我弱的情况下，只能智取不能强攻。经过上级在黄部进行工作，利用柴、黄两部之间的矛盾，解决部队通过问题。地方党组织写信给黄部驻苑家口桥的据点头目，通知他们“某日将有我主力部队在此路过，望他们放过，不要出来干扰”。另外，我们在当地群众支持和协助下，化装成农民，装作中午回家吃饭，在桥的南头向柴部守卫逼近，准备蒙混过桥。我们分成两组，一组在青纱帐旁的大道上做掩护，一组由我带领，装作干活的农民。通信员张积友装成卖冰棍的小贩走在前头，一边走一边喊：“卖冰棍！卖冰棍！”让伪军哨兵吃冰棍。我装着要买冰棍的样子跟了上去，说时就到了伪军哨兵跟前，乘其注意力分散时，我用枪顶住哨兵说：“不准动。”把他的大枪夺下，随即带其他同志冲进碉堡，里面的伪军有的在推牌九，有的在吸毒，我大喊：“共产党的政策是优待俘虏，缴枪不杀！”敌人立时都愣了，跟上来的同志立即上前将敌人的十几支大枪、一支手枪和子弹全部缴获，并把敌人全部反锁在碉堡里，切断了敌人对外通讯联络的设施，我们一枪未发，通过了苑家口桥南头，跑过几十步的桥面到桥北头。这时黄部守卫人员都上了岗楼，楼门紧闭着，我们迅速通过，进了大清河北面的青纱帐，逐渐接近天津市的边缘。

当我们来到天津北郊刘家房子村的瓜铺时，一连下了三天雨，无法与当地党组织取得联系，同志们又饿又累，没有粮食吃，连吃了三天菜瓜。后来我们派人去天穆村与马玉槐同志接关系，在堡垒户王大妈家与马玉槐见了面。经组织决定，将我队编为天津地下军第 3 大队，配备了一个手枪班。我们编入地下军只是配合活动，是回民支队以地下军名义在郊区进行活动，组织上还受马志新同志领导。

分配给我们的任务是开展天津地下游击活动，打击日伪军的有生力量，提高共产党八路军的威信，迎接抗日战争的胜利。任务明确以后，我队立即做好准备工作，并开始行动，一夜之间就捣毁了南仓、北仓、霍家嘴、大红桥、西于庄等十几个伪警察派出所，又打垮了小股汉奸武装，刹住了日伪军的威风，一些有钱有势的敌伪人员都跑进市里去了。我们在当地向一切爱国人士宣传党的政策，团结了群众，树立了我党的威信，使广大群众和爱国人士都能协助我们工作。我们将地方干部送到清真寺，建立了我地下联络站，为我们以后各项工作顺利开展打下了基础。

有一天，我们接到天穆村大寺和保长的情报，得知警察九分局局长带领大枪队和手枪队共七八十人，以打击回民支队为名准备在北仓一带进行“清剿”，中午到天穆村吃饭。经过研究和分析敌人的活动规律，我们分成了4个组，第一组埋伏在天穆村清真寺附近的路旁打伏击；第二组守卫住北运河口，堵住敌人从河上逃跑的通路；第三组守卫住公路，准备截住敌的增援；第四组由我带着胡景祥、陈二楞等几个人，化装成农民进入大寺胡同。这时敌人正在大寺里开饭。

我们刚刚进入大寺胡同，就看见大寺门口有几个伪军，陈二楞抢上前去打死了一名伪军，我和胡景祥紧接着打死了几个伪军，然后我们占住大寺门口。里面的伪军乱了营，从各屋窜出来，有的拿枪，有的还空着手，有的企图顽抗或夺路逃窜，我们一面喊“缴枪不杀”，一面对顽抗者猛烈袭击，敌人死的死，逃的逃，最后俘虏了十几个敌人，缴获了十几条枪，1000粒子弹和一批军用物资。战斗结束后，我们带上战利品转移到双口村。这一仗，使敌人飞魂丧胆，不知所措，大叫：“北郊来了八路军的主力部队。”他们又从市里调集了大批军队，在千里堤上用机枪和大炮朝着青纱帐打了一整天枪炮，又自我安慰地宣称：“八路军的主力部队已被打垮了。”

敌人一撤，我们立刻又回到天穆村，配合在当地工作的干一同志，组织群众，斗争了恶霸汉奸，活捉了勾结敌伪进行捣乱的国民党先遣军团长穆祥君。我们这一行动大长了群众的志气，灭了敌人的威风。不少青年积极参加活动，踊跃报名参加八路军，扩大了抗日武装的队伍。以后部队暂时离开了天穆村转移到王秦庄。

这时，我冀中军区组织攻打天津西站的战斗开始，回民支队队长兼政委马志新同志命令我们回北郊一带活动，配合大部队牵制和袭击敌人，于是我们便决定直接打击韩家墅营盘的敌人，发起了一次进攻。

韩家墅营盘有东、西、南、北4个门。营盘的四周有土围子，有二三百敌伪军把守着。为了顺利地攻克这个敌据点。我们组织和发动了当地群众和学生200多人，为部队战士助威。

我们部队包围敌人营盘的3个门，只留一个南门，同时分派一部分在南门附近的津霸公路上伏击敌人。我们对东、西、北三门进行佯攻，诱惑敌人，当敌人听到我们的号声和人群呼喊声，不知道我们究竟有多少人，便惊慌失措地从南门出了营盘，恰好中了我们的调虎离山之计。敌人出得南门便进入了我们的伏击圈，遭到我伏军的致命打击。

韩家墅战役的胜利，为日本全面投降前我军控制天津西北部解放区奠定了基础。这一役还缴获了敌人大批军用物资。

抗日战争胜利后，国民党反动派挑起全面内战。为了团结和利用一切革命力量共同对敌，粉碎反动派的进攻，1947年初，上级又派我们回民支队到天津北郊天穆村一带开展工作。由于有抗日战争时期的基础，工作开展得很顺利，在政治上广为宣传，为日后建立新政权准备了条件，并利用商贩从市内搞出各类物资，包括军用物资，武装转运到调合头、胜芳、苏桥等地，然后运往其他解放区，支援华北解放战争。在军事方面，日本投降初期，美军在塘沽登陆后，我们回民支队还活动到天津市的东郊区，打击尚未放下武器的日伪军以及土匪武装，扩大解放军在新区的影响和威信。

1949年天津解放后，我们回民支队又在天穆村协助当地政府维持治安，帮助群众修复被破坏的房屋，并重修了两座被日军烧毁的清真寺，成立了天穆村回族自治乡。

长江下游布雷战

骆周能*

日军派遣大批兵舰突破马当、攻占九江后，我军各炮兵部队，对敌上下航行的舰艇，不分昼夜进行攻击，致使敌遭受重大损失。因此敌人多次集结兵力沿江“扫荡”，设立据点，加强守备，这给我军炮兵攻击敌舰带来很大困难。1938 年 11 月我军从武汉撤退后，配属集团军的炮兵部队也先后奉令撤走。

1939 年底，由海军部先后调来两个布雷大队，大队长林尊、郑天祥。在安徽徽州设立海军布雷办事处，处长刘国平。布雷队军官多数是从英国学习海军专业回国的，爱国心强，工作认真负责。布雷队在沿江守备区，东自铜陵，西迄湖口 700 余里的长江沿岸，展开了布雷战。当时，我是担任掩护布雷队的第一四七师第四三九团团长。先后担任掩护布雷队的部队还有：第一四五师第四三四团（团长罗心量）、第四三五团（团长曾植林），第一四六师第四三八团（团长马国荣）。布雷地区是：鲁港铜陵间、贵池前江口间、马当湖口间，这些地区江岸地形复杂，敌军守备薄弱，便于我军布雷。

我军为了达到打击敌人、阻碍敌人长江航运的目的，发扬了大无畏精

* 作者时任第一四七师第四三九团团长。

神，以诡秘敏捷的勇敢行动，乘隙突入敌区布雷。必要时加强掩护兵力，挺进江岸，强行布雷。在此犬牙交错的敌我战线执行布雷任务，其艰巨性非局外人所能想象，执行布雷任务的官兵，均把生死置之度外。自1938年8月至1941年底，我军共击沉击伤敌军各类舰艇1000余艘，1939年底至1941年上半年在长江下游布放漂雷460余具（每具重100公斤），先后炸沉敌人兵舰、运输舰、汽艇达50余艘，炸伤敌运输舰20余艘。当时敌军正在湘北、赣西向我军进攻，而长江航运是其作战主要运输线，故敌人多次调集兵力"扫荡"我沿江布雷队。先后发动了贵池青阳登陆战、狄港木镇攻守战、东流"扫荡"战、殷家汇九华山等战斗。

现举东流"扫荡"战为例：

1940年11月中旬，敌在东流一带集结第一一六师团高玄旅团所属第一〇二、一三八、一三九联队及志摩支队共6000余人，大炮20余门，在飞机掩护下，于11月20日分两路向东流一带我第一四六师阵地进犯，企图以优势兵力"扫荡"我沿江布雷队及游动炮兵。我军节节抵抗，利用夜间袭击敌人。11月23日，敌一路攻破马田，旋入洋湖陂、雷公岭，主力攻陷尧度街，向石门街进犯。我第一四八师由赣东奉命昼夜兼程于25日拂晓到达指定地区，会同我第一四六师予敌以两面夹击，激战一昼夜，敌人伤亡惨重。至27日黄昏，敌人全线崩溃，是役敌伤亡官兵1700余人，俘敌太田荒山等3名，缴获山炮2门，重机枪4挺，步枪200余支。我军伤亡官兵800余人。

关于长江下游布雷腰击敌人的作战情况，第二十一军军长陈万仞在1941年的一次集会上曾说过这样一段话："现在很多人热衷于打大会战，敌人伤亡惨重，便成为轰动全国的特号新闻。其实打大会战，我军的伤亡并不比敌人小，打仗就是要保存自己，消耗敌人。如果两败俱伤，或者我方损失大于敌方，那还谈什么大捷，完全是自欺欺人。我们对敌人要像蚕吃桑叶一样，一口一口地吃，积小胜为大胜，即是我们用很小的代价，换得敌人几倍甚至几十倍的损失，才是真正的胜利。我们炸沉击伤敌舰，我们用一发炮弹，一个水雷，只花几十元或几百元的代价，就炸沉敌人价值几十万元或几百万元的兵舰，这是一本万利的买卖，却被许多军事指挥官忽略了。"他的这段话，就是指沿江布雷击沉击伤敌人军舰达500余艘，这是我军的光辉战果，但是被人们忽视了，而且得不到上级的支持。武汉失守后，敌人在长江的运航更加频繁，但上级反而把原来配属的炮兵团调走了，经多次请求仅拨来两个卜福斯山炮连，另外经常有炮无弹，有人无雷，迟迟得不到补充，难以扩大我军布雷和炮击敌人的战果。

1940年底，我在第一四七师第四三九团当团长时，担任马当至湖口一带的布雷任务，我就深有体会，感到掩护布雷任务，要比打仗困难得多。当时，我接到的命令是“挺进江岸，布放漂雷”。如若领会要带着部队打到长江中去布雷，这样就完全错了，那必然人和雷均被消灭。第一四五师第四三五团团长曾植林因为这样干了，引咎自杀。

我团每次担任布放20至50个漂雷，事先选定好暗道、湖汊、港湾、灌木密林，选择最坏的气候，大雨、大风、大雪、大雾，黑夜偷布，这样容易成功。每个雷重200斤，要4至8人抬，50个雷要多少人抬？还要有掩护部队，潜行到江边不是把雷放下江去就完事，而是要上船运到江中心航道布放。船从哪里来？要掩护部队把船抬到江边，从敌人据点的眼皮底下到敌人后方去，把雷一颗颗地布放到江中心，这不是一夜两夜，而是要有十夜八夜才能完成的。有时木船抬不到江边，布雷队的官兵就更辛苦了，往往是在水下作业，在冬季大雪天，死在江中的也不乏其人，我是亲自潜行到江边看到的。我们为了避免敌人沿江巡逻艇的监视，不得不在水下作业。如果敌人发现我们在那里布雷，他们就像疯狗一样，不惜一切代价来消灭你，你就是把雷布放下去了，也无用，几只扫雷艇很快就会把雷扫光。水雷布放下江后，还要细心地消灭所留下的一切痕迹。有一次大雪天布雷之后，我们官兵用树枝做成一条长长的尾巴，用来扫除雪地上留下的脚印。时隔数十年，我对布雷队官兵那种不畏艰险、勇于牺牲的精神，永表敬意。

我所知道的上海地下党电台活动片段

刘人寿*

一、学艺

1938 年 11 月我在延安中央党校结业，分配到中央社会部，受潘汉年领导。次年 3 月，组织决定我到日占区上海做秘密工作，3 月底由延安到重庆，住在亲戚家。按规定，我不能同重庆八路军办事处、新华日报等公开机关和地方党组织接触。找不到职业，相当狼狈。我爱人的表兄陈震在国民党兵舰民权号当报务员，在兵舰上被称作“电官”，是海军尉官。他说，国民党政府交通部规定，凡经交通部考试合格的报务员，发给执照，可到电报局、轮船等单位就职，作为技术人员，待遇从优。只要我肯学，他愿教，一般 3 个月可学成。民权舰泊东距重庆 30 里之唐家沱。他不便每天请假进城，我须住在兵舰上。

1939 年 4 月，潘汉年从延安赴港，道经重庆时与我会面，他非常同意我去民权舰学报务。5 月 3 日、4 日，重庆被日机轰炸，我更有了离重庆住往唐家沱的理由。民权舰的舰长到宜昌做买卖，副舰长当家。陈震与副舰长是同

* 作者时为中共中央社会部派往重庆、上海从事秘密工作人员。

学、同乡，他听说我是陈震表妹的男朋友，目的是学一门谋生技术；陈震愿意帮忙，他当然乐得大方。陈震写了个保单，我就住上了兵舰。我知道电台工作的重要性，它是沟通中央和上级党组织的工具。所以我把学技术当做掌握一门革命战斗武器来学，每天练习四五个小时。平时不上岸、不看新华日报、不谈政治，只在星期日去一次重庆，当天回舰。按潘汉年的指示，我没有隐瞒去延安的经历，只告诉舰上的青年，延安人刻苦耐劳、没有官架子是真的；对国共合作当然各有各的看法；我母亲在重庆附近涪陵，我是独子，故不能不回家。

经两个月的刻苦学习，我已能每分钟发电码 120 个，超过了每分钟 80 个电码的标准。于是写信告诉香港潘汉年。组织寄来赴港的路费港币 100 元 (合当时法币 270 元)，我爱人的路费由她哥哥供应。我对我母亲和民权舰上的人说在港同学给我找到了职业，由舰上一练习生介绍一辆商车到昆明，又经陈震介绍昆明海关电台台长帮忙，办了出国手续，经海防到香港，与潘汉年接上关系。潘见我们两个十八九岁的青年，能依靠社会关系，如此快速到港，还称赞了一番。

当年我们为什么不隐瞒到过延安的经历？怎么能住进兵舰？其实道理很简单：第一，我爱人从延安来，陈震是知道的。如果不说这一点，那就暴露了我们是有任务的，陈震就有思想负担，不易坦然应付各方。我们需要保密的只是我们的任务和中共党员身份。相爱的男女青年离家出走到延安再回家，在当时是个很平常的事。第二，这是陈震个人教技术，不是国民党正规办训练班，不需要办填表格、写自传之类的手续。第三，陈绍宽做海军部长同后来桂永清做部长时不同，国民党海军当时还不曾那么“党化”。

二、几个电台

1939 年 9 月底，我与潘汉年同船由港到沪。潘原打算利用一个有合法掩护的电台，因日方控制过严，日海军抄去了这个电台的呼号、波长，我们就不能利用这个电台了。1940 年 8 月我奉命调离，现在有些文章说我用这个电台与延安通报，完全不确。

这时，延安通讯学校毕业的张志申、叶钟英、汤琦(叶母)、朱捷夫(叶继父)到上海。叶是烈属，朱是受过敌监狱考验的老同志。在组织安排下，于黄陂南路 710 弄 46 号设了电台，与延安通报。但屡呼不应。组织要我去帮忙，接通了。这个电台除与延安通报外，还抄收新华社新闻电讯。到 1942 年夏被搜查才停止工作。

1941 年夏党组织在复兴中路 1288 弄 1 号希普夫人家又建一电台，我任报务员。希普是外国记者，1941 年 11 月 30 日在山东沂蒙山大青山反“扫荡”中英勇牺牲（1963 年 10 月，遗骨从赣榆县马鞍山移临沂烈士陵园，修了陵墓）。

1941 年 12 月 8 日，日本发动太平洋战争，上海日军进驻公共租界。当时党组织又打算另建一有掩护的电台，调我和叶钟英、汤琦两人住入。他们把我用的 100—120W 大功率发报机交黄陂南路张志申使用。但因敌内部矛盾，掩护电台没建成。

1942 年夏，日方发现黄陂路电波，到 710 弄搜查。因我方机器收藏良好，掩护者应付得法，敌未发现破绽。当时组织上有两种意见：一种认为目标已被敌发现，机器仍在屋内，万一被查出，张志申不免被捕，因此张志申应及早撤回解放区。另一种意见以为敌既未查出机器，一走反而暴露，则掩护的同志、房屋的保人等都要受到牵连，破坏更大。再说，当时我部并无去解放区的交通，交通由江苏省委掌握。通过省委，找到交通，联上关系，需要相当时间。因此，潘汉年毅然决定，张志申坚持几天。张坚决表示，“服从组织决定，宁肯牺牲自己，决不损害组织”。这种悲壮场面，真有点“风萧萧兮易水寒、壮士一去兮不复还”的气概。见者泪下，听者动容，每念及此，感慨不已！便衣日本宪兵，在弄内经租楼上，用耳机听了两个晚上，无所获而去。后来，张志申安然撤退。

三、李白电台被破坏和营救李白

张志申和叶钟英撤退后，上海潘部只剩下我一个人懂报务，但不懂装配、修理。潘介绍我向涂作朝学习修理、装配。涂是湖南人，木工出身，1925 年先到莫斯科东方大学军事班、后到伏龙芝军事通讯学校(低级军官学校)学习过通讯、制造零件等。先在上海，后到苏区工作。1936 年底，周恩来同志在西安介绍他见潘汉年，调上海工作。1937 年 1 月，他与潘接上关系，奉命在上海开个无线电小修理店。潘要我到他店中学习装配，他也常到我住处，以准备架设电台。才学了几次，他突然到我住处说，与他有联系的一个电台(后知即李白台)已被破坏，报务员被捕。涂要我报潘设法送他到解放区。不久，潘汉年和江苏省委领导人刘晓、王尧山、赵先等也奉中央命撤到淮南解放区。这样，我们与上级联络就改用交通员了。

李白电台受龚饮冰领导，在上海由江苏省委联系。在上海潘汉年电台建立之前，上海各单位都可经该台向中央发报。该台在 1942 年秋被破坏。到了 1944 年，龚饮冰领导下的一位同志打算营救李白。该同志有一个亲戚，与汪伪头面人物及国民党有往来。他想托这个亲戚，又怕谈僵，未敢启齿。他找到我部的华克之。华是 1935 年刺汪精卫的组织者，曾被蒋介石以 10 万元通缉。1937 年到延安，受过毛主席接见。1939 年华经连贯、廖承志介绍给潘汉年领导。华确证李白在敌严刑拷打下并未暴露中共党员身份。报经我部领导张唯一同意，由华找那位亲戚出面，托汪伪头面人物向日宪兵高级领导人交涉。这位亲戚承认这个电台是属于他的。这时日军在太平洋战场上已转入劣势，正在拉拢重庆，所以很快就答允，交 76 号办理取保手续释放。这样，李白的关系不久就转入我部。

四、我后来知道的一些电报内容

报务员是不知道电报内容的。当时能看到的只是新华社新闻电，如中央对皖南事变的声明之类。1980 年代研究党史，才知道 1939 年至 1942 年这些电台传送了许多重要电报。如潘部可与江苏省委建立联系，潘部供应情报、江苏省委供应干部；皖南事变后要接待突围的新四军人员、接待被迫撤离国民党统治区的民主人士，开拓南洋关系；中央调查研究提纲；中央对审干的指示、规定；太平洋战后撤退香港民主人士；对潘上报件的表扬、批评、指示等。潘上报件电文有：关于英法远东慕尼黑活动；蒋日勾结情况；日汪密约、汪伪政府成立前后情况；日特机构；德苏战争一触即发；日美谈判；日军准备南进；太平洋战后撤退我在港机关和部分民主人士的计划等。

无疑，这些电报有助于中央决策，有助于贯彻中央意图。对于在敌区从事这种默默无闻工作的同志，得知上述内容，也是一个极大的鼓励和安慰！

大洪山国共两军合作抗战纪事

邱自操*

国共第二次合作，鼓舞了全民爱国热忱。武汉保卫战之后，第四十五军军长陈鼎勋，率两个师去湖北，阻击随县、安陆一线的日军，军部驻大洪山西南麓。这时，附近驻有新四军一个游击队，队长姓李，事隔四五十年，名字虽不复记忆，脑海里还留下他一个形象：20 多岁的青年，书生面目，却无比英俊。因同在一条线上作战，他常来军部传达敌情。那时我是军部少校参谋兼警卫连长，他一到军部，便来找我谈天，非常亲热。

记得 1939 年 3 月，战斗激烈。军部距前线 10 余里，已清晰地听到日军的炮声。一天正午，前线师旅团的电话突然中断，侦察兵纷纷回报："敌人凌晨发动总攻，我军前线崩溃，各师旅情况不明。"陈军长立即召开紧急会议，准备向后方钟祥撤退。正研究中，新四军这位李队长来了，他说："据确报，随县、安陆之敌，今晨发动奇袭，击溃了前线部队，又闪电迂回，占领了钟祥、京山，军部已被包围。"这一意料外的突变，使与会官佐一个个惊呆了，陈军长毅然说道："事已至此，只有精选敢死队突围，别无他法！"

"突围！突围！"群情激昂！

---

* 作者时任第四十五军军部参谋兼警卫连长。

“不行！不行！日寇两个师团，截断后方，贵军只有一个预备团和一个警卫连，兵不满两千，又多后勤人员，硬打突围只有白白地牺牲！”李队长分析敌我情况。

“牺牲总比当俘虏好！”陈军长慷慨地说。

“不用激动，我来个建议！”李队长从容地说。

“李队长有何高见？”参谋长刘万抚问。

“目前敌人正把全力集中钟祥、京山一线，后防空虚，我建议绕道穿过大洪山区，回到枣阳地区再说。”

“大洪山区是敌人盘踞的地方，怎去得？”陈军长忧虑地问。

“明知山有虎，偏向虎山行，来个出奇制胜。请放大胆，我率领这个游击队，送你出围！你看如何？”

“你……”大伙又惊异地望着李队长。

“这鄂西北一带，是我父母之乡，这大洪山区纵横200余里，各个山头和高坡，都有碉堡。那是前几年蒋介石打内战，筑来防御红军的，现在被日寇利用。不用怕，这是件好事！敌人占据碉堡，虽然白昼凶狂，黑夜则龟缩碉楼上，紧闭堡门，不敢越雷池一步，钢炮厉害，只能射远，这笼中老虎吓不倒人。我们去穿他的后防，白天休息，夜晚行军，取的路线，就在他碉堡之下。计划6天，便可安全出围。”

陈军长听到李队长对敌人如此熟悉，对友军如此关心，便同意行动。

当天午后，队伍集合在东北道上，行军序列：李队长率所部任前卫，其次为预备团一营、军部、警卫连，预备团二三营为后卫，辎重行李全部携上。陈军长年近花甲，往日行军坐滑竿，今天黑夜步行，不得不拄一条手杖。李队长关心地说：“军长年龄太大，还是坐上滑竿，我保证你一路平安！”

那时，正是阴历二十几，上半夜黑漆一片，四野寂静。部队在游击队引导下，悄悄地摸索而行。第一夜急行60里。天色大明，李队长已相候道旁，向军长说：“各部宿营地、饮食已安排妥善，5里之外有老百姓替我们警戒，大家用过饭，请安心睡觉。”

最奇异的是这些游击队战士，和当地男女老少，无比熟识而亲热，需粮有粮，需菜有菜，这位队长还同小孩们都在欢笑招呼，宿营地好像一个文明招待所。

第二夜进山了，沿途山不甚高，总觉得此起彼伏，所过路径两旁，隐约望见灯火通明的碉楼，有时竟在碉楼下走，还听得到日军叽里呱啦的酗酒狂笑声，心情不觉紧张！可是，龟缩在碉堡内的日军，竟是一些夜盲，既不敢看碉下夜景，更想不到有1000多名中华健儿，在他卧榻之下扬长而过。

白天睡眠，夜晚行军，有新四军友谊照顾，既无战斗之苦，又无饥渴之虞，顾虑逐渐减少，心情日益舒畅，竟不觉置身在日军包围之中。一天两天三天过去了，第四夜，夕阳西下，队伍坐在小道上，候令出发。李队长来了，他习惯地向军长行个军礼，含笑说道："今晚要打仗啦！"

"怎么？我们被敌人发现啦？"陈军长惊问。

"敌人怎会发现我们，是我们要打敌人！"

"突围战斗吗？"

"不！距这儿约20里，有个李家畈，是日寇一个大队扼守，那是我们必经之地，大洪山总口子，大碉之上的照明弹，每晚把四周的道路，照得如同白昼一般，很难通过。"

"那怎么办？"刘参谋长急问。

"有办法，今晚进入那个地带，我这个队去村前发动群众，把鬼子的照明器和火力，引到村前，我叫王排长来给你们带路，从村后潜行通过，等候你们走远了，我也走了。"

"担心你们火力有限，我派第一营协助。"军长高兴极了！

李队长说："不是去决战，用火力来做啥。我是在导演一场'过昭关'，游击队唱皇甫讷，你们就唱伍子胥。"

"哈哈哈哈……"陈军长和参谋长抚掌大笑，连声赞好！

午夜2点，天黑如漆，军部在新四军王排长引导下行动，一时走田垣，一时涉小溪。正行进中，忽然几个照明弹从一座大碉中飞出，大众忙原地卧倒，刚伏下，只听到"啪啪"，村前枪声两响。霎时碉里的照明弹，如万千火球在村前起落，日军的步枪、机枪、手榴弹响得天崩地裂，而大磵的后村，却依然黑暗寂静。在王排长领导下，军部和部队从容不迫地通过了日军把握的“总口子”。拂晓，李队长率队平安赶到，他自豪地说：“今夜这出戏，我们只花了 5 颗子弹的本钱，而日本鬼子便消耗了数以万计的日元，很划得来！”

第七天，李队长率队前来军部告别，他说：“出山了，前面不远便是枣阳地区，没有日寇了，以后抗战胜利再见！”

“你要转回去呀？”陈军长惊问。

“要转回去，鄂西是我的家，我们怎能不要家！国共能精诚合作，鬼子是要消灭的！”

“这次，你保护我们巧妙地突出重围，使 1000 多官兵出生入死，这厚情高谊，写在抗战史上，千古不磨！我谨代表本军官兵，致以十二万分的感谢！崇高的敬礼！”陈军长与刘参谋长依依不舍地与李队长握手告别。

回忆李友邦和台湾义勇总队

严秀峰[*]

李友邦（肇基），1906 年 4 月 10 日出生于台湾省台北县芦洲乡。祖籍福建省厦门市集美镇兑山村。祖父李湿泉，务农为生；父亲李万来，从事教育；二弟李友烈（承基）、幼弟李友士（丕基）因参加抗日活动先后被日本刑警派遣爪牙流氓蔡君通（黑翘）杀害，而组建抗日团体台湾义勇总队的李友邦竟于 1952 年 4 月被台湾当局以“包庇匪谍”“勾结共党”的罪名杀害。兄弟 3 人都壮烈牺牲了，可谓一门三烈。

我与李友邦因一起参加中华民族抗日战争而认识，并在对国家、民族理念认同的基础上彼此相爱而结了婚，婚后共同为中华民族抗日战争和台湾民族革命运动而奋斗。

李友邦秉性质朴憨厚，择善固执，是典型的农家子弟。自幼就不满日帝统治台湾，具有强烈的民族意识，在就读台北师范学校时，就激于义愤经常策动同学进行抗日活动，并加入蒋渭水领导的文化协会。1924 年 4 月，他伙同林木顺、林万振等 8 位同学突击台北新起警察派出所，因事态严重，轰动台湾，被师范学校开除学籍。当局要缉捕他，他获悉后连夜越墙逃出，与

* 作者系台湾义勇队队长兼少年团团长李友邦夫人。

林木顺、谢雪红等人潜往祖国大陆。林、谢二人转去莫斯科；李友邦因受孙中山先生革命精神的感召，于同年 4 月径赴广州，后攻读于黄埔军校第二期。孙中山先生对李友邦的革命理念予以认同，并给予鼎力支持，他遂在广州成立“台湾独立革命党”（“独立革命”系针对日帝殖民统治台湾而言。1938 年 9 月，该党修正后的党章第一条即明文规定：“本党宗旨为团结台湾民族，驱除日本帝国主义在台湾的一切势力；在国家关系上脱离其统治，再归返祖国，以共同建立三民主义的新中国”，同时又公布了《台湾独立革命党告全国同胞书》）。

在长期的革命斗争中，李友邦始终把台湾的命运同祖国的命运紧紧地联系在一起。1941 年国民党的陈诚将军在《台湾革命与中国革命》一文中也说：“李友邦先生是台湾民族革命运动的领袖，台湾独立革命党于民国十三（1924）年在广州成立，那时我们的总理孙中山先生还在，这个革命党就是李友邦先生感受总理革命精神而成立的。过去在李先生一手培育中，曾发动过无数次的革命运动，自七七抗战以后，他便组织了台湾义勇队，实际参加祖国的抗战，功绩卓著。”陈诚认为李友邦领导的台湾革命运动是民族自卫运动，并且指出，500 万不甘做亡国奴的台湾同胞，汇成伟大的力量，加上一个祖国抗战必胜的条件，十足保证了台湾民族独立革命的成功。

李友邦在分析了台湾革命的前途与中国抗战的关系并衡量国际情势后指出：“欲救台湾，必先救祖国，欲致力于台湾革命的成功，必先求取中国抗战的胜利。”秉此原则，他提出“保卫祖国，收复台湾”两大口号，号召全国各地区的台湾同胞，不分男女老幼，汇集到浙江金华（当时李所在的浙江抗日后方中心）来，随即于 1938 年秋，在金华酒坊巷 18 号，筹建台湾义勇队与台湾少年团。

1939 年 2 月 22 日，这两个抗日救亡组织正式成立，当时台湾义勇队为 42 人，台湾少年团为 6 人。建队之初，以闽北崇安县（今武夷山市）台民垦殖所的台胞为基本骨干，此后参加者日益扩增，到 1940 年初，义勇队已增加至100余人，少年团亦增至50余人。李友邦担任台湾义勇队队长兼少年团团长；张一之先生任秘书，其夫人李炜（现名夏云）任少年团指导员。同年3月2日及9日，经《东南日报》披载后，义勇队和少年团的声誉响遍浙江与福建各地，成为台湾同胞首先参加中华民族抗日战争行列的有组织的团体。当时，由于台湾的国际地位尚未确立，台湾义勇队与朝鲜义勇队同属国际性的最坚强的抗日革命队伍，深受国际人士的注目与崇敬，也受到国民政府的重视与百般拉拢，借以增加抗战的声势。

台民垦殖所是福建省政府于1938年强制成立的。这年的5月20日午夜，福建省政府主席陈仪突然下令，在一夜之间，将无辜散居在福建地区的台湾同胞，全部强迫集中到闽北崇安县，成立台民垦殖所。起初每天由省政府发给生活费1角、儿童7分，仅够买大米果腹，其他生活消费无着；3个月后，连这点可怜的生活费也不发了，责令垦荒自谋生活，实为强迫劳动，从事生产樟脑油，除每月发给微薄的工资外，生产所得全部归属于福建省政府所有。在闽台胞们生活如此悲惨，政治上又备受政府的歧视，真是报国无门，悲愤交集。

李友邦对于在闽台胞备受当局凌虐的情况深为不满，遂通过浙江省政府主席黄绍竑亲函国民党福建省党部主任委员陈肇英，并由陈陪同李友邦专访陈仪主席，要求当局释放善良台胞。陈仪终于被说服而准其所请。1938年11月9日《福建民报》发表这样一则消息："台湾独立革命党李友邦首领、秘书长张一之两人，由浙来闽，先到崇安台民垦殖区视察，该区共有400余人，经李、张二人详加释导后，均自愿参加前线抗战，或担任救护工作。李、张两氏因此特来榕，与党政当局磋商，结果颇为圆满，本日再赴崇安向台民报告，并计划进行办法。"同月14日，在金华出版的《东南日报》也发表了一则消息："台湾独立革命党为响应祖国抗战，完成自身解放，李友邦主席等为唤起国内同胞一致奋斗，顷抵闽北某地，并发表《告台湾同胞书》，勉励全体台胞，立即奋起反抗暴政，解除亡国痛苦和耻辱。"这两则消息，都报道了当年台湾独立革命党主席李友邦到崇安台民垦殖所组织台湾义勇队的情况。崇安县县长刘超然还召集台民开欢迎台胞领袖大会。李友邦主席用台语演讲，台胞们聆听到激动之处，纷纷报名参加台湾义勇队。李友邦与张一之两人眼看台胞报国心切，即回福建永安向省主席陈仪陈述情况，陈仪表示全力支持。《福建民报》11 月 27 日第 4 版载：“集中崇安台胞，参加祖国至前线抗战，已组织台湾义勇队、救护队，不久当可出发前线。”

1939 年 2 月 19 日，李友邦再次回到崇安，把原先报名参加抗日工作的台胞 42 人、孩子 6 人带往金华。这些台胞离开崇安时，留在崇安的台胞和当地人民召开欢送大会，据现在仍在崇安工作的林少华介绍，欢送台湾义勇队的大会气氛热烈，县长刘超然与第一批北上的台胞拍摄合影。2 月 20 日下午队伍到达金华，2 月 22 日在金华酒坊巷 18 号正式成立台湾义勇队和台湾少年团。

这些令人激动、鼓舞的消息，连续地分载于《东南日报》等各报的报道中，从崇安到金华，沿途所经之处，参加台湾义勇队的台胞们受到当地人民的热情欢迎。从 1939 年 2 月到 1945 年抗战胜利，这一支以福建省崇安县台民垦殖所人员为基础骨干所组成的台湾义勇队（青壮年的成为义勇队队员，少年儿童成为少年团团员，老年妇孺成为生产队队员），遂成为一个革命的大家庭，也是一支活跃于浙闽前线坚决抗日的革命队伍，他们在艰苦奋斗中，出生入死，为中华民族抗日战争的最后胜利，奉献出自己的一切，树立了不可磨灭的历史功勋。

1943 年，中英美三国在埃及召开的开罗会议上达成重要决议：台、澎归还中国，朝鲜独立。至此台湾的国际地位正式确立，台湾义勇队扩大编制为台湾义勇总队，直属于国民政府中央军事委员会（委员长为蒋介石）政治部（部长为陈诚，副部长为周恩来），李友邦由少将队长升任为中将总队长，总队下设 4 个支队，工作层面遍及前线、后方、大陆敌后与沦陷区（台湾）四大领域，台湾义勇总队的声势日益壮大，已成为中国抗战怒潮中的一支激流。

关于抗战时期的台湾义勇总队，其主要的工作任务，可分为四大项目：

一、对敌工作。配合“七分政治，三分军事”的国策，以政治的进攻，求取军事的胜利。欲完成这项任务，必须先促使敌人士兵心理上的觉悟与观念上的改变，让他们明确认识日本军阀发动对中国的侵略战争是罪恶的，使之从厌战、反战的心理进而哗变反正，再进而掉转枪口对准日本军阀。如：1. 派遣台湾义勇队队员参加前线作战部队，一是教部队士兵学日文日语，以便在作战时向日本士兵阵前喊话，策动反正；二是参与教育日本战俘的工作，以诚恳的态度，动之以情，晓之以理，使之觉悟，加入中国抗日战争的行列。2. 深入敌伪组织，搜集情报，策动日军放下武器，促使伪组织崩溃。台湾同胞熟谙日文日语，担任对敌伪感化工作的任务是非常适当的，其对敌伪的政治攻势颇具效益。

二、医疗工作。抗战时期，医务人才与医疗设施的严重缺乏是前方后方共同迫切需要解决的大问题。台湾义勇队适应战时实际需要，发挥自身优势，在医务工作上所做出的重大贡献，获得全国一致的推崇和赞美。义勇队先是在金华总队部设立诊疗所，免费为同胞诊疗。又另组织巡回医疗队，前往各地乡村及前线进行巡回医疗。这种工作非常辛苦，无论酷暑严寒，每日至少要步行七八十里路。因患者众多，诊疗所及巡回医疗队已不敷所需，遂于 1939 年 9 月 12 日在金华正式成立第一台湾医院，1940 年 11 月又在衢州增设第二台湾医院（该院于 1941 年遭日机轰炸而被摧毁，死伤惨重，令人悲愤沉痛），1941 年夏于兰溪成立第三台湾医院，1943 年在福建省建阳县成立第四台湾医院。医院均设有内科、外科、小儿科、妇产科、眼科、牙科、耳鼻喉科、皮肤科及痔科等，凡挂号费、诊察费一律免收；即使是医药费，也只收一般医院的 70%。至于军人、军属及贫苦民众，则一律免费。凡急诊患者，不论路途遥远，即使深夜时分，医院都会随时派人赶往急救诊疗。自医院成立后，就诊者日益增多，确有应接不暇之虞。由于经费困难，物质条件缺乏，工作人员每日只能果腹两餐，医师们除了奉献医疗技术和全部精力外，还得献出个人所有的药品，每天从上午 8 时到晚上 11 时，连续工作长达 15 个小时，几乎连吃饭的时间都没有，但每位员工都毫无抱怨地努力坚持工作。他们的积极奉献和刻苦耐劳的服务精神，赢得了全国同胞一致的感激与尊敬。因为他们不是一般的职业医师，他们从事医务工作的目的是为了支持祖国抗战的胜利，以求取早日光复台湾。

三、生产报国工作。“一面抗战，一面建国”，是抗战时期的重要政策之一。后方生产是支援前方作战的重要后盾。台湾义勇总队的队员中，有多人具有国防生产的技术，除能制造为军火所必需的樟脑和樟脑油外，还能制造为医治疾病所需的药品。自抗战爆发以后，许多港口都被日寇所封锁，国外药品来源断绝，如前线最需要治疗疟疾的奎宁丸和胃药、皮肤药膏等。台湾义勇队所制造生产的诸多急需的药品，首先输送到前线部队，再供后方民众治疗。在战时药品极其缺乏的情况下，台湾义勇队为解决当时严重缺乏的医药问题，可谓奉献卓著。

四、巡回宣慰工作。此项工作由直属台湾义勇队的台湾少年团担任。台湾少年团是抗战时期全国最著名的儿童团体之一，他们都是从日寇的铁蹄下被抢救或逃出来的儿童。对少年团的教育方针是“一面工作，一面学习”。他们虽然只有小小的年纪，却也懂得什么是抗战、为什么要抗战的大道理。他们所学的基本学科有：国文、算术、历史、地理、常识；理论方面有三民主义、台湾问题、祖国抗战及儿童问题；技术教育有唱歌、舞蹈、戏剧及军事操练等。他们经常到前线及东南一带地区去巡回表演，激励前线将士们的士气和后方民众抗战的热忱。这一支小小的可爱又勇敢的抗战队伍，受到当时全国同胞的激赏、爱护与赞许。

综合台湾义勇总队的历史使命，除为反抗日本帝国主义统治台湾而从事的殖民地民族革命运动外，还参加了中国神圣的抗日战争。正如李友邦所谓：保卫祖国，参加抗日战争，以争取抗战的全面胜利，是联合台湾一切革命的团体和力量，与日寇做长期艰苦的殊死搏斗，最终光复台湾的前提和根基。李友邦以其毕生为台湾殖民地民族革命运动奋斗牺牲，及其领导的台湾义勇总队对中华民族抗日战争所作的奉献，成为台湾光复运动史上不可磨灭的光辉一页。当今大陆和台湾许多专家学者，咸认为李友邦确是一位高瞻远瞩的政治家。

在兰州接收苏联飞机略记

江月樵[*]

自七七事变后，我国沿海各港口已逐渐被日军封锁。国民政府军委会为了加强空军力量，突破日军封锁，急于开辟西北国际交通线，以求得苏联的援助，特于1937年秋由航委会在兰州设置空军第一军区司令部(以下简称空军区部)。它的主要任务为接收苏联支援的各种飞机和其他军用物资，修筑甘肃、宁夏、青海、新疆各地区的飞机场。接收苏联的这些飞机，是由苏联先将飞机分期分批地飞送哈密，再由空军区部派飞行员到哈密接机，经由安西、酒泉、张掖、武威等空军站加油，飞集兰州空军总站接受调配。日机屡次来兰州轰炸，企图炸毁这些飞机，削弱抵抗力量。

苏联援助的飞机，有运输机、轰炸机和驱逐机，当时我在空军区部任科员，后又调任测量队队长。因该部人员较少，我曾一度兼办接收苏联飞机登记事项。接收的飞机计有TB型运输机数架，DB型中轰炸机也不多，只SB型轻轰炸机较多，而E-15和E-16型的驱逐机为最多。对于这批飞机在兰州被炸毁和在接收途中的损失情况，据我耳闻目睹，记述于后。

敌机轰炸兰州的目的，主要就是轰炸接收的苏联飞机。每次苏联飞机到

---

* 作者时任国民政府航空委员会空军区部测量队队长。

达兰州，第二天上午敌机即由运城起飞，经过西安直飞兰州机场上空轰炸。空军区部译电人员，为了加强保密工作，有时将接收的飞机以“黄牛”“花牛”“山羊”等名称作为代号，也起不到作用，因为沿途各空军站电台人员极为复杂，很容易泄漏消息。

在兰州接收苏联的飞机，以1939年春为最多，敌机前来轰炸的次数也最多，兰州机场被炸损失也最大。在兰州机场停放的飞机，不仅有接收的苏联飞机，还有临时停放在机场的飞机及机场附近修理的飞机，都受到相当的损失。当时在兰州机场的空军总站，航委会派驻有空军驱逐队（以下简称驱逐队），由运城起飞的日机如飞过西安仍向西飞，兰州即发空袭警报，驱逐队的驱逐机，亦即升空巡逻。但敌机到兰州机场上空投弹时，驱逐队的飞行员有的借故逃避，有的则在上空借口巡逻而观战，致敌机如入无人之境，疯狂地轰炸，并在轰炸后安然而去。本来在敌机进入警戒区前，我应先予以迎击，在敌机轰炸后返航时，应给以追击。造成这些情况，一是有些驱逐队飞行员怵敌，二因空军区部司令沈德原是北京南苑老航空人员，新飞行人员多不听命，指挥不灵。航委会对沈德严电斥责，沈乃急与驻兰州的苏联空军志愿队联系，要求他们配合协作，迎击敌机。1939年4月中旬，又有敌轰炸机9架、战斗机5架来兰州机场轰炸，苏联空军志愿队和中国的驱逐队共同迎击，空战极为激烈，终将来犯的敌机，全部歼灭。当时将缴获的敌机残骸和装备以及从敌人尸体上检获的一些迷信符咒，都陈列在兰州东门里中山市场内展览，任人参观，一时人心大快。敌机受此重创后，有数月之久，没敢再来兰州轰炸。

开始敌机屡次来兰州机场轰炸，主要目标在飞机场，很少波及城市（兰州机场在城东七八华里）。自1939年10月起，敌机又屡次成批的来轰炸兰州城市，因为那时由苏联来的支援飞机已经很少，而接收苏联的各项军用物资，已经由这条交通线大批地运集到兰州城内招待所等处存放。同年11月下旬的一天上午，竟有130余架敌机大规模地空袭兰州。当时据我目击，这批敌机排成人字形的雁群大小两队，由西北向东南低飞，进入城区，即疯狂地轰炸扫射。这次城内损失较重，伤人较多，所幸西北唯一的黄河铁桥尚未被炸。

苏联支援的飞机，除在兰州被日寇飞机炸毁的以外，在由哈密接飞后，经过沿途各空军站，也发生了一些不应有的飞行事故，造成不少损失。有的机损人伤，也有的机毁人亡，更有的飞迷坠在丛山深谷中，人机俱已无踪。造成这些事故的原因，除了飞行技术不高外，更主要的是飞行人员都想发财，在由哈密起飞时，全都带运内地极为需要、价值较高的苏联花布、条绒和其他珍贵物品，以及新疆土特产等。这些货物一经运到兰州寄卖商行，立即抢购一空，获利数倍。如再运到成都、重庆等处，则获利更多。所以在哈密起飞前，都是尽量地多带货物，以致飞机载量超重，操纵失灵，是为发生飞行事故最主要的原因。当时航委会以及其他有关机构，对于苏联支援飞机在接收途中屡次失事，颇为重视，多方追查失事原因和责任，一时闹得极为紧张，大有山雨欲来风满楼之势，但其结果，还是官官相护，雷声大雨点小，不了了之。

苏联空军大队长库里申科牺牲记

陈嘉章*

抗战爆发后，蒋介石为加强空军力量，突破日军空中优势，派孙科赴苏求援。苏联很快答应先援助飞机 100 架，并组织空军志愿队来中国支援作战。

1939 年夏，日军疯狂轰炸我各大中城市，成都也是屡遭空袭。其时我任职国民政府川陕鄂绥靖公署上校参谋，适在成都，和大家一样，都急切盼望苏联的轰炸机早一天驻防成都机场，对日军还以颜色。

当时苏联援助中国抗日的“喀秋莎”轻型轰炸机，在保卫武汉中立过大功，但自退出武汉以后，轰炸的半径加大了，完成远距离的任务，不能不落在“达莎”——苏联远程重轰炸机身上了。盼望了许久，终于由大队长库里申科带来了一个大队重轰炸机及飞行员、射手、地面工程师、机械士全班人马。库里申科有着朴实的面孔，健壮的体格，头发微带黑色，瞳仁的颜色和中国人差不多，眉毛浓浓的，个子高高的。有一次吃中国饭，他学着用筷子，但两根筷子在手里分不开，他看看别人，又看看自己，大笑起来。他是那种虽然少话但和蔼可亲的人。

* 作者时任国民政府川陕鄂绥靖公署参谋。

在日机穿梭式的轰炸下，苏联空军一面作战，一面又担负起帮助训练中国空军的任务。清晨，“达莎”挺立在成都太平寺机场，加油车在四处奔跑，发动机在吼叫，震惊了寂静的晴空，库里申科大队开始教练了。

起飞前，库里申科对每个学飞的中国飞行员讲当天飞行的科目，讲远程重轰炸机的特征、性能、操纵方法和仪表等，他还亲自看着飞行员坐到驾驶舱里的座位上，给他们垫好垫子，自己才坐到前舱里。

降落地面后，库里申科又仔细地讲评这次飞行的成绩、缺点和纠正的方法。为了纠正一个飞行员的落速和进入机场角度的偏差，有时连续带着飞行三四天，在跑道旁这样比比，那样划划，耐心示范施教。

8 月上半月，刚刚结束教练，库里申科大队担负起了帮助中国对日作战的轰炸任务。库里申科大队将严守军事秘密的精神贯彻到了每个人，每个计划的细节。出发的头一天，一点也看不出第二天要出动的征候来。照例是晚上两三点钟的光景，库里申科大队长亲自到机场去和队员们一齐动手，抬炸弹、挂炸弹，开来油车上足油。东方太阳尚未放红，库里申科和他的战友们的铁鹰已高翔在百里以外了。

8 月 14 日，当东方放白的时候，库里申科又一次率领着他的战友们飞走了。起飞前他还拉开舱门挥手向留在家里的战友致意。谁也没有想到，从此再也看不到库里申科了。

傍晚了，铁鹰陆续返回，但不见库里申科回来。刚刚离开机舱的副大队长马卡罗夫，说出了库里申科大队长牺牲的噩耗。

14 日下午两点钟，库里申科大队长率队在武汉上空同德国法西斯提供给日本的“米塞斯特”战斗机展开了生死的搏斗。据库里申科大队长的射手说，在这次战斗中击落敌机 6 架。战斗刚一开始，3 架米式敌机就直扑向库里申科的领航机，射手对准猛扑的一架敌机开火，黑烟马上冒起来了，敌机翻滚下去了。但库里申科驾驶的领航机的左发动机，却被另一架敌机打中了。库里申科用单发动机飞出重围，沿着扬子江飞到四川万县上空，机身失去了平衡，不能再继续前进。为了保持飞机完整不受损失，库里申科将单发动机飞机，平稳地降落在扬子江心。轰炸员和射手脱下飞行衣，跳水游到岸上，但 3 个月来为中国人民抗日事业昼夜操劳、又在空战中过度疲劳的库里申科大队长，再无力气游到北岸了。扬子江的狂涛卷走了这位中国人民的战友。

汉奸市长何瓒被诛记

沈国英*

1937 年 12 月 24 日，日本侵略军占领杭州；第三天 (12 月 26 日) 即纠集了一批汉奸成立了伪杭州市维持会，接着又于 1938 年 2 月 1 日成立了伪浙江省自治委员会。

日伪当局为了强化对杭州人民的血腥统治，于 1938 年 6 月成立了伪杭州市政府，首任伪市长何瓒粉墨登场。

何瓒，又名何希甫，男，福建人，40 多岁。何瓒早年曾在日本学医。杭州沦陷后，任日本宪兵队长的若松茂平，曾是何瓒当年在日本的同学。凭着这一关系，何瓒就认贼作父，卖身投靠，受到日寇赏识，当上了首任伪市长。

何瓒上台后，为了表示其对日本主子的忠贞，就卖力地为贯彻日本建立所谓“大东亚共荣圈”的殖民政策服务。

1939 年 1 月 5 日，何瓒以伪市长的名义，发布了对杭州人民横征暴敛的“一号通令”。这使生活在日寇铁蹄下的杭州人民无不切齿痛恨，因此也引起了国民党中统浙江站的注意。当时在金华的中统浙江站负责人徐沧虚，

---

* 作者时为杭州聚丰园菜馆杂工。

即召集行动组成员陈夏牛、吴荣才二人，布置了刺杀何瓒的任务。

陈、吴二人受命后，于 1 月 10 日潜到杭州，先在青年路见仁里巷口租了户主徐香兰的一间空房住下（此处离何瓒家很近），然后又物色了一名叫周林法的配合行动，寻找机会下手。

杭州沦陷后，我正在念中学，那时才 16 岁，父母在苏州，祖母和婶母在杭州，沦陷前夕逃难至诸暨乡下。因此我在杭孑然一身。学校停课，生活无着，只得去找同学吴连根帮忙。他介绍我到他父亲当股东老板的聚丰园菜馆当杂工。聚丰园菜馆坐落在迎紫路（现在的解放路）井亭桥附近闹市区，是当时杭州有名的大酒家。经理霍继昌是北京人，因此专营京菜，最有名的是北京挂炉鸭子。

日寇占领杭州不久，就把这家菜馆据为“大日本皇军指定支那料理”（“支那料理”，系日语“中国菜馆”的意思），是专供日寇及汉奸头目饮酒作乐的场所，何瓒也是这里的常客。

我在这里亲眼目睹日酋及其走狗们狼狈为奸的丑态，也曾遭到他们的打骂侮辱。联想到日寇占领杭州时烧、杀、抢、淫的兽行（我的小舅舅也在这时被杀），就无法泯灭心中的国仇家恨，时时想逃出沦陷区参加抗日救亡活动，报仇雪恨。

在此期间，有一对卖唱人因常到聚丰园卖唱而和我相识，男的是一个拉胡琴的老头，女的是一个唱小曲的 14 岁少女，叫韩爱香。后来知道，他们常常出入游击区，与游击队和中统方面都有接触。通过他们，我先后与行动组的周林法、吴荣才、陈夏牛相识。他们要我利用在聚丰园当杂工的有利条件，随时了解日伪头目的动向，并收集汉奸头目的名片。汉奸头目在赴宴时常常互递名片，而散席后常有一些名片遗留在桌上。我在清扫店堂时就趁机暗中收藏，以后就交给陈夏牛等人。其中有一张“苏浙皖绥靖司令徐朴诚”的名片，陈夏牛认为很有用。

他们经过一段时间对我的考察，认为我是可以信任的人。有一天陈夏牛问我：“敢不敢去杀汉奸？”我说，“我要报仇，我不怕！”于是他们和我一起研究了锄杀何瓒的计划。他们说，因为何是第一任伪市长，杀掉他可以大煞日伪的威风。

我谈了何瓒家的情况。何家坐落在积善坊巷 8 号，这里原先是国民党官商、蒋光昌绸庄老板的私邸，老板在沦陷前逃离杭州，只留一个仆人石正潮看房子。后来日寇就把这处住房赐给何瓒作公馆，石正潮仍被留下作杂役。何公馆周围筑有高墙，平时两扇黑漆大门紧闭，门内设有门房，内有两名保镖负责何瓒的警卫。因为何瓒喜欢吃聚丰园的北京烤鸭，常常要店里送菜上门，我曾被派去他家送过几次烤鸭，与在何家做事的石正潮有些相熟。从他口中得知，平日何在家时，除了和家人一起在客厅里吃饭，其他时间常常一个人关在卧室里，房门上配有司必灵锁，随手关门，外人很难接近他。经过研究大家认为，当他在客厅吃饭时下手是最有利的时机。

1939 年 1 月 22 日下午 4 时许，我按陈夏牛的布置，前往何公馆，问何公馆里的石正潮："今天要不要送烤鸭来？"石说："今天吃饭时没有客人，不会要了。"我赶紧离开何家跑到陈夏牛的住处，通报了这个情况，一起商定了锄奸的具体行动方案。然后他们几位立即换穿了很有气派的衣着，暗藏武器，和我一起赶到湖滨，租了一辆西子汽车出租公司的小包车。我们 4 人乘坐小车来到何公馆门口，下车后就打发小车司机把车开走了。陈夏牛、吴荣才就赶上前去敲门，将"苏浙皖绥靖司令徐朴诚"的名片递进门房里，问道："何市长在家吗？"一个保镖看到来头很大，便点头哈腰地连称："在，在！"说着就连忙开门让他们进去。吴荣才临进门时对我和周林法说："你们在外面等着。"便和陈夏牛跟那保镖进门，穿过院子向客厅进去。周林法留在门房里，我则在大门外负责望风。

陈夏牛、吴荣才进去后，只见何瓒正和家人坐在餐桌前吃晚饭，见有人朝他走去，便站了起来。陈夏牛递上名片问道："你是何市长吗？"何答："是。"陈即拔出手枪朝何连开两枪，何应声倒在桌子下，何的家人和保镖一时被这突如其来的情景惊呆了。陈、吴二人见何瓒已被打死，就迅速朝大门口跑来，吴边跑边掏出一颗手榴弹，拉开引线，回身向客厅里扔去。在此同时，留在门房里的周林法也拔出手枪，逼住门房里的另一保镖。随着手榴弹的一声巨响，我们拔腿向青年路方向跑去。在青年路上，看到行人因听到枪声和爆炸声而慌忙跑窜，有的店家已匆忙上排门，提前打烊。

我们 4 人按预定计划，趁乱跑到迎紫路上的明湖浴池。这时从马路上传来汽车、摩托车的呼啸声，日本兵的跑步、叫喊声。市区戒严了。我们赶紧买了 4 张浴票入座，脱下衣服，乘人不注意时用毛巾裹着手枪走进浴池，把手枪塞进浴池的通水洞里。然后佯装着稍稍洗了一下澡，就回到各自的座位上躺着，静待事态发展。这时澡堂门口已被日本兵封锁，一律不准出入，几名端着刺刀的日本兵闯了进来，吆喝着搜查所有浴客的衣物，但没有发现可疑之物，就只得悻悻地走了。我们从浴室出来分手后，陈夏牛、吴荣才、周林法三人就不知去向。

日寇为侦破此案，在市区折腾了好几天，四处抓人，还在各城门口对进出行人严加盘查。以后听说，陈夏牛、吴荣才二人租住过的那间房屋的房东老太徐香兰，因被人告发，被日寇抓去严刑拷问而死。日寇还在何瓒住处积善坊巷通往中山中路的一端筑墙，禁止通行。后来又为何瓒在西湖孤山建造了一个“纪念亭”。当时的日伪报纸《浙江新报》，曾于 1939 年 2 月 3 日刊登消息说：“……暴徒狙击何市长，何夫人秉慧也遭轻伤，今日由某医院出院”云云。以后得知，在那次行动中，除了何瓒被击毙外，其妻、子女数人也被手榴弹炸伤。

我在参加那次行动以后，仍回到聚丰园工作，暂时未被日伪怀疑。一个多月后的一天，吴荣才突然又来找我，将我秘密带到富阳游击区。以后我又到达诸暨，见到了当时任县抗日自卫队长的李士豪（以后我才知道，他是农工民主党的领导人），在他的帮助下，我终于走上了革命的道路。

（吴建昌整理）

北平抗日杀奸团的真实故事

木　文*

1939 年，灰暗沉寂的北平城里，突然出现了一个秘密的抗日爱国团体——北平抗日杀奸团（以下简称"抗团"）。他们出没于大街小巷，以暗杀汉奸的成功举动，把日伪当局搅得鸡犬不宁，在沦陷已经两年的北平，掀起了一个不大不小的抗日斗争波澜。本文中的故事，便是当年参加过抗团的 3 位老人亲自讲述的。1995 年，笔者访问了中国社会科学院哲学研究所编审孟庆时、北京市长安服装厂退休员工叶于良、北京实验中学退休教师郑昆仑 3 位先生。笔者惊奇地发现，这段往事，在他们的记忆里虽然已封存了半个多世纪，但他们无法从记忆中抹去，当它从老人心底汩汩流出时，依然鲜活、清晰……

抗团概况

叶于良先生首先向笔者介绍了他所知道的抗团的部分历史。他说：抗日杀奸团最开始成立于天津。1937 年天津沦陷后，一批爱国学生自发组成了

* 本文系作者根据采访亲历者口述资料整理而成。

这个秘密团体，后来又在北平、上海发展了组织。抗团以宣传抗日、抵抗日本侵略者、剪除汉奸卖国贼为宗旨，先后吸引了几百人参加。参加者绝大多数是中学生，有少数是大学低年级学生，都是一些爱国的热血青年。以后，天津的国民党军统地工人员开始插手，为抗团提供枪支弹药和活动场所等。可是，对这一背景，绝大多数抗团的成员并不知道。他们也没从军统那里拿过一文钱的报酬。大家说，我们是凭着热爱祖国的一腔热血，无私奉献，抗日救国的。

抗团前后可以分为3个阶段：

一、1939年夏天天津发大水之前，抗团主要在天津活动，他们四处搞爆破、暗杀汉奸（如伪天津商会会长、伪联合准备银行经理等），放火烧了日本人开的一家大纱厂，十分活跃。1939年由于内部叛卖，天津抗团被敌人破获。为躲避追捕，一些骨干分子从天津转移到北平、上海，在这两个大城市里继续组织抗日活动。

二、北平抗日杀奸团就是这个时候，由天津学生孙若愚（天津中日中学）、李振英（天津中日中学，后入北大）、周庆涞（天津耀华中学，后入北大）、郑统万（天津中日中学）、冯运修（天津工商中学）等人发展起来的。1939年至1940年是北平抗团最活跃的时期。可是，仅仅一年多，便又遭到破坏。1940年8月初，日寇在全城大搜捕，除个别人外，北平抗团被一网打尽，三四十人落入敌人魔掌，受尽日本法西斯的酷刑与监禁。

三、从1940年到日本投降，北平还有抗团在活动，但这时候抗团成员的主体，已不再是中学生了。

孟庆时、叶于良、郑昆仑3位老人，都是1939年参加北平抗团的，又同于1940年被捕。所以他们着重要说的，是这个时期的一些事。

山河破碎民不聊生

孟庆时说：

回忆我们参加抗团，不能不说当时的大背景——1931年九一八事变后那国破家亡、耻辱深重的年月。

我是河北乐亭县人。我家从我爷爷起，就在关外开买卖。九一八事变后，中国军队节节败退，短短几个月，便将东北大好河山拱手让敌。日军侵占东北，烧杀抢掠无恶不作，使东北同胞饱尝当亡国奴的滋味。我爹买卖做不下去，丢了铺子从关外逃回老家。爹把他在东北目睹的一切讲给我们听。所以，对日寇的痛恨，对国民党当局的失望，在我年少的心灵上刻下最初的印记。爹也讲到马占山和丁超、李杜等抗日的事迹，我们都敬佩极了，把他们视为心目中的英雄。那时我们这些孩子常常折根秫秸当“马”骑，说是学马占山将军“打鬼子”。

“何梅协定”之后，1935 年“冀东自治”，包括乐亭在内的华北 22 县也沦于敌手。那时候，冀东大大小小的镇子上都有日本、高丽浪人勾结流氓地痞开的土膏店、白面儿房子，还不时传来日寇往广大农村地区水井里投放毒药的消息，更有“海河浮尸”这样令人震惊的事件发生。人们逐渐意识到，日寇是在以毒害、威胁和恫吓，逼迫中国人民“就范”。七七事变后，日寇更嚣张了。有两件事给我印象极深。1937 年 9 月我从老家回北平，在滦县火车站受到火车上日军野蛮的搜查。1938 年暑假，我和哥哥路过天津，在过日租界前的一座浮桥时，桥两头都有日本兵把守，凡是中国人过桥，都让你低着头弯着腰走，稍不小心，日本兵就嗥叫着用枪把子狠狠戳你。我们就这么走过来了，我心里真是又害怕又羞辱，紧紧拽着哥哥的手，一刻也不敢松开……

叶于良说：

1937 年底我回北平路过天津，也碰到了这种事。在天津火车站挤上火车时，有个日本鬼子嫌我挡了他的路，就用穿着大皮靴的脚狠狠踹我。我气坏了，想冲上去揍他，被旁边的人拉住，劝我说：“他是日本人，惹不得！”这一脚，我永远忘不掉！

郑昆仑说：

那时候，中国人就这么被踩在脚下，随时随地有可能受到各种各样的侮辱。有一回我的一个好朋友在北平街上骑车，不小心轱辘别进电车轨道沟跌了跤，无意中把旁边的一个人碰倒了，那个人爬起来，不由分说就给了她两个大嘴巴。原来那是个日本人。我的朋友回家后偷偷哭了很久。这，就是亡国奴的滋味啊！

无言的抗争

孟庆时说：

侵略者之所以这样对待中国人，就是要从肉体到精神，彻底地把中国人摧垮、制服，让我们害怕他、屈从他，心甘情愿地做他的亡国奴——但是，他的算盘打错了！

1936 年我随父母到北平后，入育英中学（现北京 25 中）读书。育英是教会学校，本来就有不少进步同学，“九一八”后又收留了许多东北流亡师生。抗日爱国的思想如火如荼地在学校里传播。

北平沦陷后，教我们地理的任进之先生是东北流亡老师。他课教得好，可就是没有过笑模样。敌伪政府规定，课本上一切“有碍日中邦交”的字样，如“反满抗日”“九一八事变”等，都要抹掉。任先生一边让我们抹，一边说：“你们要把这些记在心里！”他在课堂上给我们讲述日军的暴行，讲法国阿尔封斯·都德的短篇小说《最后一课》，并且语重心长地叮嘱我们：“能安心念书的日子不多了，要用《最后一课》的精神好好读书啊！”历史课老师孙亨亭是一位经历过义和团、八国联军的老先生。他带领我们涂掉课本中有关“二十一条”的段落时，没有过多的话。但他在说“要抹掉，抹掉”的时候，于无奈中憋着愤懑，摇着头。那情感，令我们直想落泪；那语调，至今好像还在耳畔萦绕。还有一位教我们大代数的老师名叫阎述诗，课讲得漂亮，人又多才多艺，但从来不苟言笑。有的同学猜，年轻的阎先生准是失恋了吧？后来才知道，阎先生是东北人，亡国的痛苦如山一样压在他心头，叫他如何笑得出来！阎先生，就是流传极广的爱国歌曲《五月的鲜花》的词作者。

记得 1938 年“九一八”的晚上，一些东北流亡的同学，跑到我们宿舍聚会，一起纪念国耻日 7 周年。大家流着热泪，轻声唱起了《松花江上》。当大伙散去后，我们三四个同学又跑到楼后，望着夜空中一轮皓月，心情是那样沉重，不禁发出感慨，今天大家在这里聚首，说不定哪天就得分散了！

日伪当局对育英中学是很注意的。有一次，日本宪兵闯到育英中学检查图书馆，随后又来查学生宿舍。有个家伙看见我们四楼宿舍墙上贴着一幅中国地图，就穷凶极恶地扑上去一把扯了下来，大吼大叫："这个的不行！"他把地图撕碎，又用脚拼命踩。正在一旁的我们，肺都要气炸了。日本宪兵刚走，我就攥紧拳头，朝着门上的玻璃狠狠击去。"哗啦"一声，玻璃碎了，我的手也被划得鲜血直流。同室的同学们都围了过来，给我包扎伤口，并且轻轻抚慰我："不要这样！"这几位同学平时对我很好。这件事以后，他们常常借给我一些好书，像萧军的《八月的乡村》、范长江的《中国西北角》，以及鲁迅的杂文等。这些书更坚定了我抗日的决心。

1939 年当郑统万同学动员我参加抗团时，我毫不犹豫就答应了。这倒也不奇怪，在祖国的生死存亡关头，是周围这些爱国的老师、同学的影响，使我这个原本对政治不感兴趣的人，终于走上了抗日的道路。那年我 17 岁，是高中一年级学生。

郑昆仑说：

郑统万是我的叔伯哥哥，我们的祖父郑孝胥在东北沦陷后轻信日本人的谎言，跟随末代皇帝溥仪到了东北，在伪满任"国务总理"。我参加抗团时才有 16 岁，是贝满女中高一的学生。说句实话，当时我政治上很幼稚，有点懵懵懂懂的。但有一点我却深知，那就是，日本帝国主义是来侵略我们、欺负我们的，祖父在伪满洲国当"国务总理"是一件可耻的事。我和统万哥都非常痛恨自己的家庭。统万在天津就加入抗团了，后来他来北平时，我也跟家里一起从上海搬到北平来，我们两家住在一起（是郑孝胥买下的一所房子，他本来打算从东北回来住的）。统万介绍我参加了抗团。在抗团中，像我这种家庭出身的同学还有，冯运修就是其中的一个，他的姨父是伪治安军督办齐燮元。抗团里的青年学生，绝大多数是富裕家庭子弟，比如：乐倩文（贝满女中学生），是乐家老铺同仁堂乐家的小姐；魏文昭、魏文彦（贝满女中学生），是开滦煤矿总工程师的女儿；孙惠书（天津学生），是孙连仲将军的女儿……这也从一个侧面反映了当时中国各阶层青年的爱国精神。正像《义勇军进行曲》中所唱的："中华民族到了最危险的时候，每个人被迫着发出最后的吼声！"用"万众一心"来说明当时中国人民抵抗日本侵略者的情绪，是再恰当不过了。

少年志酬救国梦

孟庆时说：

由于是秘密组织，抗团的成员没有横向联系，每个人只知道和自己直接联系的人。加入时，还要履行一个简单的手续。记得我就是在郑统万同学家宣的誓，誓词大意是：誓以至诚参加抗日杀奸团，服从指挥，积极工作，保守秘密，如有违犯，愿受最严厉的制裁。

北平抗团分为调查组、行动组和交通组等。我是调查组的，主要任务是调查掌握日军头目及汉奸的行踪和行动规律，以及日伪军事、经济情报。行动组主要任务是暗杀日军头目、汉奸及爆破等。1940年前后，曾刺杀过包括伪商会会长、伪工务局局长、伪建设总署督办、伪教育总署督办在内的好几个大汉奸（顺便说一句，刺杀周作人是天津抗团的同学干的）。这些行动把个北平城搅得沸沸扬扬，鬼子、汉奸个个心惊肉跳，魂飞胆丧。我们还曾经策划过爆破日军最高司令部，刺杀日寇最高司令官。手榴弹都运来了，藏在王肇杭（志成中学学生，其父是东北军老旅长）家里。这个计划最终未能付诸行动。此外，我们还经常刻印抗日宣传品，到公共场所散发、张贴。

叶于良说：

我开始也是搞调查的，以后抗团负责人李振英叫我兼搞行动。值得一提的事是，抗团决定在1940年七七事变3周年当日，搞一次惩治汉奸的行动和抗日宣传。这次行动颇有点戏剧性。1940年7月7日，日伪当局决定在中山公园社稷坛举行“庆祝日本皇军圣战胜利三周年”大会。得到这个消息，李振英通知我、王肇杭、冯运修、刘永康(天津广东中学学生，到北平后入哪个学校忘记了)等十几个抗团成员，带上武器传单，准备行动。7月6日晚上，在我家印了一些抗日的传单，预备第二天散发。

7日，中山公园社稷坛五色土台上，临时搭起了红红绿绿的彩台。伪新民会以威逼利诱等手段，驱使一批人参加“庆祝”会，据说每个参加会的给一块大洋。伪新民会会员被老百姓嗤之为“新民狗”，他们胸前是要佩戴一个黄布条的，可是这些人心虚，不敢公开戴，进会场前戴，一出会场马上就摘了。孟庆时、王知勉、马普东担任我们的交通。他们揣着传单满场转，见机会就给人塞一张。得到传单的人偷看一眼内容，也不言声，赶快就收起来了。人心向背，于此可见一斑。

“庆祝会”上日伪新民会机关报《新民报》社长、总编辑吴菊痴，副总编辑“陈胖子”，及其他敌伪机关头头们，登台大肆表演，又是吹捧日军侵略“功德”，又是高呼“皇军万岁”，又是辱骂抗日军民。我们在台下听了气得鼓鼓的，冯运修恨恨地说:“真想现在就把他毙了!”李振英小声说:“不要在这儿干，这儿人多，我们跑不掉！我们跟上他，伺机行动。”李振英给我们分工:李与冯负责制裁吴菊痴，刘永康和我制裁陈胖子。会散了，吴菊痴与陈胖子各坐一辆黄包车，直奔前门方向下去。我们也骑着自行车远远地跟上他们。这两个家伙来到前门外李铁拐斜街的一家饭庄(记不清是同和轩还是两益轩了)吃饭。这里是一条不宽的马路。冯运修和李振英在街西头，我和刘永康在街东头。

一个小时之后，吴菊痴先出来了，又坐上黄包车，朝和平门方向而去。冯运修他们立刻跟上、盯住。当黄包车跑到师范大学(现宣武区教育局址)附近的时候，正赶上一支送殡的队伍经过这里。队伍熙熙攘攘，又吹又打，又哭又喊，甚是热闹。冯运修一看机会来了，他马上紧蹬两脚，赶上了吴菊痴坐的黄包车，和他走了个并排。随后，从容地从怀里“刷”地掏出顶上膛的手枪，把枪口对着吴的太阳穴，“啪啪”就是两枪。吴菊痴大气没出当场毙命。由于街面嘈杂、人声鼎沸，这个举动连给吴菊痴拉车的车夫都没察觉。冯运修、李振英他们急忙撤退了，并让“交通”通知我们赶快撤退，免得被敌人发现。就这样，那个姓陈的胖子拣了条命。

吴菊痴被刺的消息立刻在北平传开了，老百姓人心大快。以后的一个来月里，又有两三个汉奸被刺。日伪当局恼羞成怒，派出侦探、特务，在公园、剧场、学校等内外活动，加紧侦破，终于酿成了8月初的全城大逮捕。

受壁胡同的枪声

孟庆时说：

8月，学校正在放暑假，校内人很少。我没回家，仍住在学校里。10日清晨，一阵急剧的敲门声把我从睡梦中惊醒，两个特务闯进宿舍，命令我立刻跟他们走。我当时只穿着短裤，赤肩裸臂的，衣服裤子都没来得及穿，就被特务连推带搡拥上停在门外的汽车。幸亏情急之下我顺手抓了一件别的同学的雨衣，好歹算是有个遮挡。汽车开到豆腐巷胡同，又推上来一个女孩子，叫纪凤彩（贝满女中学生），当时我们并不认识。随后，我们便被带到了公安街伪北平市警察局特务科。

叶于良说：

这是一次全城性的大搜捕，事后，据我所知，不到几天里，李振英、郑统万、周庆涑、刘杰、郑昆仑、乐倩文、魏文昭、魏文彦等近40名抗团成员被敌人抓走。我是8月7日凌晨从家里被捕的。同一时刻，敌人也去抓冯运修，但遭到冯运修的顽强抵抗。

冯运修是抗团的重要成员，他是个非常勇敢的人。1940年暑假，我和他同时考取了辅仁大学。由于他的家庭与大汉奸齐燮元有亲戚关系，我们的枪支弹药和重要文件都藏在他家。

8月7日凌晨，宪兵队特务科科长袁规带人到西四受壁胡同（现西四北四条）来抓冯运修。冯运修听到杂乱的敲门声，觉得不妙，立即从床上爬起来躲进厨房处理文件。袁规闯进冯家院子，没搜到冯，便大声喊话，让冯出来。冯运修不理睬他。这时敌人发现了冯藏在厨房里，狡猾的袁规就揪住冯运修的父亲做挡箭牌，一步步朝厨房逼近。眼看就要到门口了，冯运修绝不投降，从里边开枪拒捕。他枪打得真准，竟一枪打在了袁规的腮帮子上。袁规疼得嗷嗷直叫，立刻下令，让特务们站在墙头上，居高临下集中火力打冯运修藏身的地方。在枪战中，冯运修击毙特务一名。直到里边的枪声停止了，特务们才从墙头上下来，打开厨房门，冯运修已经英勇牺牲了。冯运修的父亲也被捕了。这场激烈的枪战惊醒了周围还在沉睡着的北平市民。事后有报纸以“受璧胡同的枪声”为题做了报道。

一个多月后，我们仍被关在沙滩日本宪兵队。有一天，李振英、刘永康和我从各自的“号”里被提了出来，捆上，押上一辆汽车。我和振英都以为是要赴刑场了，相对一笑，说了一句老话：“20 年后又是一条好汉！”其实我们谁也不迷信，只是表达我们把生死置之度外的心情。未曾想汽车朝西开去，竟然到了受璧胡同冯运修的家里。特务科长袁规已在那里等候。原来，日本宪兵是要核对逮捕现场。袁规腮帮子上的枪伤已经好了，他在日本主子面前上蹿下跳，比比画画地重复那天冯运修拒捕的过程，这使我们在一旁真切地了解到冯运修英勇牺牲的全部经过。那一年冯运修还不到 19 岁！

魔窟血证

叶于良、孟庆时说：

被捕后，我们先后被转移过 4 个地方。

第一个是伪警察局特务科。这个特务科名义上设在伪警察局，实际归日本宪兵队直接管。凡日寇认为重要的案件，都放在这里刑讯。日本宪兵亲自上手打人，用刑逼供。每个被抓进特务科的，第一天都被打得遍体鳞伤，完了还给你“消毒”——往伤口上直接涂碘酒，能把人痛昏过去。孟庆时进去时因为没穿衣服，藤棍直接抽打在皮肉上，伤得待别厉害。还好，出来“消毒”倒是碰上个中国老警察，他给孟庆时涂的是红药水，一边涂一边啧啧叹息道：“哪有这么打的？瞎打！”可见在敌人的魔窟里，也有良心没有完全泯灭的中国人。

第二个是华北驻屯军日本宪兵队本部。我们在特务科关了两三天，白天过堂，晚上回木笼子睡觉。很快就又转移到沙滩北大红楼地下室的华北驻屯军日本宪兵队本部，在这里继续遭受刑讯、逼供。日寇对中国人施用的刑法花样繁多，最常见的有压杠子、灌凉水、坐老虎凳、吊打、用火筷子烧、用棍子鞭子抽打……根本就谈不上什么人性，其残忍的程度，甚于德国法西斯。

一进沙滩红楼的地下室，往西，是看守所；往东，是审讯室。每间牢房，都是一只大木笼，用很粗的方木钉成，套在原来的房间里；门很矮很小，要大弯腰才能钻进去。一间笼子关 5 人至 13 人不等。白天规定，必须盘腿而坐，不准靠墙，不准说话；看守从小窗户里偷偷监视里边，发现有违犯规定的，就开牢门进来任意抽打。负责审讯我们的是一个叫上村的日本军曹，小个子，耗子眼，特坏，我们几乎都挨过他的打。整个红楼气氛阴森恐怖，时时传来人被打时的惨叫；夜里有时还听见狗的狂吠，与人挨恶狗撕咬时发出的凄厉叫声交织在一起，令人毛骨悚然。

在宪兵队，最盼望的事是能轮上倒马桶。每个木笼里有一只马桶，放在墙角，每天有两个人抬出去到操场角上的厕所倒掉。出去时，敌人把这两个人用铁链牢牢拴在一起，再和别的“号”的倒马桶的人拴成长串，防止越狱。尽管如此，大家还是争着干这件事，因为至少能出去看看久违的蓝天、太阳，透一透空气。宪兵嫌马桶臭，都躲得远远的，这倒给我们相互传消息、递字条带来好机会，许多事都是这样传开的，像冯运修牺牲的事等等。

不久，一些案情轻的，或家里托了关系的同学，被陆续释放了。孟庆时托出去的同学给自己的父母带信，讲了自己的情况，家里得讯后给他送来衣服。这是他被捕后头一次穿上衣服。

第三个炮局监狱东院。9 月 24 日，我们 16 名同学被押解到铁狮子胡同的日本华北驻屯军最高司令部，接受所谓“日本军法会议”会审。这时抗团一案已经基本结案，到军法会只“核对”一下姓名、年龄等情况，装模作样地走个“法律程序”而已。此后，我们便在炮局监狱东院等待“宣判”。

炮局监狱东院关押日籍犯人，并作为“军法会议”的拘留所，临时羁押待判的中国人。西院则关押服刑期中的中国人，其全称为“河北省第一监狱外寄人犯临时收容所”，受东院“日本军法会议”的管理与监督。我们在东院待了两个月，这两个月受尽了折磨与凌辱。

进到拘留所，头一件事就是接受搜身，一律脱光衣服，上上下下一通检查，动作稍慢，日兵便拳脚相加。每人发给两条布满了虱子、脓血，脏不忍睹的毯子。一间牢房大约 30 平方米，关 30 人到 50 人。人分两排，必须面冲墙，席地盘腿而坐（或跪坐），几乎是肩挨肩。晚上躺下，只能侧睡，翻身都翻不了。白天、晚上都不许说话不许乱动。谁要是违反了规定，被看守发现，不是用军刀打头，就是罚跪抽鞭子。差不多每天都有人挨打，有时也说不上是有什么理由。监房的 4 个小窗户都封得死死的。9 月、10 月正是“秋老虎”尾巴，阳光还颇有淫威，透过玻璃直射进来，空气完全不流通，监房里闷热蒸人，加上四五十人呼出的浊气、监房角上的那只大马桶散发的臭味，空气之污浊，令人窒息。

如果说在沙滩宪兵队还勉强能吃饱肚子的话，在这儿受的最大的罪，就是饿和渴。每天开两次饭，一次只给两个小窝头（不到 3 两），又没菜，哪吃得饱？饿得前心贴后背了，大家就“精神会餐”，搜肠刮肚地想自己过去吃过的最好吃的东西，可是越想肚里越空，直饿得头发昏，眼前金星乱冒。饥饿难忍，干渴更难挨。每顿饭除给一碗洗咸鱼的水（咸鱼是给日本犯人吃的）和葱皮做的“汤”以外，根本不给水喝。有人渴急了，竟喝自己的尿！恶劣的条件，使很多人得了“监牢病”，最常见的是痢疾、疥疮等，不少人为此丧了命。究竟有多少人病死在这里，没人能说得清。

11 月前后，有一天，监房外边人声鼎沸，原来是日本犯人去洗澡。过一阵子，轮上我们了，看守吆喝道：“集合！洗澡！”命令大家立刻脱光衣服，在通道里集合、点人数，然后跑步去澡堂。11 月份，天气已经很冷了，从监房到澡堂，长长的通道里寒气逼人，我们就这么光着身子，瑟瑟发抖地跑到澡堂。一进门，一股热气、臭味冲腾而来，熏得人喘不上气。洗澡水是日本犯人洗剩下的，水面浮着厚厚一层污垢，容不得犹豫，就得赶紧跳进热水里，因为日本兵在池子边用枪逼着呢，稍一迟疑就得挨打，而且进到池里就必须立刻蹲下。孟庆时长了满身的疥，行动不便，蹲得稍慢了点，日本人的枪把子就杵过来了，他一出溜，滑进水中，才没挨着打。可气的是，刚到水里不到半分钟，日本兵又喊："洗澡完啦！快快走！"大家只好慌慌张张从水里爬出来，带着浑身的水和脏东西，冒着初冬的寒气又往回跑。这哪叫洗澡？完全是折腾人、污辱人啊！

第四个炮局监狱西院。11 月上旬，是我们到军法处后整整两个月。这天，我们又被带往军法会议。一张审判台，后边煞有介事地坐着 5 个日本军官，对北平抗日杀奸团一案 16 名同学，逐个进行"审判"。不知何故当天未宣判，又被送回拘留所。到 11 月 24 日以所谓"军律违犯"罪，把我们分别判处无期、10 年、5 年、3 年、1 年徒刑，送至炮局监狱西院（即外寄人犯临时收容所）执行。监狱把我们编上号码，从此我们不再被称呼自己的姓名。

我们 16 人的具体刑期是：

无期徒刑 3 人：叶于良、李振英、刘永康；

10 年徒刑 1 人：孟庆时；

5 年徒刑 4 人：纪树仁（育英中学学生，后来死于狱中，年 19 岁）、王文诚（天津抗团）、周庆涑、曹绍蕙（贝满女中学生）；

3 年徒刑 2 人：应绳厚（北大学生）、朱慧珍（贝满女中学生）；

1 年徒刑 6 人：纪凤彩、王知勉（北大学生）、李澄溪（北大学生）、马普东（二中学生）、张家铮（大同中学学生）、王肇杭。

从此，漫长的监狱生活开始了。受尽残酷折磨，尝尽无限痛苦：脚上砸上铁镣，吃的是麸子、混合面，有病没药治，每天都可见从监狱往外抬死人……

故事讲到这儿，应当告一段落了，虽说以后 5 年的监狱生活 (1945 年 8 月 15 日日本投降后，抗团成员全部重获自由）还有许多可记述的事情。

笔者在听这个故事的时候，常常不禁联想起 19 世纪六七十年代的俄国民粹党人。尽管使用恐怖手段、采取暗杀以反抗敌人的做法我们不大赞成，尽管后来这些年轻人所走的人生道路并不相同，但是，当年他们在祖国危难时的确为了祖国和民族的解放出过力，流过血，把他们称为战士，把那位献出年轻生命的战士称为英雄，应当说是不过分的！

但愿这个故事能有更多的人知道。

我在中国的土地上

[日]小林清*

我是一个日本人，在抗日战争艰苦岁月中，我与中国人民并肩与日本帝国主义者浴血奋战的情景，经常在我脑海里翻腾，我今天写出了三小节，以此缅怀那些不计名利、为中国伟大的抗日战争献出宝贵生命的中国同志和日本同志。

战场被俘

1939 年（昭和十四年）秋末，我在与八路军作战时，被八路军山东纵队第 5 支队俘虏。事情的经过是这样的：

我们独立步兵第十九大队驻文登县小队和两个中队的皇协军，在小队长野村少尉的指挥下，配合烟台、威海的日本军队，向八路军根据地一带进行秋末讨伐。

我们带着作战用的辎重弹药，在山里寻找八路军的主力部队作战，目的是想一举消灭他们。但是，一连好几天也没有找到八路军的影子，只是按照

---

* 作者时为日军独立步兵第十九大队士兵，在山东文登被八路军俘虏。

上面指挥部的命令，烧了几个村庄，而一无所得。在单调而且枯燥的行军中，士兵们一个个情绪低落，精神萎靡，既不说话，也没有笑容，只是低着头行军。已经到了中午，大家还没有吃午饭，饿得饥肠辘辘。这次行军吃这么大的苦，大家都表示非常不满。军曹濑古和我愤愤地发着牢骚：

“这样和八路土匪作战，是大炮打跳蚤，一点都没有用，只是烧些房子、杀些没有抵抗武器的老百姓，难道我们是和老百姓作战？”

“你们说些什么？难道行军中不许说话你们忘记了吗？”

曹长岗山突然从后面跑上来，给了我们两拳头。我们吃了拳头，不吭声了，可是心里气鼓鼓的，只是低头走路。

一个被抓来带路的中国老百姓把我们带到山里一个小村庄。进村搜查了一遍，不但没有八路军，就连老百姓也都跑光了，只有门窗大开，家家乱糟糟的，显然老百姓把重要的东西都藏起来或者带走了，只剩下空荡荡的房子。可是在有的老百姓家里，我们发现有扔掉的破军装、破鞋、旧书、子弹壳等杂物，好像是八路军的部队曾经住过。

小队长野村下命令：“八路军不会走远的，就在这一带，我们要赶快吃饭，继续追击！”

大家把军用饭盒拿出来，在地上挖了个坑，寻找了些秸秆，准备烧火热饭。麦秆很潮湿烧不着，还得趴在地上用嘴吹气，烟熏得我们直掉眼泪。眼看着火刚燃起来，村外响起了枪声。小队长野村一听枪声响，就命令我们马上集合，冲出了村外。

村外东面山上好像有人在隐隐约约跑动，还向我们射击。小队长野村用望远镜向山上看了一会儿，尔后对我们说：“是游击队马贼（土匪）的，冲上山去，占领制高点，消灭他们。”

我们带着皇协军，一面射击，一面冲上山去，身后掷弹筒也“咣咣”地朝山上轰击着。士兵们都全副武装，负荷很重，在崎岖的山路上急行军非常吃力，好不容易才冲上山顶。然而，爬上山顶后，一个游击队也没有发现，只剩下地上的子弹壳和挂在树上响过鞭炮的汽油筒。小队长野村气得眼珠子都红了，脖子鼓着粗筋，破口大骂：“游击队，马贼的干活，统统地逃走了！”

这时，北面的山头上又响起了枪声，八路军又向我们这边射击了。小队长暴跳如雷地命令我们和皇协军分成两路，去包围北面的山头。我们的掷弹筒手，发狂似的朝北山上倾泻着炮弹……

我们从早晨到现在只吃了一顿早饭，早饿得头晕了。脚上穿的军用皮鞋也不适合爬山，行军时脚底打的泡都被磨破了，痛得直钻心。大家很想休息一下，吃点东西。几个曹长也嘀嘀咕咕地发牢骚，说小队长不懂得作战。我们的小队长野村少尉，是去年刚从日本陆军士官学校毕业来中国的。他没有打过大仗，缺乏实战经验，而且不太了解中国八路军的情况，只信奉皇军攻无不克的战斗力，一心想着作战立功升官。

作为军人，发牢骚归发牢骚，命令还得执行。我们拖着沉重的双腿，用枪拄着地，一拐一瘸地走下山来，向北面的山上进攻。当我们刚爬到半山腰，突然从山顶上射来一阵猛烈的子弹，手榴弹也成排地扔过来，在我们乱了阵脚的队伍中间连续爆炸，硝烟弥漫，石块横飞。我们被八路军打了个措手不及，死伤不少。小队长拔出军刀，大声嘶喊着，命令机关枪占领有利地形，向山顶上面射击。

我们占领了一个较高的山坡，架起机枪朝八路军射击。不一会儿，我们的两侧也出现了八路军的部队，对我们和皇协军进行分割包围，发起猛烈攻击。连续而密集的机枪子弹，打得我们抬不起头来。这时，我们才明白是与八路军的正规部队遭遇了。

太阳落山了，四边的山头上挂着一片血红色的晚霞。战斗仍在激烈地进行着，弟兄们逐渐地减少了，岗山曹长被打死了，濑古军曹和野村小队长都受了伤，死亡的人数可怕地增加着，情况发展越来越对我们不利，看来是绝对不能再战了。山那一侧的皇协军也停止了枪声，没有战斗力的皇协军恐怕是被八路军解决了吧？友邻部队也离我们很远，一直没有联系上。小队长野村下令撤退，命令我用机枪掩护，他带着剩下的士兵趁着暮色降临突围逃跑了。我端着机关枪一面拼命扫射，一面跟在部队后面撤退。打着打着，子弹没有了，回头找弹药手，弹药手和小队长他们早已跑远了，我只好抱着机枪跌跌撞撞地顺着山沟往前逃跑。

“抓活的！……冲呀！”这时八路军喊声四起，听到这恐怖的声音，吓得我不敢吭声了。八路军一面喊着，一面向我扔石头。这时，我只有一个念头：就是快跑、快跑，不要让他们抓住，别的什么都顾不上了。突然，我被一块石头击中了头部，身子一歪，晕倒在地上了……

等我醒过来时，发现自己已躺在八路军的担架上。八路军战士抬着我走在队伍的中间，前后都是八路军士兵。他们见我醒过来，一位个子高高的、戴着眼镜的八路军用温和的口气向我打招呼。高个子是用日语对我说的。我瞪了他一眼，没有理睬他，又闭上了眼睛，默默地躺着。这时，我的心里乱糟糟的，无论什么人和我说话也听不进去，只是想：一个日本军人成了敌人的俘虏，是最最可耻的事情。再说，我们平时出来讨伐的时候，奉上司指令对“非治安区”的中国人十分凶狠，实行了“杀光、烧光、抢光”的政策，中国人对日本军队简直恨之入骨。这回我做了他们的俘虏，肯定是必死无疑了。我虽不能继续为天皇效忠，但作为一名日本皇军的士兵，宁可被八路军杀死，为天皇尽忠，也不能投降八路军，做对不起天皇的事情。所以，我故意表示出一副傲慢十足的样子，紧紧地闭着眼睛，一个劲地大声喊道：“我不怕死！你们杀死我吧！”他们见我态度十分固执，就不再和我说话了。

夜，漆黑漆黑的。深秋季节的山里，夜风吹来，发出嗖嗖的声响，天气骤然间比白天冷了好多。但我连看都不看一眼八路军给我送来御寒的棉大衣。他们为我送来的饭，我也不吃。我凭着武士道的精神，硬挺着。但是身上穿的日本黄呢子军服早已挡不住刺骨的寒风了，冻得我浑身发抖。我的肚子饿得难受，加上头部被碰的伤口隐隐作痛，只觉得眼前一阵阵直冒金花，头晕目眩又昏睡过去了。

也不知什么时候，我被抬到了八路军五支队司令部驻地。八路军战士，把我安排住在一间很清洁的房子里。第二天，有几个八路军进来看我。昨天在担架旁对我说话的那个高个子八路军，用日语向我介绍说：“我姓张，叫张昆，是政治部敌工科的。”接着，他又指着旁边的几位八路军说：“他们也都是敌工科的。”

后来，我才知道这几位的姓名。年龄比较大一点，性格直爽而又热情的叫王介，他和张昆都是政治部敌工科长。身材高高的，英俊的面孔上流露着愉快笑容的叫孟凡。和张昆（张致远）一样，说着十分流利日本话的叫刘芳栋。

张昆能说一口流利、漂亮的东京话。后来我知道他曾在日本帝国大学上过学。又一次见面时，张昆态度和蔼地对我说："我们八路军优待俘虏，不会杀死你的，欢迎你来到八路军。"

我的心里充满着仇恨和愤怒，但又无可奈何。是活还是死？逃不掉，他们杀了我怎么办？错综复杂的感情交织在一起，不知怎么是好，我只好沉默着。"你既然被我们俘虏，将来作何打算呢？"张昆用日本话继续心平气和地对我说。

我咬着嘴唇，以敌视的目光望着张昆他们，心里一点都不相信他说的话。我想不能不说话，过了一会儿，我壮着胆子说："我不幸得很，当了你们的俘虏。你们要放我回去，我是很感激的。我回去一定告诉长官，和你们约定时间，摆好队伍打一仗，我相信皇军的战斗力，会把你们打败的。"我说完后就等待着，看这句话会引起什么后果。我想：也许为了这句话，八路军会把我枪毙的。

张昆却一点没恼怒，还是继续笑着问。"你既然那么勇敢，为什么还要逃跑呢？""战友们都跑光了，子弹也没有了，我没有办法呀！……"我痛苦地用手捧着头回答说。

张昆继续问："你在日本军队中是什么军衔，是不是机枪射手？""不！我不是机枪射手，我只是一名普通士兵。"我撒谎，竭力隐讳自己的真实情况。"那么，你为什么抱着机枪逃跑呢？""因为机关枪是我们日本军队中的宝贵武器，不能留给你们八路军。"我冷冷地回答。

他们给我讲了不少道理，虽然当时我听不进去，但是觉得不像是要杀我的样子，对待我也很和气，不像日本军队那样虐待俘虏，于是我开始吃饭了。八路军战士送来给我特意做的大米饭，还有两个菜，我也顾不得什么"武士道精神"了，放开早就饿得空空的肚子，一下子吃了个精光。晚上天凉了，我也一声不吭地把八路军的棉大衣穿上了。但是，我心里暗暗下决心：不管怎样，反正我不投降，只要有机会就逃跑回去。

一天，张昆科长陪着两位八路军进来看我。为首的一位是中等身材，端正的面孔上戴着一副眼镜，脸上流露出诚实而亲切的笑容。另一位是高个子，身材魁梧。我立刻感觉到他们是有权力决定我命运的长官，我似乎有许多话要向他们讲，于是，我探询他们是怎样决定我命运的。因为彼此语言不通，我仍沉默着，保持着日本军人粗暴、傲慢的神态，有时瞪着眼望着他们，心想：你们看着办吧！

没想到张昆十分耐心，他介绍为首的一位说："这是我们八路军五支队的王文政委。"尔后，又介绍旁边的一位说："这是八路军五支队政治部仲曦东主任。"那位态度和蔼的王政委，通过张昆翻译对我说："欢迎你来到八路军里面。你被解放了。你要好好养伤，安心休息。"

接着，性格爽朗的仲主任对我说："你来到八路军，是你的新生。你被解除了战争的痛苦。我祝贺你的新生！我们八路军将给你安排愉快的、有意义的新生活。"王文政委嘱咐八路军的卫生员要好好给我治疗头上的伤口，并要我在这里安心学习。

在八路军里，还有一名日本俘虏，叫布谷。他 30 多岁，个头不高，像个木墩子似的，长着一副大圆脸。他是北海道人，穷苦木匠出身，在家时整天为人家做木匠活，赚几个钱养家糊口。他是独混第五旅团的，比我早一个多月被俘虏的。他对我讲了被俘的经过。那是在一次战斗中，他们被八路军打败，逃跑到一条河边。前边没有道路了，布谷就毫不犹豫地跳下河去，向着河中走去。河水渐渐地淹没了他的胸部。他一边继续向河中间走去。一边转过身来拔下三八式步枪上的刺刀，要割脖子自杀。他用刺刀在脖子上割了几下，感到疼痛，一失手，刺刀落入水中。这时，八路军战士及刘芳栋等人赶到了。他们七手八脚地把他救上岸来，作了简单的包扎。从此，他便留在八路军中了。

在这个时期，八路军对我的教育，我是一点儿也不愿听的。张昆、刘芳栋等人为了教育我们，时常到我这里来。张昆温和地对我说："小林，我们了解你们日本军队的情形。你们这些士兵，在日本军队中受长官们的虐待，我们八路军是很同情的。日本法西斯野蛮地把你们赶上前线当炮灰，你们的牺牲对于你们在日本国内的父母和兄弟姐妹有什么好处呢？”

“长官，很对不起，我是军人，军人的天职就是为天皇陛下去作战，我们是从来不问政治的。我的学识也很浅薄，我没法和你谈这些大的政治问题。是的，我很讨厌长官们对我们的虐待，我恨不得杀死他们。但我是大和民族，我不能不为天皇陛下去作战。我和你们是敌人。”

“你说得对，你过去是我们的敌人。你打了败仗被俘虏了，我们也不会杀害你，更不会在人格上侮辱你。你应该明白这些事。中国人民和日本人民是没有仇恨的，中日两国人民历史上是友好的，将来还会要友好的，要永远友好下去。你虽然和我们作过战，但我们原谅你是受日本法西斯的欺骗。”

孟凡等人都不太会说日本话，就非常耐心地在纸上写给我看。他们写的内容是：“你来到八路军，是你的新生。你是被八路军从日本军队的压迫下解放出来的。你应该做日本的革命者，走一条有意义的道路。”

但是，我心里都非常讨厌他们，背后和布谷一起骂他们几个人。我们还经常向他们发牢骚：“你们连一辆汽车、一列火车都没有，是多么落后的军队啊！不管到什么地方，你们全靠用两条腿一步一步地走。用原始武器作战的八路军，怎么能打败我们日本军队呢！你们比日本军队好的地方，只是手脚轻便，行动便利罢了。”

每天，我和布谷待在屋子里，觉得只是过着暗淡的生活，没有一线光明，总是想：做了俘虏，是多么的可悲呀！再也没有脸见故乡的父母兄弟了。我是如何的不幸啊！我又想：是谁使我这样痛苦的呢？是中国？是战争？我想如果没有战争，我将仍旧幸福地生活在父母的身边。在做梦的时候，我也老是梦见在国内时的愉快生活和父母兄弟姐妹在一起的欢乐情景。每天早晨起床的时候，当我听到了八路军洪亮的号声，心里就更有说不出的凄凉。

八路军为了照顾我和布谷，5 支队政治部给我们派来一名勤务员。他和我们住在一起，照顾我们的日常生活。这时，我和布谷预谋找机会逃跑。在屋里的时候，因为有勤务员在，怕他识破我们的意图，于是，我们总是趁在河边洗衣服的机会，偷偷地商量如何逃跑。但是，那个勤务员总是和我们在一起，我们就认为他是我们逃跑的最大障碍。我和布谷又商量找机会害死他好逃跑，但是，又害怕这样做会留下罪过，万一被捉回来自己要掉脑袋，只好作罢。

不久，在一次八路军夜间转移的时候，我趁别人没注意我，就悄悄地离开了队伍，撒开腿跑了。因为害怕被发觉，连布谷都没敢叫。夜色漆黑，我也分不清东南西北，只是没有目标地瞎跑，一直跑到天亮，糊里糊涂的也不知到了什么地方。跑了一夜了，没吃一点东西，肚子饿得发慌，就溜到一个小村，进入老乡的院子里，想偷点吃的东西。我正在院里到处乱翻，寻找食物的时候，忽听见有人喊，我回头一看，是一个40多岁的老乡，他见我穿的是八路军军装，便问我是哪个部队的。但我不会说中国话，只好用手势比划，表示饿了，想要点吃的。那个老乡见此情况，觉得可疑，就喊来几个民兵盘问我。我见情势不好，转身就跑，那几个民兵在后面紧追，一个民兵揪住我外面的八路军军服不放，我猛力地挣脱了，可衣服也被撕开，露出了里面的日本黄呢子军装。这几个民兵见我穿的是日本军装，又不会说中国话，就把我抓起来，又送回到5支队司令部驻地。

几个民兵押着我走进政治部的院子，正碰上了仲曦东主任出来。他看见我被民兵押送回来，哈哈地笑着说："小林，你不要跑啦！到处都是我们的人，你是跑不回去的。就算你能跑回去，日本军队也不会轻易饶了你，不会有你的好下场的。"

张昆听说我被民兵送回来，也赶来看我。他说："小林，如果你愿意回去，我们是可以送你回去的。不过，我很了解你们日本军队的情况，你在八路军里这么些天了，即使回去，恐怕日本军队也不敢收留你，要把你送到宪兵队去。你还会受到军事法庭的审判，有可能还会被判死刑的。如果我们送你回去，对你的生命也许是一种葬送。希望你能认真考虑自己的出路。"

听他这么一说，我冷静一想：的确是这样，凡是被八路军俘虏过的日本士兵，即便是逃回日本军队，也要受到军事法庭的审判，说你作战不力、没有为天皇陛下战死，被俘虏后又没有勇气自杀，污辱了皇军的名誉，轻的要判处刑罚，严重的就要被枪毙。这样不仅自己倒运，而且还要连累国内的亲属，给家庭和亲人带来灾难和不幸。

想到这些，我对张昆表示了态度："你们对我的帮助和生活上的关心，我以军人的情谊对你表示感谢。我愿意和你交朋友。我感受到了你和你们八路军都是很诚恳的，今后，我不再逃跑了。"

在痛苦中觉醒

在此期间，八路军 5 支队在一次战斗中，又俘虏了一名日本军曹。这名俘虏被送到政治部敌工科。当我见到他时，大吃一惊，竟手足无措、呆若木鸡般的愣在那里了。原来这名俘虏是我在日本军队的"老战友"，我的顶头上司濑古。我头脑中的武士道精神及许多军事技术，都是他向我灌输和传授的。他见了我也大吃一惊，愣了半天才说出话来："你……你还活着呀！我们都以为你已经战死了。""我没有死呀！你们不知道我是负伤后被俘虏了吗？""不知道，那次战斗后，中队长亲自来到战场，把你们这些战死者的尸体用火烧化了，把骨灰装在木匣子中，送回国内你们的家里了，而且还听说大队部也给你的家中发去了战死通知书。"

"那不是我的尸体，我现在不是明明在你的眼前吗！""那我怎么知道呢，反正是中队长在北马战斗后，带兵来到文登，打扫战场时带回来的尸体。""你看清了是我的尸体吗？""不，我没有看见你的尸体，因为一大堆尸体都是裹着白布的。"濑古嘟哝着说。

我听了濑古的话，又是气，又是恨，一股无名怒火骤然而起：这太不像话了，既然没有我的尸体，又没有看见我死去，说明我还是活在人世上，怎么能给我的家里发"战死通知书"呢！更为可恨的是，怎么能胡乱烧"尸体"，用不知是谁的骨灰给我家里寄回去。这太不像话了！我们远离家乡，来到中国，为了天皇，为了国家，在战场上拼死拼活，出生入死地战斗着，而他们这些军阀老爷，根本就没有把我们这些当兵的放在眼里，一点儿都不关心我们的死活。明明没有我的尸体，他们竟随便找了一具尸体冒充我，真是太不近情理了，太欺凌我们当兵的了。我了解这些情况后，逃回日本军队的想法也就渐渐地淡漠了。

在这以后的一段时间里，我陷入极大的苦恼之中。每天，我在沉闷、悲愁的深渊中反复地思索着：他们为什么说我死了呢？我并没有死！在日本军队中，可怕的战地生活、严厉的处罚、难忍的侮辱、频繁的作战，加上八路军不停的骚扰和袭击，使我们每天的生活都是在提心吊胆中度过的。另外从国内来的新兵，带来了国内一天比一天坏的情况：凡身强力壮、精力旺盛的青年在“效忠天皇”的名义下，成千成万的开赴战场去打仗，国内留下的老幼妇孺，也一律参加军需生产，而且还要加倍地劳动。在发动对中国的全面战争后，日本国内生活日趋困难，物资奇缺，物价飞涨，人民生活越来越苦。这些情况，使我们经常思念家乡，对战争前途感到悲观失望。

被俘以前，我心里总盼望着战争早日结束，好回国与家人团聚，现在当了八路军的俘虏，心情就更加矛盾和苦闷了。逃回日本军队去吧，生死难以预卜，下场难以预料。再说艰苦的战地生活，可怕的折磨，我也厌倦了。当八路军的俘虏，和吃鸟食（指小米）的八路军在一起，留在这异国他乡的土地上，过着孤独、生疏的生活，那就永远回不到我的祖国、我的家乡，再也见不到我的双亲、兄弟姐妹了。想到这些，辛酸的眼泪止不住地流了出来。我陷入了极端的痛苦、悲观厌世的深渊。

尽管我们不服输，当了俘虏又不甘心，思想上处于矛盾和苦闷中。但八路军对我们在生活上总是处处关心。张昆见我情绪低落、沮丧，就经常找我谈心，他说：“小林，你有什么苦闷，难道不可以告诉我吗？我愿意和你交个朋友。”“不，你不会了解我的痛苦的！”

“我们中日两国人民之间有什么仇恨呢？一衣带水，两国人民在历史上就友好往来，有着传统的友谊，你要好好想一想，为什么你要来到中国，为法西斯的侵略战争而和我们作战呢？你在战斗中，保住了自己的生命，而来到八路军，过着和我们一样的生活，你应该感到愉快才好，为什么要苦闷呢？”

“不，我们彼此之间是很难了解的，我是军人，军部不让我们懂得政治，你对我说的话，没有能力去辨析它的是非，最好你不要和我谈政治，因为它会使我更加痛苦的。”

“那么，把你的痛苦告诉我，你我都是军人，应有军人诚恳爽直的态度。你说过，愿意把我当成你的一个朋友看待，既然是朋友，你有话应该对朋友说！”张昆坐在我的身旁，热情而诚恳地说。

“我没有什么话好说，只是你们对一个俘虏，不侮辱他的人格，不虐待他，还优待他，我们日本军队里，是万万做不到的。因为我看过我们日本军队的长官把俘虏折磨得半死，然后再处死他。你们对我的优待，使我很惭愧。你我都身为军人，你又将我当成朋友，我仅以武士的情谊，谢谢你们！”

“不用谢，你知道我们对待俘虏的政策与你们日本不同，这很好，说明你对我们有了一些了解。你应该好好学习，再加深了解我们八路军。”

通过张昆等人几次对我谈话以后，我冷静多了。我开始独自思考问题了。我先考虑自己的一些想法和认识，于是，思想上产生了一些问题，这些问题在脑子里考虑来考虑去，越考虑越多。过去对于八路军，我只是有“土匪”的印象，不想去知道它到底是一支什么样的军队。我被俘以后，虽然接触到一些情况，是抱着仇恨、敌视的态度去对待，一些看法是否正确，思想上产生了怀疑，这些想法又不敢公开说出来。我看到八路军士兵每月只领一元钱津贴，就觉得八路军穷，心想大概是他们在山沟里抢老百姓的东西为军饷的吧，要不怎能只领一元钱呢？而且很不正规，一支军队竟然连军衔都没有。还有，看到八路军干部天天开会，白天开了，黑夜还开，总是开不完，我觉得奇怪，所以时常和布谷说：“真是一支奇怪的军队，大概他们不开会就不能打仗吧！”

另一方面，八路军对于我们这些俘虏，却从来没有打过、骂过，也没有搜过我们的腰包。我刚来八路军时，他们要我脱掉日本军装，我想一定要搜身了，没料到他们却给了我一身新的八路军服，把原来衣服里的东西也如数还给我。而且，他们还想方设法在可能的条件下照顾我们，给予我们和司令员、政委一样的待遇。

更使我奇怪的是老百姓并不害怕这支“土匪”军队，反而像对待自己的亲人一样喜欢他们。每当八路军走到一个新的地方后，那里的老百姓都抢着把好房子腾出来，让给八路军和我们住，还争先恐后地把他们最好的食物拿出来给八路军吃。同样，八路军战士也像在自己家里一样，帮老百姓砍柴、提水、修房子。不管什么脏活、累活，八路军的长官和士兵都抢着干。军队和老百姓之间真是亲密无间。

一次吃饭，我嫌给我的筷子不好使，就随便到老乡屋里拿来一双好的用了。不料，八路军管理员得知后，竟向老百姓赔礼道歉，拿出钱来赔偿。老乡拒不收钱，说一双筷子算不了什么，管理员一再认错，硬要赔偿。我看了感到非常的惊讶。后来张昆告诉我，这是八路军的纪律，不能拿群众一针一线……

还有一件事，就是对俘虏的释放，被俘的日本士兵，在经过八路军一段时间的教育之后，对坚持要回去的日本士兵都释放了。这些被释放的日本士兵，他们回去后就要求退伍回国，不再为军阀发动的侵略战争卖命了。开始，我对他们的话半信半疑，总觉得他们说的不是真话，因为有的日本士兵前不久还找我和布谷商量逃跑。但是后来八路军果然根据被俘人员的要求，释放了他们。这件事给了我很大的震动。以前，当张昆和我谈他们优待俘虏而且释放俘虏时，我就想:“这是一种骗局，因为我们旅团长曾说过，共产党军队释放战俘的事情绝不会有的。”而现在，我亲眼看见了八路军释放战俘，思想上便产生了一种想法：八路军确实是和日本军队不一样，同中国的正规军——国民党军队也不一样。在对待战俘这个问题上，只有八路军才表现出宽宏大量的人道主义精神。而日本军队自称是“遵奉道义的皇军”，是来中国“解救东亚民众的”，然而对俘虏都是处以极刑虐待致死。我们出来作战、讨伐时，不守军纪的事经常发生，甚至有的长官命令士兵们随便杀死无辜的老百姓，少数人还强奸妇女、烧民房、抢东西。和八路军相比，日军竟无半点人道主义可讲。

一天，张昆和孟凡给我带来一些日文书籍，有小林多喜二的小说《蟹工船》《泥沼村》等，还有一本《战争为何而发生》的小册子。我埋头看了几天，对于我们日本所进行的战争有了初步的理解。

张昆问我："你通过学习有什么体会吗？"我谈了我的体会，又顺便提出新的疑问："我看完了这些书，知道日中两国劳动人民是不愿意战争的，是日本军部挑起这次战争。可是我还不明白，既然大家都不愿意战争，那么你们八路军为什么又要打我们呢？""因为日本军队还没有从中国领土上撤回去，我们要抵抗，抵抗到把日本军队打败为止。""那么，打败我们日本军队，你们不是一样跑到我们日本领土上去烧房子、杀人吗？""我们只解放我们的祖国，打到鸭绿江为止。我们要打垮的是日本法西斯侵略战争的机器，使我们自己的人民有独立、自由建设自己国家的权利，使中日两国人民能够友好互利交往。""可是，这战争什么时候才能结束呢？我什么时候才能和我的父母团聚呢？"张昆语气坚定地说："只有中国人民彻底把日本侵略军打败之后，战争才能结束。这自然不是一两个月的事，还是需要好几年的努力！""哦！好几年，这样长的日子，好容易盼望它过完啊！"我痛苦地呻吟着。

"小林，你想一想，是什么人和什么事使你远离家乡和父母呢？你还不明白这是日本军国主义发动的战争，才使你这样痛苦的吗？日本法西斯政权挑起的战争，给中日两国人民带来的都是可怕的灾难。我们中国人民在这场战争中，付出了巨大的代价，许多无辜的人民被你们日本军队杀害了。我们的许多战友也在你们的枪口下牺牲了。我们怀着默默无言的愤怒，心情沉重地掩埋了他们的尸体。但是我们没有眼泪，只有反抗，坚决抵抗日本军阀的侵略，坚持民族解放战争。"张昆停了停，冷静了一会儿后接着说，"可是小林你呢，你也是穷人家庭出身，对于日本军国主义给你们日本劳苦大众带来的灾难，应该了解，明白了道理就要起来和他们斗争，这就叫革命。悲伤有什么用，只有起来斗争才有出路。在我们根据地里，有'在华日本人反战同盟'和'在华日本人觉醒联盟'，他们为了中日两国人民的解放事业而反对这场非正义的侵略战争，你知道吗？""我相信你是一个诚恳的人，但我不相信你说的话，因为我认为这种事是永远不会有的。我们日本人是永远不会做出这种对不起国家、对不起民族、对不起天皇的事来的。"我很冷淡地回答张昆。

“我不和你争辩这件事，这是你们自己人写的传单和出版的杂志，请你看一看。”张昆说着递过一本杂志和几张传单。杂志的封面上醒目地写着“觉醒”二字，下款是“晋东南日本人觉醒联盟本部发行”字样。我把传单和杂志接过来，对他说：“我不相信是日本人干的，大概是你们八路军中会日文的人写的，我们日本人绝不会做出这种事情。但是我倒愿意看看。”“我以八路军诚恳的军人资格保证，我不会说谎。是你们觉醒了的日本人写的，将来有机会，你会和他们做朋友的。”张昆仍继续做我的工作。我思索了一会儿说：“我还不大明白，但我信任你，如果日本人反对日本国家进行的战争，那他们不是国贼吗？”“你应该先看他们写的东西，然后再下结论。”张昆提醒我说。

我把杂志和传单打开放在桌子上，埋头读了起来。《觉醒》杂志的内容，是号召日本士兵起来反对军官虐待士兵，要求改善伙食，提高待遇，并要求早日结束战争，使广大日本士兵早日回到家乡。传单的题目是《告日军士兵书》，基本内容是鼓动有正义感的日本士兵认清战争的真相，起来反对日本军阀，反对法西斯侵略战争。全文如下：

亲爱的战友们：

我们和各位一样，都是日本士兵。我们中间，有的是逃出了可恶的军队，有的是自己在战斗中当了俘虏，不得已而来到八路军的。

现在我们在八路军内，不但没有被当做敌人，却被当做国际朋友般地对待。我们过着自由的、快乐的日子。八路军是我们日本士兵的真正朋友。

战友们！像你们所知道的，不论在内地是怎样一个独立的男子汉，但到了军队以后，便不值一文钱。一切都借口于命令、军纪，强制你执行。人比步枪、马匹更不值钱。尤其是战争延长，实行战地教育后，日本军队就不自由。所有的士兵都愿意生活得更像人一些，即使在军队内，我们的自由也应该广泛些，过得稍微好一些、舒服随便一些的生活。这种情绪，虽然嘴上不说，却是每个人的心里都有的……

受委屈的战友们！请你们想想，我们日本士兵和人民在这场战争中得到的是什么？是血和泪的海洋！是军费、公债、税务！是贫穷和死亡！除此之外，还得到些什么呢?!

但是，究竟为什么我们非要忍受这样的痛苦和不自由呢？是为了什么？

这都是为了战争的缘故，如果没有战争，当然不会有这样的事！

本来，假使这个战争是真正的正义战争，是真正为了东亚民族解放的战争，那么我们就应有忍受任何不自由和艰难的决心。但是现在军部所进行的战争，究竟是不是这样的战争呢？

1937 年 7 月 7 日，日中战争爆发后，军部向国民说这个战争是自卫行动。但是，战争到了今天，日本军队占领了比日本本国还要大得多的中国领土，杀戮了千百万无辜的中国人民。军部和财阀的野心昭然若揭，连三岁的小孩都明白是谁在这场战争中发了财，升了官。“日支共存共荣”也好，“大东亚共荣圈”也好，不过是军部和财阀们为了掩盖其真实目的作借口而已，而我们劳苦人民和士兵们却付出了血、泪、生命，付出了巨大的牺牲和代价。

战友们！当你们明白了战争的真相，就勇敢地起来反对这场不正义的、使中日两国人民受苦受难的战争吧！

请你们来八路军参加真正站在日本人民立场上的反战同盟吧！

我们永远等待着你们！

在华日人反战同盟

这些传单和书籍，是我第一次接触到，感到特别新奇。读着这些杂志和《告日军士兵书》，琢磨里面讲到的一些道理，慢慢地就被它吸引住了。因为它说的都是我们日本人自己的切身事情，八路军中懂日文的人决不会写出这样的东西来。但是，也有不好理解的地方，碰到不懂的地方，张昆就耐心细致地给我讲解。

我开始分析、理解一些问题，逐渐明白了中国人民和日本人民都是不愿意进行这场战争，是日本军阀发动的侵略战争，它给中日两国人民都带来巨大的灾难。我自己就是一个被迫舍弃了幸福的家庭，远离自己的亲人，应征入伍来到中国战场的受害者。在八路军根据地的“在华日人反战同盟”和“在华日人觉醒联盟”，并不是像我认识的那样是八路军的宣传机构，而是具有特殊的革命性和独立性的真正的日本人民的革命组织。

这些觉醒了的反对侵略战争的日本人，站在中国人民和八路军一边，支持中国人民进行反对日本法西斯的侵略战争，理当是很崇高的正义行动。但从常规上理解，日本人为什么要反对自己的军队呢？为什么不替日本人说话，反而替中国人说话呢？难道他们不热爱自己的祖国和人民吗？我脑海里反复地思考着这些问题。我对张昆说：“我对反战同盟日本人还不很了解，但是我愿意理解他们的正义行动，请你多多帮助我。”

我开始有了一些觉悟，张昆鼓励我：“你一旦能够分析、理解问题，那就是你从苦闷的深渊中走出来的时候了。反战同盟是敢于主持正义的日本人，他们都是国际主义者。他们热爱自己的祖国，热爱自己的民族，也热爱他们的父母兄弟姐妹，正是因为热爱自己的祖国和民族，才反对日本法西斯军部、反对侵略战争。这是需要有极大的勇气的，他们的行动是正义的，是符合广大日本人民和你们日本士兵的利益和愿望的。”

八路军 5 支队的王彬司令员、王文政委、仲曦东主任，5 旅的吴克华司令员、高锦纯政委、欧阳文主任等都来看望我，启发教育我，帮助我觉醒。而且每次来，他们详细了解我们的生活情况，问我们是否习惯，有什么要求等。这使我得到了很大的温暖。他们无微不至的关怀，诚恳的态度，就像一家人一样。这是我在日本军队中从来没有见过的事情。

他们是司令员、政委、主任，要是在日本军队中，应该是校级以上的军衔了。但是他们却穿着极其朴素的军装，简直和士兵没有两样。他们的一举一动总是表现着一种旺盛的战斗意志和必胜的信心。他们过的是世界上各国军队中最低标准的生活，使用着最落后的武器，进行着最艰苦卓绝的战争。他们只是为了一个崇高的目的：保卫自己的祖国，拯救自己的同胞，反对法西斯侵略。

总之，八路军是一支在中国共产党领导下，有崇高信仰，有严格纪律，有坚强的战斗力军队。这样的军队，日本没有，世界上任何地方也不会有，只有中国才有！他们给我留下了深刻的印象。从他们的身上，我看到一股不可战胜的力量。他们意志坚强，胸怀开阔，态度和蔼，感情真挚。他们的言行深深地打动、温暖了我的心。我开始认识到他们的行动是正义的，我应该同情和支持他们的斗争。

我终于把自己的真实军衔和独立步兵第十九大队的情况都向仲主任和张昆详细地交代了。张昆高兴地对我说："这就是你觉醒的开始！"

使我更感到兴奋的是我知道的道理一天比一天增多。我有时和八路军同志们在一起谈天，我已不感到自己地位的尴尬和对于事物的无知，不再涨红着脸无言以对，渐渐地变得话也多起来了。我感到自己对于天皇、对于日本人民往何处去，战争为何而起，有了比较明确的认识，认识到这场战争绝对不是像军部宣传的那样，是为了东方和平的正义战争，而是日本帝国主义的掠夺战争。虽然有时候，有些认识是肤浅的，甚至是错误的、极其可笑的，但是同志们并没有讪笑我，而是很耐心地听下去。从此，我对于八路军同志们不再以敌意的态度对待，而是以一种真诚的敬意和亲密感与他们相处。

一个农村姑娘救了我

1944 年的春天到来了，万物萌芽，胶东原野上披上了绿装，到处呈现出一派生机勃勃的景象。敌人的"扫荡"被粉碎后，已无力再组织大规模的进攻，不得不改变方式，对抗日根据地实行封锁、"蚕食"，妄图破坏胶东军民正在开展的大生产运动。绝不能让敌人的阴谋得逞，尽快地恢复和扩大抗日根据地。胶东军民一齐开展反封锁、反"蚕食"的斗争。我们在华日人反战同盟的任务是：配合军区政治部敌工科加强对日伪军开展政治攻势，对敌占区的群众进行宣传教育，争取瓦解敌军。我、吉尾、石田还有朝鲜反战联盟的老金等人组成了一支宣传小分队，前往北海军分区。

北海军分区的孙端夫司令员热情地招待了我们，并向我们介绍了驻防在招远县道头镇的日军情况，说敌人特别猖獗，经常出来活动，对当地的老百姓抢掠、骚扰。我们听了介绍后非常气愤，便与军分区敌工股的同志们商量决定：去道头据点开展一次政治宣传攻势，教训一下这个据点里的敌人，借以警告周围据点里的敌人。

宣传队由军分区敌工股的老彭同志带领，一行八九人披着明朗的月色来到道头镇。孙司令员要派部队保护我们，因为我们多次出去宣传，都没有碰到战斗而平安返回，所以我们谢绝了部队保护。这时，正好是天空明朗，明月高悬在半空中，一片银白色，只有远处的树林黑黝黝的泛着青光。小镇里的人都睡了，周围的一切都是静悄悄的。我们在离敌人的炮楼100多米远的洼地里，选好障碍物隐蔽起来。一切都布置停当，便用铁皮喇叭筒向敌人碉堡喊起话来。

“喂，有人吗？”碉堡里静悄悄的没有声响。

“喂！你们都睡了吗？听得见我的声音吗！”这时从碉堡里传出慌慌张张的脚步声。

“你们是哪一部分的！来干什么？”一个日本士兵在问话。

“我们是在华日本人反战同盟，今天特意来看望你们的。”

“哦！是你们这些国贼呀！赶快滚，要不我们就开枪了。”

“不要开枪，唱支家乡歌曲给你们听听！”这时碉堡里的士兵们好像都起来了：“要是唱得好的话，我们就听一听。”

在日本，这时正是樱花盛开的季节，石田放开喉咙高声唱起了日本家喻户晓、使人产生思乡之情的《樱花之歌》：

樱花呀，樱花呀！暮春时节天将晓，
霞光照眼花英笑，万里长空白云起，
美丽芬芳逐风飘。
去看花，去看花！看花要趁早。

这时，碉堡里的士兵都喝彩：“唱得好，唱得好，再唱一支吧！”

在称赞的笑声中有人问："你是群马县人吗？"

"是呀！怎么，你听出我的口音了。你也是群马县的？"石田放开大嗓门和老乡说起话来。我俯在石田的耳边说："是你的老乡，你和他谈谈心。"

"咱们家乡有信来吗？亲人们的生活怎样？"

"别提了，家乡人的生活苦得很。"

"你们士兵们的生活怎么样？"

"我们士兵的生活吗——还不错，你们在八路军里生活一定很苦吧？"

"我们生活得非常愉快，伙食也很好，你们缺什么东西，给你们送些来。"

"我们的伙食也好极了，每天都是大米、白面，像过年一样，还有肉呢！"

"那是你们抢老百姓的粮食和猪羊。"

"现在不是战争年代吗？"石田的老乡倒是一点没有掩饰地说。

"这是什么战争，这战争是为了什么呢？"

"是为了建设大东亚新秩序！"有人抢着说。

"什么是新秩序？难道对中国老百姓抢掠、烧杀就是新秩序吗？"

"我不是学者，这些事情我们不懂，我是个军人，只知道服从命令。"

这些士兵自从战争开始以来，不知听了几千次"建设大东亚新秩序"的讲话，但直到今天他们还莫名其妙，这也难怪，因为长官们每天向他们讲的就是这些。但是，他们现在已经隐隐地感觉到这个"新秩序"并不能给他们带来什么利益，这正是揭露"新秩序"的好机会。

石田又接着喊："战友们！你们好好想一下，新秩序就是给中日两国人民带来痛苦和灾难。咱们国内的人民连饭都吃不上，就连你们这些在前线的士兵，伙食又怎样呢？"

"好极了，每天吃大米，好吃的东西吃不完，像过年一样。"一个士兵显然在撒谎。

"真的吗？可是为什么你们还抢老百姓的粮食和猪羊呢？"这一下戳穿真相，那个日本士兵不作声了。

我也趁机向他们喊："战友们！听说你们最近的生活很苦，每天吃的都是掺着黑豆的饭；菜也只是漂着几块白菜的清汤；烟也不够抽。你们不但抢老百姓的粮食，还抢衣服，你们穿的衬衣都是代用品吧！"

"妈的，你怎么知道得这样清楚？"

"是的，你们大大小小的事情，我们都清楚。"

"既然你们知道，为什么还说出来让我们伤心呢？"

"你知道为什么你们的生活这样苦吗？"

"因为是在战地。"

"可是，同样是战地，将校们怎样呢？他们住在安全的城镇里，光吃好东西。在青岛和济南的高级将校们，吃着军用飞机从日本运来的最好的食品。正因为他们穷奢极欲，士兵的伙食就更变坏了，因此，你们这些士兵必须向长官要求改善给养，改善待遇，不要再去抢老百姓的东西了，他们也是很穷很可怜的呀！"

一个士兵无可奈何地说："你们是在说胡话，这些要求能办到吗？这是在日本军队！"

"可是，独混第五旅团的第十七大队的士兵们都团结起来了，要求改善伙食，结果上司答应他们的要求了。只要士兵们都团结起来，要求就一定能实现。士兵人多，将校人少，将校所以能耀武扬威，盛气凌人，就是因为士兵们不团结。你们也应该团结起来，要求改善伙食，一定会成功的。"

"喂！你真会说话呀！佩服，佩服。"一个士兵略带讽刺的口气说。

"用不着佩服，我说的都是实在的情况，你们明白吗？"

"明白是明白了，但你说的那些，在我们这里做不到。"

"正因为你这样想，所以只好永远吃黑豆。你们要是还抢老百姓的东西，可要小心八路军的便衣队呀。"

"算了吧！不要谈这些了。"

"可是，我们听说你们还抢老百姓的姑娘带到据点里？"

"那是小队长干的，我们没干。"

“你们知道现在的国际形势吗？”我接着问。

“你们不知道吧！你们每天钻在山沟里，哪懂得国际形势！”我进一步揭露事实说，“告诉你吧，日本军队在太平洋战场已经被盟军打得一败涂地，菲律宾已经解放了。日本军部的末日快到了。你们都要好好想一想，到时候中国人民要和你们算账的！”

“我们都是军人，只懂得服从命令，管不了那事，其实我们也想早点结束战争，好回家团聚呀！喂！时间不早了，我们要休息了。”

“好的，我们就走。再见，战友们！”

我们把带来的慰问袋挂在离碉堡不远的树上，离开了道头镇。

夜已经很深了，大家感到很困倦。有人提议是否可以在附近找个村子休息一夜，明天再赶回军区驻地。大家一喊累，我的脑袋就困得直往下沉，可觉得不回军分区不行，因为没有武装部队的保护，万一发生意外怎么办。大家见我踌躇不决，便纷纷议论起来。老彭说：“离这里八里路有个赵家村（记不太清是什么村了），我们去那里住宿怎么样？村里有不少堡垒户，我还认得他们的村长。”反战同盟的朝鲜同志老金也一个劲地劝说：“大家都累了，我们就去看看吧！”于是我同意了。

大约一顿饭的工夫，我们就到了赵家村。老彭敲开了村长的院门。村长起来把我们让到屋里。老彭介绍情况后，村长非常热情地接待我们这些国际主义战士。他热情地握着我们的手，随后把我们一个个送到各个堡垒户去，并叮嘱村干部要注意保护好我们这些“外国八路”的安全。

村长把我送到村妇救会长的家里去住。这是靠近村边的一座普通农家院落，迎面一溜三间北房。出来迎接我的是一位年过半百的老大爷。进入他家后经了解才知道他姓赵。老赵的老伴和女儿也都起来了，大娘和她的姑娘在烧水，过了一会儿，又拿出鸡蛋、干粮让我吃。姑娘是妇救会长，叫赵玉芳，是他们的独生女儿。赵玉芳 20 多岁，中等个头，浓黑的眉毛下有一双机灵的眼睛。

赵大娘把煮好的鸡蛋摆在我的面前，我不知该怎么办才好，心想不能吃啊，在这困难的战争岁月里，这是乡亲们家中仅有的一点食品呀！我怎么能麻烦乡亲们呢！大娘见我不吃，就亲手把鸡蛋剥开，送到我的嘴边。这是中国人民对日本人民友好的一片心意啊！

我确实很累了，吃过饭，就躺在一间为我安排的屋里的炕上睡着了。也不知睡了多长时间，忽然一种异样的感觉把我惊醒。我一骨碌翻身坐起来，听了听周围，并没有发现什么动静。望着泛着白光的窗户纸，我知道天快亮了。便顺手把枕边的手枪掖到衣服内的怀里，轻轻地走出屋外一看，见赵玉芳姑娘警觉地站在大门洞里，正聚精会神地听着什么。看上去，她好像一夜都没有睡，在为我放哨。我心里不禁感到热乎乎的。我正要上前和她说话，突然，从村口方向传来一阵尖厉的马嘶声，在宁静的清晨听起来使人感到一阵凄厉和紧张。接着，街上就传来一阵杂乱的跑动的脚步声。

我赶紧拔出枪要向外冲，想去看看其他同志怎么样。赵玉芳一把拉住我说："这是敌人的马队，你跑不过他们，还是先躲一躲，听听动静再作打算吧。"赵大爷也从屋里匆匆走了出来，叫我快进屋里去躲藏。我一时也没有别的办法，只好随他们父女俩进了屋。赵大爷叫我藏到草棚里放着的一口腌咸菜的大空缸里。赵玉芳看了看，皱起眉头觉得不安全，万一敌人一搜查，不就束手被擒了吗？

这时候，敌人已经闯进了村，外面传来敌人抢东西的叫骂声与孩子们的哭叫声，鸡飞狗叫，气氛显得非常紧张。赵玉芳这时却十分冷静、沉着，她急中生智，一面三把两把地迅速帮我把军装脱下，连枪一齐包好，让赵大爷拿到外面藏起来；一面把我按躺到炕上的被窝里，并严肃的叮嘱："一切听我的，你别说话，实在逼急了，我就说是俺丈夫生病了。"我只得听她的指挥。

刚刚安排停当，"哐"的一声门被撞开了，两名伪军闯进来。这时我心里很后悔，不该把枪藏起来，有武器就不怕他们，拼一拼也能冲出去。赵玉芳仿佛猜透我的心情，用眼睛瞪着我，意思是让我别鲁莽，要沉着。她坐在我身边的炕沿上，没有一点恐惧，一只手压在我的肩头，一只手系着衣服上的扣绊，装作刚起床的样子。

一个伪军用枪指着问我："什么人，怎么不起来！""是俺男人，病了。"

赵玉芳从容地说。“什么病，分明是八路军装的。”敌人说着要上来掀我的被子。赵玉芳不等他们凑过来，就一把掀起被角，冲着伪军喊道：“八路，八路，你们抓不到八路，就拿老百姓撒气！”

这时赵大爷也走进屋来，左手提着一只又肥又大的老母鸡，右手给一个年纪稍大的伪军手里塞了一把钞票。嘴里还念叨着：“要是八路还敢躺在炕上，这不，病了几天了，头烫得摸不得。玉芳，让老总看看不就放心了吗？”那两个伪军接过鸡和钱，哪顾得这些，转过身骂骂咧咧地走了。我躺在被窝里，紧张得冒出了一身冷汗。过了一会儿，街上响起敌人集合出发的哨子声，我绷紧的心才松弛下来。

原来，这一伙敌人是从栖霞到大泽山去“扫荡”路过这里的，并不知道我们反战同盟宣传队在这里宿营，只是毫无目标地瞎搜一气，借机抢老百姓的东西罢了。宣传队的其他同志，也都被村里的抗日堡垒户给隐蔽保护起来了，一个也没被敌人发现，都很安全。

我们觉得这里很危险，大家后悔不该在这里宿营，险些出了事，再不能久留了，决定立即出发转移。临别时，我紧紧地握着赵玉芳同志的手，用中国话向她连声道谢。她爽快地笑着说：“这还不是俺应该的，有啥值得谢谢的。对付那些日伪军，还不是能打就打，能骗就骗，等打败了敌人，庆功那天，我们还得谢谢你们这‘日本八路’呐！”我被她这朴实而真挚的话语深深地感动了，一时竟说不出话来，只是毕恭毕敬地朝她深深地鞠了一躬。

是啊！伟大的民族，一个普普通通的农村女子在敌人面前表现得那么镇定自若，有胆有识，表现出了多么大的革命勇气和献身精神啊！她在同志们面前又是那么温顺、纯朴和谦虚，这是多么高尚的革命觉悟和阶级友爱精神呀！

我虽然在中国生活了好几年，但是对于勤劳、勇敢、善良的中国人民了解得何等的少啊！在战场上，我看到的每一个八路军战士都具有非常英勇顽强、勇于牺牲的革命精神，这是多么可贵的品质。今天，我又看到了中国的普通老百姓也同样具有这种可贵的品质。更值得称颂的是这种精神和品质纯粹是出于自觉的行动。每一个战士和老百姓都为保卫自己的祖国，为反对日本侵略者自觉地贡献出自己的全部力量。这一切给了我很大的鼓舞和教育。

伟大的中国共产党和中国人民又一次救了我，又一次用国际主义无私无畏的崇高精神教育了我。这样的党和人民当然无敌于天下。这种精神鞭策我在为国际主义正义而战的道路上，迈开大步前进！

太行噩梦——一个侵华日军的回忆

[日]泽昌利*

一、老八路的武器装备

直到现在，一听到“八路军”这个词，我就感到有一种亲切感。

1939 年在山西战场时，共产党、八路军确实是日本华北派遣军的敌人。但是，无论如何，我也不认为八路军是日本所说的“惨无人道”的敌人。

在我的思想中，八路军只是一般军事术语中所假想的敌人。我总没有把他们看成是可恶的敌人，也产生不了仇恨的心理和敌对心理。事实上，在我的意识中，有一种朋友式的，甚至想见面打招呼的感觉。产生这种心理的原因是多方面的，但主要的是因为我在很早以前就或多或少地接触过马克思主义的理论，对共产主义没有恐惧心理的缘故。另一方面，也是因为我的伯父经常向我们说“喜欢中国人”，听得久了，在我的思想深处便产生了喜欢中国人的意识。

我是这位伯父带大的。他在年轻时，曾多次到过海参崴，也去过上海，

---

* 作者系侵华日军士兵。

在那里有好几位中国朋友。他是根据自己的亲身体验评价中国人的。他评价的话，从小刻在我的脑海中。后来我才知道，我的伯父是大阪市的大学教授，名叫木村和三郎，是著名的马克思主义经济学家。在战争期间，他因是马克思主义经济学家而被迫退职。也许是这种血缘关系，使我对八路军有一种亲切感。

当时，我的思想受双重影响。一方面是皇史观，另一方面是马克思主义观。由于这双重影响，不仅对日中战争持否定的看法，而且在很大程度上是反政府、反军队的；但另一方面，由于受到“愿在天皇陛下的马前勇敢战斗，直至战死”的皇史观的迷惑，也产生了英雄主义思想。这些因素交织在一起，形成了我对八路军的感情。

日中战争时期的八路军，是勇敢的、坚强的，受到全中国人民的信赖和支持。1939 年，我们把同我们对峙的共产党、八路军叫做“老八路”。后来才知道，当时国共合作已经形成。共产党指挥下的八路军，同国民党军队结成了抗日救国统一战线。但在山西省，国民党的军队并没有担负起抗日战争的主力角色。在我们对面担负主力作战顽强抵抗战斗的是八路军。

山西省原来处在阎锡山的统治之下。共产党势力逐渐渗透到全省，因此抗战的主动权逐步被共产党掌握。阎锡山是受国民党领导的，山西是他的家乡。我曾经想过，在山西省内的抗日战争，理应由阎锡山的军队在正面与日军作战。但是，真正战斗在战场上的，都是共产党领导的八路军。我们总是与八路军相对峙。因此，在抗日救国战争中认真抵抗战斗的人，在战后掌握国内的主导权，是理所当然的。

在当时，日军大肆宣传说，共产党的军队是苏联援助的，他们是苏联军队以精良的武器装备起来的。我们的多数国民和兵士都相信这个宣传。但是，当我们上了前线，与八路军交手之后，才发现这是很大的谎言。日本政府和军队出于某种目的而散布这种谣言，很令人吃惊。事实上，八路军当时的装备是极其恶劣的。所谓精良的苏式武器，从没见过。看看号称在华北战线开战以来，日军所谓最大胜利的长治、离石战斗中缴获的八路军的武器就很清楚。我们在围歼了八路军的两个正规团后发现，共产党领导的八路军，在最初所使用的武器只是锄头、棍棒等，几乎是赤手空拳与日本侵略军战斗。

八路军及其势力范围内的地方军——民兵，手持古老的武器进行作战。从打倒的日本兵手里夺取武器，用以装备自己。在长治战斗中，我们俘虏的许多人和缴获的武器，主要是土枪、长矛、老套筒、青龙刀之类。兵器之类的东西，都是从日本军队手中夺到的，如步枪、长枪、刺刀、八八式掷弹筒、三二式军刀等。在军刀的布套上，还明显地用毛笔字写着：刀主、××部队××曹长的名字。恐怕这个××曹长已经战死了。在八路军俘虏的兵器中，最早的有大正十几年 (20 年代) 出厂的旧式四一山炮。这门大炮上用铆钉钉的牌子上明白地写着大正十几年大阪兵工厂制造的字样。很显然，这是日本商人卖给中国地方军阀的。就是这样一门很旧的山炮，对八路军来说，恐怕也是宝贝一样的武器了。

总之，八路军就是这样，以自己所拥有的各种武器，进行顽强的战斗；以自己的生命为代价，从日军手中一件一件地夺取兵器，用以装备自己。

在八路军和阎锡山的军队中，似乎也有曾在苏联和日本留过学的人。我们从缴获的材料中，看到了他们带回的军事教材的中文译本。但是，却看不到苏联援助的武器。我把八路军从日军手中夺得的武器，又被日本人夺回来的现象，叫做“兵器争夺游戏”。我体验了这种战斗，而军官们为此还得了勋章，被称作“重大战果”。我对此很反感。我当时在军队中担任兵器伍长，负责整理缴获的武器，并登记造册报告上级。所以，我说的这些情况，确实无误。

由于存在着这样的火力装备差距，八路军没有主动向力量悬殊的日本军队发起决战。他们用的是毛泽东著名的持久战战略。在军队编制上，除了八路军这一正规军之外，还配备了以民兵为中心组成的地方部队、游击队。我们把这些部队统称“老八路”。

我们还为八路军起了个绰号，叫“蝇子”。日本军队一出去讨伐、追击，八路军就立即跑掉了。我方一撤退，不知什么时候，他们又回来了，完全像赶蝇子一样，很难捕捉到他们的主力。八路军是很难对付的敌人。有时，如果疏忽大意派出去小股部队，常常会遭到数倍于我的八路军的袭击，我方必遭全歼。这是经常发生的事。我方的肉眼能够看到八路军的哨兵在对面的山冈上游动，但我方不知对方有多少人。而八路军却对我方的行动了解得一清二楚。这种情况，主要是由于当地的居民大多数都向八路军通风报信，而我们却什么也不知道。半夜时分，在漆黑的夜色中，我们弄不清八路军怎么会瞒过哨兵的眼睛。潜入我方的营地，突然投来手榴弹。日军大叫："有敌人！有敌人！"但是搞不清有多少敌人。遭到这种袭击，我方乱成一团，一点办法也没有。机关枪、步枪，东一下、西一下瞎打，没有目标，根本收不到什么效果。这种来无影去无踪的袭击，经常在长治作战中遇到。在我们乱打一气，异常紧张的时刻，却一个八路军也看不到。这正是奇袭战、精神战，使我们感到好像时时在八路军的四面包围之中。

二、日军中的中国苦力

在切实感到敌人时时在包围着我们的同时，我们还感到在日军部队中似乎有八路军的谍报网。

产生这种想法，最初是在 1939 年 7 月进攻长治刚刚开始的时候。那时，我们的部队已到达预定的地方，并已分散隐蔽到各自的位置上。我在 7 月 7 日的日记上曾记录着到武乡后，听到传说在寻找间谍的事。

当时，各个部队都雇用着相当数量的中国苦力。我所在的第二大队（相当于营）也不例外。第二大队从日中战争爆发以来就在华北地区转战，已有两年左右时间。在这期间，从当地征用的中国人，作为部队的搬运人员。

日本军队在征用苦力时，不管是市民还是农民，不问本人是否愿意，看到就强行抓来充当苦力，主要是让他们搬运货物或以扁担运送炮弹。往往是在一个地方抓一些人，到下一个地方放下东西，再把他们放回去。另外，还长期雇用一些合同工，签订有雇用合同，付给极低廉的报酬。

在大队部，有专管搬运粮食的大行李班和专管搬运弹药的小行李班。两个行李班经常雇用着三四十名中国人。这些被雇用来的人，大多是家中有马或毛驴的中国人，连人和牲畜一起被雇用。他们有的老家在山东、河北，有的在山西。除了马和驴以外，有的还带着骆驼。这些被强征来的苦力的老家，标志着这个部队转战各地的路线。

这些苦力由于同部队一起生活的时间较长，慢慢地开始熟悉了日本部队。我们也能用生硬的汉语同他们交流，并有了感情，随之对他们也产生了某种信任。

在长期征战中，从日本国内运来的马匹伤亡越来越大，而从日本国内补充的战马却越来越少。在这种情况下，苦力带来的马匹从最初只用于驮运部队的行李、锅碗之类的日用品，逐渐代替日本战马担负起军用战马的任务。随着时间的推移，中国苦力的马匹从搬运粮食到运送弹药箱，以致发展到搬运重要的公用行李物资。这样，这些苦力和中国马匹就逐渐地固定于部队的编制之中。

所谓公用行李物资，是指各部队、各部门的各种文件和物品，在行军时装到大皮箱里运送。这些行李中也装有准士官及见习士官以上的军官们的私人物品。在行军中，把大行李或小行李放在行李班的辕马上运输。在许多地方，辕马是拉排子车式的货车。但在山西。特别是在太行山中的长治山区，排子车根本不能行走。所以，只有靠两条腿走路，把物品放在马背上驮着走。山炮、迫击炮、重机枪、粮食、弹药、行李等，只能分解开放在马背上，没有别的办法。

公用行李车中有的装作战命令、战斗详报、地图之类的机密文件，有的分别装手提式现金金库、会计账簿、粮食、被服、兵器、兽医用的马蹄、医疗器械。前面已说过，由于日本马缺额，有些行李不得不以苦力所有的中国马来运输。开始的时候，只运军官的私人行李物品。不知从什么时候起，公用行李也交给苦力用中国马匹运输了。这些行李中装的东西，本来只有队部的主管军官和下士官知道。但是，苦力们一年、两年长期同部队一起行动，并且是固定的苦力、固定的中国马运固定的东西，时间长了，苦力们也就知道里面装什么东西了。这些苦力和中国马匹不知不觉地好像成了部队的一员，和部队有了切不断的关系。这样，中国苦力也就不知不觉间得到了信任。

在进攻长治前，有消息说，战斗结束之后，似乎部队将凯旋日本内地了。这已是半公开的秘密，并且传到了苦力的耳中。也不知是什么时候，在我们部队中已经秘密地建立起向八路军送情报的组织。

就在这种情况下，7 月 7 日发生了一名中国苦力和毛驴一起突然失踪的事。当苦力和毛驴逃走时，没有人发现。直到夜晚，才发现苦力、毛驴、公用行李都不在了。这一下引起一场大的骚动。逃走的是多年在部队中的常备中国苦力，丢失的公用行李中装着大队金库、作战命令、作战详报等绝密文件。知道了这些情况后，大队干部吓得惊慌失措，非常狼狈。

苦力逃走倒无所谓，最重要的是公用行李的下落。既不能公开，又不能置之不理。在一阵惊慌失措的混乱之后，当官的决定在附近进行秘密搜查。公开的名义是征集粮食，讨伐游击队。各个中队从一大早就开始，一直搜寻到深夜，一无所获。一直寻找了三四天，一切都归于徒劳。连丢失的公用行李影子也没有找到。虽然这事件一直保密，但事情的真相总会暴露。听说有关人员提出辞职，但由于是在战斗期间发生的事，也就不了了之。以后采取了一些补救措施，此即我在阵中日记中所写的，“10 日，很快就出发去攻打长治了。”

士兵们猜测，这位苦力带上毛驴和公用行李逃到八路军那里去了。士兵们嘀嘀咕咕地说：“没想到他是个八路，这小子领勋章去了。”实际上这是一种称赞。我觉得这位八路“干得好”！士兵们一个劲地说：“金库里装的东西、公用行李中装的东西，和我们士兵一点关系也没有。被抢走就被抢走了吧！”我真想不到在这种时候，士兵会夸奖敌人，称赞中国苦力干得好，明显表现出隐藏的反战情绪和对军队的不满！

如果是一个战友倒在或伤在自己身旁，仇敌心理会像一团火一样燃烧。但士兵对苦力带毛驴、行李逃走这件事，却漠不关心。人们关心的倒是苦力的下落。我想，苦力和士兵就处在这种人与人的关系中。士兵的思想是，反正我们再有一两个月就回日本内地了，战争也就要结束了。苦力是苦力，我们是我们。公用行李现在在哪里，也许和上面的军官们有关系，丢一两个公用行李对我们小兵来说，屁事也没有。直到临近我们部队返回日本内地的时候，尽管人们非常思念家乡，但人们还在议论着这位中国苦力，猜想着是什么原因促使他逃离了部队。大部分人的看法是，这位苦力是隐蔽的八路军，是在进行抗日斗争，是值得佩服的敌人。我想，这位苦力如果是中国共产党党员就更值得佩服了，还可以把他写成一部小说。即使他不是共产党员，在长期与日本军队共同行动的过程中，他也看到了日本军队残杀自己的同胞，看到日本军队为所欲为地掠夺，以及任意放火的野蛮行为，也会做出这种逃跑的事情。赤手空拳的这位中国苦力，不知在什么时候接受了八路军交给的任务，只是等待时机下手罢了。我想，他看到了自己同胞的命运，对日本恨得咬牙切齿，早就有打算了。他强忍着汉奸之名，长期伺机行动，最后终于成功了。

苦力逃跑，丢失了一个装有军事机密材料的公用行李是事实，而士兵们以幸灾乐祸的心情对待苦力逃跑这件事也是事实。我不了解这位苦力的真相，但禁不住要祝愿他获胜。

三、八路军的反战宣传

从上面的叙述中可以看到，我们在中国进行的战争，是在内外、多面处于敌人包围下的战争。这种战争无法摆脱所有侵略军常有的弱点。在八路军用游击战打击、袭扰我们的同时，还对我们发动了积极的反战宣传。

传单、口号是常见的。我在寄给母亲的信中大量地转告了这些传单和口号的内容。“打倒日本帝国主义”之类的抗日口号随处可见。化为废墟的村落和街头上所残留的土墙、砖墙是绝妙的口号碑。在这些墙上以白的和红的油漆用大字写下的这些口号，只要不铲掉，是消失不了的。我们斜视着这些大字口号而默默地走去。

但是，究竟有几个日本士兵能够理解“打倒日本帝国主义”这一口号的意思，我是有疑问的。

每逢我在驻地有机会同管大行李、小行李的士兵谈话时，曾拐弯抹角地问过士兵们，多数士兵不理解这些口号的意思。在义务兵中有一两个大学毕业的士兵暗中忠告我："班长，不要谈这个了。"

我曾半开玩笑地说："战争这玩意跟穿着鞋上别人家坐下不走一样。所以，在中国人看来，是很大的麻烦。咱们还是早点回去吧。"即使我这么说，多数士兵也不开腔。

我对这些口号的意思有相当的理解。我记得，每逢见到这种口号，我就从心坎里发出"我们这么干合适么"的疑问和反省。这也许是我读过点马克思主义书籍的缘故吧！所以我常常在阵中日记的细微处写道："我们的行动都是法西斯主义。"

八路军散发了大量的对日宣传传单。除了这些口号之外，还看到了许多招贴画。究竟是谁，又是怎样散布的，心里觉得奇怪。

大概是八路军和游击队在的时候张贴的吧。在此类招贴画之中，有我在日记中提到的"歌颂反战的招贴画"，也有揭露日军内部腐败的多种多样的招贴画。这里只介绍其中一部分：

> 战争是痛苦的
> 寒冷的夜晚，痛苦的战争，
> 停止战争，回到本国去吧！
> 回到老人和孩子身边。
> 我们是为谁而战啊！
> 是为了喂肥资产阶级和军阀，
> 不是为了我们工人。
> 资产阶级和军阀爱好战争，
> 工人、农民不要战争。
> 打倒日本军阀
> 如果战争这样打下去，
> 老人、孩子在国内怎么过？
> 弟兄们，把战争停下来吧！

招贴画中，面向日本士兵的有：

同中国军队一起，反对对华侵略作战！

打倒日本军阀，早日回到日本去！

面向中国居民的有：

流最后一滴血，拥护蒋委员长抗日！

揭露性招贴画有的写着：“××部队的××队长（指名道姓）娶中国女人做姨太太带上行军。”有的写着：“××部队的给养组长××军官，把应该发给士兵的加发物品，在黑市上卖掉，贪污自肥了。”

所谓加发物品，是指日本士兵到战地之后，每人每天免费发给香烟 20 支，或者啤酒一瓶，或清酒十分之一升，这叫做战地加发物品。即除了薪响之外还发给上述实物。香烟的种类是荣誉部队牌香烟，或由朝鲜专卖局制造的带个竹烟嘴的樱花牌军用香烟。

我们看到这些招贴画之后，因上司确实未把加发物品发给士兵，所以我们感到是真话。再加上大队本部的主管给养的一位胖墩墩的红脸人，一看就像一个喝醉酒的奸商。从面孔看，好像我们饿肚子的时候，他却吃得满嘴流油似的，这就更加使我们相信招贴画上说的是实情了。事情的真伪，我不确切，但确有使我们相信的地方。

类似招贴画所宣传的内容，我从一个随部队移动的御用商人那里直接听说过。这个商人是在中国境内退伍的老兵。据他说，部队管给养的曹长曾给过他砂糖、食盐、酒类等，而这些物资，在山西省的大山里是弄不到的。他这样说，就说明招贴画上所宣传的确有其事。但是，并没有因此而发生过士兵们爆发不满而吊起曹长的事，也没有酿成因反军思想的蔓延而在军中产生不稳的空气。

在中国当地退伍的老兵而作御用商人是这么回事：在战地解除了他们的征兵令后，他留在战地，做了出入军队（作军队的生意）的商人。通常情况下，在部队中被解除征兵令的士兵们，大多都在作战结束后的适当时机回到日本内地，被留在部队解除征兵令的是例外。但是在士兵中也有人感到日本内地没有赚钱之道，生活也没有来源，倒不如留在中国来个不劳而获。这些人逃避了回日本的麻烦，留在当地申请解除征兵令退伍了。

这些人没有退伍之前，大多是财会部门或给养组(股)的助手。他们没有忘记在工作中的甜头，或者当时虽然看到了好处，但没有人买他的账，只是垂涎三尺流哈喇子而已。这些家伙们心想，一旦就地解除征兵令退伍之后，就该轮到捞油水了，所以就申请当地退伍，变成部队的御用商人，不劳而获。

侵略战争开始后，随着占领区的扩大，掮客们就迅速地涌进了占领区，一些在日本内地走投无路的人，或梦想攫取千金建立家业者，也络绎不绝地涌到中国。在占领区，这些睁大了眼睛，急得团团转的人，大有人满为患之势。

在这些人中间，大户已在东京与日本军的上层勾结起来，大体上完成了地盘的划分。在大户中有被称为右翼大人物的“儿玉誉士夫”。他在战后也君临这个行道的上座，在洛基德疑事件中被揭露出来，受到国民的指责与弹劾。战后在美军占领下的日本，美军以及与之相勾结的日本人，也曾多次发生过这种事情。

这些特殊阶层暂且不表。在日本内地活不下去而为建家立业渡海来华的人们，从城市逐步深入到中国内地。在圣战的名义之下，进行着“油水”的争夺战，简直是一幅群魔乱舞图。和群魔们并驾齐驱的由老兵组成的御用商人们也很活跃，但大都是些小玩意，看来还不是那么阴险恶毒。

虽然他们在当地退伍了，但如果离开部队就寸步难行。离开部队的威力，他们就活不下去，所以不能离开。由于这种关系，他们跟上部队就有点办法，何况还有老熟人——管财会工作的曹长，还知道一些捞油水的门道。但是，光是跟上部队走，发不了财，所以就要用脑子，要动智慧，这样就成了御用商人。

我自己在财会部门工作的时候，也是通过御用商人筹措粮食的。部队管财会的军人，如果每一件事都带上枪和算盘，有时直接同中国人联系采购，有时又以刺刀来威胁，那就太费时间，不合算，所以就委托给御用商人去办。

作为御用商人，当然什么事也委托给他们去办。他们总是说，由我们御用商人从中国人手中买下，再交给部队吧，这样能够确保部队的一日三餐，中国人也放心，我们也能继续为国奉献。这些人如果能有效地利用以前的经验，他们就确实不同于刚从日本内地来的攫取千金者。如此这般，他们就从部队长那里获得了供给垄断权。

就这样，御用商人和部队一起，随着作战行动，冒着枪林弹雨和我们一起行动而深入到偏僻而又偏僻的地方。说得好听一点，在需要的时候，御用商人就受部队的委托，当军队的走狗，从中国人那里买粮食和其他物资。但是，在占领区根本不可能进行正常的买卖交易，多数情况是去找物资，找到就强行抢夺。把抢来的东西订上个价格，交给部队就能赚钱。我想这就是所谓一攫千金，不劳而获，大发横财吧。从他们一方看，虽然多少有点危险，但总是捞取再香不过的油水吧。同时，曹长也能分些油水，还落个军队不抢粮食的美名。我们凭这些人也能吃上三顿饱饭。这条黑线很结实，不仅散不了，断不了，还越勾搭越紧。这个勾搭带来的灾难完全由当地的中国人承担。

部队暂时休整或驻扎不动时，这些御用商人们，在表面上不能办那种狠心的事。他们为了让中国人采买私存物资，能进行比较正常的买卖，也是借用军队的威风，狠狠压低收购价；另一方面他们把过去弄到手的砂糖、食盐、面粉之类的贵重物资从部队里倒出去，开个咖啡馆、点心铺之类的小店，专门为当兵的服务，往自己手里挤士兵的钱。

在山西省山区。在未收到慰问袋的时间里，这类小点心铺是唯一“甜食供应站”，生意特别兴隆，我也每天花 1 角钱买上一个甜点心来解馋。

这些御用商人们，穿着不带军衔的军服，穿着军靴，而且还佩带着私人手枪，所以它象征着无事生非的侵略军本身。说得严重一点，是侵略军的没皮没脸的坏蛋。我不知道他们赚了多少钱，但主管财务的军曹，不仅是他们发财的帮凶，而且是他们发财的后台。每逢我看到那位喝得醉醺醺的红脸曹长，就觉得恶心。这样一位曹长竟然凭着笔头得了一两个殊勋甲的勋章和一次性奖金，啊呀，真不知说他什么好！

前面曾经说过一张揭露性招贴画上写着“××部队的××部队长娶中国女人做姨太太，带上行军”的事。这些招贴画上当时写着那位部队长的名字，但因不是我们木村部队（步兵一一九联队）的事，还因为这种事情是到处都有，早已成为司空见惯的事情，所以没有记。

事实正是这样。最近听到一个实例：我的一位朋友的父亲，和我们金森大队长一样，在紧缩军备时退役了。而在这次事变中又被召服役，担任联队长（团长），长期驻守在中国中部。此人在中国中部驻防期间，娶了一个中国女人为妾，还生了孩子。照片被在日本的妻子发现，发生了家庭纠纷。这是他的儿子告诉我的事实。是幸运还是不幸？只是因为中国的这位女性和孩子都病死了，所以才没有酿成什么大问题。我认为这个问题是相当严重的，同时说明招贴画打中了靶子。

还有另外一些招贴画和传单。有的写道：“我原是××部队的××士兵，现在被俘在八路军里。八路军不杀日本俘虏，八路军是亲切的，是平等对待我们的，八路军不打人。八路军是正义的部队。逃过来吧，优待你们。”到处都张贴着或在路上散发着这样一些宣传八路军的政策和揭露侵略战争的油印版的招贴画。甚至早晨起来一看，不知什么时候，这种招贴画已进入了我们的宿舍。我尽量不损坏这些招贴画，并努力熟读、记录其内容，当然也没有报告过上级。

在招贴画和传单中还有彩印得很漂亮的“投降票”。最显眼的是，上面画着八路军和日本的士兵友好地肩并着肩，上面写着“中国军队不杀日本兵，尽快带上这个投降票来中国军队方面吧！”

请注意，上面印的是“中国军队”，而不是八路军。这是由于国共合作八路军同国民党结成统一战线。这意味着，共产党很好地遵守了统一战线的协议。我记得，散发较多的是印有“不许杀中国人”“不许烧房子”“不许抢牲口”的招贴画，煽动日本士兵不满其上级的宣传品则不多见。

在初期，对日本士兵的宣传中有列举日本士兵发牢骚的反战宣传，但很少能准确地打中要害。单纯地号召“打倒日本帝国主义”的硬性宣传的东西很多。我估计在这一点上获得日本士兵共鸣的不多。从某一方面看，也可以说这是由于日本军队在当时的侵略战争中处于胜者地位的缘故，内部矛盾还没有充分地暴露出来。这种鼓吹厌战、反战的招贴画似乎没发生大的影响。也没有收到很大的效果，但一点一滴地进入了士兵的心里，也是事实。

的确，八路军俘虏了日本兵不杀。对此，人们大体上是了解的。日军方面对八路军俘虏，后来也多不残杀了，而是把俘虏送到后方的师团。把俘虏送到旅团、师团司令部之后，怎么处置，我们没法知道。大体说来，在旅团、师团司令部里，有好夸耀自己武艺的曹长和军官们，他们动不动就想用俘虏试试军刀的刀功，不少人早已为此急得手痒了。也许正是他们把送到后方的俘虏，嚓嚓地给砍了，因为日本军队是能够办得出这种事情的。

我把一两张招贴画和招降票，夹在日记本里私藏起来，带回了日本。战后，不知混杂在什么东西里，找不见了，这是很遗憾的。这种反战招贴画的印象，深深刻在我的脑海里。在招贴画的影响下，到了夜里，对捉到的八路军俘虏，我给他们松了绑。我假装睡着，俘虏就偷偷地逃走了，我却假装不知道任他逃去。这种事，曾经发生过两三次。

第二天早晨，监视兵带着一副哭丧的面孔向我报告："班长大人，俘虏逃走了，赶快追吧！队长要训我们的。"我听了他的报告以后，说："什么时候逃跑的？赶快去找吧。"然后为了履行责任，保护面子，便同这个监视兵到附近找了一个半小时。当然逃跑了的俘虏不会还在附近一带。我就对监视兵说："不要害怕，我跟队长好好说说。"使对方安下心来。然后我就向队长一边报告，一边认错，赔罪说："很遗憾，没有找到，对不起了。"队长也就只好说："你这个没用的家伙，泽伍长，要把绳子捆紧了。"也就没事了。虽然不能再三再四地让俘虏逃走视而不见，但每当俘虏逃走时，我内心很自负地感到，我也做了一点好事。队长的训斥、责难，也不过就是前边所说的那些。大队副官（此人是干部候补生出身的预备役中尉，是大阪东云町小学校的训导员。据他说，他在小学校工作的时候，每天要路过我的母校东云町的工学院）和情报军官是九州某女校（女中）的英语教师，也只是说，"把牢笼关紧些"，也就完事了。

对缴获武器的处理，我也是适当地打着马虎眼。缴获的武器是战果的物证，也是编写战斗详报的依据，对勋章大有影响。本来应该是不分巨细，无一遗漏地带回去。但我认为即使是带回去，勋章还是大官得的多，对我们下级士官没有什么好处。况且，谁往回带呢？还不是驮大行李的马。部队越前进，驮大行李的马所驮的货物越轻，因为粮食减少了，也就轻快了。但是本来货物减少了，又给马背加上缴获的武器，"马老先生"也受不了。如果引起鞍疮，就更可怜了。这些旧式的枪和青龙刀等，对八路军来说估计也不会起什么大作用。即使缴获了也不会降低八路军的战斗力。不管怎么说，我想都是一些麻烦、累赘的东西，与其带回去还不如就地藏起来。这样，"马先生"也就轻快了。如果不久八路军找到它们，用也好，扔掉也好，都没有什么关系。于是我就编造了一个理由：想用这些兵器来杀日本人是杀不了的。我就对助手士兵说："就把这些带走，我等大行李来了再走，你先走吧。"然后我就把手榴弹、刺刀和老套筒之类的东西藏在草丛里、房子里，或认为比较合适的地方。山炮弹之类，则挖个坑埋起来，并假装不知道的样子。把其中的一部分让大行李车带上，随队列往回走。

扔掉、隐藏缴获武器这件事，我当时虽然没有意识到是什么大事，但现在看来，也可以说是小小的反战斗争吧。这恐怕是与受反战口号、反战招贴画的宣传影响有关吧。整个看来，我的行为与其说是有意识的反战斗争，倒不如说是因厌战情绪产生的反军行动更合适。军务是不能有半点玩忽的。从这一点来说，我不是一个忠勇无双的军人。

但是，我一方面曾经认为这场战争是圣战，另一方面也曾经认为这个战争是法西斯行为。当时是二十二三岁的我，思想不断地左右摇摆。我是带着极其矛盾的心态从不义之战中走过来的。

四、发射毒气弹！喷发毒瓦斯！

当人们大声喊叫"瓦斯、瓦斯"的时候，是毒瓦斯袭来的警报和警告，这同发布空袭警报命令是一样的。当时日军各部队都配备有专门处理瓦斯的军官和下士官。兵器库里有毒瓦斯弹。全员都发给了防毒面具（称作被甲）。当时我们所知道的毒瓦斯，主要有“喷嚏性”“窒息性”和“糜烂性”等种类。为对付这些毒瓦斯，在相当程度上有重点地进行了训练。在敦贺的联队里，在训练场的一角，有两个两层门、二层窗的木结构小房，被称作“瓦斯室”。用瓦斯进行攻击的时候，会因风向、气温和气候的变化而变化，不知什么时候，就会袭击了自己的人。因此，使用瓦斯的训练，重点是训练防御方法。防御方法主要是指防毒面具的配戴方法和消毒方法等。对毒瓦斯本身的使用法和消毒法的训练，是由一个经过特别训练的军官和下士官组成的瓦斯班负责。

“喷嚏性”毒瓦斯，即使吸进少量的，也像吸了芥末粉一样，会发生激烈的咳嗽和呕吐。肌体接触到毒瓦斯气体，立即像烧着了一样刺痛，而且痛感很难消除。“窒息性”瓦斯的毒性更大。“糜烂性”瓦斯是芥子型剧毒气体，一旦接触肌体，就会糜烂并开始坏疽。

按照国际法是禁止使用毒瓦斯的。但上级没有对此作过解释，并且一次也没说过训练是为了防御。还明目张胆地进行过使用毒气的进攻性训练。尽管国际法上禁止使用毒瓦斯，但侵华日军却在中国战场上多次使用了。在我从军于中国北部山西战场的有限日子里，不是一次而是多次地使用过。

1939 年 8 月 10 日左右，进攻沁源作战时就曾发生过这种事。半夜在山区急行军中，部队突然停止前进，原因是和八路军的一个旅的主力部队遭遇了。这是一场激烈的遭遇战，并且是在一片漆黑的半夜里发生的，情况完全不明，正所谓“黑夜放枪——瞎打”，呼呼地乱放枪炮，却毫无效果，寸步难行，战线停滞不前。等到天麻麻亮，雨又下个不停。军装被淋得湿乎乎的，山野蒙蒙。敌方像是八路军的主力，一步也不后退地向我猛攻。他们的装备似乎是重武器，迫击炮弹大量地落在山背阴面的大队部附近。大小行李（大行李是指粮食、小行李是指弹药）受损，还有人受伤。听着呼呼的迫击炮声，大家都吓呆了。一听到炮弹爆炸的声音，马就嚎叫，管辎重的人拼命地制止着马的嚎叫。部队为作战而散开，因为情况突然发生变化，散开的位置也发生了变化。部队在向新的地方急行军，说是意外迎头碰上的遭遇战，但我们的移动被阻止了。这样下去，有可能无法按预定的时间到达指定地点。八路军毫无撤走的迹象，一个劲地炮击我们。金森大队长判断，这样下去会误事的，于是下令使用毒瓦斯。淅淅沥沥的雨天，阴沉沉的空气，为施放毒气提供了条件。

“毒瓦斯，放！”起初是以四一山炮打毒气弹的，瓦斯弹划破空气飞了出去，“砰”的一声，在敌阵地冒出了滚滚浓烟。虽然连续使用瓦斯弹进行毒气进攻，但效果不大。于是，又发出了施放“角角筒”（窒息性气体）的命令。

“小行李班，取出气体。”副官怒吼着，交给了瓦斯班。排列着的十数支“角角筒”同时施放，重气体烟雾滚滚地从地面升起，覆盖着敌方阵地。虽然不知道给八路军带去了多大损失，但没有多长时间，前面的八路军就撤退了。于是，我们又以急行军前进。

我记得以后又以四一山炮进行了二三次毒气攻击。保管发射后的窒息性瓦斯弹的空壳是我的工作，同时，我还写过瓦斯弹及角角筒（记得写的是“特殊弹”）的使用报告书，所以我是日军使用毒瓦斯的活证人。

瓦斯空弹壳的管理是非常严格的。上级对这件事严厉地、喋喋不休地通知过，使用过的空弹壳要全部带回。在长治，在离石对八路军的包围战也曾使用过毒气。拉运用过了的空弹壳的卡车，遭到了八路军游击队的袭击，全部被游击队截获了。因此人们担心，使用毒瓦斯的消息很快会被电讯传播于全世界。日军的不法行为会受到全世界的谴责。所以队干部们对使用毒气弹是很“神经质”的。

我想，在当时八路军的装备中，最薄弱的是对付毒瓦斯的装备。当时，因为缺乏应付日军毒气进攻的经验，对毒瓦斯的处理无知，不知道该怎么办，因此遭到了相当大的损失。但是，对日本军队来说，是起了作用的。兵器室的一个老兵对我说过，“八路军惧怕毒瓦斯，他们分不清滚滚的浓烟是毒瓦斯还是烟幕弹。日军掷弹筒打出烟幕弹，他们也误认为是毒瓦斯而回避一时。”

对日本军队的多次毒瓦斯攻击，八路军逐渐积累了经验。以后能够区别出烟雾弹的烟幕和毒瓦斯的烟雾了，所以，后来日军用烟幕弹的威胁不灵了，看来，他们也善于躲避毒瓦斯了。因而，用毒瓦斯攻击也没有多大作用了。

但是，施放毒瓦斯，在心理上对敌我双方都发生了作用。在日本军队内部，也是一听说施放瓦斯就会看到动荡不安的表现。尤其是刚入伍的新兵，吓得面孔僵硬。因为一旦风向逆转，毒气会立即飘向自己，产生很坏的结果。

五、军妓

在离开日本内地向中国北部战地出发的时候（这里所指的事情大多发生在次年——译者注），联队医务室向每一个士兵发放了装有“性秘膏”和“卫生保险套”的卫生袋，是预防性病用的。卫生袋的外部印有使用说明之类的字样。

现在谈谈人世间最丑陋的事。在广岛乘军用船离开日本的前夕，好像有相当数量的士兵在日本的这最后一夜，是在妓院抱着日本女人度过的。我带着约 50 名补充来的新兵，住在广岛市内文理大学附近的旅馆里，度过了在日本的最后一夜。是夜，士兵可以自由外出。我训示他们要尽量早一点归宿，但不出所料，不少士兵在妓院却彻夜未归。

想到这一去或许不能活着回来，人们便坐立不安。这是没有办法的事。为掩饰这种情绪，就和大伙们一起喝酒、叫嚷，但也解决不了问题。喝得酩酊大醉之后，趁着酒劲，就跑到妓院去寻欢作乐。由于喝得醉醺醺，多数人因怕麻烦或忘了带保险套，或于事后也不加清洗，这样多数人就传染上了性病。

这样送走了在日本内地的最后一夜也不算什么，可是对感染上的性病，则没有妥善的处置办法。性病是上船渡过黄河在中国大陆乘火车期间发病的，多数是淋病。士兵们很恐慌，都说“完了”。在石家庄出发点名时，一些士兵因身体不适，向我请示到军医处看病。因为我粗心大意，不熟悉这方面的情况，所以就质问他们“什么地方不舒服”，他们难为情地说：“唉，下部的病。”“混账，说清楚，下部的病，究竟是什么病？”我不知底细才这样反问着。旁边的卫生上等兵提示着我，我反而脸红了。

这些士兵立即被送到天津陆军性病医院去了。我不了解他们病愈后是回原队了，还是被送回日本内地了。我当时只是简单地认为这是蠢事。现在看来，这不是简单的问题。

以后到了汾阳，我被分配到金森部队。在等待进攻长治的休整期间，我曾被同期的壁内技术候补生邀到汾阳城内的妓院去看过。在战地，可以说，凡有大日本帝国驻军的地方，都开设着妓院，只要不是非常危险之地，都有妓女们装点着门面。

我在汾阳去部队的妓院看过，是联队本部的壁内候补生约我的。壁内爱好女人是有名的，好像在日本就常常光顾妓院，是个老手。我和他不同，一方面我还保持着童贞，另一方面我觉得搞妓女是非常肮脏的。尽管我有一搭无一搭地去看了。这是中国式的房子，把二三家中国人撵走而成了部队承认的妓院。一个有 6 块榻榻米大的房间，是妓院的最合适的单间。炕上铺着席子，有套花里胡哨的被褥。打开厚厚的木板做成的门扉，五颜六色的花被，妖艳地进入眼帘。往里一瞅，屋里的女子立刻走到门口来，拉住我的手说：“伍长先生，请进来玩玩吧。”

房间里倒也像是女人过日子的样子。除了五颜六色的被褥外，还在枕头边的花瓶里插有两枝草本花。有两三块彩色毛巾搭在晾衣服的绳子上，墙上挂着鲜艳的和服，还贴着日本明星的招贴画，有一种使人感到温柔轻松的气氛，是厮杀战场所没有的。我没有那种心情，但被一个擦着厚厚白粉的约 30 岁的女人死死拉住。我又心慌，又厌恶，连连后退。那女人死缠着我，动手动脚。我不顾那女人的纠缠，拉着壁内候补生赶快逃离了。壁内竟恋恋不舍地说：“那个女人还不赖呢！”

在侵入上党盆地的长治城时，正是雨季，给养接不上。翻开我当时的日记，每天写的都是“今日没有补给大米，何时能够补给粮秣，究竟要等到何时。每天每天都吃小米和稗谷，所以没有了劲了”之类的话。补给线延长了，并且处于老八路的包围之中，补给线不断遭到袭击，运输道路常常被切断。我们每天都伸长脖子盼着运粮车的到达。部队派出管小行李的人出去，一方面联系，一方面去领粮秣补给。但派出去的人两三天不回来，回来后又空着手。他们说，补给点里没存粮。

不久，补给总算到了。一天，正在我去联队办完事的归途上，在长治西关看到了一辆满载粮食的卡车开过来。车上车下都是尘土，看上去好像是经过长途跋涉很艰难地才到这里。在米袋的垛子上，坐着三四个女人和两个男人，尽管浑身上下都是黄土，但他们还是抱得紧紧的。

部队盼望已久的补给卡车终于来了，妓女、大米、机枪一同闯进来。这正是食欲和性欲相拥抱的运输。是一下子同时满足食欲和性欲的步骤。我想在卡车上的妓女们都经过战地运输线，其生命很可能会被轻而易举地葬送。不久，在城里开设部队妓院的消息迅速在士兵中传开了。我听说大兵们接连不断地在妓院门口排起长队，简直是门庭若市了。

这些妓院，在军队里简称“P 屋”。把妓女叫做“P”，这是大兵中的习惯用语。在这些随军慰安妇中，有日本 P、朝鲜 P、满人 P、中国 P 之分，有严格的等级序列和规格划分。最上等是日本 P，其次是朝鲜 P，再次是满人 P，最下等是中国 P。这是日本军队中种族歧视观念的突出反映。不仅慰安妇有等级序列，配备的翻译也有同样的种族差别。最高级的是日本翻译，其次是朝鲜人翻译，再次是满人翻译，最低的是中国翻译。慰安妇的等级序列也好，翻译官的等级差异也罢，是日军中，不，是整个二战期间的日本侵略军所弥漫的种族偏见的典型。

闯进长治的军用 P 屋，我没有搞清屋主是日本人，还是朝鲜人，人数仅有三四个。她们至少担负着解决 1000 多大兵的性欲问题，这怎么能受得了啊。由于士兵来得太多，她们忙得不可能每个人完了之后也都进行洗涤，根本没有空隙时间。也许由于这个原因，听说性病在迅速扩散。被征召入伍的牙科医生，一个一等兵告诉我，士兵中的性病是在部队风传即将凯旋的前夕检查出来的，多得使部队中的军医（多是妇科医生）感到吃惊。性病的蔓延带来了战斗力的下降，但侵略者同军用妓院具有一种割不断的关系。

重温这段历史，现在仔细想一想，这些女人们并不是志愿离开家乡来到中国山西的山区当妓女。她们或被掳，或被骗，或因贫困而落到这种不得已的地步，这绝不是她们的意愿，她们是被抛进这不幸的地狱的。我认为，必须承认，她们是资本主义和帝国主义的牺牲品。我觉察到当时我并没有这样看待她们，战后读了千田夏光先生等关于慰安妇的记载，才了解到更多的实情，这越发使我对自己早年的无知和不成熟感到愧疚。

（鞠佟生、田酉如译）

忆日军铁蹄下的辛庄村

申玉善*

在纪念抗日战争胜利的50周年的日子里，我不禁忆起在北平沦陷时期我的家乡人民过着那亡国奴生活的凄惨情景。

我的家乡是河北省宛平县（今北京市丰台区）辛庄村，是个有百十来户人家的村庄，往东2公里就是槐树岭，往西约2公里就到了大灰厂，再往西走就进山了。

七七事变之后，日军为永远侵占北平和控制西部地区，在槐树岭南坡上建造了兵营，在辛庄村驻扎了军队，并经常对辛庄村和周围各村进行巡查。所谓巡查，就是日寇铁蹄对平民百姓的蹂躏践踏，烧杀抢劫，无恶不作。日寇来到辛庄村不久，就在村里建立了维持会，而后成立伪保甲政权，后来又实行了“强化治安”。全村每户人口都要登记造册，晚上还要实行宵禁，百姓不得随意出入。还不时实行临时戒严，进行大搜捕，随便抓人。

1939年，日寇在槐树岭建造了兵营以后，为修坦克道任意占地，为盖炮楼任意砍伐村里的树木。不仅如此，日寇还指令当地的伪保长，常年派遣十来个青年农民到兵营里去服劳役，一天要干10多个小时，早出晚归，还

---

* 作者时为河北省宛平县村民。

常常被打伤。

1941年，日本侵略者在其三月侵吞神州不下、四年灭亡中华未成，穷兵黩武，经济崩溃、兵源匮乏的困境下，推行“以华治华”“以战养战”的侵略政策。

首先，日寇严密地控制一切物资，将一切人民生活必需品全部控制起来。像粮、棉、油等多种物资一律列为军用品，民间不得积存，若有违禁，皆以“私通八路”治罪。日寇及其帮凶，经常进村挨门挨户搜查，凡有上述物品，一律登记没收，或以低价强行收购。当时日寇不仅控制了北平地区的粮油集市，货栈粮仓，而且不准贩进贩出。因此，不少粮店、油坊纷纷倒闭。笔者家中曾在市内米市胡同有个杂货铺，也未能逃脱这种厄运。日寇将我家运到天津货栈的棉花视为军用品全部没收。时隔不久，又有伪警到杂货铺进行敲诈，将仅存的20多只方形桶花生油和若干担保金全部勒索而去。铺子无法支撑，被迫关张。再如广内大街的仙保长米庄和长辛店镇的聚涞涌油坊历来是殷实商户，人称“大买卖”，到此时也只能销售有限零星物品，处于半停业的惨淡经营状态。

其次，严密封锁，唯恐一切物资流向解放区。他们利用伪华北治安军、警备队等汉奸武装，在各要道隘口处满布据点、岗卡，盘查行人，严禁携带粮、油、布、盐、药等一切物资出境。如若发现，货物没收，人被惩办。辛庄村距山区较近，也设有盘查岗卡。

日寇为了对处于水深火热之中、挣扎于死亡线上的中国人进一步掠夺；为了便于用“中日亲善”“共存共荣”的舆论欺骗中国人，掩盖其帝国主义的狰狞面目，有时也用一点“小恩小惠”蒙蔽人，实行“配给制”即其伎俩之一。即使“配给”，也只是用少量残次低劣物品装装门面而已。如：火柴是长短不齐、有药无药掺杂的散装品；面粉是十分牙碜的粗糙黑面；布更少得可怜，多是再生布或粗线土布，间或有少许洋白布的布头；糖更难见到，偶尔有点也是未经细加工的原糖，并不能定期定量保证供应，数月或半年也未必准能有一次。数量不及最低生活需求的几分之一。

敌人对基本物资的全面掠夺封锁，人民生活实在艰难。走在街上的人个个面色蜡黄、骨瘦如柴，破衣烂衫、补丁摞补丁。在石景山铁厂做工的工人，只能用洋灰袋绑在身上、腿上御寒，走起路来哗哗作响。日用生活品奇缺，人们被迫退化到用“火镰打火石”取火的地步。到 1942 年冬天，连黑面、豆饼、麸皮也见不到了，人们只能排队挤买混合面吃。饿殍暴于街头巷尾，屡见不鲜。

在我们农村，情况就更加凄惨，百姓无粮可食，处于饥饿境地，在死亡线上挣扎着。记得 1942 年秋后，日寇又派采购队来到辛庄村强行收购原粮，把村中粮食劫取一空，导致该年冬至翌年夏这段时间，辛庄村就饿死了 80 多人的大悲剧。说起我的家乡辛庄村，当时全村百十来户，700 来口人，耕地 2700 多亩，虽是山坡地，好年景亩产粮食也能达到 160 多斤，歉收年景亩产 100 斤不成问题，绝没有水涝成灾颗粒无收的年头。何况还有石板山的副业也能养一方人。辛庄人自古从未有到外边逃荒的，也从未有饿死众多村民的事情发生。可是就在那年日寇把粮食都抢走了以后，全村有 14 户人家举家到口外逃荒，其中有 7 户在外也遭了难，回到辛庄的只有 7 户，其中有 3 户家中也死了人，算起来死于他乡的有 16 口人。有的村民故土难离，明知家里无粮，也愿守在家里，结果全家都死于饥饿，像阎德山、刘启旺、柴二栓等 15 户就有 45 人死亡。另外，像董良、宋二、郭中才、叶德海等 11 户人家，饿死的共计 21 人。那年辛庄村饿死共 82 口人，占全村人口的 12%。一提到当年那苦难的日子，村民董文才伤感地说：“当时我家 9 口人，因为那年（1942）冬天日本鬼子把口粮全都抢走了，所以家里只有白薯吃，到了第二年春天，就用白薯干面、榆树皮面、米糠这些东西糊弄肚子，什么柳树芽、榆树叶、野菜也都弄来当饭吃，把人吃得面黄肌瘦，一下子就病倒了 6 口，又没钱看病，只两个月的工夫，我家就先后死了 5 个人。好不容易挨到了夏天，有了倭瓜、青老玉米吃，活着的 4 口人才慢慢地渡过命来。”范启顺老人悲愤地说：“日伪统治时期可惨了，咱村的杨德全，那年带着妻小两口到口外逃荒，给人干苦力活儿，还是养不了家，他的媳妇不得已带着儿子改嫁了，弄得妻离子散。”还有申万月（是笔者的六堂叔），因为丢了一辆车，断了生路连急带饿也死了，撇下六婶带着 3 个幼小的孩子过日子，就在那个时候，六婶拆了两间房卖木料换吃的，可是根本买不到原粮，只买到混合面，没吃多少日子，全家死了 3 口，只剩下 14 岁的申玉龙。六婶在咽气之前还指着桌子上放着那摞留给她儿子吃的混合面烙饼说："日本鬼子造孽啊，给咱们中国人吃这东西，真是糟蹋人啊！"想起来这些事真惨！

沦陷区的人民就是这样在苦难屈辱的生活中煎熬着、挣扎着。然而，中国人民无论受到任何残酷的奴役和迫害，决不屈服，并始终坚信：中国必胜，日寇必败！经过八年的抗战，人民终于迎来了日本侵略者无条件投降的这一天。但在日寇统治下所过的苦难屈辱的亡国奴生活，我们永远不能忘记。

日军血洗林家大湾纪实

林更发　商世文[*]

1939 年 1 月 21 日至 23 日，日本侵略军上林大队血洗了我们的家乡新洲县（今武汉市新洲区）林家大湾，残杀了我们的乡亲 73 人，制造了骇人听闻的林家大湾惨案。

一

还在数月以前，日寇即已相继侵占了新洲、仓埠、阳逻等镇，在仓阳公路沿线，修建了很多驻点，林家大湾附近的公路线上，就有靠山店、段家岗、周山铺等碉堡。段、周两堡之间，相距仅十数里，公路线上的村庄，像刘重武、茶店、北首湾、陶山铺等，都驻有大批日军。这些日军四出骚扰，伐树拆屋，奸淫掳掠，无所不为，犯下了一桩桩野兽般的暴行！

我们林家大湾位于刘重武东面两华里处，坐北朝南，有 180 多户、900 多人，因为湾子大，离公路近，是日军主要的“打掳”地点。

这年农历腊月初一下午，一大队日本兵路过茶店，要住宿一夜。他们刚

* 作者时为湖北省新洲县村民。

驻扎下来，就到附近湾村进行惨无人道的烧杀抢掠，到我们湾的就有 100 多日军。他们破门砸窗，抢钱劫物，杀猪捉鸡，糟蹋妇女，打人拉夫。该湾林知三家里喂有两头肥猪，关在内房，日军砸破几道门闩，用枪把猪打死，拖着就走。闯进林美育家的日军，见林戴新棉帽，穿着新棉鞋，就强令他脱下，林动作稍慢了一点，日军一刺刀照他头上戳去，林顿时血糊满面，晕倒在地。这一天，日军一直闹腾到太阳落山。被劫村舍，家家受害，无一幸免，财物被抢一空，鸡猪牛羊悉数被掳，被残害的妇女，上有 60 多岁的婆婆，下有年仅 8 岁的幼女。日寇这一灭绝人性的罪行，激起了林家大湾人民深沉的愤怒。

腊月初四，日寇驻刘重武的上林大队的两个士兵，追赶一个穿阴丹士林旗袍的妇女，直朝该湾跑来。当时人们正在吃早饭，一见日军来了，连忙放下碗筷，招呼妇女儿童迅速向湾后江家咀、严家咀方向“跑反”，成年男子则同时向日军迎去，有的“维持”，有的“劝止”，有的阻拦。这时那个妇女已跑向湾后，两个日军照围上来劝阻的人打了几耳光，一前一后，冲开人群，继续朝那个妇女追去。跑在前面的日军，握着一把刺刀，在石头板撵上了那个妇女，将其按倒在地，扯开旗袍，企图强奸，那妇女拼命反抗。后面那个日军拿着一杆上了刺刀的长枪，见前面日军已将那妇女按倒，就站在离他们不远的麦地里守卫。人们纷纷围了上来，有的朝石头板日军那里跑，有的朝麦地持枪日军那里跑。跑在前面的林继元等人上前劝止说：“放了她吧，这样干不得！”“放了这个女的，我们多送鱼、肉、蛋！”“这是伤天害理的事！”

那持枪日军一句话也不说，向前一刀劈来，林继元的头当即被劈开，血流如注。众人怒气填胸，忍无可忍，纷纷起哄，外号叫“三屠户”的林继生大喊一声：“把这个狗日的办了他！”

持枪日军见势不好，立即放了一枪，但枪管被围裹上来的人按住，子弹打进了地里。正当他退出子弹壳准备放第二枪时，林继生已跑了上来，大声说：“不怕，他的枪放不响了。”人们一致高喊：“打死他！”

这时，已挨近日军身后的林华山一下跳了起来，一把将日军抱住，猛地摔倒。大家乘机上前，你一拳，我一脚，扭下日军的枪刺刀，连刺几刀，将他杀死。那个准备强奸的日军看到这个情况，立即松手，拔脚就跑，一气跑了两三丘田。看到日军跑了，人们一声喊，有拦的，有撵的，奋力向他围了上去。当时正在拾粪的林腊伢抢上一步，一锄头挖在那日军的后脑壳上。日军倒地乱弹，腊伢抓起他的刺刀，朝他头上、身上，一阵乱戳，边戳边骂："狗日的，把你零刀碎剐也不解恨！"

不一会儿，日军不动弹了。人们把两个日军尸体迅速移开，把地上的血迹都打扫干净，尸体用铁丝、麻绳绑上石磨，划船送到湾东米筛湖中，沉入湖底。

二

杀死两个日军，出了一口恶气，但是，人们知道，上林是不会善罢甘休的。大家商量了一下，决定首先把老人、妇女、小孩转移出去，送到外地亲戚人家，湾里只留男人，应付万一。

果然不出所料，杀死两名日军的当天傍晚，来了日寇 6 人 6 骑，到处打听问讯，查问两个日本兵的下落。他们转了一圈，什么也没有打听到，只好上马走了。第二天，日军三队长带领几十名士兵，分头到各村探听，整整转了一天，仍然一无所获。第三天，日寇上林大队长亲自出面，召集各村村长开会，要各村长查找这两个日本兵，限期交人。同时，日军一步不松，仍然到处转悠，侦探，一连几天，还是没有消息。

腊月初八，日寇又召集各村长开会，每村两人，追问查找结果。各村长都说"不知道"。散会时，日寇对每村放一人，留一人，如再找不出，留下的村长都"死啦死啦的"！日军三队长还扬言，如交不出那两个日本兵，就要把周围横直 15 里的村庄烧光、杀光、抢光，还放出话说他们有"潜望镜"，不管是水里还是土里，都能看得清清楚楚，要是在哪里"看"到了这两个日本兵，就要把哪个湾子斩尽杀绝。人们听说后，担心日寇真的会在湖里发现日本兵尸首，于是派人夜晚下湖，捞起尸体，选 16 人连夜送到较远的靠山店旧战壕里埋起来，尸体还未完全埋好，一股日军车队沿公路开来，人们只好分散跑开，潜回湾里。

风闻两个日本兵是林家大湾杀的后，腊月初九一大早，日军三队长带领一个中队，100多人分三路扑林家大湾，一路从湾西北陶山铺冲来，一路从湾西罗家山冲来，一路从湾南岗子上冲来。进湾以后，四周设上岗哨，只准人进不准人出，然后，逐家逐户搜查，把留在湾里的160多人集中在湾中林德发家的大院子里。院门口架着两挺机枪，正屋门口站着两排平端长枪的日军，枪口对着被围的人们。日军三队长就在屋内设堂审问，日军打手分立两旁，人们被一个一个带进屋内受审。每带进一个，就由翻译发问："两个日本士兵是哪里的人杀死的？""谁杀死的？""尸首在哪里？"

人们的回答都是"不明白"。说第一个"不明白"，就由翻译打两耳光；说第二个"不明白"，就由日寇打手用皮带抽，皮鞋踢；说第三个"不明白"，就用劈柴打，枪托砸，直到打够了，砸累了，才把人带到一边，然后再带另一个。

屋内在严刑拷问，屋外在大肆劫掠。日军首先鸣枪示威，摔手榴弹恫吓，并放火烧毁了湾前一幢房子。接着，他们分成数股，逐户洗劫。粮食倒空，衣物搬空，木板、木材撬光，装上一辆辆马车，全部运走。各家各户，门窗被砸破，桌凳被打垮，箱柜被掀翻，缸坛锅灶都被砸得稀烂。

这一天，日寇直闹到傍晚，全湾抢完了，审讯还没有结束。这时北风刮紧了，又下起雨来，日军停止审讯，决定把剩下的69人全部带到刘重武据点。在这些人中，有60多岁的老人，有十五六岁的少年，他们冻饿了一天，泥泞路滑，一出湾就有人摔倒。走到前面老屋湾时，日军扯开他们的棉袄，用一根根铁丝，先穿了锁骨，然后，两个一排，用一根长铁丝串起来。人们一个个鲜血淋漓，疼痛难忍，有的呼喊"冤枉"，有的不住叫骂，有的咬紧牙关，把仇恨藏在心底。

到刘重武后，人们被关进祠堂，继续拷问。日军用尽酷刑，烟熏火燎，百般吊打，人们一个个被折磨得死去活来，仍无一点口供。

腊月初十，日军突然从这些被关者中，拉出8人，押到米筛湖打捞尸体。他们在冰冷刺骨的湖水中捞了一下午，当然一无所获，押回祠堂后，又遭一顿毒打，连夜对他们轮番审问。腊月十一，日军从别处打听到尸体的消息，又押这 8 人去靠山店战壕，扒出尸体，搬回据点。至此，日寇一个血洗林家大湾的罪恶计划形成了。

腊月十三，一队骑马的日军再一次冲到林家大湾，满湾抓人。因全湾人跑光了，他们没抓到人，就在湾东头林继高的房屋上放了一把火。在米筛湖东岸肖家大湾避难的人看到湾里起火，十分着急。林继高见日军放火后骑马走了，就同弟弟六伢以及两个亲戚划船过湖来救火。他们刚进湾，日军马队突然折转回来直扑湾东，继高和两个亲戚急忙上船，拼命向湖对面划去，日军赶到湖边，乱枪齐发，继高等 3 人都死于湖中。六伢来不及上船，被日军抓住。日寇一气狠打，逼问他湾里的人都躲到哪里去了，他宁死不屈，咬紧牙关，不吐一字。凶残的日军剥光他的衣服，将他一刀刺死，并剖开他的胸腹，挖出他的心脏。

同一天，日军从被抓群众中押出 8 人，用马车拖到阳逻。首先是游街。进街前，有的被砍掉鼻子，有的双肩被插上刺刀，有的两脚被铁丝捆着倒拖在车后，每个人从头到脚，血肉模糊，马车经过的街道，留下一串长长的血迹。出街后，有的流血过多，已死在车上，有的已被拖死，最后只剩下两只半截残腿。剩下的几人，被拖到街南头草墩子上枪杀了。事后，湾里派人去阳逻收尸，却片骨无存，不知下落。

三

腊月十四，即 1939 年 1 月 23 日，一场更惨绝人寰的大屠杀开始了。

这一天，朔风呼号，乌云翻滚，昏天黑地。

一大早，一队日军气势汹汹，直朝林家大湾方向奔来。他们首先闯进附近垲子湾、老屋湾等村，驱赶几十名青壮年男丁，来到林家大湾，让他们从各个屋子里找到铁锹、锄头，集中在湾后稻场上，并排挖好 3 个大坑。然后，日军把挖坑的人全部赶走，在湾前湾后、进村路口、稻场四周布好了岗哨。

早饭时候，日军三队长带着 100 多名日本兵，押着全体被抓的人，向林家大湾走来。人们被反剪双手，五花大绑，一个个早已折磨得死去活来。他们除拖到阳逻惨杀的 8 人外，还剩 61 人。走到老屋湾时，有个名叫林继元的想跟亲戚说两句话，日寇一刺刀戳穿他的手心，锥着他的手掌，一直把他拖回林家大湾。走到湾面前墩塘角，多次受刑的林继初实在走不动，一下昏倒在地，爬不起来，几个日本兵“哇啦哇啦”一阵乱叫，同时放枪，林继初死于乱枪之中。

眼看同胞惨遭残害和枪杀，人们已经觉察到了日军的残暴阴谋，愤恨至极，同时怒吼起来。有的厉声斥问：“我们犯了什么罪？”有的高声抗议：“不能杀人！”有的放声大哭：“我们冤枉啊！”

这时，号哭之声，闻于四野。人们乱成一团，有的已经看到了稻场上的埋人坑，干脆不走了；有的拼命挣扎，撕咬绳索；有的奋起反抗，用头颅猛撞日本兵。日军已事先做好准备，他们两个架一个，用刺刀从各人身上割下一块衣襟，把人们的眼睛蒙起来，分别拖到 3 个坑边。面对一片怒吼的人群，日军三队长一声怪叫，扬起指挥刀，做了个杀人的手势。几十名刽子手“嗨”的一声，同时挥起“东洋片子”，将 60 人全部砍死，推入土坑。

日军行凶后，分头去湾里喷撒硫黄、汽油，四处点火。霎时，全湾起火，烈焰冲天，浓烟滚滚，周围 20 多里都能望见火苗。大火烧了两个多时辰，全湾顿成灰烬。湾里唯一不肯出走、躲藏在家的柳婆婆，年逾 80，也葬身火海！

这一天，日军枪杀 1 人，烧死 1 人，砍死 60 人，合计殉难 62 人，全湾只剩一片瓦砾！

四

腊月十五，日军上林大队调防。日军一走，人们拖儿带女，跌跌撞撞，从四面八方号哭而回。

稻场上，坟坑前，凝血遍地。人们扑向 3 个死人坑，扒开土层，清理尸首，认领亲人，一个个喊地呼天，捶胸顿足，悲恸欲绝，不少人当场哭晕过去。林更天一家，叔侄 4 人被杀；林继元一家，父子 3 人被杀，他们的亲属数次哭得气绝。死者林福寿的父亲，六旬失儿，痛彻肺腑，撞头流血，还在拼命扒坟，寻找儿尸。全部尸首扒出来后，一个个血肉模糊，无法辨认；还有 12 具尸体身首分开，难以拼接，人们抱尸痛哭，声震天宇。蒙难者的尸体摆了一地，哭得气绝的亲属瘫了一地，死者的血，生者的泪，一片惨相，目不忍睹。全湾亲戚及围观群众无不伤心悲愤，声泪俱下！

这次惨案，从腊月十二到十四，3 天共死 73 人。事情发生后，当时仓埠区“砖字会”资助了一批钱粮，运来了几十具棺材，逐一殡殓了死者。送葬那天，远近数十里的亲戚、朋友、群众，纷纷前来祭吊。大家咬牙切齿，攥紧拳头，告慰死者：“你们安息吧！这深仇大恨，我们一定要报！”

（欣舟整理）